KB041001

맹 자 철 학

맹 자 철 학

王邦雄/曾昭旭/楊祖漢 지음
황갑연 옮김

서광사

이 책은 王邦雄/曾昭旭/楊祖漢의
《孟子義理疏解》, 제4판(臺北: 鵝湖出版社, 1989)을 완역한 것이다.

맹자철학

王邦雄/曾昭旭/楊祖漢 지음
황갑연 옮김

펴낸이—김신혁
펴낸곳—서광사
출판등록일—1977. 6. 30.
출판등록번호—제 6-0017호

(130-820) 서울시 동대문구 용두 2동 119-46
대표전화 · 924-6161 팩시밀리 · 922-4993 E-mail · phil6161@chol.com
http://www.seokwangsa.co.kr

ⓒ 서광사, 2005

제1판 제1쇄 펴낸날 · 2005년 10월 30일

ISBN 89-306-2936-9 93150

저자 서문

《논어의리소해(論語義理疏解)》[1]의 원고가 1월 말에 완결되어 간행된 이래 반 년의 시간이 지나갔지만 아직도 《맹자의리소해(孟子義理疏解)》[2]의 원고를 완결하지 못했다. 문부회(文復會)의 씨에팅선(謝廷森) 위원이 여러 차례 독촉하였고, 원고를 책임진 아호(鵝湖) 회원들도 겨울 방학 기간 내에는 완결할 수 있다는 자신감을 보였지만, 뜻하지 않게 2월 중순에 아호에서 제1차 저자 세미나를 개최하여 원고 일정표를 다시 정리하였고, 또 국내외의 여러 친구들과 몇 일 동안 회합하면서 학문의 여정과 함께 재미있는 여담을 나누다 보니《맹자철학》을 정리할 여력이 없었다.

겨울 방학이 빠르게 지나가고, 각 대학들이 개학하자 우리들은 이미 정해진 교과 수업과 강연 등에 전념하였다. 또 아호에서 일상적으로 개최하는 토론회와 거절하기 어려운 원고 청탁 등으로 말미암아 학기 내에 완성하려고 하였던 계획들도 수포로 돌아가 여름 방학을 기대할 수밖에 없게 되었다. 6월 말에 채점을 완료하고 성적표를 제출하니 겨우 시간이 생겨 전력을 기울여 원고를 정리할 수 있었으나, 또 대학원생 지도와 논문수정 및 구술시험 등이 밀려와 7월 중순에야 겨우 연구실 문을 닫고서 원고에 집중할 수 있었다. 8월 10일 되어서야 어렵게 원고를 완료하였다. 또 8월 하순에 불광산(佛光山)에서 강습회를 개최하려고 하였는데, 이 때에 2주일도 남지 않은 상황이어서 기간 내에 책을 완성하여 회원들에게 원고를 돌려 강습하게 할 수 있을지 자신이 없

---

1) 옮긴이는 《논어의리소해》(서광사)를 《논어철학》으로 개명하여 2002년 출판하였다. 따라서 이후에 출현하는 《논어의리소해》는 《논어철학》으로 바꾸겠다. ─ 옮긴이 주
2) 옮긴이는 서명을 《맹자철학》으로 바꾸어 출판하려고 하기 때문에 이후에 출현하는 《맹자의리소해》의 서명은 《맹자철학》으로 바꾸겠다. ─ 옮긴이 주

6

었다.

이상의 고백은 원고 완성 과정에서 우여곡절이 있었음을 말하고자 함이다. 학자는 추구하는 이상이 있어야 하며, 그 이상을 실현하려는 기백을 가져야 한다. 그러나 현실에서 시간은 자주 그 무엇에 의해 단절되기도 하기 때문에 조용히 앉아 저술활동에 종사하기란 그리 쉬운 일이 아니다. 지금 비록 원고는 완결하였지만 내심 부끄러운 마음을 금할 수 없다. 주무 부처에 대해서도 미안하고, 강습 회원들에게도 미안하다. 모든 행정상의 번거로움과 교학상의 진도 차질은 모두 우리들의 게으름 때문에 일어난 것이니 책임을 통감하지 않을 수 없다.

우리는 《맹자철학》을 심성론과 수양론 및 정치문화론 세 부분으로 나누어 진행하였다. 심성론은 양주한(楊祖漢) 교수가 담당하였고, 수양론은 쩡짜오쒸(曾昭旭) 교수가 담당하였으며, 정치문화론 부분은 필자가 담당하였다. 각 부분 모두 동일하게 《맹자》에서 수십 조(條)의 문장을 선택하여 의리의 본말에 비추어 배열하였고, 《논어철학》 전개 형식과 마찬가지로 먼저 훈고에 의한 주석을 하고, 이어서 철학적 해설을 하였다. 《논어철학》과 다른 것이 있다면 원문에 주음부호(注音符號)를 붙여 읽을 때 도움을 주고자 하였다.[3]

맹자는 공자의 유학을 계승 발전시킨 사람이다. 공자가 仁心의 자각성을 밝혔다면, 맹자는 人性이 본래 선함을 증명하였다. 仁心의 선성(善性)을 기초로 仁性을 말하여 심과 성이 동일함을 밝혔다. 또 양지와 양능 작용의 선천성을 주장하였고, 도덕본심의 확충을 통하여 도덕본심이 바로 인간 존재의 근거임을 증명하였으며, 천(天)의 진정한 의미도 함께 밝혔다(盡心知性知天). 이것이 심성론이다. 心은 주체의 작용 측면에서 말한 것이고, 性은 객관 실재 측면에서 말한 것이며, 天은 초월과 도덕실천의 지극한 완성 측면에서 말한 것이다. 이는 유학 이론의 진일보적인 분석과 진전으로서 유학 의리체계는 이로부터 성립되었다. 다음 도덕본성을 간직하고 드러내는 수양공부를 경과해야만 도덕본심이 인간의 대체(大體)로 정립될 수 있고, 또 소체(小體)인 육체생명을 거느려 도덕이념을 진실한 생명으로 발현시킬 수 있다. 이에 관한 이론이 수

---

3) 국내에는 주음부호를 사용하지 않고 한어병음을 사용하여 한자 발음을 표기하기 때문에 주음부호는 삭제하였다. ─ 옮긴이 주

양론이다. 공자는 "지혜로운 자는 仁을 이롭게 한다(知者利仁)"고 하였고, 맹자는 '지언(知言)'으로써 시비를 분명하게 분별하였다. 공자는 "용기 있는 자는 仁을 실천할 수 있다(勇者行仁)"고 하였고, 맹자는 '양기(養氣)'로써 도의(道義)를 담당하였다. 이것이 바로 선심의 실마리로부터 도덕주체를 증명하는 것이다. 이렇게 함으로써 존양(存養)과 간직(操持)의 수양공부는 내성(內聖)의 학문으로 통합된다. 그러나 仁心의 자각은 쉬지 않고 밖으로 감통하여 사방으로 확충되기 때문에 지언과 양기의 수양공부는 안으로부터 밖으로 통하는 교량 역할을 담당한다. 지언으로써 義와 利를 분별하고, 양기로써 왕도(王道)와 패도(霸道)를 엄격하게 분별하였다. 이는 한편으로 양혜왕(梁惠王)과 제선왕(齊宣王)으로 하여금 의리(義利)를 분별케 하여 왕도를 실행하게끔 하는 것이고, 다른 한편으로는 양주(楊朱)와 묵자(墨子)의 학설이 성인의 도가 아님을 극력 밝히고자 함이다. 맹자는 양주와 묵자의 학설이 금수의 무리를 이끌고 와서 사람을 먹이는 것과 다름이 없고, 사람끼리 서로 먹고 먹히는 것과 다름이 없기 때문에 양주와 묵자의 학설을 금수라고 폄하한 것이다. 맹자는 왕도와 패도의 구별을 통하여 요순의 선양(禪讓)과 탕무(湯武)의 혁명 그리고 '민중의 가치가 가장 귀하고 군주는 가볍다(民貴君輕)'는 정치철학의 전범을 세웠으며, 이단을 극력 비판함으로써 양주와 묵자의 무리가 원칙만 알 뿐 방편이 없음을 밝혔다. 또 중화의 문화로써 변방의 문화를 변혁시키며, 먼저 깨달은 사람이 다음 사람을 이끌어 자각시키는 것이 바로 문화의 도통(道通)임을 밝혔다. 이 두 가지의 통합이 바로 외왕(外王)의 학문이다.

이 책의 주요 목적은 맹자철학사상의 의리를 밝히는 것이다. 그러나 이 책에 열거된 《맹자》 원전은 저자 자신들의 이해를 근거로 전후를 배열한 것이다. 저자들은 이를 근거로 맹자철학 사유체계를 재구성하였다. 그러나 저자 자신들의 이해와 재구성한 맹자 사상체계는 역대 학술의 전통을 근거로 한 것이지 결코 몇몇의 학자가 자의적으로 세운 것이 아니다. 두세 사람의 능력으로 사서(四書)의 의리를 밝히는 막중한 임무를 감당하기는 힘들 것이다. 또 독자들 역시 긍정하지 않을 것이다. 왜냐하면 나도 하나의 입장을 견지할 수 있고, 다른 사람 역시 또 다른 입장을 견지할 수 있기 때문에 정론을 내리기가 어려울 것이다. 문제는 사서의 의리가 두세 사람의 전유물도 아니고, 이 세계 역시 몇몇의 소수 사람만이 살고 있는 무대가 아니기 때문에 모든 철학의 의리는 생명의 체험을 통하여 증명되어야 한다. 따라서 각자 마음대로 하나의 입장을 세울 수 없다. 비록 이 책이 저자의 이해를 기초로 전개되고 있지만 순수 지식적 측면에서 말하자면 이 책에는 객관성 확보라는 장엄성이 깃들어 있다.

　사서의 의리를 해설하는 목적이 사회에 광범위하게 전달하기 위함이기 때문에 내용이 비교적 평이하다. 그렇지만 지나치게 느슨하고 헐렁한 체계는 원하지 않는다. 장엄한 학술성의 요구는 결코 망각하지 않았다. 이 작업에 진력하고서, 이후에 어떤 비평도 진실한 마음으로 수용하여 다음 재판에서 반영하도록 하겠다.

2005년 9월

왕방웅(王邦雄)

역자 서문

대만 아호학지(鵝湖學誌)는 당대(當代) 신유가를 대표하는 모우종산(牟宗三)의 제자들로 구성된 학술단체이다. 이 학술단체의 회원인 왕방슝(王邦雄)·쩡짜오쉬(曾昭旭)·양주한(楊祖漢)·천이청(岑溢成) 네 사람이『논어』·『맹자』·『중용』·『대학』의 철학적 의리(義理)에 관한 해설서를 편찬하였다. 필자는 이들이 편찬한 네 권의 책을『논어철학』·『맹자철학』·『중용철학』·『대학철학』으로 명칭을 바꾸어, 그 중『논어철학』과『중용철학』그리고『대학철학』을 이미 번역하여 출판하였고, 이제 마지막으로『맹자철학』을 번역하여 출판을 기다리고 있다.

필자는 이 책들을 번역하면서 각각 다른 느낌을 받았다. 물론 총체적으로 말하자면 동일한 도덕의식이지만, 시대와 상황의 다름으로 말미암아 그들이 표현한 도덕기상에 대한 나의 감수(感受)는 확연히 달랐다. 제일 먼저『중용철학』을 번역하였는데, 나는 이 책을 통하여 유가철학에서 추구하는 형이상의 지혜를 엿볼 수 있었다. 특히 도덕가치로서 존재의 의미를 규정하고, 구체적인 도덕실천을 통하여 자신과 타인 그리고 자연세계의 존재가치마저도 완성하려는(成己와 成物) 유자들의 무한한 도덕기상을 체험하였다. 이러한 도덕가치 실현의 특성 때문에 유가의 형이상학을 '도덕적 형이상학' 혹은 '실천적 형이상학'이라고 한다.『대학철학』에서는 정사(政事)를 도덕층의 사업으로 끌어올려 왕도의 도덕정치를 구현하려는 유자들의 도덕이상주의를 체찰할 수 있었다.『대학』경문(經文)에서 명명덕(明明德)과 친민(親民) 그리고 지어지선(止於至善)의 유기적 연결을 통하여 유가의 정치적 이상이 바로 도덕의 실현이고, 위정자의 역할은 민생의 안정에만 있는 것이 아니라 민중의 의식마저 선으로 계도해야 하는 교육에도 있음을 밝히고 있다. 이것이 바로 유가철학에서 강조하는 교민정치(敎民政治)이다. 『논어철학』에 대한 감수는 이보다 더욱 절실했다. 필자는 『논어』를 번역하면서 『중용』과 『대학』에서 느껴 보지 못했던 인문정신 구현의 실제성을 보았고, 또 문화의 이상에 대한 추상적 설명이 아닌 구체적인 실증을 목격하였다. 공자는 『논어』에서 인생의 가치와 문화의 이상에 대하여 한 차례도 추상적인 설명을 하지 않았다. 『논어』에 수록된 공자의 언행에 관한 기록은 모두 자신의 절실한 체험을 통해 표현된 실록이다. 『맹자철학』에서는 또 다른 느낌이 있었다. 그것은 다름 아닌 문화의 전승을 담당하려는 지식인의 비장한 사명감이다. 맹자는 도덕인격 완성의 내적인 근거를 제시함으로써 인격 상승의 가능성을 확보하고자 하였는데, 이것이 바로 성선설이다. 대체(大體)와 소체(小體), 그리고 지언(知言)과 양기(養氣)를 통하여 대장부의 기상을 드러냈으며, 마지막으로 왕도와 패도정치의 구별을 통하여 인정(仁政)의 이론적 토대를 정립하였다. 이것 외에 양주(楊朱)와 묵자(墨子) 그리고 허행(許行) 등 제가 학설의 횡행에 맞서 어느 한 곳에 치우치지 않는 중용의 학문 전통을 계승하고자 하였다. 필자는 고자(告子)와 양주 및 묵자뿐만 아니라 제가(諸家) 학설에 대한 맹자의 주장에 지나침이 있음을 부정하지 않는다. 그러나 가치관이 붕괴된 당시의 사회에서 맹자의 문화 전승 노력은 제가 학설에 대한 평가의 적절성 여부와 관계 없이 그 가치를 긍정하고 싶은 것이 나의 솔직한 심정이다.

지금 유자들이 처한 시대적 상황도 맹자와 유사하다. 당대 신유가는 중국 현대화의 파고 속에서 유학의 기본 종지인 내성(內聖)과 외왕(外王)의 가치를 변호하면서 시대의 요구에 부합하는 새로운 외왕을 개출하려고 노력하는 유가철학자들이다. 이들을 송명이학의 별칭인 신유가와 구별하기 위하여 당대 신유가 혹은 현대 신유가라고 부르기도 한다. 사실 유가철학에서 추구하는 도덕가치는 보편적이면서도 영원하기 때문에 시대의 변화에 따라 유가철학을 신구(新舊)로 구별할 수 없다. 유가철학에는 단지 표상의 인혁(因革)과 손익(損益)만이 있을 뿐이다. 따라서 원칙적인 입장에서는 과거와 현재는 물론이고, 이후 공문(孔門)의 의리를 담당하고 나선 학자는 유자이고, 그들의 학술은 유학일 뿐이다. 그러나 명칭의 다름은 인혁과 손익의 내용을 용이하게 드러낼 수 있기 때문에 나름대로 의미를 갖는다. 당대 신유가들은 한편으로는 서구문명의 도전에 몸과 마음으로 응전하였으며, 다른 한편으로는 오히려 서구문명을 동양의 문화에 접목시키려고 노력하였다. 그 대표적인 주장으로 모우종산의 양지감함설(良知坎陷說)을 들 수 있다.

당대 신유가들에게 주어진 시대의 요구는 바로 민주와 과학에 대한 대처와 수용이었다. 이들의 응변 태도는 맹자와 상당히 유사하다. 먼저 맹자를 살펴보자. 맹자가 극력 배척하였던 고자의 인성론은 맹자의 성선설과 다른 계통의 성론으로 긍정할 수 있다. 뿐만 아니라 양주의 위아주의(爲我主義)를 무군(無君)의 학설로, 묵자의 겸애주의(兼愛主義)를 무부(無父)의 학설이라고 폄하한 것은 지나치다. 사실 위아주의의 문제점은 그들이 사사로운 이익만을 고려한다는 것이 아니라 공동체인 사회를 중시하지 않는다는 점에 있다. 또 맹자가 양주와 그를 따르는 사람들을 "정강이의 수많은 털 중에서 한 오라기를 뽑으면 천하가 이롭게 된다고 할지라도 뽑지 않을 무리이다"라고 평가한 것은 너무 극단적인 추론이다. 양주의 위아주의는 단지 정치라는 형식을 통하여 타인의 생활을 간섭하고 통제하는 것을 반대하였을 뿐이다. 묵자의 겸애주의도 부모의 존재가치를 부정하는 것이 아니다. 또 타인의 부모와 자신의 부모를 동일하게 취급하는 것도 아니다. 단지 지나친 가족중심주의를 경계하였을 뿐이다. 그런데 왜 맹자는 이들의 학설을 이단과 사설로 규정하고서 극력 배척하였는가? 그 이유는 다름 아닌 유가문화의 전승에 대한 사명감 때문이었다.

다음 당대 신유가의 응변을 살펴보자. 모우종산의 양지감함설을 예로 들어보겠다. 모우종산은 양지감함설을 내세워 과학과 민주를 유학에 수용하려고 하였다. 그러나 덕성층의 양지가 사실층의 과학지식을 운용할 수는 있지만 덕성층의 양지가 스스로 감함을 결정하여 지성주체로 전화(轉化)하고서 과학지식을 개출한다는 주장이 엄격한 이론적 근거를 확보할 수 있는가? 또 민주제도는 도덕이성의 필연적 요청 대상인가? 만일 민주정체가 인성론에 의거한 필연적 요청, 즉 양지가 자각적으로 감함을 결정하여 실현하려는 정치제도라면 이는 곧 민주정치가 가장 이상적인 정치제도임을 의미한다. 그러나 민주정체에 대한 비판적 시각도 엄연히 존재한다. 이처럼 시대의 요청에 대한 당대 신유가의 응변도 적지 않은 문제점을 안고 있다. 그러나 당대 신유가는 반드시 도덕심에 의하여 과학과 민주의 지식을 개출해야 한다고 주장한다. 그 이유는 그들이 처한 시대적 상황과 문화 전승에 대한 사명감 때문이다. 당대 신유가에 있어 전통적인 유가철학의 사유형태는 절대 포기할 수 없는 생명 그 자체이다. 비록 전통적인 사유형태를 보수하고 교정할 수는 있지만, 그 자체를 부정할 수는 없다. 또 시대정신에 부응하여 응변해야 하는데, 응변은 내성과 외왕 모두에 해당하지만 그들은 신외왕사업 개출에 역점을 두었다. 민주와 과학이 바로 신외왕사업의 핵심 내용이고, 외왕은 내성의 연속이기 때문에 도덕심과 민주 및 과학의 관련성은 필연적이라고도 할 수 있을 것이다. 필자는 대만에서 수학할 당시 한 학생이 양지감함설의 논리적 결함성을 제기하자 '어쩔 수 없다(無奈)'라는 모우종산의 탄성을 들은 적이 있다. 만일 맹자 당시 상황에 거슬러 올라가 맹자에게 당시 상황에 대한 감회를 물어 본다면 아마 그 대답은 당대 신유가와 동일할 것이다.

유학은 수많은 도전을 받고 극복하면서 동양문화의 주류를 형성하였다. 그 중 불교의 중국 전래와 아편전쟁 이후 서양문명의 도전, 그리고 중국 사회주의 정부의 등장이야말로 극복하기 어려운 난제 중의 난제였다. 천두씨우(陳獨秀)와 루쉰(魯迅)으로부터 봉건 악습의 근원으로 매도당했고, 또 문화혁명 때 봉건 노예계급을 옹호한 대표적 세력으로 비판받았던 공자의 사상이 최근 중국 사회에서 새롭게 조명받고 있다는 소식도 들린다. 아마 중화민족 전통문화의 우수성을 선전하는 상품으로 사용하는 것 같아 그 순수성을 의심할 수 있지만, 유학의 부활 그 자체가 반갑다.

이 책에서 저자는 많은 곳에서 맹자를 대변하고 있다. 그러나 맹자처럼 제가 학설에 대한 과도한 비판은 하지 않았다. 대부분 맹자를 옹호하면서도 그 비판의 득실을 지적하고 있어 객관적 가치 기준을 확보하려고 한다. 또 이 책은 정확한 고증과 다양한 주석을 비교하면서 학술적 가치를 제고하기보다는 『맹자』 원전을 탐독하고서 맹자철학에 대한 자신의 철학적 성찰 그리고 맹자의 도덕사업에 자신의 직접적인 감회를 글로 포장한 감상문 같다. 때문에 내용이 난해하지 않다. 난해한 곳이 있다면 틀림없이 내 번역의 오류일 것이다. 지금까지 5~6권의 책을 서광사를 통하여 출판하였다. 김신혁 사장님을 비롯한 서광사 전 직원에 대한 내 마음은 종생난망(終生難忘)이다.

2005년 8월 31일
난봉산 아래에서
황 포

차 례

제2부 수양론

제3부 정치문화론

16

제1부 심성론

제1부 심성론

공자철학의 핵심 개념은 仁이다. 모든 도덕가치는 仁을 근거로 실현되고, 도덕행위 역시 仁의 자아실현을 통하여 구체화된다. 공자는 선의지인 仁에 대한 진실한 체험을 하였고, 자신의 체험을 근거로 인간의 존재가치를 정립하였으며, 성현 인격의 전범(典範)도 수립하였다. 더 나아가 천도에 대한 묵계(默契)를 근거로 천도의 의미를 도덕으로 규정하기도 하였다. 그러나 공자는 원융적인 태도로 성인(聖人)의 대이화지(大而化之)[1] 경계를 표현하였을 뿐, 한 개인이 성현의 인격에 이를 수 있는 내적 근거, 즉 도덕주체에 관해서는 명확한 이론적 설명을 하지 않았을 뿐만 아니라, 도덕주체의 실현 방법론에 관해서도 구체적인 설명을 하지 않았다. 공자는 이론적인 분석을 중시하지 않았다. 대체로 이론적인 분석방법은 미진한 부분이 있을 수밖에 없다. 공자의 종합적이고 원융적인 태도는 원만무애(圓滿無碍)한 경지를 표현하는 가장 좋은 방식이지만, 그것과 아울러 이론적 분석방법도 반드시 필요하다. 왜냐하면 도덕실천의 가능 근거, 즉 도덕주체가 모든 사람들에게 선천적으로 갖추어져 있

---

1) 맹자의 표현이다. 大를 일반적으로 '위대하다'로 번역하고, 化를 '승화'로 번역하지만, 이에 대해서는 약간의 설명이 필요하다. 정확하게 말하자면 맹자가 말한 大는 위대하지만 어느 한 면에 치우친 현자의 경계를 형용한 것이다. '진선미'를 들어 설명하면, 진이나 선 혹은 미의 경지에는 이르렀으나 진선미 삼자를 하나의 생명으로 승화하지 못한 현자의 경계가 大에 해당한다. 맹자는 大를 뛰어넘어 원만무애의 경지로 진입해야만 비로소 성인의 인격이라고 한다. 化가 바로 진선미를 하나로 승화한 성인의 인격에 대한 형용이다. ― 옮긴이 주.

음을 이론적으로 증명할 수 있으면, 이를 근거로 덕성을 수양할 수 있도록 격려할 때 더욱 강한 실천적 효과를 수반할 수 있기 때문이다. 맹자가 일생 동안 힘들여 노력한 작업은 바로 도덕실천의 가능 근거를 밝히는 것이며, 또 이를 어떻게 실현하는가에 관한 방법론이다.

맹자는 정과 반의 대립적 성격을 대비시켜 자신의 이론을 증명하였다. 다시 말하면 사욕에 대한 인간의 불만을 근거로 본심의 존재와 그 작용을 밝혔다. 다음 몇 구절의 내용을 살펴보면 맹자 이론 정립의 기본 태도를 알 수 있다.

사는 것도 내가 원하는 것이고, 의로움도 내가 원하는 것이다. 이 두 가지를 동시에 얻을 수 없다면 사는 것을 버리고 의로움을 취할 것이다. 사는 것 역시 내가 원하는 바지만, 원하는 것에 사는 것보다 더욱 강한 것이 있기 때문에 구차하게 삶을 연장하려고 하지 않는다. 죽는 것 역시 내가 싫어하는 바지만, 싫어하는 것에 죽는 것보다 더욱 강한 것이 있기 때문에 환난이 닥치더라도 이를 피하지 않는 것이다. 만일 사람이 원하는 것을 사는 것보다 더 강한 것이 없게 한다면, 무릇 살 수 있는 방법이라면 무슨 방법인들 사용하지 않겠는가? 사람들이 싫어하는 것을 죽는 것보다 더 강한 것이 없게 한다면, 무릇 환난을 피할 수 있는 짓이라면 무슨 짓인들 하지 않겠는가?[2]

지금 어떤 사람이 어린아이가 우물에 빠지려고 하는 상황을 순간적으로 보게 되면 깜짝 놀라 측은한 마음이 드는데, 이는 어린아이의 부모와 친교를 맺기 위함도 아니고, 마을 친구들로부터 칭찬을 받기 위함도 아니며, (어린아이를 구하지 않으면 잔인하다는) 소리를 듣기 싫어서도 아니다.[3]

맹자가 말하기를, "입이 맛있는 음식을 좋아하고, 눈이 아름다운 색을 좋아하고, 귀가 아름다운 소리를 좋아하고, 코가 향기로운 냄새를 좋아하고, 사지가 편안함을 추구하는 것은 본성이기는 하나, 그곳에는 운명적인 요소가 있기 때문에 군자는 性이라고 하지 않는다. 仁이 부자간에 실현되고, 義는 군신간에 있어야 하며, 禮가 손님과 주인간에 지켜져야 하고, 지혜로움은 현자가 밝히고, 성인이 천도를 실현하는 것은 운명이기는 하지만, 그곳에는 인간의 본성이 내재되어 있기 때문에 군자는 운명이라고 하지 않는다."[4]

---

2) 제2부 수양론 14 참고.
3) 제1부 심성론 11 참고.
4) 제1부 심성론 10 참고.

　사람의 육체생명은 각종 본능적인 작용을 선천적으로 갖추고 있다. 그러나 이러한 육체생명의 욕구가 인간생명의 전부는 아니다. 육체생명의 기능에서 보면, 인간은 다른 동물에 비해 약간 총명하거나 뛰어난 동물에 불과하다. 다른 동물보다 약간 총명한 존재라는 측면에서만 보면 감성의 욕구로부터 영원히 해방될 수 없을 것 같다. 그러나 맹자는 여러 가지 비유를 들어 도덕생명과 육체생명간의 충돌, 그리고 육체생명으로부터의 초월을 설명하였다. 두 종류의 대립적인 생명을 대비시켜, 우리에게는 육체생명의 욕구를 초월하려는 도덕의지의 욕구가 갖추어져 있음을 증명하였다. 앞 문장의 내용처럼 '삶을 연장하고자 하는 것'은 인간의 자연스러운 욕구이다. 그러나 사람들은 이러한 삶의 연장 욕구보다 더욱 강한 욕구를 갖고 있다. 그것이 바로 정의롭게 살고자 하는 도덕적 욕구이다. 죽음은 누구나 피하고 싶은 것이지만, 죽음보다 더 피하고 싶은 것이 있다. 그것이 바로 정의롭지 못한 삶을 사는 것이다. 또 사람들에게는 맛있는 음식을 먹고 싶어하고, 아름다운 여성과 멋있는 남성을 좋아하는 욕구가 있다. 그것 역시 인간의 본성이다. 그러나 군자는 이러한 자연적 본성의 욕구에 따라 방종하지 않는다. 군자는 도덕이성으로써 감성의 욕구를 절제한다. 우리의 인생은 기질의 청탁후박(淸濁厚薄)에 따라 좌우될 수 있고, 또 주어진 주변 여건에 영향을 받을 수도 있다. 그러나 군자는 결코 이러한 제한 때문에 도덕실천이라는 의무를 포기하지 않는다. 맹자는 이처럼 본성과 운명, 의로움과 사사로운 이익간의 대립으로부터 도덕심성의 작용이 선천적으로 내재되어 있음을 증명하고, 이러한 작용이야말로 모든 감성의 욕구를 초월할 수 있는 동력임을 증명하였다. 이러한 증명방식은 《맹자》 전편(全篇)에 거의 모두 두루 소개되어 있다. 맹자는 대립적 성격의 작용을 서로 대비시키는 방법을 사용하여 상대방을 반격하였다. 네가 자신의 행위를 뒤돌아 성찰해 보고서 '이 때 느껴지는 느낌이 어떤 모습인가' 네 스스로 관찰해 보라. 자신을 뒤돌아보고서 성찰할 수 있으면, 모든 사람이 바로 그 자리에서 도덕적 기개를 발산하여 감성의 욕구를 거절할 수 있을 것이다. 심지어 살신성인(殺身成人)과 사생취의(捨生取義)도 불사할 것이다. 우리의 지성으로써는 왜 이런 도덕적 기개가 나오는지 설명할 수 없다. 그러나 이러한 느낌은 시시각각 어떤 상황에서도 느낄 수 있고, 스스로 증명할 수 있는 사실적 정감이다. 맹자는 사람 생명의 순수함 그 자체가 바로 도덕의 본질이고, 그 도덕적 본질이 바로 사람으로 하여금 시비선악을 판별할 수 있게 하는 양지이며, 선을 실천하고 악을 제거할 수 있는 양능이라고 주장하였다. 양지와 양능은 태어나면서부터 갖추고 있는 도덕실천 능력이다. 즉, 양지와 양능은 선천적으로 구비되어 있는 것이지, 결코 후천적인 학습을 통하여 얻은 결과가 아니다. 또 도덕정신이 드러날 때 우리의 마음에는 기쁨과 만족이 충만하게 된다. 이러한 만족과 감성의 욕구로부터 나오는 만족은 확연히 다른 성격의 희열이다. 도덕적 희열과 만족은 어떤 대상을 획득하여 얻어지는 느낌이 아니라 우리의 마음이 스스로 자신의 활동에 대하여 자족감을 느끼는 정감이다. 즉, 양지 양능 때문에 얻어지는 자기 스스로의 기쁨이다. 이처럼 도덕의지는 모든 감성의 욕구를 초월할 수 있다. 따라서 인간 존재의 본성은 마땅히 도덕으로써 규정해야 한다. 즉, 감성의 욕구를 초월하는 도덕본심(선의지)이 바로 인간의 본성인 것이다. 이것이 바로 맹자 심성론의 요지이다. 맹자가 주장한 성선의 性이 모든 감성의 욕구를 초월하는 능력임을 절실하게 증명할 수 있으면 맹자 인성론은 결코 쉽게 동요되지 않을 것이다. 사실 극악무도한 사람일지라도 양심이 불안할 때가 있다. 양심의 불안은 선성(善性)의 현현에 대한 직접적인 증거이다. 사람이 악하게 된 것은 단지 사욕에 도덕본심이 가려졌기 때문이다. 따라서 단지 본심의 본래 상태를 보존하고, 시시각각 본심의 요구를 완성하려는 의지를 보이면 어떤 사람도 도덕을 실천하려는 의지가 바로 인간의 진정한 본성임을 깨닫게 될 것이다. 이로부터 더 나아가 선악을 판단할 수 있고, 또 선을 실천하고 악을 제거할 수 있는 능력은 선천적으로 구비되었다는 사실로부터 천지 역시 도덕을 본성으로 삼고 있음을 자각할 수 있다. 이것이 바로 맹자가 말한 "본심을 충분하게 실현하면, (자신의 존재 근거인) 본성을 알 수 있다. 본성을 알면 하늘의 원리를 알 수 있다"[5]의 진정한 의미이다. 선악을 판단할 수 있고, 선을 실천할 수 있으며, 악을 제거할 수 있는 능력이 인간의 본성이라면 모든 사람이 성현의 인격을 추구할 수 있고, 완성할 수 있다. 또한 성현의 인격은 사람이라면 반드시 추구해야 할 목표이다. 만일 추구하지 않는다면 자신의 본성을 충분히 실현하지 않은 것이다. 다시 말하면 성현의 인격세계를 희구하지도 않고, 자각 성찰하려는 노력을 하지 않는다면 근본적으로 '인간'이라는 호칭을

---

5) 제1부 심성론 1 참고.

붙일 자격도 없다. 따라서 맹자는 "인간이 금수와 다른 것은 거의 없다. 일반 사람은 (금수와 다른) 그것을 버렸고, 군자는 그것을 간직하였다"⁶고 주장하였다. 금수와 인간을 구별할 수 있는 근거를 간직하지 않고 버렸다면 과연 그 사람과 금수의 차이는 무엇일가? 동서고금의 역사를 통하여 과연 몇 사람이나 금수라는 비판으로부터 자유로울 수 있을까? 맹자가 한편으로 성현의 인격을 이룰 수 있는 초월적 근거를 제시하고, 다른 한편으로는 도덕의 존엄성과 위대함을 세워 인생의 목적을 밝힌 이유가 바로 여기에 있다.

인간의 도덕의지(도덕주체)가 인간의 본성이며, 본성이 성현 인격 완성의 근거임을 깨달은 후에는 반드시 위대한 성현의 길을 가려고 노력해야 한다. 절대 다른 길을 가서는 안 된다. 이는 인생의 당연이고 필연이기 때문에 어디에 숨을 수도 없다. 우주에 성현의 인격을 수양하는 길보다 더 광대한 길이 있는가? 맹자는 이러한 인생의 이상을 "천하의 넓은 곳에 거처하고, 천하의 올바른 위치에 서고, 천하의 위대한 도를 실천한다"⁷고 표현하였다. 천하의 대도(大道)를 걷고자 하면 시시각각 자신의 감성적 욕구를 극복하면서 도덕심을 드러내야 한다. 그러나 천하의 대도 실현은 다른 사람에 의지할 수 없다. 모든 도덕가치 실현은 자신의 의지에 달려 있다. 네가 하고자 하면 그곳에서 곧 드러날 것이고, 너에게 그러한 의지가 없으면 양심은 바로 숨어 드러나지 않는다. 그렇다면 어디에서 공부(工夫)를 시작할 것인가? 대아(大我)와 소아(小我), 대체(大體)와 소체(小體), 천작(天爵)과 인작(人爵), 의로움(義)과 사사로운 이익(利), 본성(性)과 제한(命) 등이 대립하는 곳에서 공부를 시작해야 한다. 만일 이곳에서 네가 의로움과 사사로운 이익을 분별하여 육체생명인 소아로부터 빠져 나와 도덕생명인 대아를 수립할 수 있으면 당당한 군자의 인격을 수립할 수 있다. 일단 대체가 건립되면 사사로운 욕망과 일시적으로 유행하는 사설(邪說) 등은 너의 본심을 오염시킬 수 없다. 너는 본심의 작용을 근거로 사악을 똑바로 바라보아야 하고, 어두움을 비추어 모든 죄악으로 하여금 숨을 곳이 없게 해야 한다. 이러한 도덕적 성찰과 실천을 장기간 지속하면 마음속에는 천지를 올바르게 세우려는 호연지기(浩然之氣)가 충만하게 되며, 자신의

6) "人之所以異於禽獸者幾希, 庶民去之, 君子存之."〈離婁 下 19〉
7) "居天下之廣居, 立天下之正位, 行天下之大道."〈滕文公 下 2〉

생명이 곧 우주의 생명임을 느껴 천지와 서로 감통하고 동류(同流)할 수 있다. 모든 것은 위로 향상하려는 본심의 작용으로부터 드러난다. 따라서 모든 수양 공부의 집합처는 본심을 회복하는 곳으로 귀결된다. 본심을 잃게 되는 원인은 감성 욕망에 의한 은폐에 있다. 따라서 본심의 회복은 감성의 욕망으로부터 초월 여부에 달려 있다. 감성의 욕망을 초월할 수 있는 유일한 근거는 바로 자신의 도덕본심이다. 아직 완전히 없어지지 않은 양심을 자각하고, 시시각각 성찰하여 자신의 본래 면목을 안으로 증명하고, 순수한 적자지심(赤子之心)을 보존해야 한다. 일단 감성의 욕망이 느껴지면 깜짝 놀라는 마음으로 자신의 행위를 되돌아보아야 한다. 욕망에 끌려가지 않으려면 강인한 용기와 태산의 바위처럼 굳은 기개가 필요하다. 이것이 바로 맹자만의 특성이고, 공자와 다른 점이다. 공자가 표현한 것은 사사로움에 치우치지 않은 중행(中行)의 성인 생명을 실천하는 것이었다. 반면 맹자는 反으로 입수하여 正을 드러내고, 도덕본심을 수립하여 곧고 위대한 기개를 드러내고자 하였다.

이곳에서 필자가 선택한 심성천(心性天)에 관한 주요 문장은 비록 짧지만 그 의미는 심원하기 때문에 많은 설명이 필요하다. 그 중 '진심지성지천(盡心知性知天)' 장은 맹자 내성(內聖) 학문의 강령이다. 따라서 가장 앞에 놓고 많은 해설을 하였으며, 심성론 부분의 총론으로 삼았다.

1. 마음을 확충하여 본성을 깨닫고, 천도를 깨닫는다(盡心知性知天)

맹자가 말하기를, "본심을 충분하게 실현하면, (자신의 존재 근거인) 본성을 알 수 있다. 본성을 알면 하늘의 원리를 알 수 있다. 본심의 본래 모습을 잘 간직하고, 본성에 순응하는 것이 하늘을 섬기는 방법이다. 수명의 길고 짧음에 따라 마음을 달리하지 않고, 자신의 덕성을 수양하면서 운명을 기다리는 것이 운명을 올바르게 세우는 방법이다."

孟子曰 : "盡其心①者, 知其性②也. 知其性, 則知天③矣. 存④其心, 養⑤其性, 所以事天也. 夭壽不貳⑥, 脩身以俟之, 所以立命⑦也."〈盡心 上1〉

◁ 주 해 ▷

① 心 : 도덕본심을 지칭한다. '盡其心'은 '인의예지를 내용으로 하는 본심을 완전하게 실현하다'의 의미이다.
② 性 : 성선의 도덕본성을 가리킨다. 맹자는 본성의 내용을 도덕의미인 인의예지로 규정하였다.
③ 天 : 천도 혹은 천리.
④ 存 : 꼭 잡고서 놓지 않는다.
⑤ 養 : 본성의 작용에 역행하지 않고 순응한다.
⑥ 夭壽不貳 : 수명의 길고 짧음에 따라 마음을 바꾸지 않는다.
⑦ 立命 : 운명을 확립하다. 즉, 주관적인 의지로써 어찌할 수 없는 객관적인 제한의 의미를 올바르게 정립한다.

◀ 해 설 ▶

맹자는 이 장에서 유가철학의 기본 성격 중의 하나인 내성(內聖)의 강유(綱維)를 짧으면서도 종합적으로 설명하고 있다. 아마 맹자만이 이처럼 적절한 표현을 할 수 있을 것이다. 이 장은 세 단락으로 구성되어 있기 때문에 세 부분으로 나누어 설명하겠다.

(1) 盡心知性知天

心은 인간생명 활동의 주재자이고, 性은 心의 원리이며, 天은 절대적 가치 존재인 천도이다. 心으로부터 性을 말하고, 다시 天을 말하는 것은 심령의 입체적인 향상의 방향을 제시한 것이다. 즉, 心에서 性으로, 다시 天으로의 향상은 주관으로부터 객관을 지향하고, 다시 절대의 경지로 진입하는 과정이다. 만일 어떤 사람이 도덕과 종교의 영역에서 이처럼 초월적인 향상을 부단히 전개한다면 그 사람의 생명은 결코 세속의 천박한 평면적인 삶에 안주하지 않을 것이다. 이른바 '입체적 생명'이라는 것은 시시각각 초월적 가치를 지향하면서 향상해 나가는 생명의 활동을 의미한다. 다시 말하면 항상 불안불인(不安 不忍)의 마음을 간직하고, 일상생활 속에서 물욕을 극복하며, 이해득실에 따라 마음이 좌우되지 않고, 도리와 덕성에 따라 행동하는 것이 바로 생명의 입체적인 모습이다. 이로부터 다시 일보 전진하여 하늘의 마음을 체득하고, 초월적인 도체와 서로 묵계한다.

맹자는 이 장 제1절에서 인간의 진정한 생명정신을 제시하였다. 만일 자신의 마음을 완전하게 실현할 수 있으면, 바로 그 자리에서 사람이 사람일 수 있는 근거, 즉 본성의 의미를 알 수 있다. 더 나아가 자신의 본성을 알 수 있으면, 만물의 본원인 천도의 의미가 무엇인지를 알 수 있다. 이러한 깨우침이 있은 후에 비로소 우리는 자신의 인생가치를 긍정할 수 있고, 우주의 존재가치를 적극적으로 드러낼 수 있다. 본성과 천도의 의미를 밝힐 수 있으면, 진정한 생명의 근원을 열 수 있고, 생명의 근원은 일단 열려지면 무엇으로도 막을 수 없는 강물처럼 도도히 흘러간다. 하나의 생명에서 입체적이고 초승적인 활동이 전혀 없다면 그 사람의 생명은 영원히 육체라는 껍데기(軀殼)에 지나지 않을 것이다.

그렇다면 진정한 생명의 원천은 어떻게 해야만 열 수 있는가? 맹자는 '오로지 마음의 자각을 통해서만 가능하다'고 하였다. 마음의 자각은 진심활동의 시작이다. 진심과 지성의 관계에서 진심은 지성의 충분조건이다. 지성해야만 지천이 가능하기 때문에 진심이야말로 지성과 지천의 관건이다. 다시 말하면, 진심이라는 주관적인 활동이 곧 객관적인 성리의 드러남이고, 동시에 절대적인 천도의 실현이다. 따라서 진심이라는 활동 없이는 결코 性과 천도를 알 수 없다. 지성의 지(知)는 지각의 활동이 아니다. 지성과 지천은 진심이라는 실천을 통하여 얻은 결과이지 결코 이성의 사유를 통한 추론이 아니다. 오로지 실천만이 性과 천도를 드러낼 수 있는 유일한 길이다. 따라서 진심은 성리와 천도의 구체적인 실현이다. 性과 천도가 진심으로부터 드러나기 때문에 진심은 지성과 지천의 유일한 통로이다. 만일 성리와 천도를 자신의 주관적인 실천으로 드러내지 못한다면 성리는 성리로서만 존재할 뿐 자신과 아무런 관련을 맺지 못하게 된다. 다시 말하면 성리는 성리이고, 천도는 천도이며, 나는 나일 뿐이다. 성리와 천도는 이성의 사유대상이 아니기 때문에 어떤 인식활동도 불필요하다. 오로지 자신의 도덕생명활동 중에서만 성리와 천도의 진의를 깨달을 수 있다. 진심과 지성 및 지천으로 나눌 수 있지만, 모두 진심을 통하여 그 진정한 의미가 드러나기 때문에 '심성천' 삼자는 일자라고 할 수 있다. 지성과 지천은 性과 천도가 자신을 드러내는 자명(自明)과 자각(自覺) 및 자증(自證) 활동이다.

그렇다면 진심의 心은 어떤 心인가? 이 心은 어떤 성격의 心이기 때문에 진심하면 성리와 천도를 드러낼 수 있는가? 맹자가 말한 진심의 心은 당연히 도덕본심을 지칭한다. 心을 총괄적으로 표현하면 본심이고, 나누어서 말하면 사단지심이다. 측은지심은 仁의 단초이고, 수오지심은 義의 단초이다. 사양지심은 禮의 단초이고, 시비지심은 智의 단초이다. 진심은 이러한 사단지심을 밖으로 확충하여, 仁의 가치를 극점까지 실현하고, 義와 禮 및 智의 가치 역시 극점까지 실현하는 과정이다. 仁의 가치가 극점에 이르면 사랑하지 않음이 없고, 義의 가치가 극점에 이르면 올바르지 않음이 없으며, 禮의 가치가 극점에 이르면 공경하지 않음이 없고, 智의 가치가 극점에 이르면 밝지 않음이 없게 된다. 측은과 수오, 그리고 사양과 시비는 마음의 활동이고, 인의예지는 도덕의 원리이다. 사단지심의 활동이 바로 객관적인 理 자신의 드러남이다. 우리는 사단지심을 실현하는 과정 중에서 자기자신이 인의예지를 실현하는 주체임을 깨달을 수 있다. 인의예지 등의 도덕원리는 본심이 스스로 발출한 것이고, 인의예지를 실천하는 활동은 본성의 활동이기 때문에 일단 진심하면 자신이 인의예지의 도덕을 본성으로 하는 존재임을 알 수 있다. 진심의 활동을 통하여 드러나는 것은 인의예지의 도덕본성이지 결코 생리적인 본능이 아니다. 인간의 생리적 본능은 가치론적인 관점에서 보면 금수와 질적인 차별이 없다.

인의예지의 도덕본성은 오로지 인간만이 갖추고 있다. 여기에서 인생의 의의와 가치를 발견할 수 있다. 또한 사단지심의 확충활동 중에서 생리적 본능은 어떠한 위치도 확보하지 못하기 때문에 고려의 대상이 아니다. 도덕실천을 통하여 사단지심을 확충하면 드러나는 것은 오로지 인간이 인간일 수 있는 근거인 도덕본성뿐이다. 도덕실천에 종사하지 않으면 인간은 금수와 본질적 차별이 없는 순수한 감성적 존재로서 아무런 초월적 의의와 가치를 갖지 못한다. 사단지심을 확충하여 한 오라기의 미진함도 없을 때, 사단지심의 발현이야말로 인간으로서 마땅히 해야 할 활동이며, 인의예지의 도덕본성이야말로 인간의 진정한 본성임을 깨닫게 된다. 이 때 진정한 인간으로서 존재할 수 있으며, 이전에 느껴 보지 못한 마음의 희열과 만족을 가질 수 있다. 이 때의 만족은 세상의 그 무엇으로도 바꿀 수 없는 내심의 만족이다.

또한 진심의 도덕실천 중에서 진심의 무한 역정을 발견하게 된다. 진심의 대상은 제한이 없기 때문에 활동의 범위를 획정할 수 없다. 비록 인간의 육체 생명과 역량에 어떤 한계가 있을지라도 우주의 모든 존재는 본심의 활동 영역에 포함된다. 하나의 미세한 존재도 빠뜨리지 않고, 천지만물 화육의 지극한 경지에 이른 후에 본심의 활동은 절대 보편적인 의의를 갖게 된다. 이것이 바로 진심의 활동 중에서 얻을 수 있는 천도에 대한 자각이다. 만일 진심의 활동을 배제한 채 오로지 이성으로서만 천도를 사유한다면 천도는 기계적인 자연 법칙에 불과할 것이고, 우주는 맹목적인 거대한 물질에 불과할 것이다. 이러한 물질의 생멸과정과 법칙은 도덕과 아무런 관련이 없다. 물질적 자연법칙과 우주는 모두 결정된 것에 불과하다. 그러나 도덕실천에 일단 종사하면 자연법칙에 지배되는 물질의 우주는 도덕주체의 자아실현 무대로 변모되어 도덕적 의의를 갖게 되며, 우주의 모든 존재와 그 생화활동 역시 도덕적 의미를 부여받는다. 진심의 활동을 떠나서는 우주의 진정한 의미를 발견할 수 없다. 오로지 도덕실천을 통해서만 우주의 가치론적 의미가 드러난다.

이처럼 지성과 지천은 반드시 진심이라는 도덕실천이 전제되어야만 가능하다. 心과 性 및 天의 내용은 사실상 동일하다. 단지 명칭과 분계만이 있을 뿐이다. 진심의 활동에서 心과 性 및 天은 서로 거리가 없기 때문에 진심의 과정에서 心의 자기실현이 곧 성리의 활동이며, 절대적인 천도의 활동임을 발견하게 된다.

또한 진심의 활동은 주체 스스로 자발적인 의지에 의하여 진행되고, 자율적인 결정으로 실행된다. 心의 실현에는 어떤 외적인 표준과 법칙도 있을 수 없다. 법칙과 표준은 본심 스스로 결정하기 때문에 진심은 자율적인 활동이다. 그렇다고 초월적인 천도의 존재를 부정하는 것은 아니다. 단지 천도의 의의는 자신의 도덕실천을 통하여 드러나기 때문에 천도는 결코 인간의 의지에 제한을 가하거나 명령하는 존재가 아님을 나타내는 것일 뿐이다. 공자가 말한 "인간이 도를 드러내 밝히는 것이지, 도가 인간의 가치를 밝히는 것이 아니다"[8]는 바로 이 점을 지적한 것이다. 진심하지 않으면 천도는 드러나지 않고, 일단 진심하면 천도는 진심의 활동을 통하여 표현된다. 진심 여부는 자신의 의지에 결정될 뿐이다. 따라서 진심하려고 하지 않으면 천도 역시 인간을 어찌할 수 없다. 그러나 진심하려고 하면 천도 역시 진심의 활동을 방해할 수 없다.

(2) 存心養性事天

진심은 도덕본심을 밖으로 확충하는 공부다. 진심할 수 있으면 비록 천도일지라도 본심의 활동을 방해할 수 없고, 또 본심과 따로 작용할 수 없다. 따라서 진심하면 천지의 화육에 참여할 수 있으며, 위 아래로 천지와 함께 유행할 수 있다. 이렇게 할 수 있다면 다른 수양공부는 불필요하다. 그러나 현실의 인간 존재는 유한적일 수밖에 없다. 또 감성 욕망의 제한이 없을 수 없다. 감성의 욕망은 본심의 자연스러운 발현을 저해할 수 있고, 심지어 본심의 본래 모습을 상실하게 할 수도 있다. 이 때 본심을 보존하는 후천적인 공부가 필요하다. 본심을 보존한 후에 다시 밖으로 확충해야 한다. 맹자철학에서 후천적으로 본심을 보존하는 수양공부가 바로 존심양성(存心養性)이다. 이른바 존심이라는 것은 본심을 주체 안에 잘 간직하여 본래의 선성(善性)을 상실하지 않도록 하는 공부이다. 존심의 방법은 두 방면으로 나누어 설명할 수 있다. 하나는 소극적인 방법으로서 감성의 욕망을 절제하는 것이다. 감성의 욕망을 적게 하면 욕망에 본심이 몽폐(蒙蔽)당하지 않을 수 있다. 때문에 맹자는 "양심을 배

---

8) "人能弘道, 非道弘人."《論語》〈衛靈公 28〉

양함에 있어 욕망을 적게 하는 것보다 좋은 방법은 없다. 그 사람됨이 욕망이 적으면 (본심을) 보존하고 있지 않을지라도 (과실이) 적다. 그 사람됨이 욕망이 많으면 본심을 보존하고 있을지라도 (선을 행함이) 적다"[9]고 하였다. 다른 하나는 적극적인 방법으로서 시시각각 자신을 경책(警策)하여 본심의 작용을 일깨워 주는 것이다. 맹자는 "心이라는 기관은 자각을 하며, 자각을 하면 도리를 얻고, 자각하지 못하면 도리를 얻지 못한다"[10]고 하였다. '본심을 잃어버렸다'는 사실을 자각할 수 있으면, 바로 그 자리에서 자신을 성찰하여 본심의 본래 작용을 회복할 수 있다. 이것이 바로 맹자가 말한 '잃어버린 본심을 구하는 것(求其放心)'이다. 사실 본심의 본래 작용을 회복하는 것도 본심 자신이다. '본심을 잃어버렸다'는 사실에 대한 자각이 바로 본심의 드러남이다. 드러난 본심의 실마리를 더욱 분명하게 하면 본심은 보존된다. 또한 본심을 충분히 발현하면 다시는 잃어버리지 않는다. 본심의 발현이 불충분하기 때문에 부족함을 느끼고, 이 부족함에 사욕이 편승하기 때문에 시시각각 성찰하여 본심의 발현상태를 살피는 것이다. 이 성찰의 공부는 한시라도 망각해서는 안 된다.

양성(養性)은 본래 갖추고 있는 선성을 함양하는 것이다. 즉, 감성생명의 욕망에 본성의 작용이 침해받지 않도록 하는 것이다. 선성을 함양하고 해침을 당하지 않게 하면 본성의 순수성을 유지하여 성현의 경지에 이를 수 있다. 이러한 양성공부도 心에서 할 수밖에 없다. 心에서 하지만 그 수확은 본성에서 나타난다. 양성의 방법은 본심의 요구를 위배하지 않는 것이다. 시시각각 의로움을 축적(集義)하면 머지않아 마음이 광명정대하게 되고 호연지기를 얻을 수 있다. 본심이 광명정대하게 되면 스스로 자신을 성찰하여 자신의 본성을 윤택하게 할 수 있는데, 이것이 바로 양성이다. 양성하면 자신의 도덕실천 활동은 날로 증가하여 다함이 없게 된다. 만일 본심이 싫어하는 일을 하게 되면 본성 역시 날로 쇠퇴하여 종극에는 금수와 다를 바 없는 지경에 이르게 된다.

존심하여 양성함으로써 하늘을 섬긴다. 본심을 살피고 본성의 선성을 함양할 때 천도의 운행을 위반한다는 것은 감히 생각할 수도 없다. 이는 《중용》의

---

9) "養心莫善於寡欲. 其爲人也寡欲, 雖有不存焉者寡矣. 其爲人也多欲, 雖有存焉者寡矣." 〈盡心 下 35〉
10) "心之官則思, 思則得之."〈告子 上 15〉

'항상 두려워하고 조심하는' 신독(愼獨)과 같은 의미이다. '신독'은 자신이 사사로운 욕망에 지배당할 수 있는 존재이며, 천리에 순응하지 않아 위험에 빠질 가능성이 있는 존재임을 자각하는 것이다. 때문에 항상 자신을 두려워하고 조심하는 것이다. 무엇을 두려워하는가? 바로 존심할 수 없고, 양성할 수 없음에 대한 두려움과 조심이다. 이 때 心과 性 사이에는 일정한 거리가 있으며, 인간과 하늘도 서로 대립하는 모습을 연출한다. 천도는 위엄한 자태로 자신 위에 놓여져 있고, 자신은 조심하는 모습으로 천도를 따른다. 이는 마치 아들이 아버지를 섬기고, 신하가 임금을 섬기면서, 감히 그 명령을 위반할 수 없는 것처럼 보인다. 반드시 이렇게 해야만 그 삶을 더럽히지 않을 수 있고, 하늘을 우러러보아도 부끄러움이 없을 수 있다.

　　존심하고 양성함으로써 하늘을 섬기는 공부는 비록 하늘과 인간이 서로 대립하는 모습을 연출하고, 본심과 본성 사이의 간격을 있게 하지만, 이는 본심을 다하여 본성과 천도에 가깝게 접근하게 하는 것이다. 혹자는 이곳에서 한 가지 오해를 한다. 존심양성의 수양공부를 비교적 낮은 층차의 공부로 간주하여 상등(上等)의 근기를 소유한 성현에게는 필요 없다고 생각한다. 그러나 절대 그렇지 않다. 인간이 감성생명을 갖고 있는 한 존심양성은 본성과 천도의 존엄성을 드러내는 필수적인 공부이다. 이 공부에는 성현과 범인의 구분이 없다. 성현은 찌꺼기가 적어 자각하면 바로 변화시킬 수 있고, 범인은 막힘이 많아 자신을 극복하는 공부가 필요할 뿐이다. 존양의 공부가 있은 후에 본심은 시시각각 사욕이 개입되지 않은 순수한 도덕정감을 드러낼 수 있다. 따라서 '존심양성사천'은 '진심지성지천'을 가능케 하는 공부라고 할 수 있다. 다시 말하면 '존심양성사천'의 수양공부가 전제되어야만 비로소 '진심지성지천'이 가능할 수 있다. 이렇게 보면 '존심양성사천'과 '진심지성지천'은 한 가지 일의 두 측면인 것이다.

(3) 夭壽不貳, 脩身以俟以立命

　　진심지성과 존심양성은 순수한 도덕심령에 관한 일이다. 즉 '개인이 어떻게 심성을 보존하고 간직하여 도덕실천에 종사하는가'에 관련된 수양공부이다. 진실로 진심할 수 있으면 본심의 선성을 거침없이 발현할 것이고, 본심의 발현에 어떤 장애도 있지 않을 것이다. 또 완전히 자신의 능력에 의지할 뿐 외적인 요소에 지배당하지도 않는다. 원론적으로 말하면 객관세계의 상황은 진심에 영향을 주지 않는다. 그러나 현실상의 존재는 반드시 선천적인 제한(기품의 청탁후박과 재능의 賢愚)을 받을 수밖에 없다. 이러한 제한은 기화(氣化)의 유행에 의하여 결정된 것이다. 또 인간은 이 세계에서 생활하면서 자연과 인사(人事) 등의 객관세계와 떨어져 살 수 없다. 일단 접촉하게 되면 각종의 상황이 발생한다. 예를 들면, 생사(生死)·길흉(吉凶)·빈부(貧富)·성패(成敗) 등인데, 이러한 상황은 우연적이기 때문에 필연의 원리가 있을 수 없다. 따라서 진심과 존양의 수양공부를 자율적으로 진행할 수는 있지만, 이러한 객관적인 제한(기화의 유행에 따라 결정된 상황)은 주체의 결정에 영향을 끼칠 수 있다. 인간은 객관적 제한을 감지할 수 있고, 또 객관적인 제한 앞에 무기력할 수도 있다. 이것이 바로 운명(命)이다.

그러나 운명의 제한은 모든 노력을 다한 연후에야 그 진면목을 볼 수 있다. 왜냐하면 노력에 따라 객관적인 제한은 어느 정도 개변될 수 있기 때문이다. 따라서 환경을 개변시킬 수 있는 가능성이 존재할 때는 운명이라는 말을 할 수 없다. 오로지 자신의 능력을 다했음에도 불구하고 어찌할 수 없는 느낌을 받았을 때 운명이라는 존재에 대한 진정한 인식을 할 수 있다. 때문에 《역경》에서는 "도리를 궁구하고 본성을 다함으로써 운명에 이른다"[11]고 한 것이다. 궁리하고 진성했음에도 불구하고 능력의 부족 때문에 제한을 떨쳐버리지 못했을 때 자신의 운명을 자각할 수 있고, 또 운명을 올바르게 세울 수 있다. 따라서 운명이란 적극적인 노력을 한 후에 알 수 있다. 우리는 이곳에서 유가철학에서 긍정하는 운명의 적극성과 엄숙성을 발견할 수 있다. 운명에 대한 의미를 자각하였을 때 비로소 유학의 전체적인 의리의 규모를 알 수 있다.

원리 측면에서 말하면, 인간의 도덕실천활동이 곧 천도의 현현이다. 천도의 현현은 신묘하여 미치지 않는 곳이 없기 때문에 어떤 방해를 받지 않고 하고자 한 바를 성취할 수 있어야 한다. 그러나 사실상 우리는 현실적인 조건에 의해 제한을 당하고, 이러한 제한을 받을 때 실망감을 억누를 수 없어 '진심하면 하늘도 어찌할 수 없다'는 자신감으로부터 한 발 후퇴하여 자신의 유한성

---

11) "窮理盡性以至於命."〈說卦〉

과 무지를 철저하게 자각한다. 우리는 자신의 능력과 노력에 대하여 자신하다가 어느 날 모든 노력을 다했음에도 불구하고 무기력함을 체험하였을 때 자기의 능력과 노력에 실망한다. 본래 제한은 천도와 무관하다. 제한은 기화의 유행에 의하여 결정된다. 그러나 기화의 유행이 천도에 의해서 주재되는 것이기 때문에 기화의 유행 때문에 발생한 각종의 상황에 대하여 천도를 대면하는 것과 같은 심정을 갖는다. 이 때 생기는 정감이 바로 두려움과 조심 그리고 경건함이다. 이러한 상황에서 우리가 할 수 있는 것은 모든 것을 놓고서 마음을 가라앉혀 자신에 대한 기화의 제한이 바로 천도의 명령이며, '이 명령은 내가 위반할 수 없는 것이다'라고 판단하고서 수용하는 것이다. 이것이 이른바 '운명 아닌 것이 없다(莫非命)'는 말의 진의이다. 천도가 나에게 이렇게 명령하였다면 나 역시 그렇게 하면 되는 것이다. 이 때 우리는 모든 인위적인 조작과 생각을 깨끗이 정리하여 초월적인 천도와 교감한다. 모든 득실과 성패는 허공에 흘러가는 한 점의 구름과 같다. 이렇게 함으로써 소극적인 운명의 제한은 반대로 자신의 사사로운 욕념을 극복하여 절대적인 천도에게 귀의하게 하는 작용을 한다. 물론 이 때 세간에서 발생한 어찌할 수 없는 일에 대하여 여전히 유감이 있을 수 있지만, 이 유감이라는 것은 '나라는 의식이 없는 우주의 비정함'일 뿐이다. 우주의 비정 역시 情이라고 할 수 있지만 이미 감성의 정감이 아닌 세간의 이해득실이 완전히 제거된 순수 그 자체인 애절한 심정이다. 애절하고 비통한 심정이 들 수 있지만, 이 정감은 이미 한때의 득실에 대한 비참함이 아니다. 오히려 애절하고 비통한 심정은 자기의 생명을 윤택하게 할 수 있고, 순간적으로 자신의 생명으로 하여금 유한성을 초월하여 천도의 영역으로 진입하게 할 수 있다. 이 때 생명은 편안함을 느끼게 된다. 이것이 바로 초자각이며, 모든 것을 내놓은 안명(安命)이다.

안명하는 순간 우리는 세간에서 자기와 조우하는 모든 상황(궁핍과 통달 그리고 요절과 장수)이 천도에 의해서 결정된 운명이라는 것을 깨닫는다. 따라서 운명의 순조로움과 역행 때문에 천도에 대하여 두 마음을 갖지 않고, 또 천도의 운행에 대하여 의심하지도 않는다. '요절과 장수 그리고 운명의 길흉이 서로 같지 않음에 대하여 두 마음을 갖지 않는다'는 어떤 상황에서도 하늘이 내게 부여한 본심과 성선을 근거로 모든 일을 처리한다는 의미이다. 설사 내가 하루를 산다고 할지라도 하룻동안 마땅히 해야 할 일을 다하고, 운명이 어떠하건 관계 없이 내가 모르는 것은 모르는 대로 한쪽에 놓고서 내가 마땅히 해야 할 일만을 하면 된다. 본심과 성선의 性에 의하여 실천하는 활동이야말로 내가 굳게 신뢰한 것이고, 또 천도가 창조한 활동이다. 운명의 서로 다름이 천도에 대한 나의 신뢰에 영향을 주지 않으면 마땅히 계속 그렇게 실천해 나가야 한다. 사람의 도리는 仁과 義이다.

　우리가 인의를 실천해야 하는 것은 이미 정해져 바꿀 수 없다. 이 때 우리는 또 자기를 잊고서 운명을 편안한 마음으로 받아들이는 경지로부터 일보 전진하여 운명의 한계를 바로 보고 자신을 과대평가하지 않는다. 다른 한편으로는 자신을 너무 과소평가하지 않고 용감하게 분투한다. 여기에서 바로 운명의 제한이라는 것이 단지 우리의 객관적인 사업에 대한 성패와 사사로운 사욕만 제한할 뿐 결코 주관적인 덕성생명의 완성까지 제한하지 못함을 알 수 있다. 운명의 제한이 우리의 성덕(成德)활동을 제한할 수 없다는 바로 인간 주체 정신의 충만과 무한성을 반증하는 것이다. 운명이 열악하면 열악할수록 인간 덕성생명의 존귀함은 더욱 부각된다. 이로부터 우리의 덕성활동이 절대적 가치를 갖고 있음을 발견할 수 있다. 우리는 결코 어떤 이익과 효과를 얻기 위하여 덕성실천에 종사하는 것이 아니다. 운명의 길흉은 우리가 알 수 없는 영역이다. 설사 덕성활동이 장차 자신에게 불리한 결과를 초래할 수 있고, 또 심지어 죽음까지도 초래할 수 있음을 분명히 알고 있을지라도 심성의 명령대로 실천할 뿐이다. 왜냐하면 이러한 활동이야말로 바로 우리가 마땅히 해야 할 일이고, 또 어떤 사람도 위배할 수 없는 의무이기 때문이다. 이 때 우리의 눈에 보이고, 마음으로 생각하는 것은 단지 義와 不義일 뿐 절대 이로움과 불리함이 아니다.

　운명이 열악하면 열악할수록 도덕실천의 가치가 더욱 돋보이고, 또 도덕의지의 순수성이 더욱 부각된다. 만일 운명이 순조롭게 풀리면 천하를 교화할 수 있고, 운명이 순조롭게 풀리지 않으면 자기의 몸을 올바르게 간직한다. 이것이 안 되면 저것을 이루고, 저것이 안 되면 이것을 성취한다. 만일 자기에게 불행한 운명이 닥치면 그것을 하늘이 나로 하여금 덕성을 수양케 하는 명령으로 간주한다. 우리에게 객관적이 제한이 없으면 그 객관적인 제한을 극복할 수 있는 덕성도 없다. 이럴진대 어떻게 운명의 열악 때문에 하늘을 원망할 수 있겠는가? 때문에 공자는 백이숙제의 인격을 논하면서 "仁을 추구하여 仁을 얻었는데, 또 무슨 원망을 하겠는가"¹²⁾라고 한 것이다. 비록 태공망이 그들을 대신하여 의분을 느껴 천도에 대하여 의문을 가졌지만 백이숙제 자신들은 결코 그렇지 생각하지 않았을 것이다.

운명의 열악은 오히려 인류 정신가치의 위대성을 드러낼 수 있지만, 사람들은 당연히 순조로운 운명을 바라고, 또 그 도를 크게 행할 수 있는 날이 오기를 희망한다. 그러나 현실은 그렇지 않기 때문에 사람들은 비탄한 심정을 면할 수 없고, 천도 역시 너무 과분하다는 느낌을 지울 수 없는 것이다. 그러나 운명의 순조로움에 대한 희망은 마땅히 덕성을 수양하면서 가져야 한다. 노력을 하지 않는 희망은 의미가 없다. 앞에서 수신과 덕성 실천활동은 우리의 의무이므로 운명의 차이 때문에 거역할 수 없음을 밝혔다. 수신과 덕성활동을 통하여 도를 크게 실현할 수 있는 날이 빨리 오기를 희망한다. 그 날이 오든지 안 오든지 모두 자신의 의지와는 상관없는 운명의 영역에 속한 것들이다. 그러나 나는 분투하여 노력하면 그 날이 좀더 빨리 올 수 있을 것이라고 확신한다. 다시 말하면 우리의 노력은 이상세계의 강림을 재촉할 수 있다. 우리의 인생이 한계가 있기 때문에 설령 이상세계의 도래를 볼 수 없을지라도 지금의 덕성실천은 미래 세대에 영향을 미쳐 그들의 노력을 유발할 수 있기 때문에 이상세계는 반드시 실현될 수 있을 것이다. 이것이 바로 맹자가 등문공(藤文公)에게 말한 "진실로 선을 하면 후세 자손은 반드시 왕자의 지위를 가질 것이다"¹³⁾의 의미이다. 이처럼 우리의 수신활동은 한편으로는 무한한 비애를 수반하기도 하지만, 또 다른 한편으로는 무한한 희망도 갖게 한다. 이것이 바로 "자신의 덕성을 수양하면서 운명을 기다린다"의 진정한 의미이다.

속어의 '盡人事待天命'이 바로 '수신하면서 이상세계의 도래를 기다린다'와 같은 의미이다. 자신이 할 수 있는 일을 다하고 나서야 비로소 천명의 안배를 수용할 수 있는 마음을 갖게 된다. 그러나 맹자는 이곳에서 운명의 제한에 대해서는 강조하지 않았다. 맹자는 운명의 제한 중에서 주체정신의 수립방법을 강조하였을 뿐이다. 다시 말하면 맹자는 적극적인 수신을 강조하였을 뿐 소극적인 안명(安命)에 관해서는 논의하지 않았다. 때문에 "자신의 덕성을 수양하면서 운명을 기다리는 것이 운명을 올바르게 세우는 방법이다"라고 하였다.

<hr/>

12) "求仁得仁, 又何怨哉?"《論語》〈述而 14〉
13) "苟爲善, 後世子孫必有王者矣."

수신의 활동 후에 기다림이 필요하다. 왜냐하면 운명의 제한이 있을 수 있기 때문이다. 그러나 부단한 수신활동 중에서만 운명의 진정한 의미를 체득할 수 있기 때문에 수신이야말로 운명의 의의를 밝히는 활동이라고 할 수 있다. 이것이 바로 '운명을 올바르게 세우는 것이다'. 이러한 수신활동을 통한 올바른 운명 수립은 주관적이고 실천적인 것이다. 운명은 당연히 제한을 의미한다. 그러나 올바른 운명을 수립할 때 적극적이고 주동적인 정신이 드러난다. 수신의 활동에서 운명의 제한을 체찰(體察)할 수 있지만, 제한 때문에 자신을 한정시키지는 않는다. 오히려 자신의 심령을 철저히 정화시키고, 또 더욱 분투하고 노력하면서 이상세계의 도래를 희망한다. 운명의 제한을 인식함과 동시에 우리 정신의 무한성도 함께 드러낼 수 있다.

(4) 이 장에 대한 주자와 양명의 해석 차이

주자는 《맹자집주》와 《주자어류》에서 이 장에 대하여 다음과 같이 설명하였다.

> 心은 사람의 신명이기 때문에 모든 理를 갖추고 있어 만사에 응대하는 것이다. 性은 心에 갖추어져 있는 理이고, 天은 理가 나오는 곳이다. 사람이 이 心을 갖고 있음에 전체가 아님이 없으나 궁리하지 않으면 가려진 바가 있어 이 心의 양을 다하지 못한다. 그렇기 때문에 心의 전체를 지극히 하여 다하지 않음이 없는 자는 반드시 理를 궁구하여 알지 못함이 없는 자이다. 이미 그 理를 알면 理가 나오는 곳(天)도 여기에서 벗어나지 않을 것이다. 《대학》의 순서로써 말하면 '性을 앎(知性)'은 사물의 이치를 궁구했음(物格)을 말하고, '心을 다함(盡心)'은 앎의 지극함(知至)을 말한다.[14]

> '진심하고 지성하여 천도를 깨닫는다'는 그 理에 이르는 것이고, '존심하고 양성하여 천을 섬긴다'는 그 일을 실천한다는 것이다. …… '천도를 깨달아 요절과 장수에도 두 마음을 갖지 않는다'는 智의 다함이고, '하늘을 섬겨 수신함으로써

---

14) "心者人之神明, 所以具衆理而應萬事也. 性卽心所具之理, 而天又理之所從以出者也. 人有是心, 莫非全體, 然不窮理, 則有所蔽而無以盡乎此心之量. 故能極其心之全體而無不盡者, 必其能窮夫理而無不知者也. 旣知其理則其所從出, 亦不外是矣. 以大學之序言之, 知性則物格之謂, 盡心則知至之謂也."《孟子集註》

죽음을 기다릴 수 있다'는 仁의 지극함이다.[15]

  '心을 다하는 자는 그 性을 알 수 있다'에서 문자를 자세히 살펴보지 않으면 안 된다. 心을 다할 수 있으면 단지 性을 알 수 있을 뿐이기 때문에 지성이 오히려 진심에 앞선다.[16]

주자는 '心의 대용(大用)[17]을 하나도 빠뜨리지 않고 다하면 본성을 알 수 있다'고 하였다. 주자에 의하면 지성이 먼저이고, 진심이 나중이다. 따라서 '성리를 알았다면 진심하였다'고 할 수 있다. 이 때 지성의 知는 인식 혹은 지각 의미의 知이다. 그렇다면 진심의 盡 역시 인식활동의 완료 의미로서의 盡이다. 지성은 진심의 선결조건이다. 지성의 공부는 격물궁리이며, 격물궁리를 통하여 앎이 충분히 집적되면 활연관통(豁然貫通)하게 된다. 치지는 心의 지각 작용을 발휘하여 성리를 지각하는 활동이다.

  이상의 주자 해석은 맹자의 본의와 일치하지 않는다. 맹자에 의하면, 진심은 본심을 밖으로 확충하여 본심의 작용을 충분히 발용시키는 공부이다. 진심의 공부는 바로 그 자리에서 드러나는 측은지심과 같은 단초에서 시작하는 것으로, 충분히 발현하면 인민애물(仁民愛物)의 정감을 천하에 널리 실현할 수 있다. 본심을 확충하여 한 오라기의 인욕도 없게 하고, 자기를 속이지도 않는 것이 바로 진심의 盡이다. 이 진심에 지각 의미인 격물의 공부를 삽입할 필요는 없다. 주자의 해석은 자신의 개인적 견해일 뿐이다. 맹자의 본의는 주자와 다르다. 주자는 세상에 살면서 기질의 협잡을 면할 수 없기 때문에 우리의 마음은 천리처럼 순수하지 않다고 생각하였다. 사람이 인욕의 협잡이 개입된 마음으로써 일을 하게 되면 반드시 도리에 적중하지 않게 된다. 그렇기 때문에 먼저 격물궁리를 통하여 성리를 파악한 후 비로소 心의 활동은 性의 조리에 따라서 활동할 수 있다. 이 때는 비록 만사만물이 아무리 복잡하여도 모두 도리에 따라 응대할 수 있다. 이렇게 해석한다면 진심은 성리를 파악한 후에 성

15) "盡心知性而知天, 所以造其理也. 存心養性而事天, 所以履其事也……知天而不以妖壽貳其心, 智之盡也. 事天而能修身以俟死, 仁之至也."《孟子集註》
16) "盡其心者, 知其性也. 則字不可不仔細看. 能盡心者, 只謂知其性, 知性却在先."《朱子語類》
17) 性理에 대한 心의 인식 작용. — 옮긴이 주.

리에 따라서 활동한다는 의미이다. 또 주자는 '心은 理가 아니다(心不卽理)'라고 하였지만, 맹자는 '측은지심은 仁의 단초이다(惻隱之心仁之端也)'라고 하여 사실상 심즉리를 긍정하였다. 이는 理와 心을 등가관계의 존재로 보는 것으로 주자의 입장과 분명히 다르다. 또한 치지격물의 공부는 무궁무진한데 언제 어떻게 그것을 다할 수 있다는 말인가? 주자는 개인적인 견해에 따라 맹자를 해석한 것이다. 우리의 마음은 사욕에 협잡될 수 있다. 이는 본심을 잘 보존하고 있지 못하였기 때문이다. 그러나 본심은 언제 어느 곳에서든지 바로 자신의 본모습을 드러내 사욕의 협잡으로부터 벗어날 수 있다. 어린아이가 우물에 빠지려는 찰나에 순간적으로 측은한 마음이 드는 것처럼 본심은 수시로 자신의 본모습을 드러낼 수 있다. 주자는 본심의 순수성이 시시각각 드러날 수 있다는 점을 긍정하지 않은 것이다.

왕양명은 주자의 해석에 동의하지 않았기 때문에 주자와 다른 해석을 내놓았다. 그러나 단지 잘못된 부분을 바로잡으려고만 했을 뿐 문장의 의리에 관해서는 밝히지 않았다. 《전습록》에 다음과 같은 내용이 수록되어 있다.

> '마음을 다하면 본성을 알 수 있고 천도를 알 수 있다'는 태어나면서부터 알고 (아무런 후천적인 노력 없이) 편안하게 행하는 것이고, '마음을 보존하고 본성을 배양하여 하늘을 섬긴다'는 배워서 알고 이롭게 여겨서 행하는 것이며, '요절과 장수로 말미암아 두 마음을 갖지 않는다'는 어렵게 알고 노력하여 실천한다는 것이다.[18]

性은 心의 체이고, 天은 性의 근원이기 때문에 진심은 곧 진성이다. 오직 천하의 지극히 진실한 사람만이 본성을 다할 수 있고, 천지의 화육을 알 수 있다. 존심하려는 사람은 마음에 다하지 못한 점이 있기 때문이다. '천도를 안다'는 지주와 지현이 주와 현을 관리하는 것을 아는 것처럼 자기 분수의 일로써 이미 천과 하나가 되는 것이다. '천을 섬긴다'는 마치 아들이 아버지를 섬기고, 신하가 군주를 섬기는 것처럼 반드시 공경하게 뜻을 받든 후에야 비로소 실수가 없을 수 있으니 오히려 하늘과 둘이 된다. 이것이 바로 성인과 현인의 차이이다. '요절과 장수로 말미암아 두 마음을 갖지 않는다'는 학문하는 사람들로 하여금 한결같은 마음으로 선을 행하게 하여 빈곤과 영달, 그리고 요절과 장수 때문에 선을 행하는 마음이

---

18) "盡心知性知天, 是生知安行事. 存心養性事天, 是學知利行事. 夭壽不貳修身以俟, 是困知勉行事."

흔들리지 않게 하는 것이다. 오로지 수신함으로써 운명을 기다리면 빈곤과 영달 그리고 요절과 장수에 운명이 있음을 볼 수 있다. 나 또한 이것 때문에 마음이 흔들릴 필요는 없다. 천을 섬기는 것이 비록 천과 둘이 되는 것이지만 이미 스스로 천이 자기 앞에 있음을 깨달은 것이다. 운명을 기다린다는 것은 아직 천을 보지 못하여 여기에서 기다리는 것과 비슷하다. 이것에는 초학자가 학문에 뜻을 세울 때 노력하여 힘써 행하라는 뜻이 담겨져 있다.[19)

이 단락의 내용은 《전습록》에 세 차례나 보이지만 내용은 대동소이하다. 양명은 '마음을 다하면 본성을 알 수 있고 천도를 알 수 있다'는 '태어나면서부터 알고(아무런 후천적인 노력 없이) 편안하게 행하는 성인'에 해당하고, '마음을 보존하고 본성을 배양하여 하늘을 섬긴다'는 '배워서 알고 이롭게 여겨서 행하는 현인'에 해당하며, '요절과 장수로 말미암아 두 마음을 갖지 않는다'는 '어렵게 알고 노력하여 실천하는 사람'에 해당한다고 생각하였다. 사실 진심지성지천(盡心知性知天)은 體 혹은 理 측면에서 말한 것으로, 본심을 실천으로써 확충할 수 있으면 본성과 천도의 의미를 깨달을 수 있다는 것이다. 존심양성사천(存心養性事天)은 현실에 존재하는 인간이 반드시 해야 하는 수양공부 측면에서 한 것이며, 요수불이수신이사(殀壽不貳修身以俟)는 인간과 현실의 객관적인 조건의 관계 측면에서 말한 것이다. 본래는 동일한 도리를 설명한 것인데, 각도를 달리하여 말한 것에 불과하다. 따라서 양명처럼 경계의 고하(高下)를 나누어서는 안 된다. 양명은 주자가 이 구절에 대하여 층차를 구분하여 해석하자 그것에 따라 자신도 비록 순서를 달리하였지만 역시 층차를 구분한 것이다. 사실 이러한 대비적 구별은 무의미하다. 진심지성지천과 존심양성사천 및 요수불이수신이사의 세 공부는 성인과 범인 어떤 사람도 예외일 수 없다. 성인과 범인을 막론하고 진심하여 본성과 천도를 자각할 수 있지만, 약간 물러나 천도의 존엄성을 부각시켜 심성을 존양함으로써 하늘을 섬겨야 하

---

19) "性是心之體, 天是性之原, 盡心卽是盡性. 惟天下至誠爲能盡其性, 知天地之化育. 存心者, 心有未盡也. 知天如知州知縣之知, 是自己分上事. 已與天爲一. 事天如子之事父, 臣之事君, 須是恭敬奉承, 然後能無失. 尙與天爲二. 此便是聖賢之別. 至於殀壽不貳其心, 乃是敎學者一心爲善, 不可以窮通夭壽之故, 便把爲善的心變動了. 只去修身以俟命, 見得窮通壽夭, 有箇命在. 我亦不必以此動心. 事天雖與天爲二, 已自見得箇天在面前. 俟命, 便是未曾見面, 在此等候相似. 此便是初學立心之始, 有箇困勉的意在."

며, 또 객관적인 조건의 좋고 나쁨에 개의치 않고 수신해야만 운명을 올바르게 세울 수 있다.

맹자가 말한 진심은 사실 양명이 주장한 치양지에 해당한다. 진심과 치양지는 모든 사람에게 가능한 도덕실천이기 때문에 양명처럼 진심지성지천은 성인만이 가능하다고 주장하면 치양지 역시 성인에만 해당하는 실천 영역이라고 해야 할 것이다. 따라서 이 구절에 대한 양명의 해석은 타당하지 않다.

2. 性은 마치 버들가지와 같다(性猶杞柳)

고자가 말하기를, "性은 버들가지와 같고, 義는 버들가지로 만든 그릇과 같다. 사람의 性으로 인의를 행하는 것은 마치 버들가지로 그릇을 만드는 것과 같다." 맹자가 말하기를, "그대는 버들가지의 성질을 그대로 살려서 그릇을 만들 수 있다고 생각하는가? (아니면) 버들가지를 (도끼나 자귀로) 손상시킨 후에 그릇을 만들 수 있다고 생각하는가? 만일 버들가지를 손상시켜 그릇을 만들 것이라면, 사람도 손상시켜 인의를 행하게 할 것인가? 천하의 사람들을 끌어다가 인의를 해치게 하는 것은 필시 그대의 학설 때문일 것이다."

告子①曰 : "性猶杞柳②也, 義猶桮棬③也. 以人性爲仁義, 猶以杞柳爲桮棬." 孟子曰 : "子能順杞柳之性, 而以爲桮棬乎? 將戕賊④杞柳而後以爲桮棬也? 如將戕賊杞柳而以爲桮棬, 則亦將戕賊人以爲仁義與? 率⑤天下之人而禍仁義者, 必子之言夫⑥!"〈告子 上1〉

◁ 주 해 ▷

① 告子 : 맹자와 동시대의 학자이다. 고(告)는 성이다.[20]
② 杞柳 : 버드나무의 일종이다. 가지를 길게 늘어뜨린 나무였기 때문에 그릇을 만드는 재료로 사용되었다.
③ 桮棬 : 사발 모양의 그릇.

---

20) 조기(趙岐)에 따르면 고자의 이름은 불해(不害)이고, 유가와 묵가를 넘나들며 공부한 사람이다. ― 옮긴이 주.

④ 戕賊 : 손상시키다.

⑤ 率 : 이끌다.

⑥ 天下之人而禍仁義者, 必子之言夫 : 주자는 이 구절에 대하여 "이처럼 말하면 천하 사람들은 인의가 본성을 해친다고 생각하여 인의를 실천하려고 하지 않을 것이니, 이는 바로 당신의 학설 때문에 인의에 화를 입힌 것이다"[21]라고 주석하였다.

◀해 설▶

인간의 본성을 목재로 비유한 것은 고자가 긍정한 본성이 가치중립적인 것임을 의미한다. 목재는 어떤 기구로 변화할 것인지에 대해서 목재 자신이 스스로 결정할 수 없기 때문에, 목재가 술잔으로 변하건, 아니면 나무바리 그릇으로 변하건 모두 외적인 인위에 의해서 결정된다. 결정권은 목재에 있지 않고 외적인 사람에게 있다. 목재는 그러한 역량을 갖추고 있지 않다. 고자에 의하면 사람이 선을 실천하는 것도 본성이 스스로 결정할 수 있는 것이 아니다. 왜냐하면 인간의 본성에는 선을 실천할 수 있는 요소가 없기 때문이다. 선행은 좋은 교육과 훈련을 통해서만 이루어질 수 있기 때문에 선은 후천적인 것이다. 만일 후천적인 교육과 훈련이 없다면 사람 역시 선을 실천하지 않을 것이다. 따라서 고자는 선은 후천적인 배양을 통해서 이루어진 것, 즉 외력의 영향을 받은 후에 있을 수 있는 것이지, 결코 사람에게 선천적으로 갖추어져 있는 역량에 의해서 이루어지는 것이 아니라고 생각하였다. 맹자는 고자의 논조에 맞추어서 질문을 하였다. 사람이 버드나무를 가공하여 그릇을 만들 때 버드나무가 갖고 있는 모양과 성질 및 구조 등의 본성에 따라서 그릇을 만드는가? 아니면 버드나무의 본성을 따르지 않고 본성을 해쳐가면서 그릇을 만드는가? 만일 본성을 훼손시키면서 그릇을 만드는 것이라면 사람이 인의를 실천하는 것도 나무그릇을 만드는 것처럼 꺾고 휘고 해서 인의를 성취할 수 있다고 해야 할 것이다. 정말 그렇다면 사람에 있어서 인의는 목재를 꺾고 휘는 도끼와 같은 것이기 때문에 인간의 본성을 해치는 도구라고 해야 한다. 맹자는 이를 근거로 고자의 주장을 "천하의 사람들을 끌어다가 인의를 해치게 하

---

21) "言如此則天下之人皆以仁義爲害性而不肯爲, 是因子之言而爲仁義之禍也."《孟子集註》

는 것은 필시 그대의 학설 때문일 것이다"라고 비판하였다. 맹자의 반문 후에 고자의 대답은 기록되어 있지 않지만 아마 맹자의 반론을 듣고서 버드나무와 그릇의 비유에 문제가 있었음을 발견했을 것이라고 추측할 수 있다.

사람이 인의의 도덕을 실천하는 것을 겉으로만 보면 스스로 원하는 것이 아니라 핍박에 의한 것처럼 보인다. 따라서 사람들은 인의의 도덕을 자신을 압박하는 외적인 규범으로 여겨, 자연스럽게 인의의 도덕을 인성 밖의 것으로 여기기 쉽다. 그렇다면 인의의 도덕은 인성을 위반하는 것이기 때문에 인간 본래의 정감을 훼손하는 것이다. 다시 말하면 인의와 본성은 서로 대립적인 것이다. 인성에는 오로지 사리사욕의 욕구만 있어 자신을 위한 욕망만이 지배할 뿐 인의의 도덕은 전혀 없게 된다. 그러나 이러한 주장은 우리의 심리적인 실정과 부합하지 않는다. 사람이 인의를 실천할 때 비록 억지라는 느낌도 있을 수 있고, 자연스럽다는 느낌, 선을 스스로 원하는 느낌도 들 수 있다. 우리는 일상생활에서 인의의 도덕에 대하여 진실한 마음으로 좋아하는 느낌을 수시로 가진다. 인의의 도덕을 실천했을 때는 마음속에 희열이 생기고, 인의에 위배되는 일을 했을 때는 불안감이 생긴다. 그렇기 때문에 맹자는 매우 자연스럽게 고자의 주장에 대하여 '당신처럼 말하면 인의는 극단적으로 본성과 상반되는데, 당신은 정말로 그렇게 생각하느냐'고 되물은 것이다. 이 장에서 맹자는 성선설을 제시하지는 않았지만 그가 성선설을 주장하고 있음은 분명하다.

·

3. 性은 빙글빙글 도는 여울물과 같다(性猶湍水)

고자가 말하기를, "性은 빙글빙글 도는 여울물과 같다. 동쪽으로 터 놓으면 동쪽으로 흐르고, 서쪽으로 터 놓으면 서쪽으로 흐른다. 사람의 본성에 선함과 선하지 않음의 분별이 없는 것은 마치 (물 흐름에) 동과 서의 분별이 없는 것과 같다." 맹자가 말하기를, "물의 흐름에 동서의 구분이 없는 것은 사실이지만, 설마 상하의 구분마저 없겠는가? 인성의 선함은 마치 물이 아래로 흐르고자 하는 것과 같다. 사람은 선하지 않은 사람이 없으며, 물은 아래로 흐르지 않는 물이 없다. 이제 물을 손바닥으로 탁 쳐서 튀어오르게 하면 사람의 이마를 넘어가게 할 수 있고, 밀어서 격하게 흘러가게 하면 산으로도 올라가게 할 수 있지만, 어찌 그것이 물의 본래 성질이겠는가? 외부의 힘 때문에 그렇게 된 것이다. 사람도 선하지 않은 짓을 하게 할 수 있는데, 그 본성 역시 물처럼 외부의 힘 때문에 그렇게 되는 것이다."

告子曰：“性猶湍①水也. 決②諸東方則東流, 決諸西方則西流. 人性之無分於善不善也, 猶水之無分於東西也.” 孟子曰：“水信③無分於東西, 無分於上下乎? 人性之善也, 猶水之就下也. 人無有不善, 水無有不下. 今夫水, 搏④而躍之, 可使過顙⑤, 激⑥而行之可使在山, 是豈水之性哉! 其勢則然也. 人之可使爲不善, 其性亦猶是也.” 〈告子 上2〉

◁ 주 해 ▷

① 湍 :《설문해자》에서는 '센 여울(急瀨)'로 설명하고 있다.[22] 센 물결이 어디로 흐를지 모르고 빙빙 돌고 있는 모습이다.
② 決 : 물이 흐를 수 있게 둑을 터 놓는다.
③ 信 : 정말로.
④ 搏 : 손바닥으로 물을 탁 치다.
⑤ 顙 : 이마. 과상(過顙)은 '튀어오른 물이 이마를 넘어가다'는 뜻이다.[23]
⑤ 激 : 물의 흐름과 반대로 힘을 가하여 물 흐름을 역류시키다.

◀ 해 설 ▶

고자는 이곳에서도 앞장과 같은 입장에서 성론을 전개하고 있다. 고자에 의하면, 인성이 본래 선과 악으로 나뉘어지지 않은 것은 물 흐름이 동과 서로 본래부터 나뉘어지지 않은 것과 같은 이치이다. 흐르는 물은 본래 일정한 방향이 없다. 물이 동쪽과 서쪽으로 흐르는 것은 동쪽과 서쪽 방향으로 둑이 터져 있기 때문이다. 동쪽으로 둑이 터져 있으면 동쪽으로 흐르고, 서쪽으로 터져 있으면 서쪽으로 흐른다. 물의 흐름이 모두 외적인 조건에 의하여 결정되는 것처럼 사람의 선행과 악행도 후천적인 요인에 의해서 결정된다는 것이 고자

---

22) 옮긴이 주.
23) 옮긴이 주.

의 주장이다. 만일 후천적으로 좋은 교육을 받았다면 선을 행할 것이고, 반대의 경우는 악을 행할 것이다. 이것은 '푸른색으로 염색하면 푸르게 되고, 노란색으로 염색하면 노랗게 된다'는 것과 같은 이치이다. 고자의 주장은 상식적이어서 인간의 상정(常情)에 부합하는 것 같다. 또 일반적인 선과 악의 현상을 설명할 수 있을 것도 같다. 그러나 겉으로 드러난 선과 악의 현상만이 인간 본성의 진실이라고 할 수는 없다. 진리와 경험계의 현상이 반드시 일치하는 것은 아니다. 좀더 깊게 성찰하면 우리는 인성이 갖고 있는 선의 면목을 살필 수 있을 것이다. 고자의 주장처럼 물 흐름을 표면적으로만 살펴보면, 물이 스스로 동쪽과 서쪽으로의 흐름을 결정하지 않음을 볼 수 있다. 그러나 우리는 이곳에서 위에서 아래로 흐르는 물의 본성도 살필 수 있다. 비록 '물이 위에서 아래로 흐르는 것'과 '인성이 선을 지향하는 것'이 서로 직접적인 관련은 없지만, 고자가 이미 물의 흐름을 비유로 인성의 선악 문제를 설명하였기 때문에 맹자 역시 물의 흐름을 비유로 인성의 선악에 대한 자신의 입장을 피력한 것이다. 맹자의 논증이 비록 강한 설득력을 가졌다고는 할 수 없지만 적절한 비유인 것만은 사실이다.

이상의 예증은 표면적인 현상이 내면의 진실과 필연적으로 일치하는 것은 아님을 나타낸 것이다. 만일 선행과 악행이라는 현상에만 그치지 않고 한 걸음 더 나아가 仁心의 진면목을 살필 수 있다면 선인이든 악인이든 선을 실천하려고 하는 마음을 모두 가지고 있음을 발견하게 될 것이다. 비록 어떤 사람의 행위가 모두 악행일지라도 그 사람이 스스로 악행을 원하지는 않을 것이다. 맹자가 사람의 마음은 선하지 않음이 없고, 물은 아래로 흐르지 않음이 없다고 긍정한 것은 바로 이 때문이다.

맹자는 외물에 유혹되지 않은 상태에서 선행은 물이 아래로 흐르는 것처럼 매우 자연스러운 일이라고 여겼다. 선하지 않은 일을 하는 것은 외물에 의한 유혹 때문이지 결코 본성이 본래 악하기 때문이 아니라는 것이다. 물 역시 손바닥으로 강하게 내려치면 위로 튀어오른다. 이는 결코 물의 본성이 아니다. 마찬가지로 인간이 악행을 하는 것은 본성 때문이 아닌 것이다.

4. 태어나면서부터 갖추고 있는 각종의 본능과 성질을 본성이라고 한다(生之謂性)

고자가 말하기를, "태어나면서부터 갖추고 있는 각종의 성질을 性이라고 한다." 맹자가 말하기를, "태어나면서부터 갖추고 있는 각종의 특성이 性이라는 것은 흰 것을 희다고 하는 것과 같은가?" (고자가) 말하기를, "그렇다." (맹자가 묻기를), 흰 깃의 흰 것은 흰 눈의 흰 것과 같으며, 흰 눈의 흰 것과 흰 옥의 흰 것은 같은가? (고자가) 말하기를, "그렇다." (맹자가 묻기를), "그렇다면 개의 본성은 소의 본성과 같고, 소의 본성은 사람의 본성과 같은가?"

告子曰 : "生之謂性①." 孟子曰 : "生之謂性也, 猶白之謂白與." 曰 : "然." "白羽之白也, 猶白雪之白. 白雪之白, 猶白玉之白與?" 曰 : "然." "然則犬之性, 猶牛之性. 牛之性, 猶人之性與?"〈告子 上3〉

◁주 해▷

① 生之謂性 : 태어나면서부터 갖추고 있는 생명의 각종 본능과 특성을 性으로 규정한다. 순자 역시 正名篇에서 "태어나면서 그렇게 된 것을 성이라고 한다"[24]고 하였다.

◀해 설▶

'생지위성(生之謂性)'은 하나의 개체생명이 태어나면서부터 갖추고 있는 자연적인 특성을 性으로 규정한 것이다. '생지위성'은 性을 규정하는 하나의 원칙이다. 고자는 性을 개체생명이 활동할 때 드러나는 각종 현상으로 이해하였다. 따라서 인성이라는 것도 우리의 생명이 활동할 때 표현되는 각종 현상을 근거로 규정해야 한다. 인간생명의 자연스러운 현상을 좀더 세분하면, 생리적 본능과 지각운동 그리고 욕망과 정서 등으로 나눌 수 있다. 고자의 주장에 따른다면, 인간의 본성은 마땅히 이러한 표현을 근거로 논의해야 한다. 생명의 자연적인 현상에서는 선을 실천할 수 있는 근거를 찾아볼 수 없기 때문에 고

---

24) "生之所以然者謂之性."

자는 맹자의 성선설을 수용할 수 없었던 것이다. 다시 말하면 인간의 본성은 선과 악으로 규정할 수 없는 가치중립적인 존재인 것이다.

고자의 '생지위성'은 性에 관한 가장 오래 된 견해이다. '性'자의 성음은 '生'으로부터 나왔으며, '生'자로부터 파생된 것이기 때문에 고서에는 生과 性을 자주 같은 의미로 사용하기도 하였다.[25] 따라서 고자의 '생지위성'은 고의(古義)에도 부합한다. 그러나 맹자는 인의의 도덕으로써 性을 말하고 있기 때문에 '생지위성'이라는 전통적인 입장에 비춰 보면 새로운 인성론이라고 할 수 있다. 맹자는 도덕을 인간 존재가치의 근거로 삼고서, 인의의 도덕본성을 인간의 본성으로 삼았다. 이는 사상사 측면에서 볼 때 대단히 큰 진전이다. 인간의 자연생명으로부터 性을 규정하면, 性으로써는 인간생명 활동 중에서 생리현상의 근원만을 설명할 수 있을 뿐이다. 그러나 인의의 도덕으로써 性을 규정하면, 인간의 생명 중에서 육체생명에 구속당하지 않고 도덕이라는 무한가치를 실현할 수 있는 성분이 있음을 설명할 수 있다. 맹자가 인의의 도덕으로써 性을 규정하고자 한 것은 무엇과도 비교할 수 없는 인간의 존엄성과 가치를 드러내기 위함이다. 이것이 바로 인간과 금수가 다른 점이다.

맹자의 성선설은 비록 인성에 관한 새로운 학설이지만 그 근거는 공자에서부터 찾아야 한다. 공자가 말한 仁은 인간의 진정한 생명으로서 모든 사람에게 갖추어져 있고, 수시로 실현할 수 있는 도덕의지이다. 공자는 "仁이 멀리 있는가? 내가 仁을 실현하고자 하면 이 仁은 바로 그곳에서 실현할 수 있다"[26]·"仁은 나로 말미암아 하는 것이다"[27]·"(나는 仁을 실천하려고 하는데) 그 힘이 부족한 사람을 보지 못했다"[28]고 하였다. 또 재아(宰我)가 부모의 상중에 맛있는 음식을 먹고 아름다운 옷을 입는 데 아무런 불안감을 느끼지 못하자 재아를 불인(不仁)한 사람으로 평가하기도 하였다. 이는 仁이야말로 모든 사람이 선천적으로 갖추고 있는 진실한 성정이며 생명임을 강조한 것이다. 맹자는 이러한 공자의 仁說을 근거로 도덕본성을 인간의 존재 근거, 즉 본성으로

---

25) 갑골문(甲骨文)과 금문(金文)을 살펴보면 '生'자와 '性'자는 동원(同源) 관계이다. — 옮긴이 주.

26) "仁遠乎哉? 我欲仁, 斯仁至矣."《論語》〈述而 29〉

27) "爲仁由己."《論語》〈顏淵 1〉

28) "我未見力不足者."《論語》〈里仁 6〉

규정하였다. 도덕본성을 인간의 본성으로 삼았기 때문에 '인성이 선하다'는 당연한 결론이다.

고자가 '생지위성'의 원칙에 따라서 인성의 의미를 규정하자, 맹자도 고자의 설명방식에 따라 질문을 계속하였다. 맹자가 "태어나면서부터 갖추고 있는 각종의 특성이 性이라는 것은 흰 것을 희다고 하는 것과 같은가"라고 묻자, 이에 고자가 "그렇다"고 대답하였다. 그러나 맹자와 고자의 추론에는 논리의 엄격성이 결여되어 있다. '생지위성'은 단지 '태어나면서부터 갖추고 있는 각종의 특성이 性이다'라는 것이지 '生'과 '性'이 동일하다는 의미가 아니다. 生과 性은 서로 다른 의미를 갖고 있다. '백지위백(白之謂白)'은 '흰 것을 희다'고 하는 것으로 이는 동어반복 진술이다. 그러나 '생지위성'은 동어반복 진술이 아니기 때문에 '생지위성'과 '백지위백'은 서로 다르다. 맹자의 질문과 고자의 대답 모두 그르다. 이들은 두 진술이 서로 다른 성격의 진술임을 구별하지 못하였다. 그 다음의 진술은 논리적으로 옳다. 맹자가 "흰 깃의 흰 것은 흰 눈의 흰 것과 같으며, 흰 눈의 흰 것과 흰 옥의 흰 것은 같은가"라고 묻자. 고자가 "그렇다"고 대답하였다. '흼'은 모든 흰 사물의 보편적인 속성이다. 모든 흰 사물은 이 '흼'이라는 속성을 갖고 있다. 따라서 모든 흰 사물의 '흼'은 보편적인 공상(共相)이다. 그러나 다음의 맹자 질문은 옳은 추론이 아니다. "그렇다면 개의 본성은 소의 본성과 같고, 소의 본성은 사람의 본성과 같은가?" '흼'은 한 개체의 보편적인 속성이면서 공상(共相)이지만, '생지위성'에서 '生'은 개체 생명 혹은 개체 존재에서 볼 때 속성이 아니다. 性 역시 '태어나면서부터 갖추고 있는 각종의 특성'에 대한 총설(總說)일 뿐 어느 특정 개체의 속성이 아니다. 개의 性과 소의 性 및 사람의 性은 서로 다른 것이다. 따라서 '흰 깃과 흰 눈 및 흰 옥이 흼이라는 보편적 속성을 갖고 있다'는 것으로부터 '개와 소 및 사람이 태어나면서부터 갖추고 있는 각종의 특성'이 같다는 결론을 도출해서는 안 된다. 비록 태어나면서부터 갖추고 있는 특성을 근거로 性을 규정하였지만 서로 다른 類의 性은 다를 수 있다. 고자의 인성론에 따를지라도 개와 소 및 사람의 본성은 얼마든지 다를 수 있다. 고자는 논리에 대한 이해가 부족하였기 때문에 맹자의 질문에 적절한 답변을 하지 못했지만, 이는 맹자 추론의 정당성 여부와는 무관하다.

그러나 맹자의 추론이 정당하지 못했다고 할지라도 맹자의 주장은 합리적이라고 할 수 있다. 설사 생명의 자연스러운 현상을 근거로 본성을 규정하여, 인간과 동물의 본성이 서로 다름을 설명할 수는 있지만 인간의 존엄성과 가치성은 드러낼 수 없다. 음식을 먹고, 아름다운 여성을 사모하는 등의 자연생명 활동은 기타 다른 동물과 다를 수 있지만, 가치론적인 입장에서 보면 동물들의 그것과 이질적이지 않다. 다시 말하면 자연생명의 활동은 동물들의 그것보다 결코 고귀하지 않다. 자연생명에서 보면, 사람과 동물은 비슷비슷하다. 그렇다면 인간의 의무와 존엄성은 무엇으로 설명할 것인가?

맹자는 자연생명의 특성을 배제하고서 바로 우리에게 내재되어 있는 도덕성을 인간의 존재 근거로 삼았다. 인간은 아무런 사사로움이 없는 순수한 도덕적 가치를 실현할 수 있는 존재이다. 이 점이 바로 인간과 금수를 구별할 수 있는 유일한 근거이다. 인간을 제외한 다른 동물들은 생리적 본능을 탈피하여 도덕가치를 자각할 수 있는 기능이 없지만, 인간은 양지로써 의로움과 의롭지 못함을 구별할 수 있고, 양능으로써 살신성인할 수 있고, 사생취의할 수도 있다. 인간은 육체생명의 욕구를 떨쳐버리고 영원하고 무한한 가치를 실현할 수 있다. 이것이 바로 인간이 인간으로서 존엄할 수 있는 근거이기 때문에 분명하게 판별하지 않으면 안 된다. 인간과 금수의 차별은 자연본성의 차별에 그치지 않는다. 도덕가치에 대한 자각 여부가 바로 인금지변(人禽之辨)의 진정한 의미이다.

고자와 맹자가 서로 性에 대한 의견을 제시하였지만, 이 두 사람이 제시한 性은 서로 층차가 다른 이물(二物)이다. 고자는 자연적 본능을 性으로 간주하였고, 맹자는 인의의 도덕가치를 실현할 수 있는 근거를 인간의 본성으로 삼았기 때문에 性에 포함되어 있는 내용도 고자와 다를 수밖에 없다. 사실 인간은 이 두 가지 性을 모두 갖추고 있다. 자연적 본능은 사실의 범주에 속한 본성이고, 도덕본성은 당연의 범주에 속한 의리지성(義理之性)이다. 도덕본성은 비록 당연의 범주에 속한 것이지만 우리의 일상생활에서 자각하면 수시로 드러낼 수 있기 때문에 당연의 본성 실현을 하나의 이상으로 치부해서는 안 된다. 도덕은 이상임과 동시에 실현 가능한 현실이다. 도덕본성에 대한 맹자의 긍정은 인간의 존엄성 확립과 아울러 인간 존재의 극치를 세웠다는 점에서 그 의미를 찾을 수 있다.

5. 仁義의 내외 문제에 관한 논변(仁義內外)

고자가 말하기를, "음식을 즐기고, 여색을 좋아하는 것은 性이다. 仁은 내적인 것이지 외적인 것이 아니다. 義는 외적인 것이지, 내적인 것이 아니다." 맹자가 말하기를, "무엇을 근거로 仁은 내적인 것이고, 義는 외적인 것이라고 하는가?" (고자가) 말하기를, "저 사람이 나이가 많아서 내가 그를 공경하는 것이지, 나에게 공경하는 마음이 있는 것이 아니다. 이는 마치 저것이 희기 때문에 내가 희다고 하는 것과 같다. 밖에 있는 흰색을 따르는 것과 같기 때문에 외적인 것이라고 한다." (맹자가) 말하기를, "흰 것의 경우와는 다르다. 말의 흰 것은 흰 사람의 흰 것과 다름이 없다. 잘 모르겠지만, 늙은 말을 가엽게 여기는 것과 나이 많은 사람을 공경하는 것에 다름이 없겠는가? 또한 나이 많은 사람이 義를 행하는가? 아니면 나이 많은 사람을 공경하는 사람이 義를 행하는가?" (고자가) 말하기를, "내 동생이면 사랑하고, 진나라 사람의 동생이면 사랑하지 않는다. 이는 나를 위주로 기쁨을 삼는 것이기 때문에 內라고 한 것이다. 초나라의 나이 많은 사람을 공경하고, 나의 어른도 공경한다. 이는 나이 많은 사람을 위주로 기쁨을 삼는 것이기 때문에 外라고 한 것이다." (맹자가) 말하기를, "진나라 사람이 불고기를 좋아하는 것은 내가 불고기를 좋아하는 것과 다름이 없다. 무릇 사물은 그러한 것이 있다. 그렇다면 불고기를 좋아하는 것도 외적인 것이란 말인가?"

告子曰："食色①, 性也. 仁內也, 非外也. 義外也, 非內也." 孟子曰："何以謂仁內義外也?" 曰："彼長②而我長之③, 非有長於我也. 猶彼白而我白之, 從其白於外也. 故謂之外也." 曰："異, 於白. 馬之白也④, 無以異於白人之白也. 不識, 長馬之長⑤也, 無以異於長人之長歟? 且謂長者義乎? 長之者義乎?" 曰："吾弟則愛之, 秦人之弟則不愛也. 是以我爲悅者也. 故謂之內. 長楚人之長, 亦長吾之長. 是以長爲悅者也. 故謂之外也." 曰："耆⑥秦人之炙⑦, 無以異於耆吾炙. 夫物則亦有然者也. 然則耆炙亦有外與."〈告子 上4〉

50

◁주 해▷

① 食色 : 맛있는 음식을 즐기고, 미색을 좋아하는 욕망.
② 長 : 연장자.
③ 長之 : 연장자를 존경하는 행위.
④ 異, 於白, 馬之白也 : 저자는 주자의 주석을 취하였지만 옮긴이는 주자의 해석을 따르지 않았다.[29] 주자는 '異於' 두 자는 필요 없는 연문(衍文)이기 때문에 마땅히 삭제해야 한다고 주장하였다(《朱子注》). 그러나 공광삼(孔廣森)은 '異於' 다음을 끊어 읽으면 문장의 의미가 통한다고 주장하였다.
⑤ 長馬之長 : 늙은 말에 대한 연민의 정감.
⑥ 耆 : '즐기다'는 의미의 기(嗜)와 같다.
⑦ 炙 : 불고기.

◀해 설▶

맛있는 음식을 좋아하고 아름다운 여성을 흠모하는 것은 인간의 자연스러운 본능이다. 고자는 이러한 인간의 본능을 性으로 규정하였다. 앞장에서 서술한 바와 같이 태어나면서부터 갖추고 있는 각종의 특성을 性으로 규정하는 것도 성론의 일종이기 때문에 문제는 없다. 그러나 고자가 이곳에서 주장한 인내의외(仁內義外)설은 비교적 복잡하다. '性猶杞柳' 장의 "性은 버들가지와 같고, 義는 버들가지로 만든 그릇과 같다. 사람의 性으로써 인의를 행하는 것은 마치 버들가지로 그릇을 만드는 것과 같다"에서는 仁과 義를 모두 외적인 것으로 간주하였기 때문에 이곳의 '仁內義外'와 다르다. 그러나 뒷구절의 "내 동생이면 사랑하고, 진나라 사람의 동생이면 사랑하지 않는다. 이는 나를 위주로 기쁨을 삼는 것이기 때문에 內라고 한 것이다"를 살펴보면 이곳에서 고자가 말한 仁은 도덕층의 정감이 아니라 감성층의 정감임을 알 수 있다. 나와 가까운 친인(親人)에 대해서는 자연스럽게 사랑하는 감정을 느끼지만, 생면부

29) 일반적으로 주자의 해석에 따라 '異於' 두 글자에 대해서는 필요 없는 연문(衍文) 혹은 빠진 궐문(闕文)으로 처리하였다. 그러나 앞에서 고자가 "밖에 있는 흰색을 따르는 것과 같기 때문에 외적인 것이다"라는 말로써 義의 외재성을 설명하였기 때문에 '異於'를 白과 연결시켜, '흰 것과는 경우가 다르다'로 해석하는 것이 자연스럽다. 옮긴이는 주자의 해석을 따르지 않았다. ― 옮긴이 주.

지의 사람에 대해서는 애심이 들지 않는다. 이러한 정감은 도덕과 무관하다. 고자는 감성층의 감정으로써 仁을 규정하였기 때문에 이 仁은 공맹의 仁과 성격이 다르다. 공자와 맹자가 긍정한 仁은 분명 정감의 일종이지만 순수무사한 정감으로서 보편성의 도덕적인 사랑의 정감이다. 비록 구체적인 대상과 접목해서는 부모와 형제자매를 먼저 사랑하고, 다음 그 사랑을 미루어 모든 사람을 사랑하며, 다시 확장하여 만물을 사랑하는 순서로 표현되지만, 이는 결코 仁心에 어떤 치우친 편애가 있어서가 아니다. 단지 서로 다른 대상에 대하여 서로 다른 仁心의 표현이 있을 뿐이다. 비록 실천의 차서는 있지만 모두 도덕적인 사랑이다. 다시 말하면 仁心의 표현은 어떤 사사로운 의도가 실려 있지 않은 도덕이성의 활동이다. 반면 감성층의 사랑에는 사사로운 의도가 실려 있기 때문에 자기가 좋아하는 사람에게만 표현되는 일반적인 사랑이다. 자신과 특별한 관계가 없고, 어떤 교분도 나누지 않은 사람에 대해서는 애심을 표현하지 않는다. 심지어 자신과 어떤 원한이 있는 사람에게는 아예 사랑이라는 감정도 갖고 있지 않다. 반면 仁은 자신의 원수마저도 사랑할 수 있는 마음이다. 따라서 우리는 仁心의 사랑과 일반적인 사랑과의 분별을 명확히 할 필요가 있다. 仁은 내적인 것이라는 고자의 주장이 맹자와 유사한 것 같지만, 고자가 주장한 仁은 감성층의 사랑일 뿐이다. 감성층의 사랑은 '태어나면서부터 갖추고 있는 각종의 특성'에 속한 것으로, 이 仁에는 도덕적인 의미가 포함되어 있지 않다. 따라서 고자가 비록 仁內를 주장하였지만, 앞장에서 그가 말한 '생지위성' 그리고 '性은 본래 선과 악으로 나뉘어지지 않았다'는 주장과 충돌되지 않는다. 모두 도덕과는 관련 없는 가치중립적인 性의 일종이다.

고자가 주장한 仁은 도덕심이 아니기 때문에 고자의 이론계통에서 도덕의 미를 대표하는 것은 義이다. 고자의 주장에 의하면, 義는 '저 사람이 나이가 많아서 내가 그를 공경하는 것'이고, '나이 많은 사람을 공경하고, 나의 어른도 공경하는 것'이다. 우리는 일반적으로 연장자에 대하여 존경심을 표현한다. 따라서 연장자에 대하여 존경심을 표현해야 하는 것은 도덕법칙을 준수하는 사람이라면 마땅히 위반해서는 안 될 원칙이다. 고자는 모든 사람이 준수해야 하고, 또 대상과 나와의 친소관계를 불문하고 선험적인 보편성에 따라 행동해야 하는 원칙을 義로 규정하였다. 고자는 이러한 선험적 보편성에만 따를 뿐, 자신이 처한 상황도 고려하지 않고, 또 상대방과의 관계도 고려하지 않은채 義를 단지 마땅히 해야 하기 때문에 준수하는 것으로 간주하여 내심으로부터 발출된 것이 아니라고 생각하였다. 다시 말하면 고자는 우리의 人心은 도덕적 의무를 판단할 능력이 없고, 또 자신에 대한 이로움과 불리함을 고려하지 않는 선과는 무관한 것이라고 생각하였다. 고자에 의하면, 義는 밖으로부터 온 것이지 결코 내심이 스스로 결정한 것도 아니고, 자신의 의지가 스스로 명령한 것도 아니다. 따라서 인간의 도덕실천은 의지 밖에서 주어진 율칙의 제한을 받은 후에야 비로소 가능하게 된다. 고자의 도덕론은 의지의 자원(自願)에 의해서 이루어지는 자율계통이 아니라 자신의 의지와는 무관한 규범에 따라 진행되는 타율계통의 도덕론이다.

　고자의 입장을 일단 긍정해 보자. 義는 心 밖에 주어진 것이다. 그렇다면 우리는 어떻게 義와 不義를 알 수 있는가? 이 점에 대하여 고자는 이렇게 말했다. "저 사람이 나이가 많아서 내가 그를 공경하는 것이지, 나에게 공경하는 마음이 있는 것이 아니다. 이는 마치 저것이 희기 때문에 내가 희다고 하는 것과 같다. 밖에 있는 흰색을 따르는 것과 같기 때문에 외적인 것이라고 한다." 고자는 義를 인식의 대상으로 간주한 것 같다. 흰 물건의 '흼'이 우리의 시각 경험을 통해 얻은 지식인 것처럼 나이 많은 사람에게 마땅히 표현해야 하는 義 역시 상대방이 연장자라는 사실을 인식할 때 얻은 지식이다. 이러한 고자의 입장에 대하여 맹자는 곧바로 힐난한다. 백마를 보고서 희다고 하는 것과 백인을 보고서 희다고 하는 것은 모두 인식활동으로서 동일한 것이다. 우리에게 어떤 대상이 주어져 있을 때 우리는 그것이 무엇인지를 안다. 이 때 우리가 얻은 지식은 밖에 있는 대상으로부터 제공된 것이지 내 마음이 스스로 창조한 것이 아니다. 따라서 이 지식은 외적인 것이라고 할 수 있다. 그러나 우리가 연장자를 대하고서 그에게 마땅히 어떤 禮를 취해야 할 것인가에 관한 것은 인식활동이 아니다. 연장자를 보고서 연장자라고 판단하는 것은 인식활동이지만, 연장자에게 공경심을 표현하는 것은 인식활동이 아니다. 이 때 공경심은 내 마음이 스스로 창조한 것이지 결코 연장자라는 대상이 제공한 지식이 아니다. 우리는 연장자를 보고서 한결같이 공경심을 표현하지는 않는다. 공경할 만한 가치가 있다고 판단될 때만 공경심을 표현한다. 공경심은 자각판단을 근거로 우리 마음이 표현한 것이다. '마땅히 공경해야 한다'는 자각판단이 없으면 공경심은 표현되지 않는다. 또 본심이 사욕에 교폐(交蔽)되어 있으면 자신의 부모가 눈앞에 있다고 할지라도 부모를 길거리 사람과 동일하게 취급하여 부모에 대해서도 공경심을 표현하지 않을 수도 있다. 이를 보면 공경이라는 당위는 대상에 대한 인식활동으로부터 제공된 것이 아님을 알 수 있다. 때문에 맹자는 "늙은 말을 가엽게 여기는 것과 나이 많은 사람을 공경하는 것에 다름이 없겠는가? 또한 나이 많은 사람이 義를 행하는가? 아니면 나이 많은 사람을 공경하는 사람이 義를 행하는가"라고 반문한 것이다. 늙은 말과 늙은 사람 모두 '늙음'이라는 사실은 동일하다. 고자의 주장에 따르면 늙음이라는 외적인 사실이 義를 제공하기 때문에 늙은 사람에 공경심을 표현하듯이 늙은 말에 대해서도 공경심을 표현해야만 한다. 그러나 사실은 그렇지 않다. 늙은 말에 대한 태도와 늙은 사람에 대한 태도는 당연히 다르다. 그렇다면 우리는 어떤 원칙에 따라 행동을 규정하는가? 이 원칙은 밖에서 주어진 것인가? 아니면 내 마음이 스스로 결정한 것인가? 이른바 義라는 것이 공경을 받는 대상으로부터 주어진 것인가? 아니면 공경을 표현하는 사람의 마음에서 나오는 것인가? 답안은 분명하다. 義는 당연히 공경을 표현하는 사람의 마음으로부터 나오는 것이다. 즉, 내 마음이 스스로 규정하고 드러내는 것이다. 연장자에게 공경심을 표현하고, 늙은 말에 대해서는 연민의 감정을 표현한다. 동일한 늙음이라는 사실에 대하여 서로 다른 마음을 표현하는 것도 내 마음이 스스로 결정하고 표현한 것이다. 공맹의 관점에 따르면 仁과 義는 일체관계이다. 仁은 주체의 마음 혹은 주관적인 측면에서 말한 것이고, 義는 밖으로 표현되는 객관적인 규정 혹은 준칙 측면에서 말한 것이다. 때문에 맹자는 仁만이 내적인 것이 아니라 義 역시 내적인 心에 있는 것이며, 心으로부터 발출된 것이라고 생각하였다. 인의는 본심의 자각을 통하여 드러난다. 인의의 도덕을 내용으로 하는 본심이 부모를 보면 효를 자각하고, 연장자를 보면 공경해야 함을 자각한다. 인의는 본심 자체이기 때문에 객관적인 법칙(理)임과 동시에 주관적인 의지(心)이다. 본심의 자각은 종(縱)적인 창조활동이고, 인식은 횡(橫)적인 수평활동이다. 인식활동은 단지 대상을 이해할 뿐 창조하지는 않는다. 도덕가치에 대한 자각활동과 인식활동은 서로 다른 종류의 주체활동이다.

후반부 고자의 답변 내용은 다음과 같다. 仁은 자신을 표준으로 하기 때문에 자기 동생을 사랑하지만 진나라 사람의 동생을 사랑하지 않는다. 義는 객관적인 대상을 표준으로 삼기 때문에 어느 집안 사람에 관계 없이 연장자라는 조건에 부합하면 공경해야 한다. 이에 대한 맹자의 답변은 다음과 같다. 진나라 사람이 불고기를 좋아하는 것과 자기가 불고기를 좋아하는 것은 서로 다를 바가 없다. 어떤 물건에 대한 좋아함과 연장자에 대한 공경심을 표현하는 형태는 비슷하다. 그렇다면 불고기를 좋아하는 마음도 외적인 것이란 말인가? 고자는 연장자에 대한 공경은 보편성이 있기 때문에 자신과 대상의 관계를 불문하고 연장자에 대하여 마땅히 공경해야 함을 주장하였다. 이것이 바로 義가 내적인 心으로부터 발현되지 않고 외적인 대상에 의하여 결정된다는 가장 확실한 증거이다. 이에 대하여 맹자는 사람들의 욕구는 좋아하는 대상이 어디에서 나왔는가에 관계 없이 내 마음이 좋아한다는 것으로 대응하였다. 즉, 무엇을 좋아하는 욕구는 결코 밖으로부터 온 것이 아니다. 맹자에 의하면, 인의예지 등의 도덕법칙은 본심이 스스로 결정하고 실현한 것이기 때문에 '내 마음이 법칙을 스스로 좋아한다(心悅理義)'고 말할 수 있다. 인의는 보편적인 도덕법칙이기 때문에 모든 사람에게 보편적으로 실현되어야 한다. 따라서 자신의 부모에게도 공경심을 표현하고, 타인의 부모에게도 공경할 만한 가치가 있다고 판단되면 공경심을 표현할 수 있다. 이 보편적인 법칙은 내 마음이 스스로 결정하여 표현한 것이기 때문에 본심은 주관임과 동시에 객관이다. 결코 義의 객관성을 근거로 義를 본심 이외의 외적인 것으로 간주해서는 안 된다. 맹자는 불고기를 좋아하는 마음을 예로 들었지만, 사실 그 비유는 적절하지 않다. 불고기를 좋아하는 것은 감성의 욕구이기 때문에 욕구의 대상이 어디에서 나왔는가에 관계 없이 구미에 맞으면 좋아하게 된다. 이것과 본심이 대상과 관계 없이 마땅히 공경심을 표현해야 하는 것은 성격이 다른 사건이다. 욕구는 감성의 활동이고, 연장자를 공경하는 義는 이성의 활동이기 때문에 함께 논의해서는 안 된다. 또 욕구가 내적인 마음으로부터 발현된 것이라는 비유로써 인의 역시 내적인 것이라는 점을 증명하는 것도 적절한 설명이라고 할 수 없다. 도덕의 보편성은 결코 감성의 욕구를 기초로 세울 수 없다. 왜냐하면 감성의 욕구는 보편성이 없기 때문이다. 비록 맹자가 감성의 욕구를 비유로 인의의 내재성을 설명하였지만, 인의와 감성의 욕구는 근원이 다름을 분명히 알아야 한다.

6. 義의 내외 문제에 관한 맹자와 맹계자의 논변

맹계자가 공도자에게 묻기를, "왜 義가 내적인 것인가?" 공도자가 말하기를, "내 마음속의 공경함을 행하기 때문에, 내적인 것이라고 한다." (맹계자가 묻기를) "마을 사람이 장형보다 나이가 한 살 많으면 누구를 공경하는가?" (공도자가) 말하기를, "형을 공경한다." (맹계자가 묻기를) "술을 따를 때는 누구에게 먼저 따르겠는가?" (공도자가) 말하기를, "마을 사람에게 먼저 따른다." (맹계자가 말하기를) "공경해야 할 사람은 형(此)이고, 술을 먼저 따라야 할 사람은 마을 사람(彼)이니, 필경 (義는) 밖에 있는 것이지 안으로부터 우러나오는 것이 아니다." 공도자가 (계자의 질문에) 대답하지 못하고, 돌아와 맹자에게 이 사실을 알렸다. 맹자가 말하기를, "'숙부를 공경하느냐, 아니면 동생을 공경하느냐'고 물으면, 저 사람(계자)은 '숙부를 공경한다'고 할 것이다. '동생이 시동이 되면 누구를 공경할 것인가'라고 물으면 저 사람은 '동생을 공경한다'고 할 것이다. 네가 '왜 숙부를 공경하지 않는가'라고 물으면, 저 사람은 '(동생이 시동의) 자리에 있기 때문이다'라고 할 것이다. 너 역시 '(마을 사람이 손님의) 자리에 있기 때문에 먼저 술을 따른 것뿐이다'라고 말하라. 평상시에는 형을 공경하지만, 임시적으로 마을 사람을 공경하기도 한다." 계자가 그 말을 듣고서 말하기를, "숙부를 공경해야 할 경우에는 숙부를 공경하고, 동생을 공경해야 할 경우에는 동생을 공경하니, 義는 틀림없이 밖에 있는 것이지, 안에서 우러나오는 것이 아니다." 공도자가 말하기를, "겨울에는 끓는 물을 마시고, 여름에는 찬물을 마신다. 그렇다면 마시고 먹는 것도 외적인 것에 의하여 결정되는가?"

孟季子①問公都子②曰: "何以謂義內也." 曰: "行吾敬, 故謂之內也." "鄕人長於伯兄③一歲, 則誰敬." 曰: "敬兄." "酌則誰先." 曰: "先酌鄕人." "所敬在此, 所長在彼, 果在外, 非由內也." 公都子不能答以告孟子. 孟子曰: "'敬叔父乎? 敬弟乎?' 彼將曰: '敬叔父'. 曰: '弟爲尸④則誰敬?' 彼將曰: '敬弟.' 子曰: '惡在其敬叔父也?' 彼將曰: '在位⑤故也.' 子亦曰: '在位故也.' 庸⑥敬在兄, 斯須⑦之敬在鄕人." 季子聞之, 曰: "敬叔父則敬, 敬弟則

56

敬, 果在外非由內也." 公都子曰 : "冬日則飲湯, 夏日則飲水. 然則飲食亦在外也?"〈告子 上5〉

◁ 주 해 ▷

① 孟季子 : 맹계자의 사적에 대해서는 밝혀진 것이 없다. 주자는 "맹중자(孟仲子)의 동생인 듯하다"고 주석하였다.
② 公都子 : 맹자의 제자로서 제나라 사람이다.
③ 伯兄 : 장형.
④ 尸 : 고대에 제사를 지낼 때 위패나 신주를 사용하지 않고 어린 남녀를 대리인으로 삼아 제사를 받게 하였다. 이 어린아이를 시(尸)라고 불렀다. 尸는 主의 의미이고, 조상을 상징한다.
⑤ 在位 : 마땅히 존경을 받아야 할 위치.
⑥ 庸 : 평상시.
⑦ 斯須 : 잠시 혹은 임시 방편.

◀ 해 설 ▶

이 장의 논변도 앞장의 내용과 거의 비슷하다. 공도자는 마음속에서 우러나오는 공경심을 근거로 義의 내재성을 주장하였다. 우리는 '무엇을 마땅히 해야 할 것인가?' 이 도덕명제는 본심의 자각 결정 후에 실현될 수 있다. 연장자를 보았을 때 내 마음속에서 존경심이 우러나오는데, 이것을 구체적인 행위를 표현하는 것이 바로 도덕행위이다. 이러한 존경심이 있어야만 비로소 도덕적 의미를 갖는 행위를 표현한다. 만일 단지 겉으로만 공경한 태도를 취하기만 할 뿐 마음속에 공경심이 없다면 그 행위는 아무런 도덕의도 갖지 않는 허식에 불과하다. 공경심은 본심의 구체적인 내용이다. 본심은 부모를 대하면 효를 자각하고, 아우를 대하면 사랑해야 함을 자각하며, 연장자를 대하면 공경해야 함을 자각한다. 마땅히 측은한 마음을 표현해야 할 때 측은한 마음을 표현하고, 부끄러워야 할 때 부끄러운 마음을 표현한다. 본심의 활동은 이러한 도덕규범의 구체적인 표현이다. 이는 본심의 활동이 바로 자신이 결정한 도덕법칙에 따라서 표현되기 때문이다. 도덕법칙이 본심 자신에 의하여 결정되기 때문에 義는 내적인 것이다. 즉, 선의지인 본심이 도덕규범을 결정한다.

이것이 바로 진정한 자율이다. 본심의 활동은 완전한 합리성의 표현이기 때문에 본심 자체가 바로 理인 것이다. 본심은 결코 자신 이외의 법칙에 따라 활동하지 않는다. 본심을 제외하고서 도덕법칙을 논할 수 없다.

맹계자는 아마 義는 외적인 것이라는 입장을 견지한 듯하다. 맹계자는 義가 본심에 의하여 스스로 결정되지 않고 대상에 따라 결정된다고 생각하였다. 형을 공경하지만 술을 따를 때는 자신의 형보다 한 살 많은 마을 사람에게 먼저 권하는 것을 근거로 義는 대상에 의해 결정된다고 주장하였다. 맹자는 맹계자의 주장을 듣고서 공도자에게 '마땅히 공경을 받아야 할 위치(在位)'로써 답변하게 하였다. 서로 다른 상황에서 본심은 상황에 합당하게 표현할 뿐 결코 어떤 고정적인 표상을 고집하지 않는다. 비록 숙부가 동생보다 어른이지만 동생이 시동의 위치를 차지하고 있으면 본심은 마땅히 동생에게 공경심을 표현한다. 이는 동생이 잠시 동안 차지하고 있는 위치 때문이다. 잠시 동안 차지하고 있는 위치가 다르기 때문에 그 상황에 부합한 義를 표현한다. 이 모두는 본심이 스스로 결정하여 표현한 것일 뿐 결코 외적인 환경에 의해 결정되는 것이 아니다. 이는 원칙의 다양성 때문이 아니다. 원칙은 하나일 뿐이다. 형을 공경하는 하나의 원칙이 있는 것이 아니고, 또 술을 따를 때는 형보다 나이 많은 마을 사람에게 먼저 권하는 하나의 원칙이 있는 것도 아니다. 숙부를 공경해야 하는 원칙이 있는 것도 아니며, 제사를 지낼 때는 시동의 위치를 차지하고 있는 동생을 먼저 공경해야 한다는 원칙이 있는 것도 아니다. 하나의 공경심이라는 원칙이 서로 다른 상황에 다르게 표현될 뿐이다. 외적인 표현만 보면 서로 일치하지 않은 것 같지만, 내용을 보면 공경이라는 공통분모를 갖고 있다. 이는 마치 사단지심이 서로 다른 형태로 표현되지만 실제로는 하나의 본심인 것과 동일하다.

맹계자는 본심이 상황에 따라 서로 다른 표현을 한다는 것을 이해하지 못하였기 때문에 외적인 환경이 우리의 태도를 결정한다고 주장하였다. 맹계자는 숙부를 공경할 때는 숙부를 공경하고, 동생을 공경할 때는 동생을 공경하는데, 이는 대상의 변화에 따라 결정되기 때문에 義는 결코 내 마음에 의하여 결정되지 않고 마음 밖에 있는 규범에 의해 주어진 것이라고 생각하였다. 이에 대하여 공도자는 겨울에는 따뜻한 물을 마시고, 여름에는 차가운 물을 마신다는 비유로써 대답하였다. 겨울과 여름이라는 환경의 차이 때문에 따뜻한 물과

58

차가운 물을 마시는데, 설마 이러한 물을 마시려고 하는 것도 인간의 욕구가
결정하지 않고 외적인 대상(겨울과 여름)이 결정하는 것이라고 할 수 있겠는
가? '어떤 물을 마셔야 하는가'는 당연히 마시고자 하는 사람이 결정한다. 겨
울과 여름의 상황이 다르기 때문에 물을 마시는 습관도 다를 수 있다. 물을 마
시는 습관이 변할 수 있지만 물을 마시고자 하는 마음은 동일하다. 다시 말하
면 따뜻한 물을 마시고자 하는 것도 내 마음이고, 차가운 물을 마시고자 하는
것도 역시 내 마음의 욕구이다. 그런데도 불구하고 당신은 어찌 상황이 다름
에 따라 적절하게 공경심을 표현하는 義를 외적인 것이라고 주장하는가?

그러나 물을 마시는 비유는 앞장에서의 비유처럼 적절하지 않다. 왜냐하면
감성층의 욕구와 도덕의 이성은 서로 다른 범주이기 때문이다. 도덕본심을 전
제하지 않고서 사람과 상황의 다름에 따라 다르게 표현해야 한다는 주장은 보
편성도 없고 필연성도 없다. 그러나 義를 표현하는 마음은 모든 사람에게 공
통적으로 갖추어져 있는 도덕심이기 때문에 상황과 대상이 다를지라도 본심
의 양지는 동일하게 표현된다.

맹자는 도덕의지의 선천성을 긍정하였고, 도덕규범에 대한 도덕의지의 자
율성을 긍정하였다. 도덕규범에 대한 의지의 자율성은 인간 본심의 무한성과
절대성에 대한 긍정과 동일하다. 후에 육상산이 주장한 "우주가 내 마음이고,
내 마음이 우주이다"[30]와 "동서남북의 바다에 성인이 출현한다고 할지라도 이
마음은 서로 같고, 이 이치도 서로 같다"[31]는 맹자가 긍정한 무한심의 다른 표
현이다. 모든 사람이 표현하는 본심의 양지야말로 천리와 천심의 구체적인 실
현이다. 따라서 도덕주체(본심)는 인간생명의 진정할 주체일 뿐만 아니라 우
주의 대본이며, 보편적인 도리인 것이다. 인의의 도덕은 본심으로부터 발현된
다는 사실을 근거로 본심의 선천성과 보편성을 증명할 수 있으며, 더 나아가
본심이 곧 천심이며, 천리·천도임을 긍정할 수 있다. '진심으로써 지성할 수
있고, 지천할 수 있다'는 바로 이 점을 근거로 말한 것이다. 만일 자각 성찰하
여 본심의 가치를 드러내 밝힐 수 있으면, 우리의 생명은 유한성을 극복하여
무한의 가치를 얻을 수 있다.

---

30) "宇宙便是吾心, 吾心卽是宇宙."《象山全集》권36
31) "東西南北海有聖人出焉, 此心同, 此理同."《象山全集》권36

7 . 善性은 사람에게 본래부터 갖추어져 있다(善性人所固有)

공도자가 말하기를, "고자는 '性은 선함도 없고, 선하지 않음도 없다'고 하였다. 어떤 사람은 말하기를, '性은 선으로도 될 수 있고, 선하지 않음으로도 될 수 있다. 그러기 때문에 문왕과 무왕의 (선정이) 일어나면 백성들이 선을 좋아하였고, 유왕과 여왕의 (폭정이) 일어나면 백성들은 포악해졌다.' 어떤 사람은 말하기를, '性이 선한 사람도 있고, 性이 선하지 않은 사람도 있기 때문에 요를 임금으로 두고 있으면서도 상과 같은 사람이 있었고, 고수를 아비로 두고 있으면서도 순과 같은 사람이 있으며, 주를 형의 아들로 두고 있고, 임금으로 두고 있으면서도 미자계와 왕자 비간이 있었다.' 지금 (맹자께서) '사람의 본성은 선하다'고 하시니, 그렇다면 저들이 말한 것은 모두 틀린 것입니까?" 맹자가 말하기를, "性의 實을 따르면 선을 실현할 수 있다. 이것이 내가 말한 선이다. 선하지 않은 것을 행하는 것으로 말하면 타고난 재질의 죄가 아니다. 측은해 하는 마음은 사람이면 누구나 갖고 있다. 부끄러워하는 마음은 사람이면 누구나 갖고 있다. 공경하는 마음은 사람이면 누구나 갖고 있다. 시비를 가리는 마음은 사람이면 누구나 갖고 있다. 측은해하는 마음은 仁이다. 부끄러워하는 마음은 義이다. 공경하는 마음은 禮이다. 시비를 가리는 마음은 智이다. 인의예지는 밖에서부터 나를 녹여 들어온 것이 아니고, 나에게 본래부터 있는 것인데, 그것을 깨닫지 못했을 뿐이다. 그러므로 '구하려고 노력하면 얻고, 놓아버리면 잃게 된다. 혹 (얻어 간직한 사람과 놓아 잃어버린 사람의) 차이가 서로 두 배 되기도 하고, 다섯 배 되기도 하여 계산할 수 없는 지경에 이르기도 하는데, 이는 그 스스로 재질을 다 발휘하지 못했기 때문이다'라고 하였다. 《시경》에서 이르기를, '하늘이 많은 사람을 낳으니, 사물이 있으면 법칙이 있다. 사람들은 불변의 본성을 지니고 있으니 항상 아름다운 덕을 좋아하네.' 공자가 말하기를, '이 시를 지은 사람은 도를 알고 있을 것이다!' 때문에 사물이 있으면 법칙이 있고, 사람들은 불변의 본성을 지니고 있어 항상 아름다운 덕을 좋아하는 것이다."

公都子曰：“告子曰：'性無善無不善也.' 或曰：'性可以爲善，可以爲不
善. 是故文武興，則民好善. 幽厲①興，則民好暴.' 或曰：'有性善，有性不善，
是故以堯爲君而有象,[32] 以瞽瞍[33]爲父而有舜，以紂[34]爲兄之子，且以爲君，
而有微子啓王子比干.'[35] 今曰：'性善', 然則彼皆非與." 孟子曰："乃若其情②
則可以爲善矣,[36] 乃所謂善也. 若夫爲不善, 非才③之罪也. 惻隱之心, 人皆

---

32) 순임금의 이복동생이다. 아버지인 고수와 함께 효성과 우애가 지극한 순을 항상 해치려
고 하였다. — 옮긴이 주.

33) 순임금의 아버지이다. 후처와 그 소생에 미혹당해 전처의 아들인 순을 죽이려고 한 악인
의 표상이다. — 옮긴이 주.

34) 은(殷) 왕조의 마지막 왕이다. 하(夏) 왕조의 마지막 왕인 桀과 더불어 폭군의 대명사이
다. — 옮긴이 주.

35) 미자계는 주왕의 서형(庶兄)이고, 비간은 주임금의 숙부이다. 이곳에서는 비간을 중심으
로 서술하였기 때문에 주왕을 '형의 아들이다'라고 한 것이다. 미자계와 비간 모두 은 왕
조의 마지막 현자였다. 여러 차례 주임금의 포악정치에 대하여 간하였으나, 결국 주왕에
게 죽임을 당하였다. — 옮긴이 주.

36) 조기는 약(若)의 '따르다'(順)로 해석하였고, 주자는 《집주》에서 발어사로 해석하였다.
若을 順으로 해석하는 것은 어원을 근거로 한 것이다. 《설문해자》에서는 "若은 나물을 고
르는 것이다. ++와 右로 이루어진 회의자이며, 右는 손(手)을 표시한다. 또한 승낙의 의
미가 있다"고 하였다. 승낙(諾)은 곧 '따른다'(順)와 의미가 상통한다. 《爾雅》釋言에서
도 "若은 順이다(若, 順也)"라고 풀이하였다. 반면, 주자는 발어사 혹은 전어사(轉語辭)
로 해석하였다. 《맹자》에 乃와 若을 연결하여 사용한 곳이 두 차례 출현한다(離婁 下).
흥미 있는 것은 乃와 若이 연결되어 사용한 문장 다음에는 '若夫'로 시작하는 문장이 이
를 계승한다는 것이다. 〈고자 상〉의 乃若은 順으로 해석해도 의리상의 문제만 고려하지
않는다면 의미는 통한다. 그러나 〈이루 하〉의 乃若은 順으로 해석하면 의미가 통하지 않
는다. 조기도 〈이루 하〉에서는 若을 順으로 해석하지 않았다. 그러나 〈고자 상〉의 乃若
과 〈이루 하〉의 乃若을 발어사로 해석하면 의리뿐만 아니라 의미도 문제가 발생하지 않
을 수 있다. 주자의 견해를 따른다면, 이 구절은 "性에 따라서 발동한 情은 선이라고 할
수 있다. 이것이 내가 말한 선이다"라고 해석해야 한다. '其'자에 관해서는 크게 두 종류
의 해석이 있다. 하나는 性을 지칭하고, 다른 하나는 人을 지칭한다. 모두 其를 대명사로
이해한 것이다. 性을 지칭하면 性情이 되고, 人을 지칭하면 人情이 된다. 조기는 其에 대
하여 특별히 설명을 하지 않았으나, 앞뒤를 고려할 때 人으로 해석한 것이 조기와 부합한
다. '可以'는 가능성으로 해석할 수도 있고, 능력으로도 해석할 수 있다. '爲'는 계사로 해
석할 수 있고, 실천의 의미인 行으로도 해석할 수 있다. 계사로 사용되면 爲善은 '선이다'
로 해석해야 하고, 行으로 사용되면 '선을 실천하다'로 해석해야 한다. 조기가 行으로 해
석한 반면, 주자는 명시적으로 '爲'자에 대한 견해를 밝히고 있지는 않고 있다. 조기는 才

有之. 羞惡之心, 人皆有之. 恭敬之心, 人皆有之. 是非之心, 人皆有之. 惻隱
之心仁也. 羞惡之心義也. 恭敬之心禮也. 是非之心智也. 仁義禮智, 非由外
鑠④我也, 我固有之也, 弗思耳矣. 故曰求則得之, 舍則失之, 或相倍蓰而無
算⑤者, 不能盡其才者也. 詩⑥曰: ‘天生蒸民⑦, 有物有則⑧. 民之秉夷⑨
(彝), 好是懿德⑩.’ 孔子曰: ‘爲此詩者, 其知道乎!’ 故有物必有則, 民之秉
夷(彝)也, 故好是懿德.”〈告子 上6〉

◁주 해▷

①幽厲 : 유왕과 여왕은 서주(西周) 시대의 왕으로서 봉건왕조를 몰락시키고
춘추전국의 혼란기의 전조를 조성한 폭군이다.
②乃若其情 : 내약(乃若)은 전어사(轉語詞)이다. 정(情)은 실(實)로서 性을 지칭
한다.
③才 : 性을 지칭한다. 才는 초목이 처음 발아하는 모양이다. 이 장에 나오는
才는 材와 다른 의미로 쓰인다.
④鑠 : 불로 쇠를 녹이다.
⑤倍蓰而無算 : 배(倍)는 두 배이고, 사(蓰)는 다섯 배이며, 무산(無算)은 ‘계산
할 수 없을 정도로 많은 차이가 난다’는 의미이다.
⑥詩 :《시경》대아(大雅) 증민(烝民)편.
⑦蒸民 : 많은 사람.
⑧有物有則 : 모든 사물에는 그 사물의 규칙이 있다.
⑨秉夷 : 병(秉)은 ‘꽉 잡다’이고, 이(夷)는 彝로서 영원불변(常)의 의미이다.
따라서 秉彝는 ‘변함없는 마음’을 지칭한다. 性善의 본성과 동일하다.
⑩懿德 : 미덕. 사람의 본성은 미덕을 스스로 좋아한다.

를 타고난 재질(天才)로 해석하였다. 따라서 才를 性과 동일한 의미로 사용했는지에 관
해서는 알 수 없다. 그러나 이곳의 ‘才’자는 性과 동의어일 가능성이 크다.《맹자》에 ‘才’
자의 출현은 ‘情’자보다는 많지만 10여 차례에 불과하다. 대부분 재능과 재질 그리고 인
재와 영재의 의미로 사용된다. 그러나〈고자 상〉에 네 차례 출현하는 ‘才’자는 모두 ‘性’
자로 교체해도 의미상 무리가 없을 뿐만 아니라, 더욱 분명해진다.〈고자 상〉에 출현하는
才에 관해서는 후학자들의 견해가 동일하지 않다. ― 옮긴이 주.

◀해 설▶

공도자는 기존의 세 가지 인성론을 들어 맹자에게 질문하였다. 첫째는 고자의 '性은 선함도 없고, 악함도 없다'는 성무선무악설(性無善無惡說)이다. 선과 악은 모두 후천적으로 이루어진 것이어서 性 자체에 대해서는 선악을 논할 수 없다. 둘째는 '性은 선으로도 될 수 있고, 악으로도 될 수 있다'는 입장이다. 性은 비록 선악으로 나눌 수는 없지만, 선과 악으로 될 수 있는 가능성을 갖고 있다. 그렇기 때문에 문왕과 무왕처럼 성군이 통치하면 민중들도 선량해지고, 여왕과 유왕처럼 폭군이 통치하면 민중들도 포악해진다. 이는 인위적으로 인성을 선과 악으로 변화시킬 수 있음을 긍정한 것이다. 셋째는 '性이 선한 사람도 있고, 性이 악한 사람도 있다'는 입장이다. 어떤 사람의 본성은 선천적으로 선하고, 어떤 사람의 본성은 선천적으로 악하기 때문에 바꿀 수 없다. 이 인성론은 후에 성삼품설(性三品說)로 발전하였다.

사실 이 세 종류의 인성론은 모두 '생지위성' 계통으로 총괄할 수 있다. '생지위성'은 인성에 대한 하나의 원칙이다. 생명의 자연본성은 매우 다채롭다. 비단 세 종류뿐만 아니라 아홉 종류로 나누어도 모자람이 있을 것 같다. '생지위성'의 기본 개념은 氣이다. 따라서 '생지위성'의 性은 기성(氣性)이다. 사람이 품수하고 있는 기성은 사람마다 다를 수 있기 때문에 기성은 개성(個性)이다. '性에 선함도 있고, 악함도 있다'에서 선과 악을 선천적이라고 해석하면 가치중립적인 '생지위성'의 성론과 충돌되는 것 같지만 사실 그렇지 않다. 왜냐하면 자연본성 자체에는 서로 다른 특성이 있고, 그 특성은 서로 다른 모습으로 드러나기 때문이다. 사실 가치중립적인 性이 갖고 있는 공통적인 특성을 선과 악으로 나누는 것은 부적절하다. 생리적 본능과 생리적 욕망 그리고 심리적 정서 등은 차이는 나지만 그 차이는 크지 않다. 본래 가치에 대하여 중립적이기 때문에 선이라고도 할 수 없고, 악이라고도 할 수 없다. '性이 선한 사람도 있고, 악한 사람도 있다'는 근기(根機)에 상지(上智)와 하우(下愚)의 차이가 있고, 성품에 인자함과 잔혹함의 차이가 있다는 의미에 불과하다. 그렇기 때문에 '性에 선함도 없고, 악함도 없다'와 '性이 선한 사람도 있고, 악한 사람도 있다'는 두 주장은 서로 다른 것 같지만 결코 서로 충돌되지 않는다. 모두 '생지위성'으로 종합할 수 있다.

공도자가 주장한 첫 번째의 '性은 선함도 없고, 악함도 없다'와 두 번째의 '性은 선으로도 될 수 있고, 악으로도 될 수 있다'는 인성론도 서로 통할 수 있다. 자연생명에 대해서는 선과 악으로 규정할 수 없고, 단지 후천적인 훈습(薰習)에 따라 선 혹은 악으로 되기 때문에 '선으로도 될 수 있고, 악으로도 될 수 있다.' 따라서 공도자가 주장한 세 가지 인성론은 모두 '생지위성'이라는 원칙에 포함된다. 공도자는 이 세 가지 서로 다른 인성론과 아울러 구체적인 역사적 사실을 근거로 맹자에게 '이상의 인성론이 모두 잘못된 이론이냐'고 물었지만, 맹자는 질문에 대하여 직접 회답하는 형식을 취하지 않았다. 사실 맹자가 긍정한 성선의 性과 고자가 주장한 '생지위성'의 性은 서로 다른 의미를 갖고 있는 실체이다. 고자의 性이 기품(氣稟)을 근원으로 한 자연적 본성으로서 송명이학자들이 제시한 기질지성(氣質之性)과 동일한 것이라면, 맹자의 性善은 理로부터 말한 것이고, 도덕으로부터 말한 것이다. 도덕이성은 인간으로서 마땅히 실현해야 할 것으로, 하나의 이상적 인성이다. 인간은 도덕이성을 실현함으로써 비로소 진정한 인간으로 존재할 수 있다. 맹자는 인간이 인간으로서 존재할 수 있는 근거로부터 이상적인 性, 도덕적인 性을 제시하였다. 맹자는 도덕으로서 인간과 본성을 보았는데, 이는 하나의 이상주의적 입장이라고 할 수 있다. 이러한 이상주의와 도덕적인 인성은 육체생명의 작용(감정·욕망·본능)과 이질적이다. 도덕적 본성은 마땅히 측은해야 함을 자각할 수 있고, 죄악에 대하여 불안해하며, 불의를 보고서 참을 수 없어야 하고, 합리와 불합리를 자각하는 仁心의 양지이다. 모든 도덕가치와 도덕행위는 도덕본성을 근거로 실현된다. 도덕본성은 보편적이고 초월적이기 때문에 모든 사람이 자각하여 실현할 수 있다. 우리가 본성의 가치를 자각하여 실현할 때 본성은 하나의 모자람도 없다. 도덕본성의 가치를 일단 자각하기만 하면 본성의 모든 면목을 확보할 수 있다. 도덕본성은 범인과 성현에 대하여 모두 동일하다. 반면 기질지성은 사람마다 모두 다르다. 본래 도덕본성은 사실적인 자연본성과는 다른 이상적인 본성이지만, 사람마다 자각하기만 하면 실현할 수 있는 것이기 때문에 인간의 본성으로 삼을 수 있다. 따라서 도덕본성도 하나의 천성(天性)인 것이다.

맹자는 공도자의 질문에 "性의 實을 따르면 선을 실현할 수 있다. 이것이 내가 말한 선이다(乃若其情則可以爲善矣, 乃所謂善也)"라고 대답하였다. '情'은

'實'로서 사실 性을 지칭한다. 즉, 인성의 실제 내용 측면에서 말하자면, 사람마다 모두 선을 실천할 수 있다. 이것이 맹자가 말한 선이다. 이곳에서 보면 맹자가 말한 성선의 선은 사실 도덕가치를 자각하여 선을 실천하고 악을 제거하는 心의 작용을 근거로 하고 있음을 알 수 있다. 도덕본성이 있기 때문에 기품이 아무리 우매하고 혼탁할지라도 모두 선을 실천할 수 있다. 따라서 선의 실천에 대하여 '할 수 없다(不能 혹은 不可)'고 해서는 안 된다. 선을 자각하여 선을 실천하려고 할 때의 그 마음이 바로 선이다. 어떤 선행과 공적이 있어야만 선이 아니라 선의(善意) 그 자체가 이미 선이고, 그 선의가 절대적 가치를 가진 선이다. 좋은 품성과 자질은 결코 절대적인 선이 될 수 없다. 예를 들어 총명·기민·냉정·인내 등은 좋은 것이지만, 그 안에 선의가 포함되어 있지 않으면 오히려 극단적인 악을 조성할 수도 있다. 따라서 본심과 양지에 의해 나타난 선의만이 절대적인 선이다.

모든 사람은 시비선악을 자각하고 판별할 수 있다. 때문에 맹자는 "性의 실제 내용 측면에서 말하면 모든 사람이 선을 실현할 수 있다. 비록 악을 행하는 사람도 있지만 이는 그 사람 본성의 잘못이 아니다"라고 한 것이다. 맹자가 말한 "재질의 죄가 아니다(非才之過)"에서 才는 실제로 性을 지칭한다. '才'자는 초목이 발아하는 형상을 그린 것이다. 이곳에서 才는 性을 지칭하고, 그 의미는 '본래' 혹은 '처음'이다. 맹자에 의하면, 사람들의 악행은 그 사람들의 본성에 악함이 있어 그런 것도 아니고, 악행을 한 사람에게 성선의 性이 없기 때문도 아니다. 단지 감성의 욕망이 본성을 제한하여 본성으로 하여금 본래의 모습으로 실현되지 못하게 하기 때문이다. '사람들이 본성을 수시로 실현할 수 있다는 것'은 측은을 비롯한 사단지심의 발현에서 증명할 수 있다. 사단지심이 인의예지의 실제 내용이기 때문에 '心이 곧 理이고, 理가 곧 心이다.' 인의예지의 사단지심은 우리에게 본래부터 갖추어진 것으로 일단 자각하기만 하면 육체생명의 제한을 받지 않고 실현할 수 있으며, 이 도덕심이야말로 인간의 참모습이라는 사실을 발견하게 된다. 따라서 선을 실천하려는 의지를 보이면 반드시 실천할 수 있다. 사실 선을 실천하려는 의지를 보일 때 도덕적인 선은 이미 그 사람의 마음속에서 드러났다. 선에 대한 자각은 밖에 있는 대상을 인식한 것이 아니라 단지 자신의 가치를 긍정하고 자각하는 것에 불과하다. 만일 스스로 선을 실천하려는 의지를 보이지 않으면 반드시 사욕에 이끌려 도덕을 위배하게 될 것이고, 도덕본심 역시 드러나지 않게 된다. 이것이 바로 '본심을 잃는 것이다(失其本心).' 본심의 현현(顯現)과 은몰(隱沒)은 행위자의 자각 여부에 달려 있다. 한순간에 경책(警策)하여 깨달으면 바로 그 자리에서 실현되고, 한순간에 미망(迷妄)하면 바로 악을 행하게 된다. 행위자에 대하여 다른 사람은 선행을 보장할 수도 없고, 달리 어떤 방법을 취할 수도 없다. 지금 자각하여 선을 실천하였다고 할지라도 지금의 선행이 다음 차례의 선행을 보장할 수 없다. 따라서 우리는 시시각각 자신을 깨우쳐야 하고, 시시각각 본심을 밖으로 실천하여 한순간의 나태함도 없어야 한다.

유가 내성의 학문은 생명에 관한 것이다. 인의예지의 도덕은 참생명의 유출로부터 비롯된다. 이러한 참생명이 없다면 도덕 역시 존재할 수 없다. 도덕은 어떤 대상물이 아니라 우리의 참생명 그 자체이다. 따라서 도덕의 진리는 생명의 진리이며, 주체성의 진리인 것이다.

성선의 性은 보편적인 실체이기 때문에 자신을 위축시켜 '나는 성선의 性이 없다'고 해서도 안 되고, '선을 실천할 수 없다'고 해서도 안 된다. 선을 실천하지 않는 것은 할 수 없기 때문이 아니라 하지 않으려고 하기 때문이다. 이는 의지에 관한 문제이다. 하려고 하는 사람이 있기 때문에 성현의 인격이 있고, 하지 않으려고 하는 사람이 있기 때문에 범인이 있고, 악인이 있는 것이다. 간악한 일을 하는 것은 본성의 차별 때문이 아니다. 단지 '성을 실현하느냐(盡性)' 혹은 '성을 실현하지 않느냐(不盡性)'의 차이일 뿐이다. 이 장에 출현하는 "스스로 재질을 다 발휘하지 못했기 때문이다(不能盡其才)"의 才 역시 性을 지칭한다. 즉 '자신의 본성을 다 발휘하지 못했기 때문이다'로 해석해야 한다.

맹자는 이 장 마지막 단락에서 《시경》의 내용을 인용하였다. 맹자가 인용한 시에 대하여 공자는 일찍이 "이 시를 지은 사람은 참으로 도를 깨달았구나"라고 감탄한 적이 있다. 이는 공자가 이 시를 지은 사람의 심원한 동견(洞見)을 찬미한 것이다. "하늘이 많은 사람을 낳으니, 사물이 있으면 법칙이 있다"는 모든 사물에 그 사물의 소이연지리가 있고, 그 사물의 규율이 있음을 말한 것이다. 이 소이연지리와 규율은 형이상의 실체이다. "사람들은 불변의 본성을 지니고 있으니 항상 아름다운 덕을 좋아한다"는 미덕에 대한 희열이 바로 인성의 본질임을 설명한 것이다. 하늘은 백성에게 미덕에 대하여 스스로 희열을 느끼는 본성을 부여하여, 백성들로 하여금 미덕을 좋아하게끔 한다. 따라서 백성이 선을 좋아하고, 선을 실천하는 것은 바로 하늘의 뜻을 따르는 것이다. 이 시가 지어진 연대는 아마 공자보다 몇백 년 전일 것이다. 이 시를 통해 우리는 이미 중국에 性을 선으로 규정하는 관점이 존재하였음을 알 수 있다. 따라서 맹자의 성선설이 비록 고자의 '생지위성'의 性論보다 후에 나타난 새로운 학설이지만 중국인의 의식을 근거로 한 性論임을 알 수 있고, 또 성선설의 역사가 유구함도 알 수 있다. 후대 송명이학의 형이상학과 《중용》·《역전》에 끼친 이 시의 영향은 절대 간과할 수 없다.

이 장에서 맹자는 인성론에 관한 자신의 입장을 상세하게 설명하고 있다. 맹자 주장의 핵심은 반본(反本)이다. 즉, 자신을 뒤돌아보고 성찰하여 인의예지의 도덕이 바로 내 마음에 존재하고 있음을 발견해야 함을 강조한다. 이러한 맹자의 주장은 한 점의 오류도 없는 도덕에 관한 정확한 주장이다. 〈고자상〉에서 맹자는 우산의 나무(牛山之木)[37]를 비유로 삼아 사람에게 없앨 수 없는 본심이 있음을 진지하게 밝히고 있다. 그 장의 내용은 다음과 같다. "우산은 원래 나무가 무성한 아름다운 산이었지만, 제나라 수도의 교외에 자리잡고 있었기 때문에 많은 사람들이 매일 몰려와 도끼로 벌목을 하였으니 어찌 아름다워질 수가 있었겠는가? 또 밤낮으로 자라나고, 비와 이슬의 영향으로 싹이 돋아나기도 하였지만, 소와 양을 끌어다가 싹이 돋아나는 대로 먹여버리니, 민둥산이 되어버렸다. 사람들이 지금의 민둥산의 모습만을 보고서 우산은 본래부터 나무가 없었다고 생각하지만, 그것이 어찌 우산의 본래 모습이겠는가? 사람의 性에 어찌 인의를 따르는 마음이 없겠는가? 그러나 양심을 잃어버리는 것은 도끼로 나무를 베는 것과 같다. 매일매일 베어내는데 어떻게 아름다워질 수가 있겠는가? 밤낮으로 양심이 자라나고, 이른 아침의 맑은 기를 불어넣으니 선을 좋아하고, 악을 싫어하는 것이 다른 사람과 비슷한 것이 적지 않겠지만, 낮에 하는 행위가 약간 보존하고 있는 인의의 마음마저 뒤섞어 없애버린다. 그것을 뒤섞기를 반복하면 밤에 길러지는 맑은 기운마저 남아 있지 못한다. 밤에 길러지는 기운마저 남아 있지 않으면 금수와 거의 차별이 없게 된다. 사람들은 금수 같은 지금의 모습만을 보고서 그 사람은 본래부터 선

---

37) 원문과 자세한 내용은 제2부 수양론 4에 수록되어 있다. — 옮긴이 주.

한 본성이 없었다고 생각한다. 하지만 어찌 지금의 모습이 그 사람 본성의 본래 모습이겠는가? 그러므로 잘 배양하면 자라나지 않는 사물이 없다. 배양하지 않으면 소멸되지 않는 사물이 없다. 공자는 잡으면 보존되고, 버리면 없어진다. 때 없이 출입하고, 제 고향을 모른다는 것은 마음을 두고 한 말이다고 하였다." 인의의 본심은 선을 실현하려고 할 때 나타나지만, 한순간 나태하면 바로 숨어버린다. 다시 말하면 인의의 본심은 한 곳의 상태에 머무르지 않고 오로지 계속 향상하려고 노력하는 사람에게만 중단 없이 나타난다. 수양론이 필요한 이유가 바로 여기에 있다. 우산의 나무의 비유는 이 장의 종지(宗旨)와 유사하지만, 이 장보다도 정성측달(精誠惻怛)한 성인의 회포와 도덕이상주의자의 슬픈 마음을 더욱 분명하게 드러내 주고 있다. 우리는 이 장의 내용을 통하여 仁과 智의 내용을 겸비한 맹자의 진면목을 발견할 수 있다.

8. 사람 마음에는 서로 같은 바가 있다(心之所同然)

맹자가 말하기를, "풍년이 든 해에는 젊은 사람들이 대부분 온순하고, 흉년이 든 해에는 젊은 사람들이 대부분 포악한데, 이는 하늘이 내린 재성이 달라서 그런 것이 아니라 (주위의 환경이) 그 마음을 빠뜨려서 그렇게 된 것이다. 지금 보리를 파종하고서 흙으로 씨앗을 덮어, 그 땅이 동일하고, 심는 시기도 동일하여, 무성하게 돋아나 하지에 이르면 모두 익는다. 비록 다른 점(수확)은 있지만 그것은 땅에 비옥과 척박의 차이가 있고, 비나 이슬의 내림과 사람들의 가꿈이 똑같지 않기 때문이다. 그러므로 무릇 동류인 것은 모두 비슷하다. 어찌 유독 사람에 있어서만 (비슷한 것이 없다고) 의심을 하는가? 성인과 나는 같은 동류이다. 그러므로 용자가 말하기를, '발의 크기를 알지 못하고 신발을 만들지라도 나는 그것이 삼태기가 되지 않음을 안다.' 신발의 크기가 비슷한 것은 천하 사람들의 발이 같기 때문이다. 입으로 맛을 보는 데는 똑같은 즐김이 있다. 역아는 먼저 내 입이 즐기는 것을 안 사람이다. 만일 입이 맛을 봄에 있어 (그 맛을 느끼는) 性[38]이 다른 사람과 다르기가 마치 개와 말이 우리와 동

---

38) 이곳의 性은 맛을 느끼는 감각 작용을 의미한다. ― 옮긴이 주.

68

류가 아닌 것처럼 다르다면 천하 사람들이 어찌 맛을 즐기기를 모두 역아가
조리한 맛을 따르듯이 하겠는가? 맛에 있어서는 천하 사람들이 모두 역아가
(조리한 맛을) 표준으로 삼는데, 그것은 천하 사람들의 입맛이 비슷하기 때문
이다. 귀 또한 그렇다. 소리에 있어서는 천하 사람들이 사광을 표준으로 삼는
다. 이는 천하 사람들의 귀가 서로 비슷하기 때문이다. 눈 또한 그렇다. 자도
에 대해서, 천하 모두 그 아름다움을 알지 못하는 사람이 없다. 자도의 아름다
움을 알지 못하는 사람은 눈이 없는 자이다. 그러므로 '입이 맛을 봄에 있어서
는 똑같이 즐김이 있다. 귀가 아름다운 소리를 들음에 있어서는 똑같이 들음
이 있다. 눈이 아름다운 색을 봄에는 똑같이 아름다움을 느낌이 있다'고 한 것
이다. 마음에 있어서만 유독 같음이 없겠는가? 마음이 똑같이 즐기는 것은 무
엇인가? 理와 義이다. 성인은 먼저 내 마음이 똑같이 즐기는 것을 깨달았을
뿐이다. 理와 義가 내 마음을 기쁘게 해 주는 것은 마치 맛있는 고기 요리가
내 입을 즐겁게 해 주는 것과 같다."

　　孟子曰："富歲①子弟多賴②, 凶歲③子弟多暴, 非天之降才爾④殊也, 其所
以陷溺⑤其心者然也. 今夫麰麥⑥, 播種而耰⑦之, 其地同, 樹之時又同, 渤然⑧
而生, 至於日至⑨之時, 皆熟矣. 雖有不同, 則地有肥磽⑩, 雨露之養, 人事
之不齊也. 故凡同類者, 擧⑪相似也. 何獨至於人而疑之? 聖人與我同類者.
故龍子⑫曰：'不知足而爲屨, 我知其不爲蕢⑬也.' 屨之相似, 天下之足同也.
口之於味, 有同耆⑭也. 易牙⑮先得我口之所耆者也. 如使口之於味也, 其性
與人殊⑯, 若犬馬之與我不同類也, 則天下何耆, 皆從易牙之於味也. 至於味,
天下期於易牙, 是天下之口相似也. 惟耳亦然. 至於聲, 天下期於師曠⑰. 是
天下之耳相似也. 惟目亦然. 至於子都⑱, 天下莫不知其姣⑲也. 不知子都之
姣者, 無目者也. 故曰：'口之於味也, 有同耆焉. 耳之於聲也, 有同聽焉. 目
之於色也, 有同美焉.' 至於心 獨無所同然乎? 心之所同然者何也? 謂理也,
義也. 聖人先得我心之所同然耳. 故理義之悅我心, 猶芻豢⑳之悅我口."〈告子
上7〉

◁주 해▷

　①富歲：풍년이 든 해.

② 賴 : 란(嬾)과 같은 의미로 '게으르다'의 뜻이다.[39]

③ 凶歲 : 흉년이 든 해.

④ 爾 : '그렇게'의 뜻이다. 따라서 爾殊는 '그렇게 다르다'로 해석해야 한다.

⑤ 陷溺 : 무엇에 빠져 헤어나지 못하다.

⑥ 麰麥 : 밀.[40]

⑦ 耰 : 흙으로 씨앗을 덮다.[41]

⑧ 渤然 : 무성하게 자라나는 모양.

⑨ 日至 : 하지.

⑩ 肥磽 : 토지의 비옥함과 척박함.

⑪ 擧 : 모두.

⑫ 龍子 : 고대의 현인이라고 알려질 뿐 신상에 대해서는 알 수 없다.

⑬ 蕢 : 풀로 만든 기구인데, 삼태기와 유사할 것이다.

⑭ 耆 : 기(嗜)와 같은 뜻으로 '즐기다' 혹은 '좋아하다'의 의미이다.

⑮ 易牙 : 춘추시대 제환공(齊桓公)의 총신(寵臣)이다. 음식 요리를 매우 잘하였다고 한다.

⑯ 性與人殊 : 사람마다 다르다.

⑰ 師曠 : 진(晉)나라 평공(平公)의 악사.

⑱ 子都 : 고대의 미인이다. 혹자는 정(鄭)나라의 대부 공손알(孔孫閼)이라고 하기도 한다.

⑲ 姣 : 아름답다.

⑳ 芻豢 : 주자에 의하면 '초식동물은 芻이고, 소와 양이 이에 해당한다. 곡식을 먹는 동물은 豢이고, 개와 돼지가 이에 해당한다.'[42]

◀해 설▶

이 장의 앞부분에서는 후천적인 환경이 人心에 영향을 미칠 수 있음을 풍년

---

39) 賴에 대하여, 조기(趙岐)는 선으로, 주자는 의지함(籍)으로 해석하였다. 두 사람의 견해가 크게 차이가 나지는 않지만 다음 구절의 포(暴)의 상대라는 것을 감안할 때, '얌전하다' 혹은 '온순하다'로 해석하는 것이 가장 원만하다. 비록 저자는 '게으르다'로 주석하였지만, 옮긴이는 '온순하다'로 번역하겠다. ─ 옮긴이 주.

40) 혹자는 모(麰)는 밀을, 맥(麥)은 보리를 지칭한다고 함. ─ 옮긴이 주.

41) 본래 耰는 흙을 덮는 데 쓰는 고무래를 지칭한다. ─ 옮긴이 주.

42) 《孟子集註》.

과 흉년이 든 해에 젊은이들의 서로 다른 태도를 예로 들어 설명하고 있다. 사실 환경과 人心의 표현은 매우 밀접한 관련을 맺고 있다. 그러나 환경의 영향을 받아 표현된 그 모습이 바로 인성의 본래 상태라고 단정할 수는 없다. 흉년이 든 해에 젊은이들의 태도가 흉폭하다고 해서 그들의 본성을 악으로 규정해서도 안 되고, 풍년이 든 해에 젊은이들의 태도가 온순하다고 해서 그들의 본성을 원래 순하다고 이해해서도 안 된다. 왜냐하면 그들은 이미 후천적인 환경의 영향을 받아 본성의 원초적인 모습을 표현하지 못하였기 때문이다. 이는 '性은 선함도 없고, 악함도 없다' 혹은 '性은 선으로도 될 수 있고, 악으로도 될 수 있다'는 주장과 다르다. 본래 '선한 본성을 갖추고 있다'고 할지라도 후천적인 환경의 장애로 말미암아 性의 본래 모습을 표현하지 못할 수도 있다.

두 번째 단락에서는 밀을 심고 수확하는 것을 예로 들고 있다. 밀이 같은 환경에서 생장하면 그 수확도 같아야 한다. 그러나 다름이 있을 수 있다. 그 차이는 후천적인 환경과 경작자의 근면 여부에 달려 있다. 무릇 같은 종류의 물건들은 대체로 그 형태나 발전이 거의 비슷하다. 성인도 나와 같은 인간이기 때문에 서로 비슷하다. 그럼에도 불구하고 우리는 왜 현실에 있는 선한 사람과 악한 사람의 차이만 볼 뿐 인성의 동일함은 보지 못하는가? 현실의 다름은 후천적인 영향과 본인 노력의 차이일 뿐 결코 그것이 본성의 차이를 표현한 것이 아니다. 자신의 본성을 올바르게 이해하려면 마땅히 성인의 태도를 근거로 삼아야 한다. 왜냐하면 성인이야말로 본성을 여실히 표현한 사람이기 때문이다. 그들은 비록 복잡한 현실의 제약을 받았지만 仁心의 본래 모습을 잃지 않고 간직하였다. 따라서 성인의 활동으로부터 자신의 본성과 초심의 상태를 발견할 수 있다. 맹자가 말한 "대인은 어린아이의 마음을 잃어버리지 않은 사람이다"[43]가 바로 이 뜻이다. 어린아이의 마음(赤子之心)은 아직 후천적인 환경의 영향에 물들지 않은 순수한 마음이다. 대인이 이러한 적자지심을 잃지 않았다는 것은 바로 대인이 인간 마음의 원초 상태를 유지하고 있다는 것이다.[44] 일찍이 제나라의 선왕(宣王)이 사람을 파견하여 맹자의 사람됨이 일반

---

43) "大人者, 不失其赤子之心者也."〈離婁 下 12〉

44) 대인의 마음과 어린아이의 마음이 다름은 당연하다. 대인의 마음은 자각의 수양을 거친 후의 상태이고, 어린아이의 마음은 자각 성찰의 수양을 거치지 않은 원초 상태이다. ― 옮긴이 주.

인과 어떻게 다른가를 살펴보게 하였다. 이 사실을 맹자가 알고서 "어찌 일반 사람들과 다르겠습니까? 요순도 일반사람들과 같은 사람일 뿐입니다"[45]라고 말하였다. '요순과 일반사람에 다름이 없다'는 바로 성인과 내가 동류(同類)라는 의미이다. 내가 성인과 동류라는 것은 바로 나를 비롯한 모든 사람이 성인이 될 수 있다는 가능성을 긍정한 것이다. 먼저 자신을 성찰하고, 다음 성인의 인격 수립에 뜻을 두고서 본심의 선성을 열면 자신을 무한가치의 존재로 승격시킬 수 있다. 자공은 일찍이 공자를 하늘이 내린 성인이라고 여겼다. 만일 공자가 하늘이 내린 성인이라면 다른 사람과 다를 것이고, 그렇다면 모든 사람이 성인의 인격을 수립하는 것은 불가능하게 된다. 반면 맹자는 이 사람도 요순의 인격을 성취할 수 있다고 주장하여 성인의 길로 진입할 수 있는 길을 정식으로 열었다. 이러한 맹자의 주장은 사람들로 하여금 "순은 어떤 사람인가? 나는 어떤 사람인가? 노력하는 사람이면 역시 그런 것이다"[46]라는 뜻을 세우게 할 수 있다. 이 점 때문에 유학을 가장 고명한 학문이라고 내세울 수 있는 것이다.

이 장의 후반부에서는 사람들의 발 크기가 서로 비슷하고, 오관의 작용이 서로 유사함을 비유로 삼아 人心의 동일성을 설명하고 있다. 사람들의 오관과 사지의 활동은 대체로 비슷한데, 어찌 유독 사람의 마음에 대해서만은 동일성을 긍정하지 않는가? 사실 사람의 마음도 서로 같은 바가 있다. 맹자에 의하면, 사람 마음의 같은 바는 理와 義라는 도덕가치에 대하여 스스로 희열을 느끼는 것이다. 이러한 희열은 마치 우리들의 입이 맛있는 음식을 좋아하는 것과 같은 이치이다.

맹자는 앞장에서 인의의 내재성을 주장하였다. 이 장에서는 "理와 義가 내 마음을 기쁘게 해 주는 것은 마치 맛있는 고기 요리가 내 입을 즐겁게 해 주는 것과 같다"는 비유로 인의의 내재성을 설명하고 있다. 그러나 이 비유는 본심과 理義의 관계를 이물(異物)로 간주할 수 있는 위험이 있다. 그러나 절대 그렇게 이해해서는 안 된다. '마음이 理義를 좋아한다'는 내 마음이 理義를 스스로 결정한다는 의미이다. 理義는 내 마음 활동의 규칙성을 의미한다. 본심

---

45) "何以異於人, 堯舜與人同耳."〈離婁 下 32〉
46) "舜何人也? 予何人也? 有爲者亦若是."〈滕文公 上 1〉

72

의 활동은 본심이 스스로 결정한 규칙성에 의하여 활동하기 때문에 본심이 바로 理義 자신이다. 따라서 '본심이 理義를 좋아한다'는 사실 본심이 스스로 자신을 좋아한다는 것과 같다. 본심의 드러남은 본심 자신을 뒤돌아보고서 자신의 가치에 대해서 스스로 희열을 느끼는 것이다. 사람의 본심은 자신이 드러낸 理義에 대하여 스스로 희열을 느낀다. 모든 사람이 희열을 느끼는 理義는 동일한 理義이다. 따라서 네가 희열을 느끼는 理義는 내가 희열을 느끼는 理義가 아니라고 할 수 없다. 만일 서로 희열을 느끼는 理義가 다르다면 理義는 객관 보편성을 확보하기 어렵다. 뿐만 아니라 각자의 본심도 서로 다르게 되어 본심에는 오로지 주관성만 있을 뿐 객관성은 없게 된다. 이러한 주관성의 본심은 결코 맹자가 주장한 본심이 아니다. 맹자가 긍정한 본심은 객관적이고 보편적 가치를 지닌 理義를 스스로 결정하는 주체이다. 따라서 본심은 사람마다 다를 수 없다. 맹자가 말한 '마음의 같은 바(心所同然)'는 바로 맹자의 본심이 보편적인 공심(公心)이며, 도덕심이라는 것을 나타내 주고 있다.

9. 천하 사람들이 인성을 논하는 이유(天下之言性)

맹자가 말하기를, "천하 사람들이 인성을 논하는 것은 그 근본을 밝히는 것이다. 근본은 순조로움을 기본으로 삼아야 한다. 지혜로움을 싫어하는 것은 억지 때문이다. 만일 지혜로운 사람이 우임금이 물을 흐르게 하는 것처럼 한다면 지혜로움을 싫어할 까닭이 없다. 우임금은 물을 흐르게 할 때, 물이 막히는 일이 없는 곳으로 흐르게 하였다. 만일 지혜로운 사람이 지혜를 막히는 일이 없는 곳으로 운용한다면 그 지혜 역시 위대하다. 하늘은 높고 별은 멀리 있지만 진실로 그 근본을 추구한다면 천년의 동지도 가만히 앉아서 알 수 있을 것이다."

孟子曰 : "天下之言性也則故①而已矣. 故者以利②爲本. 所惡於智者, 爲其鑿③也. 如智者若禹之行水也, 則無惡於智矣. 禹之行水也, 行其所無事也. 如智者亦行其所無事, 則智亦大矣. 天之高也, 星辰之遠也, 苟求其故, 千歲之日至④, 可坐而致也."〈離婁 下26〉

◁주 해▷

① 故 : 그 일의 원리를 추구하다.
② 利 : 순(順)과 동일한 의미로 '따르다'의 뜻이다.
③ 鑿 : 견강부회의 뜻이다.
④ 日至 : 일지는 원래 하지와 동지를 가리키지만, 이곳에서는 마땅히 동지로 해석해야 한다. 왜냐하면 주대(周代)에는 동지를 일년의 시작인 원일(元日)로 삼았기 때문이다.

◀해 설▶

인성론에 관한 맹자의 논의 중에서 이 장에 소개된 성론이 가장 난해하다. 이 문장에 대한 고금의 주석도 다양하여 아직까지 정론이 없는 실정이다. 나는 단지 맹자의 의리와 문장의 조리에 입각하여 해설하겠지만, 본의에 합치할지는 의문이다.

먼저 "天下之言性也則故而已矣"에서 '고(故)'자의 의미가 불분명하다. 주자는 "故는 이미 그러한 자취이다"[47]라고 주석하였다. 즉, 사람이 밖으로 표현한 활동의 흔적으로서 故를 해석하였다. 그러나 사람이 밖으로 이미 표현한 생명활동의 흔적만으로서는 '본성이 선하다'는 것을 증명하기 어렵다. "故者以利爲本"에서 주자는 '이(利)'를 순(順)으로 해석하여 '우임금이 물을 흐르게 하는 것'으로 설명하였다. 자연의 흐름에 따라 인도하면 사사로운 지혜에 의한 막힘이 없다는 것이다. 인성의 선도 물이 아래로 흐르는 것과 같아 자연스러움에 따르면 아무런 인력의 도움 없이도 자연스럽게 선을 실천한다. 이 해석은 비록 맹자에 근거하고 있지만, 順을 '이미 그러한 자취'에 입각해서 설명하면 통하지 않을 것 같다. 왜냐하면 '이미 그러한 자취'만을 보면 함부로 방종했던 흔적도 順이라고 할 수 있기 때문이다.

'故'는 '本'으로 해석할 수도 있다. 그렇다면 "天下之言性也則故而已矣"는 "천하에 성론을 제시한 사람이 많은데, 모두 인간 본연의 상태를 탐구한 것이다"로 해석해야 한다. '인성이 무엇인가'라는 논제는 '인간의 본래 모습'을 탐구하는 것이다. 고자에 의하면 인성에는 인의의 도덕이 없다. 인의는 후천적

---

47) "故者, 其已然之迹."

74

인 학습을 통하여 배양한 것이다. 이것 역시 그 근본을 탐구한 것이다. 따라서 '인성이 무엇인가'를 밝히려면 마땅히 거슬러 올라가 그 근원을 살펴야지 결코 밖으로 표현된 현상만을 보아서는 안 된다. 고자는 인간의 본연상태에는 선도 없고, 악도 없으며, 선과 악은 모두 후천적인 경험을 통하여 이루어진 것이라고 주장하였다. 반면 맹자는 인의의 도덕은 인간의 본성이며, 악행은 후천적인 환경의 영향으로 말미암아 그 근본을 잃었기 때문이라고 생각하였다. 물론 인간의 근본에 관해서는 고자와 맹자뿐만 아니라 인성론을 언급한 학자들의 이론이 모두 다르다. 그렇다면 어떤 것이 진정한 사람의 근본인가? 맹자는 올바름과 거짓을 판별할 수 있는 준칙이 있다고 생각하였다. 그 준칙이 바로 '順'이다. "故者以利爲本"에서 利는 順의 의미이다. 그렇다면 가장 자연스러움에 부합한 학설이 바로 인성의 본연을 가장 잘 드러내는 학설일 것이다. 맹자는 '모든 사람의 인성이 선하다'는 주장이 人心의 본연에 가장 잘 부합하는 것이라고 생각하였다. 그 이유는 어느 누구도 악행을 스스로 원하지 않을 것이기 때문이다. 우리는 고의성 여부에 관계 없이 악행을 하게 되면 반드시 불안감을 느끼고, 그 상황을 참기 어려워 한다. 또 다른 사람이 자신을 악인이라고 평가할 때 괴롭고 수치심이 든다. 이 점을 근거로 맹자는 인성을 악으로 규정할 수 없다고 생각하였다. 악은 人心의 자연스런운 상태에 부합하지 않기 때문이다. 나는 자신의 악행에 대하여 불안감을 느낀다는 사실로부터 '性에는 선함도 없고, 악함도 없다'는 가치중립적인 인성론을 견지한 사람들도 혼돈과 마찬가지인 무자각의 상태에 대하여 자연스러움을 느끼지 않을 것임을 확신한다. 맹자는 "인성에는 선하지 않음이 없다. 이는 마치 물이 아래로 흐르는 것과 같다"[48] · "理와 義가 내 마음을 기쁘게 해 주는 것은 마치 맛있는 고기 요리가 내 입을 즐겁게 해 주는 것과 같다"[49] · "자신을 뒤돌아보고서 마음을 순수하게 하면 즐거움이 이보다 클 수 없다"[50]고 하였다. 우리의 마음이 理義의 도덕규범을 스스로 좋아하고, 또 선을 실천하였을 때 드는 무엇과도 비교할 수 없는 쾌락의 느낌이야말로 인성의 선함을 증명할 수 있는 가장 확실한 근거이다. 왜냐하면 선을 실천하였을 때 마음이 가장 자연스럽고 편안하

---

48) "人無有不善, 水無有不下."〈告子 上2〉
49) "理義之悅我心, 猶芻豢之悅我口."〈告子 上7〉
50) "反身而誠, 樂莫大焉."〈盡心 上4〉

기 때문이다. 이는 곧 사람 스스로 자신의 본성이 선이라는 것에 대한 믿음을 표현한 것이기 때문에 인의의 도덕이 틀림없이 인간의 본성인 것이다.

이곳에서 말한 '順'은 본심을 실현했을 때 드는 느낌이다. 그러나 본심의 선성이 장기간 사욕에 몽폐(蒙蔽)되면, 어느 날 선을 실천하게 되었을 때, 선의 실천이 어렵고 부자연스럽다는 느낌이 들 수 있다. 때문에 선의 실천이 자연스럽지 않다고 생각하기 쉽다. 사람은 도덕본성을 소유한 존재임과 동시에 감성적 욕망도 갖고 있는 존재이다. 따라서 감성욕망의 제한을 받는 것도 당연하다. 감성의 제한 때문에 본심의 선성 실현은 자연스럽지 않을 수 있다. 극기복례(克己復禮)하고, 사욕의 제한으로부터 생명을 해방시키려고 할 때 이성과 욕망의 충돌이 있을 수 있다. 이 때 도덕실천에 대한 느낌은 순조로움(順)이 아닌 거슬림(逆)일 수 있다. 그러나 본심이 처음 드러날 때는 비록 거슬림이 있지만, 감성의 사욕은 선을 실현하고자 하는 도덕의 욕구를 막을 수 없다. 도덕본심에는 감성욕망의 제한을 극복할 수 있는 충분한 역량인 양지와 양능이 갖추어져 있다. 양지와 양능을 기초로 시시각각 성찰하여 본심을 간직하고 있으면, 마땅히 도덕을 실천해야 할 때 사욕은 본심의 자아실현을 가로막을 수 없다. 이 때 비로소 자연스럽고 순조롭다는 느낌과 함께 무엇과도 비교할 수 없는 쾌락을 느낀다. 이러한 느낌과 깨달음이 들 때의 내가 바로 진정한 나 자신이고, 인의의 도덕가치를 실현하는 본심이 바로 진정한 나의 본심이다.

맹자가 말한 '지자(智者)'는 아마 고자를 지칭한 것 같다. 고자의 인성론도 상당한 설득력을 갖고 있다. 고자는 "인성은 선함도 없고 악함도 없다"고 하였고, 도덕의 義는 心 밖에 주어진 것이라고 주장하였다. 고자의 인성론은 경험층에서 보면 사실과 부합한 것 같다. 그러나 고자는 인성의 본연을 아직 이해하지 못하였다. 즉, 고자는 우리의 마음속에 갖추어진 연민과 불안불인(不安不忍)의 도덕정감을 바로 보지 못했다. 인성에 대하여 고자는 인식론적인 태도를 취하였다. 인간의 생명을 하나의 자연적 사실로 보는 것은 인간, 심지어 자신마저도 하나의 객관적인 인식대상으로 간주한 것이다. 이러한 입장을 취하게 되면 인간의 도덕주체를 올바르게 관조할 수 없다. 반면 맹자는 자신의 존재가치를 자각 성찰하면서 불안과 불인의 마음이 드는 곳에서 인성의 진실을 밝히려고 하였다. 맹자는 결코 인성과 仁心을 가치중립적인 객관 사실로 이해하지 않았다. 측은한 마음을 끊임없이 발현하는 仁心으로써 인성의 본래 모습을 살폈고, 이러한 본심의 모습을 진실한 체험을 통하여 느꼈다. 인의예지는 모두 본심 스스로 발현한 것이기 때문에 인의의 마음이 발현되는 그곳에서 모든 사람으로 하여금 인의의 마음이 선천적으로 갖추어져 있음을 자각하도록 하였다. 맹자는 자신의 체험을 근거로 인성의 본래 모습을 밝혔으며, 또 자신의 체험을 통해 드러난 도덕생명을 근거로 인성을 선으로 규정하였다. 생명의 본질은 도덕이다. 결코 생명을 하나의 객관적인 대상으로 삼아 연구해서는 안 된다. 나는 맹자의 소견이 고자보다 한층 심오하고 진실하다고 단언할 수 있다.

10. 性과 命의 대비(性與命對揚)

맹자가 말하기를, "입이 맛있는 음식을 좋아하고, 눈이 아름다운 색을 좋아하며, 귀가 아름다운 소리를 좋아하고, 코가 향기로운 냄새를 좋아하며, 사지가 편안함을 추구하는 것은 본성이기는 하나, 그곳에는 운명적인 요소가 있기 때문에 군자는 性이라고 하지 않는다. 仁이 부자간에 실현되고, 義는 군신간에 있어야 하며, 禮가 손님과 주인간에 지켜져야 하고, 지혜로움은 현자가 밝히며, 성인이 천도를 실현하는 것은 운명이기는 하지만, 그곳에는 인간의 본성이 내재되어 있기 때문에 군자는 운명이라고 하지 않는다."

孟子曰 : "口之於味也, 目之於色也, 耳之於聲也, 鼻之於臭①也, 四肢於安佚②也, 性也, 有命焉, 君子不謂性也. 仁之於父子也, 義之於君臣也, 禮之於賓主也, 智之於賢者也, 聖人之於天道也, 命也, 有性焉, 君子不謂命也."〈盡心 下24〉

◁주 해▷

① 臭 : 취(臭)의 본래 의미는 냄새이지만, 이곳에서는 향기를 뜻한다.
② 佚 : 편안한의 일(逸)과 같은 의미이다.

◀해 설▶

우리의 입이 맛있는 음식을 좋아하고, 눈은 아름다운 여색을 좋아하며, 귀가 아름다운 소리를 좋아하고, 코는 향기로운 냄새를 좋아하며, 사지가 힘들고 피로함을 싫어하고 편안함을 추구하는 것은 性의 본래 작용이다. 그러나 이러한 性은 맹자가 말한 성선의 性이 아니다. 모두 '생지위성' 계통의 性으로서, 송명이학의 기질지성에 속한 것일 뿐이다. 우리는 맹자가 이러한 감관의 작용을 性이라고 긍정한 점에서 맹자가 고자의 '생지위성'에 대해서도 정확하게 이해하고 있다는 사실을 알 수 있다. 그렇다면 맹자는 감관 작용의 특성을 性으로 간주하고 있음에도 불구하고, 왜 이러한 작용을 진정한 인간의 본성으로 긍정하지 않는가? 그것은 바로 인간이 인간일 수 있는 의의와 가치가 자연적 본성에 의해 결정되지 않기 때문이다.

인간의 생명 중에는 자연적 본성만이 있는 것이 아니다. "본성이기는 하나, 그곳에는 운명적인 요소가 있다"고 말한 것은 위에서 언급한 감관의 여러 작용들이 비록 천성이기는 하지만 욕구한대로 모든 것이 만족스럽게 이루어지지 않기 때문이다. 우리는 천성의 욕구라고 해서 반드시 만족함에 이르러야 한다고 주장할 수는 없다. 만족에는 제한이 있을 수밖에 없다. 이른바 '제한'이라는 것은 여러 측면에서 말할 수 있다. 첫째, 인간은 본래 유한성의 존재이기 때문에 그 자체적으로 이미 모든 욕망을 무제한적으로 만족시킬 수 없다. 양자강의 물을 한 모금에 다 마실 수도 없고, 또 "아름다운 색은 눈을 멀게 하고, 아름다운 소리는 귀를 멀게 한다"[51]는 노자의 말처럼 자신의 욕망을 절제하지 않고 만족만을 추구하면 반드시 눈과 귀가 멀고, 마음은 발광하게 되어 생명을 훼손시킬 것이다. 이것이 바로 제한이다. 둘째, 물질의 만족은 맹자의 말처럼 우리의 의지에 의해서 반드시 결정되는 것은 아니다. 스스로 추구할 수는 있지만, 반드시 뜻대로 얻어지지는 것도 아니다. 맛있는 음식과 아름다운 여인, 부귀와 영화는 인성의 욕구대상이지만, 그 결과가 반드시 욕구대로 실현되는 것은 아니다. 셋째, 욕망의 만족을 추구할 때 도덕이성의 감독과 제한을 받는다. 비록 추구하고 싶지만 이성의 제한으로 말미암아 욕구를 스스로 포기하기도 한다. 이상의 것들이 바로 생리적 욕망이 받을 수 있는 제한이다.

---

51) "五色令人目盲, 五聲令人耳聾."《道德經》12장

이 때문에 도덕을 수양한 군자는 자연적 본성을 인간의 진정한 본성으로 간주하지 않는다. 자연적 본성이 비록 천성이기는 하지만 군자가 인성으로 간주하지 않는 것은 도덕이성의 가치판단 때문이다. 즉, 인생의 가치는 생리 욕망의 만족을 위한 분투에 있지 않다고 판단하기 때문에 자연생명의 각종 제한에 대하여 스스로 안주하면서 함부로 방종하지 않는 것이다.

"仁이 부자간에 실현되고, 義는 군신간에 있어야 하며, 禮가 손님과 주인간에 지켜져야 하고, 지혜로움은 현자가 밝히고, 성인이 천도를 실현하는 것은 운명이기는 하지만, 그곳에는 인간의 본성이 내재되어 있기 때문에 군자는 운명이라고 하지 않는다"는 인의예지와 천도 등이 부자 · 군신 · 빈주 · 현자 · 성인에서 표현됨에 있어 제한이 있을 수 있음을 인정한 것이다. 부자지간에는 반드시 仁이 있어야 한다. 만일 仁이라는 도덕이 없다면 부자지간이라고 할 수 없다. 그러나 자식이 효자라고 할지라도 그 아비가 반드시 자애로운 사람인 것은 아니다. 아비가 자애롭다고 해서 아들이 반드시 부모에게 효를 다하는 것도 아니다. 대표적인 예로, 순임금과 고수의 경우를 들 수 있다. 순임금은 고수에게 효를 다하였지만, 고수는 극악무도한 아비였다. 이는 인력으로는 어쩔 수 없는 현실의 제한이다. 군신간에는 반드시 義가 지켜져야 한다. 義가 없다면 진정한 군신의 의의도 존재하지 않는다. 그러나 군주가 현명하다고 해서 신하가 군주에게 반드시 충성을 다하는 것도 아니고, 신하가 군주에게 충성을 다한다고 할지라도 군주의 신임을 얻지 못할 수도 있다. 예를 들어, 비간은 충성을 다하였지만 주왕의 신임을 얻지 못하였다. 물론 유비와 제갈공명처럼 서로의 뜻을 살피고, 미루어 짐작하여 지기(知己)할 수 있는 경우도 있지만, 그런 경우는 드물고도 드물다. 이것도 인력으로서는 어쩔 수 없는 제한이다. 손님과 주인 사이에는 반드시 예가 있어야 한다. 그러나 주인이 예로서 손님을 접대한다고 해서 손님 역시 반드시 예로 보답하는 것은 아니다. 손님이 예를 다할지라도 주인 역시 반드시 예로 화답하는 것도 아니다. 현자는 반드시 지혜를 갖추어야 한다. 지혜롭지 않다면 현자라고 할 수 없다. 그러나 현자의 지혜도 때로는 막힘이 있어 또 다른 현자를 긍정하지 않는 경우도 있다. 예를 들어, 안영(晏嬰)은 춘추시대의 현자로서 당시에 명성을 널리 알렸지만 공자의 존재를 알지 못했다. 또 남송시대의 주자와 육상산은 모두 학문과 성품이 고매하고 탁월하였지만 쌍방간에 상대방의 학술적 가치를 이해하지 못했으니 이 또한 운명이 아닌가? 성인이 성인이라고 할 수 있는 것은 유한적인 생명으로써 무한가치의 천도를 체현(體現)하기 때문이다. 그러나 비록 성인의 인격이 원만무애하다고 할지라도 역시 유한적인 생명이라는 것은 부정할 수 없는 사실이다. 따라서 어떤 성인도 자신이 스스로 체현한 것이 단지 천도의 일부분뿐이라는 점에 애통해 한다. 비록 자신이 쉼 없이 천도의 가치를 체현한다고 할지라도 천도의 무한성은 자신의 능력으로서는 어쩔 수 없는 부분이다. "중니도 임종시에 탄식을 면치 못하였다"[52]는 옛 사람의 말은 바로 성인의 한계를 지적한 것이다. 또한 성인의 천도 체현에는 그 자신이 안고 있는 특성이 자리잡고 있다. 성인도 사람이기 때문이 자신의 기질적 특성으로써 천도를 체현하고, 또 민족의 습성과 문화 전통의 영향을 받기도 한다. 따라서 성인은 한편으로 천도를 체현하지만, 다른 한편으로는 천도를 제한하기도 한다. 성인의 유한적인 생명의 특성은 반드시 그의 특수한 생명에 나타나고, 또 그들만의 문화전통을 통하여 천도를 실현하기 때문에 그가 실현한 천도에는 특수한 형상이 없을 수 없다. 이것이 바로 천도를 제한한 것이다. 공자와 예수 및 석가모니 모두 성인이다. 그들은 천도의 진리를 자신의 순수한 생명의 체험을 통하여 체현하였다. 그러나 그들이 표현한 진리의 형태는 서로 다르다. 때문에 각각의 종교에서는 자기만의 종교 진리가 유일한 진리라고 생각하여 서로를 공격하기도 하고, 심지어 서로간에 살상도 서슴지 않는다. 이 또한 어쩔 수 없는 제한이다.

비록 인의예지와 천도가 부자·군신·빈주·현자·성인에서 실현되지만 인력으로서 어쩔 수 없는 제한도 있다. 그러나 군자는 제한 때문에 자신의 의무를 포기하지 않는다. 덕을 갖춘 군자는 자신의 부모가 자신에게 어떻게 대하든지 효를 다하고, 자신에게 군주가 어떻게 대하든지 충을 다한다. 또 자신이 주인이건 손님이건 관계 없이 모두 예로서 대할 뿐 그가 어떤 예로 보답해 줄 것인가를 고려하지 않는다. 비록 현자의 지혜에 막힘이 있을 수 있지만, 그것 때문에 성현의 인격 추구를 포기하지는 않는다. 성인이 아무리 원만무애한 인격을 가졌다고 할지라도 무한한 천도를 모두 표현할 수는 없다. 그렇지만 천도 체현의 다함과 관계 없이 부단히 천도를 체현하고 또 체현한다. 군자는

---

52) "仲尼臨終, 亦不免歎一口氣."

자신의 제한을 알지만, 그 때문에 본분을 포기하지 않는다. 인의예지와 천도는 우리의 본성에 속한 것이다. 따라서 이에 대한 자각이 전제되면 반드시 이를 실현하려고 한다. 비록 실현에 제한이 있을 수 있지만 그 제한과 관계 없이 생명이 다하는 순간까지 무한가치를 실현하려고 노력한다. 이 때 성패와 득실은 그에게 아무런 영향을 주지 못한다. 무한가치를 드러내려는 性은 앞의 자연적 본성과 다른 범주의 性이다. 자연적 본성도 性이지만 군자는 이를 인간의 진정한 본성으로 간주하지 않는다. 군자 역시 자연적 본성의 욕구를 만족시키려고 하지만 제한을 받아 만족을 얻지 못할 경우에는 억지로 추구하지 않는다. 군자는 도덕본성을 끊임없이 실현하려고 노력한다. 이러한 노력과 실천에는 중단이 없다. 비록 제한을 받아 뜻대로 실현되지 않는 경우도 있지만 군자는 반드시 완전하게 실현하려고 노력한다. 맹자는 이처럼 본성과 운명을 서로 대비시키는 방식을 통하여 덕성주체의 자유와 가치 그리고 인생의 의의와 존엄성을 드러냈다.

11. 사람에게 차마 할 수 없는 마음(不忍人之心)

맹자가 말하기를, "사람마다 남에게 차마 잔혹하게 굴지 못하는 마음이 있다. 선왕들은 남에게 차마 잔혹하게 굴지 못하는 마음을 지니고 있었기 때문에 민중들에게 차마 잔혹하게 굴지 못하는 정치를 할 수 있었다. 남에게 차마 잔혹하게 굴지 못하는 마음으로서 민중들에게 차마 잔혹하게 굴지 못하는 정치를 하면 천하를 다스리는 것은 마치 손바닥에 올려 놓고서 움직이는 것같이 쉬울 것이다. 사람마다 모두 남에게 차마 잔혹하게 굴지 못하는 마음이 있다고 하는 까닭은 다음과 같다. 지금 어린아이가 우물에 빠지려는 상황을 문득 보게 되면, 다들 깜짝 놀라고 측은해하는 마음이 드는데, 그것은 그 어린아이의 부모와 친교를 맺으려고 하기 때문도 아니고, 동네 사람들과 친구들로부터 칭찬을 받으려고 하기 때문도 아니며, 우물에 빠지려는 아이를 보고도 구해주지 않았다는 나쁜 평판을 듣기 싫어서도 아니다. 이로써 살펴본다면, 측은해하는 마음이 없는 사람은 진정한 사람이라고 할 수 없고, 부끄러워하는 마음이 없는 사람은 진정한 사람이라고 할 수 없으며, 사양하는 마음이 없는 사람은 진정한 사람이라고 할 수 없고, 올바름과 그름을 분별하는 마음이 없는 사람은 진정한 사람이라고 할 수 없다. 측은해하는 마음은 仁의 단서이고, 부끄러워하는 마음은 義의 단서이며, 사양하는 마음은 禮의 단서이고, 올바름과 그름을 분별하는 마음은 智의 단서이다. 사람이 이 사단의 마음을 갖고 있는 것은 사지를 갖고 있는 것과 같다. 이 사단의 마음을 갖고 있으면서 (도덕을) 실천할 수 없다고 스스로 말하는 것은 자기를 해치는 사람이다. 자기 임금은 (선정을) 할 수 없다고 스스로 말하는 것은 자기 임금을 해치는 사람이다. 무릇 사단의 마음을 갖추고 있는 사람이면 모두 그것을 확충시킬 줄 안다. (사단의 마음은) 마치 불이 처음 타오르는 것과 같고, 샘이 처음 솟아나는 것과 같다. 진실로 그것을 확충시킬 수 있으면, 사해 안의 모든 사람을 편안케 하기에 충분하다. 그러나 확충시키지 않으면 부모마저 섬기기에도 부족하다."

孟子曰 : "人皆有不忍人之心①. 先王有不忍人之心, 斯有不忍人之政矣. 以不忍人之心, 行不忍人之政, 治天下可運於掌上. 所以謂人皆有不忍人之心者, 今人乍②見孺子③將入於井, 皆有怵惕④惻隱⑤之心. 非所以內⑥交於孺子之父母也, 非所以要⑦譽於鄕黨⑧朋友也, 非惡其聲⑨而然也. 由是觀之, 無惻隱之心, 非人也. 無羞惡⑩之心, 非人也. 無辭讓⑪之心, 非人也. 無是非⑫之心, 非仁也. 惻隱之心, 仁之端⑬也. 羞惡之心, 義之端也. 辭讓之心, 禮之端也. 是非之心, 智之端也. 人之有是四端也, 猶其有四體⑭也. 有是四端而自謂不能者, 自賊⑮者也. 謂其君不能者, 賊其君者也. 凡有四端於我者, 知皆擴而充之矣. 若火之始然⑯, 泉之始達. 苟能充之, 足以保四海⑰. 苟不充之, 不足以事父母."〈公孫丑 上6〉

◁ 주 해 ▷

① 不忍人之心 : 다른 사람이 상처를 입는 것을 차마 보지 못하는 마음. 측은지심과 동일하다.

② 乍 : 순식간에.[53]

③ 孺子 : 이제 막 걸음마를 할 수 있는 어린아이.

---

53) 조기는 잠(暫), 즉 잠깐으로 해석하였다. 그러나 '暫'자에는 '시간의 짧음'의 의미가 포함되어 있기 때문에 '졸지에' 혹은 '뜻밖에'의 의미로도 해석할 수 있다. —옮긴이 주.

82

④ 怵惕 : 깜짝 놀라 어찌할 바를 모르는 마음.

⑤ 惻隱 : 주자는 "惻은 '가련하게 여김의 간절함(傷之切)'이고, 隱은 '아픔의 깊음(痛之深)'이다"라고 주석하였다.[54]

⑥ 內 : 친교를 맺다.

⑦ 要 : '구하다'의 뜻이다. 따라서 '要譽'는 '칭찬을 받으려고 하다'로 해석해야 한다.

⑧ 鄕黨 : 향리.

⑨ 聲 : 우물에 빠지려는 아이를 보고도 구해 주지 않았다는 나쁜 평판.[55]

⑩ 羞惡 : 주자는 "羞는 '자신의 잘못에 대한 부끄러움(恥己之不善)'이고, 惡는 '타인의 잘못에 대한 증오함(憎人之不善)'이다"라고 주석하였다.

⑪ 辭讓 : 주자는 "辭는 '풀어서 자기에게서 떠나가게 하는 것(解使去己)'이고, 讓은 '미루어서 남에게 주는 것(推以與人)'이다"라고 주석하였다. 즉, 자기의 것을 남에게 양보하는 것이다.

⑫ 是非 : 주자는 "是는 '그것이 善이라는 것을 알았기 때문에 그것을 옳다고 하는 것(知其善而以爲是)'이고, 非는 '그것이 악하다는 것을 알았기 때문에 그르다고 하는 것(知其惡而以爲非)'이다"라고 주석하였다.

⑬ 端 : 단서 혹은 시초의 의미.

⑭ 四體 : 양팔과 양다리, 즉 사지를 가리킨다.

⑮ 賊 : 해치다.

⑯ 然 : '타오르다(燃)'의 본자(本字).

⑰ 四海 : 천하와 같은 의미이다.

◀해 설▶

　이 장에서는 먼저 왕도정치의 근본이 '남에게 차마 잔혹하게 굴지 못하는 불인지심'에 있음을 밝히고 있다. 요순과 문무 등의 선왕들이 인정을 펼 수 있었던 것은 천하의 모든 창생들로 하여금 마땅히 차지해야 할 위치를 얻도록 해 주었기 때문이다. 이는 선왕들의 마음속에 민중들의 잘못됨을 차마 볼 수 없는 불인지심이 가득 차 있었기 때문이다. 불인지심은 모든 인정과 왕도정치의 근본이다. 왕도정치를 실현한다는 것은 쉬운 일이 아니다. 그러나 위정자

---

54) 행위의 대상에 대한 간절한 도덕적인 연민이며 애절함이라고 할 수 있다. ― 옮긴이 주.
55) 어린아이가 아우성치는 소리로 해석할 수도 있다. ― 옮긴이 주.

가 불인지심에 입각하여 왕도정치를 실현하는 의지를 보이면, 비록 어렵기는 하지만 어렵다고 여겨지지 않을 것이다.

군자는 덕의 바람(德風)과 같고, 민중은 덕의 바람에 휘날리는 덕의 풀(德草)과 같다. 위정자들이 인정을 실현하려는 의지를 갖고, 노력하여 실천하면 천하 만백성들도 반드시 서로 앞다투어 그들을 따를 것이다. 때문에 맹자는 천하를 다스리는 것이 마치 손바닥 위에 올려 놓고서 움직이는 것처럼 쉽다고 한 것이다.

맹자는 뒤이어 모든 사람에게 불인지심이 갖추어져 있음을 증명하고 있는데, 이곳에서 인용한 비유는《맹자》전편에서 가장 유명한 구절이며, 후대에 가장 많이 회자된 구절이다. "今人乍見孺子將入於井"에서 '사견(乍見)'이 매우 중요한 의미를 갖고 있다. '乍見'은 '갑자기 맞은 상황'이다. 전혀 예상치 못한 상황에서 어린아이가 우물에 빠지려고 하는 장면을 목격하면 곧바로 깜짝 놀라면서 측은한 마음이 든다. '깜짝 놀라면서 드는 측은한 마음'은 무조건적인 심리반응이다. 이런 반응을 보이는 것은 어린아이의 부모와 교제를 맺기 위함도 아니고, 마을 사람들의 칭찬을 받기 위함도 아니며, 어린아이가 우물에 빠지려는 상황을 목격하고도 구해 주지 않은 잔인한 사람이라는 오명을 듣지 않기 위함도 아니다. 다시 말하면 무조건적으로 측은한 마음이 발생하여 어린아이를 구해 주고 싶어한다. 우물에 빠지려고 하는 어린아이를 보았을 때 드는 측은한 마음은 아무런 사사로운 목적도 개입되지 않은 순수한 도덕적 마음의 표출이다. 모든 사람이 이런 순수하고 무사(無私)한 마음을 표현한다는 사실로부터 우리는 人心이 본래 선한 것임을 증명할 수 있다. 천하에 이보다 선한 것이 어디 있겠는가? 이러한 仁心이 없는 사람은 진정한 사람이라고도 할 수 없다.

맹자는 모든 사람에게 측은한 마음이 갖추어져 있음을 증명한 후에 수오의 義와 사양의 禮 및 시비의 智도 모든 사람에게 갖추어져 있음을 주장한다. 이 추론은 조금 빠르게 도출된 것이라는 느낌도 든다. 그러나 인의예지는 一理의 서로 다른 네 가지 표현에 불과하다. 따라서 仁心의 선천성과 보편성을 증명하였으면 기타의 마음에 대한 증명은 번잡할 뿐이다. 또한 맹자는 '물고기도 내가 원하는 바이다(漁我所欲也)'장에서 수오지심에 대하여 매우 구체적이고 적절하게 묘사하고 있다. 내용은 다음과 같다. "물고기는 내가 먹기를 원하는 것이고, 웅장도 내가 먹기를 원하는 것이다. 두 가지를 모두 먹을 수 없으면 나는 물고기를 버리고 웅장을 취할 것이다. 사는 것도 내가 바라는 것이고 의로움도 내가 하기를 원하는 것이다. 두 가지를 모두 얻지 못할 경우에는 나는 사는 것을 포기하고 의로움을 취할 것이다. 사는 것도 내가 원하는 바이지만 사는 것보다 더욱 간절한 것이 있기 때문에 그것 때문에 구차스럽게 사는 것을 취하려고 하지 않을 것이다. 죽는 것도 내가 싫어하는 바이지만 죽는 것보다 더욱 싫어하는 것이 있기 때문에 재난도 피하지 않음이 있다. 만일 사람들의 하고 싶은 바가 사는 것보다 간절한 것이 없다면 삶을 위하여 무엇인들 사용하지 않겠는가? 사람들의 싫어하는 바가 죽는 것보다 심한 것이 없다면 환난을 피하기 위하여 무엇인들 안 하겠는가?"[56] 맹자는 이 장에서 의로움에 대한 욕구가 삶을 포기할 수 있을 정도이고, 불의에 대한 혐오가 죽음도 불사할 정도로 심한 욕구임을 설명하고 있다. 이러한 일이 가능한 것은 우리에게 육체생명의 욕구를 초월할 수 있는 도덕심이 갖추어져 있기 때문이다. 또 이 장 후반부에서 "한 바구니 밥과 한 그릇의 국을 얻으면 살 수 있고 얻지 못하면 죽게 되더라도 에잇 하면서 던져 주면 길 가는 사람이라도 받지 않을 것이며, 발로 툭 차서 주면 거지라도 반갑게 여기지 않을 것이다"[57]라고 하였다. 아무리 구걸하는 사람일지라도 예의를 갖추지 않고 주는 식량에 대해서는 굶어 죽더라도 먹지 않는다는 사실은 수오지심이 우리에게 갖추어져 있다는 가장 좋은 예증이 아닌가?

측은과 수오 그리고 사양과 시비지심은 모두 순수무사한 마음이며, 천리의 자연스러운 유행이다. 사단의 마음이 바로 인의예지의 도덕규범이고, 이것이 바로 인의내재(仁義內在)설의 본의이다. 모든 도덕규범은 본심으로부터 유출되지 않는 것이 없다. 모든 도덕규범을 발현하는 본심은 한 시각이라도 멈춤이 있어서는 안 된다. 사욕의 몽폐를 받지 않기 위해서는 항상 노력하여 사단의 마음을 구체적인 실천으로 드러내야 한다. 이것이 바로 '확충'이라는 수양 공부이다. 맹자는 측은한 마음의 발현으로부터 인성의 선을 증명하려고 하였는데, 이는 곧 심선으로써 성선을 증명한 것이다.

---

56) 원문과 자세한 내용은 제2부 수양론 14를 참고.
57) 원문과 자세한 내용은 제2부 수양론 14를 참고.

12. 어린아이의 마음(赤子之心)

맹자가 말하기를, "대인은 어린아이의 마음을 잃어버리지 않은 사람이다."

　　孟子曰："大人者, 不失其赤子之心①者也."〈離婁 下 12〉

◁ 주 해 ▷

　① 赤子之心 : 적자(赤子)는 어린아이를 지칭한다. 적자지심은 하나의 거짓도
　　없는 순수무구한 마음이다. 이곳에서 맹자는 적자지심으로서 본심의 본래
　　모습을 비유하고 있다.

◀ 해 설 ▶

　대인은 성인을 말한다. 《역경》에서는 대인을 "천지와 그 덕을 합치하고, 일
월과 그 밝음을 합치하며, 사시와 그 차례를 합치하고, 귀신과 길흉을 합치하
는 사람"[58]이라고 설명하고 있다. 대인은 천지만물과 일체를 이루면서 무한가
치를 드러내는 사람이다. 무한가치를 소유하고 있으면서 천지만물과 일체를
이루는 대인을 성인이라고 하는 까닭은 바로 적자지심을 잃지 않고 간직하고
있기 때문이다. 우리도 적자지심을 잃지 않고 간직하고 있으면 언제든지 성인
이 될 수 있고, 원만한 인격을 수립할 수 있다. 맹자에 의하면 인성은 본래 선
하고, 초심 역시 선을 좋아한다. 그러나 오랫동안의 불량한 습관으로 말미암
아 초심을 잃고 악인이 되기도 한다. 적자지심은 후천적인 불량한 습관의 영
향을 아직 받지 않은 상태를 말한다. 성인의 마음과 초심은 같은 마음이다.
　'적자지심을 잃지 않는다'는 것은 결코 쉬운 일이 아니다. 어린아이는 천진
난만하고 아무런 사심도 갖고 있지 않기 때문에 아름답고 귀엽다. 그렇지만
세간의 각종 어두운 면과 죄악을 경험한 후에도 그 천진난만함을 유지할 수
있을까? 결코 쉬운 일이 아니다. 따라서 다양한 사회경험을 거친 후에도 사람
을 의심하지 않고, 속이지 않으며, 모든 사람을 선한 사람으로 생각하고, 또

---

58) "夫大人者, 與天地合其德, 與日月合其明, 與四時合其序, 與鬼神合其吉凶."〈乾卦〉

모든 사물을 선한 것으로 보고 좋아하는 사람의 인품은 대단히 고귀하다고 할 수 있다. 대인의 마음이 비록 적자지심과 같은 마음이지만, 대인이 어린아이 는 아니다. 어린아이의 천진함은 원시적인 것으로 어떤 자각 성찰도 개입되지 않은 상태이다. 반면 대인의 순진함은 각종 경험과 굴절을 경과한 후에 다시 본래의 상태로 회귀한 마음이다. 대인은 도덕주체의 선성을 자각하고서, 다시 도덕주체를 충분히 밖으로 실현하여 도덕주체 자신이 바로 인간의 본성임을 깨닫는다. 그러나 이 깨달음은 단지 본래 갖추고 있던 심성의 가치에 대한 자 각일 뿐이다.

13. 인간과 금수의 차이(人禽之辨)

맹자가 말하기를, "사람이 금수와 다른 점은 지극히 적다. 일반사람들은(금 수와 다른 점을) 버렸고, 군자는 간직하였다. 순임금은 사물의 이치에 밝고, 인 륜을 잘 살펴 알았는데, 이는 인의에 따라 행한 것이지, 억지로 인의를 행한 것이 아니다."

孟子曰 : "人之所以異於禽獸者幾希①. 庶民去之②, 君子存之. 舜明於庶 物③, 察④於人倫, 由仁義行⑤, 非行仁義也."〈離婁 下 19〉

◁ 주 해 ▷

① 幾希 : 기(幾)는 '미미함'이고, 희(希)는 '적음'의 의미이다. 따라서 '人之所以 異於禽獸者幾希'는 '인간과 금수의 차이가 거의 없다'의 뜻이다.
② 庶民去之 : 일반사람들은 그것(인간과 금수의 차별성)을 잃어버린다.
③ 庶物 : 모든 사물.
④ 察 : 살펴 알다.
⑤ 由仁義行 : 주자는 "인의는 이미 마음속에 뿌리를 두고 있기 때문에 행위는 모두 이로부터 나온다. 인의를 아름다운 것으로 여긴 후에 억지로 인의를 행 하는 것이 아니다"[59]라고 주석하였다.

---

59) "仁義已根於心, 而所行皆從此出. 非以仁義爲美而後勉强行之."《孟子集註》

◀해 설▶

맹자는 사람이 금수와 다를 수 있는 차별성을 육체생명의 욕구에 좌우되지 않고 자율적으로 자신의 의지를 주재하여 인의를 실천할 수 있다는 곳에서 찾았다. 이러한 차별은 이해득실에 따라 좌우되지 않은 도덕심이 사람에게 있기 때문에 가능하다. 도덕심은 인격의 존엄성을 수립할 수 있는 근거로서 무엇과도 비교할 수 없는 절대적 가치를 지닌 도덕주체이다. 도덕심은 지극히 은미(隱微)하기도 하지만, 또 지극히 밝게 드러나기도 한다. 비록 미미하다고 할 수 있지만 어떤 사람도 도덕심을 속일 수 없다. 도덕심은 우리 생명 내부의 법관과 같은 존재이다. 시시각각 자신의 행위를 판단하기 때문에 누구도 도덕심을 피해 숨을 수 없다. 이러한 도덕심이 있기 때문에 금수와의 차별화가 가능하다.

인간은 도덕심의 작용을 통하여 시비를 판단하고, 선악을 분별하여 자신의 행위에 대하여 책임을 진다. 이것이 인간다울 수 있는 첫 번째 조건이며, 가장 중요한 조건이다. 이욕에 빠져 도덕심으로서 자신의 생명을 주재하지 못한 사람은 비록 인간의 모습을 하고 있지만 그 가치는 금수와 다를 바 없다. 맹자가 '일반사람들(庶民)'이라고 하였지만, 그들은 이미 세속의 가치에 모든 것을 투여한 사람이기 때문에 금수와 다를 바 없는 존재이다. 이는 도덕성의 상실에 대한 준엄한 질책이다.

순임금이 사물의 이치에 대하여 밝고, 인류의 도리를 분명하게 판단할 수 있었던 것은 후천적인 경험지식이 풍부하였기 때문이 아니라 본심의 자연스러운 유출에 따라 행위하였기 때문이다. 이것이 바로《중용》21장에서 말한 "진실무망하면 스스로 밝아진다(誠則明)"의 의미이다. 본성의 선성을 완전하게 실현하면 자연스럽게 사물의 이치와 인류의 도리를 살펴 알 수 있다. 왜냐하면 모든 도리는 내 마음을 근본으로 하고 있기 때문이다. 따라서 지성자(至誠者)[60]는 자연스럽게 총명예지(聰明叡智)[61]를 발산할 수 있다. 순임금의 모든 합리적인 언행은 인의의 도덕을 내용으로 하는 본심의 자연스러운 표현일 뿐 본심 밖에 있는 인의를 실천한 것이 아니다.

---

60) 성인을 지칭한다. —옮긴이 주.

61) 단지 덕성지식에 대한 총명일 뿐 경험과학지식에 대한 인식 여부와는 별개의 문제이다.

"인의에 따라 행한다(由仁義行)"는 '천성에 따라 행한다(性之)'로서 《중용》 20장에서 말한 "자연스럽게 실행한다(安而行之)"와 같다. 이는 성인의 '대이화지(大而化之)'의 경지로서 이곳에는 한 점의 인위도 없다. 모든 행동이 자연스럽게 도에 합치한 경지이다. 이것이 바로 "내 마음이 곧 이치이고, 이치가 곧 내 마음이며, 소리는 율칙이 되고, 몸은 법도이다"[62]의 경계이다. "인의를 억지로 행한다(行仁義)"는 인의를 외적인 법칙으로 간주하고서, 준수하도록 노력한다는 의미이다. 이 때는 본심과 인의의 법칙이 일체화되지 않은 상태이다. 때문에 도덕실천이 자연스럽지 않고 약간의 억지스러움이 따른다.

맹자는 〈진심 하33〉에서 "요순은 본성대로 실천한 사람이고, 탕무는 성찰하여 본성을 회복한 사람이다"[63]라고 하였다. 이른바 '본성대로 한다'의 '性之'와 '성찰하여 회복한다'의 '反之'의 차이가 바로 '由仁義行'과 '行仁義'의 차이이다. 또 〈진심 상30〉에서 "요순은 본성대로 실천한 사람이고, 탕무는 노력하여 체득한 사람이며, 오패는 인의의 이름을 빌렸을 뿐이다"[64]라고 말했다. 이른바 '인의의 이름을 빌렸다'는 인의로 가장하여 자신의 사욕을 성취하려고 했다는 의미이다. 패도정치는 겉으로 보면 인의의 도덕과 부합한 것 같지만 실제로는 단지 공리적 가치만 있을 뿐 도덕적 가치는 없다.

14. 모든 사람은 요순과 같은 성인이 될 수 있다(人皆可以爲堯舜)

조교가 묻기를, "모든 사람이 요순이 될 수 있다는 것이 사실입니까?" 맹자가 말하기를, "그렇다." (조교가 말하기를), "내가 듣기에 문왕은 키가 10척이었고, 탕왕은 키가 9척이었다. 지금 나는 키가 9척 4촌이나 되지만 그저 곡식만 축낼 뿐인데, 어떻게 (요순이) 될 수 있습니까?" (맹자가) 말하기를, "그렇게 말할 필요가 있겠는가? 역시 해볼 수밖에 없다. 여기에 어떤 사람이 있는데, 힘이 한 마리의 병아리도 이겨내지 못한다면 그를 힘없는 사람이라고 한다. 지금 백균의 무게를 든다면 힘있는 사람이라고 한다. 그렇다면 오획이 감

---

62) "心卽理, 理卽心, 聲爲律, 身爲度." ―정명도가 증자의 덕을 칭송하면서 한 말이다.

63) "堯舜性之, 湯武反之也."

64) "堯舜性之也, 湯武身之也, 五覇假之也."

당하는 것을 들면 그 사람 역시 오획이 될 뿐이다. 어찌 사람이 이길 수 없음을 걱정하는가? 하려고 하지 않을 뿐이다. 천천히 걸어서 연장자의 뒤에 가는 것을 공경이라고 한다. 빨리 걸어서 연장자보다 앞서서 가는 것을 공경하지 못함이라고 한다. 천천히 가는 것이 어찌 사람이 할 수 없는 일이겠는가? 하지 않을 뿐이다. 요순의 도는 효도와 공경일 뿐이다. 당신이 요임금의 옷을 입고, 요임금의 말을 외우며, 요임금이 행한 것을 실천하면 그것이 바로 요임금이다. 당신이 걸왕의 옷을 입고, 걸왕의 말을 외우며, 걸왕이 행한 것을 실천하면 그것이 걸왕이다." (조교가) 말하기를, "내가 추나라 군주를 만나 보게 되면 공관을 빌려 거기에 머물면서 배우고 싶습니다." (맹자가) 말하기를, "무릇 도는 큰길과 같으니, 어찌 알기 어렵겠는가? 사람들이 찾지 않는 것이 문제일 뿐이다. 당신이 돌아가서 그것을 찾으면 스승이 남아돌 것이다."

曺交①問曰："人皆可以爲堯舜, 有諸⁶⁵⁾?" 孟子曰："然." "交聞文王十尺, 湯九尺. 今交九尺四寸以長, 食粟而已②, 如何則可?" 曰："奚有於是③? 亦爲之而已矣. 有人於此, 力不能勝一匹雛④, 則爲無力人矣. 今日舉百鈞⑤, 則爲有力人矣. 然則舉烏獲⑥之任, 是亦爲烏獲而已矣. 夫人豈以不勝爲患哉? 弗爲耳. 徐行後長者,⁶⁶⁾ 謂之弟.⁶⁷⁾ 疾行⁶⁸⁾先長者, 謂之不弟. 夫徐行者, 豈人所不能哉? 所不爲也. 堯舜之道, 孝弟而已矣. 子服堯之服, 誦堯之言, 行堯之行, 是堯而已矣. 子服桀之服, 誦桀之言, 行桀之行, 是桀而已矣." 曰："交得見於鄒君, 可以假館⑦, 願留而受業於門." 曰："夫道若大路然, 豈難知哉? 人病不求耳. 子歸而求之, 有餘師.⁶⁹⁾" 〈告子 下 2〉

◁ 주 해 ▷

　① 曺交 : 조(曹)나라 군주의 동생이다. 교(交)는 이름이다.⁷⁰⁾
　② 食粟而已 : '그저 곡식만 먹어 없앨 뿐 아무 보람 없이 산다'는 의미이다.

---

65) 그런 일이 있는가? 즉 사실입니까? ─ 옮긴이 주.
66) 연장자의 뒤에 따라가는 것은 연장자를 공경한다는 의미이다. ─ 옮긴이 주.
67) '공경하다'의 제(悌)와 같다. ─ 옮긴이 주.
68) 빨리 걸어가다. ─ 옮긴이 주.
69) 많은 스승이 생길 것이다. ─ 옮긴이 주.
70) 일설에는 曹가 성이고, 交는 이름이라고 전해진다. ─ 옮긴이 주.

③ 奚有於是 : 조기는 "어떻게 그렇게 말하는가(何有於是言乎)"로 주석하였다.
즉, 그렇게 말할 필요는 없다.

④ 一匹雛 : 병아리 한 마리.[71]

⑤ 百鈞 : 1균(鈞)은 30근이다. 따라서 백균은 3,000근이다.[72]

⑥ 烏獲 : 고대의 장사.[73]

⑦ 假館 : 관사를 빌려 거주하다.

◀해 설▶

이 장에서는 모든 사람이 요순의 인격을 성취할 있는 가능성에 관하여 논의
하고 있다. 사람의 신장 크기, 근력의 대소(大小), 기품의 청탁후박(淸濁厚薄),
천부적 자질의 고하(高下) 등은 모두 다르다. 만일 그 차이를 등급으로 나눈다
면 3등급 혹은 9등급뿐만 아니라 무수한 등급으로도 분류할 수 있을 것이다.
아마 서로 완전히 동일한 사람은 아무도 없을 것이다. 재성(才性)의 차별 때문
에 나타날 수밖에 없는 능력의 고하 등은 개변시킬 수 없는 객관적인 제한이
라는 느낌을 받게 한다. 즉, 인력으로서는 어찌할 수 없는 한계일 수도 있다.

그러나 기질생명의 차별성은 어쩔 수 없지만, 그것 외에 인간은 하나의 보
편적인 性을 갖고 있다. 그것이 바로 공자와 맹자가 제시한 도덕심이며, 도
덕본성이다. 도덕심과 본성은 모든 사람에게 선천적으로 갖추어져 있으며, 어
떤 차별도 없다. 그렇기 때문에 맹자는 "오로지 현자만이 이 마음을 갖추고 있
는 것이 아니다. 사람마다 모두 갖추고 있지만, 현자만이 이 마음을 상실하지
않을 수 있었다"[74] · "측은해하는 마음이 없는 사람은 진정한 사람이라고 할
수 없고, 부끄러워하는 마음이 없는 사람은 진정한 사람이라고 할 수 없으며,
사양하는 마음이 없는 사람은 진정한 사람이라고 할 수 없고, 올바름과 그름
을 분별하는 마음이 없는 사람은 진정한 사람이라고 할 수 없다. ……사람이
이 사단의 마음을 갖고 있는 것은 사지를 갖고 있는 것과 같다"[75]고 한 것

71) 매우 힘이 없음을 비유한 것이다. ─ 옮긴이 주.
72) 들어올리기가 거의 불가능한 중량. ─ 옮긴이 주.
73) 천균을 들어올릴 수 있는 힘을 가졌다고 전해진다. ─ 옮긴이 주.
74) "非獨賢者有是心也, 人皆有之, 賢者能勿喪耳."〈告子 上10〉
75) "無惻隱之心, 非人也. 無羞惡之心, 非人也. 無辭讓之心, 非人也. 無是非之心, 非人也……

이다. 도덕심과 본성은 재질 차이의 영향을 받지 않는다. 송유(宋儒) 장횡거 (張橫渠) 역시 《정몽(正夢)》에서 "하늘이 부여한 性은 도에 통하기 때문에 기질의 어두움과 밝음은 본성을 막기에 부족하다"[76]고 하여 기질지성의 차별성과 별개로 도덕본성의 보편성을 긍정함과 동시에 기질지성의 차별이 도덕본성에 실현에 영향을 주지 않음을 밝혔다. 도덕본성은 하늘로부터 품수받은 것이기 때문에 기질지성이 혼탁할지라도 본성의 표현에는 아무런 지장을 주지 않는다. 다시 말하면 모든 사욕과 기질의 차이 등은 도덕본성의 표현을 막을 수 없다.

맹자는 순임금의 도덕실천에 대하여 "순임금은 깊은 산 속에 살면서 나무와 돌 틈에 거처하고, 사슴과 멧돼지와 함께 놀았으니 깊은 산 속에 사는 야인과 다를 바가 거의 없었다. (그러나) 선한 말 한 마디를 듣고, 선한 일 한 가지를 보면 양자강과 황하를 터놓은 것처럼 쏟아져 나와 막을 수가 없었다"[77]고 하였다. 심성은 일단 무엇에 이끌려 나오게 되면 마치 양자강과 황하의 둑이 터져 쏟아져 나온 물결처럼 무엇으로도 막을 수 없게 된다.

덕성의 실천은 본래 양지를 근본으로 한다. 눈앞의 상황에서 노력하여 실천하면 재질의 차별과 관계 없이 드러낼 수 있다. 다시 말하면 양지의 판단에 순응하면 모두 선을 실현할 수 있다. 이 때 양적인 차이는 중요하지 않다. 약간만 할 수 있으면 그만큼만 하고, 능력이 많은 사람은 많은만큼 하고, 능력이 많지 않은 사람은 그 능력만큼만 하면 된다. 비록 표현에 대소의 차이가 있을 수 있지만 모두 본심을 근본으로 하여 나온 것이기 때문에 동일한 가치를 소유한 도덕행위이다. 도덕가치의 유무(有無)는 '행위의 義와 不義' 혹은 '양지를 근본으로 하는가'와 관련 있을 뿐이지 결코 일의 성패(成敗)와는 관계 없다. 양지를 근본으로 한 행위는 義로운 행위이기 때문에 하는 것이어서 반드시 도덕가치를 함유하고 있다.

맹자는 이 장에서 하나의 설득력 있는 비유를 들어 도덕실천의 가능성을 설명하고 있다. "천천히 걸어서 연장자의 뒤에 가는 것을 공경이라고 한다. 빨리

人之有是四端也, 猶其有四體也."〈公孫丑 上6〉

76) "天所性者通極於道, 氣之昏明不足以蔽之."《正夢》誠明篇

77) "孟子曰 : 舜之居深山之中, 與木石居, 與鹿豕遊, 其所以異於深山之野人者幾希. 及其聞一善言, 見一善行, 若決江河, 沛然莫之能禦也."〈盡心 上16〉

92

걸어서 연장자보다 앞서서 가는 것을 공경하지 못함이라고 한다. 무릇 천천히 가는 것이 어찌 사람이 할 수 없는 일이겠는가? 하지 않을 뿐이다. 요순의 도는 효도와 공경일 뿐이다." 도덕실천은 모든 사람들이 쉽게 할 수 있는 일이다. 모두 쉽게 할 수 있는 도덕실천이 바로 인간 존엄성의 소재이고, 모든 사람이 관심을 갖고 있는 일이다. 사실 자신의 능력의 대소와 천부적 자질의 고하 등에 대해서는 개의치 않아도 된다. 때문에 맹자는 "어찌 사람이 이길 수 없음을 걱정하는가"라고 한 것이다. 능력의 대소 등의 차별은 자신이 결정할 수 있는 것이 아닌데, 어찌 그것에 대해서 우려하고 걱정하는가? 걱정하고 우려해야 할 일은 자신의 인품과 덕행이다. 왜냐하면 인품과 덕행은 모두 할 수 있고, 그것을 하지 않으면 부끄러운 마음이 들고, 스스로 자기의 존재를 가치없다고 생각하기 때문이다.

맹자는 "당신이 요임금의 옷을 입고, 요임금의 말을 외우며, 요임금이 행한 것을 실천하면 그것이 바로 요임금이다. 당신이 걸왕의 옷을 입고, 걸왕의 말을 외우며, 걸왕이 행한 것을 실천하면 그것이 걸왕이다"라고 하였다. 다시 말하면 성인에 뜻을 세우면 곧 성인이고, 현인에 뜻을 세우면 곧 현인이다. 마지막 구절에 "무릇 도는 큰길과 같으니, 어찌 알기 어렵겠는가? 사람들이 찾지 않는 것이 문제일 뿐이다. 당신이 돌아가서 그것을 찾으면 스승이 남아돌 것이다"라고 한 것은 맹자에게 수학하고자 한 조교의 청을 완곡하게 거절한 표현이다. 그러나 비록 거절의 표현이지만 내용은 사실에 부합한다. 도는 큰길과 같아 모든 사람이 갈 수 있다. 스스로 성현에 뜻을 두고 있으면 모든 사사물물이 자신을 계발시켜 줄 수 있다. 시간과 장소를 불문하고 독실하게 노력하면 도처의 모든 것들이 좋은 스승이다. 그 중 도덕심은 가장 좋은 스승이다. 왜냐하면 수시로 자각 성찰하면 양지를 드러내 자신의 방향을 올바르게 잡아 주기 때문이다.

15. 양지와 양능(良知與良能)

맹자가 말하기를, "사람이 배우지 않고서도 할 수 있는 것은 양능이 있기 때문이고, 생각하지 않고서도 알 수 있는 것은 양지가 있기 때문이다. 어린아이도 그 부모를 사랑해야 함을 모르지 않고, 자라서는 그 형을 공경해야 함을 모르지 않는다. 부모를 사랑하는 것은 仁이다. 웃어른을 공경하는 것은 義이다. 그것 외에 다른 것이 없고, 그것을 천하에 적용시켜 나아가는 것이다."

孟子曰 : "人之所不學而能者, 其良能①也. 所不慮而知者, 其良知也. 孩提之童, 無不知愛其親也. 及其長也, 無不知敬其兄也. 親親, 仁也. 敬長, 義也. 無他, 達②之天下也."〈盡心 上15〉

◁ 주 해 ▷

① 良能 : 주자는 "良은 본연의 선이다"[78]라고 주석하였다.[79]
② 達 : 통(通)의 의미이다. 양저 양능이 드러낸 인의예지를 천하의 모든 곳에 적용시켜 나가면 천하 사람들은 부모를 사랑하지 않음이 없고, 그 형을 공경하지 않음이 없게 된다. 왜냐하면 모든 사람에게 양지와 양능이 갖추어져 있기 때문이다.

◀ 해 설 ▶

비록 맹자가 "어린아이도 그 부모를 사랑해야 함을 모르지 않고, 자라서는 그 형을 공경해야 함을 모르지 않는다"고 하였지만, 이곳에서의 '앎(知)'은 후천적인 학습활동을 통해서 습득한 지식이 아니다. 효의 도리를 알고 공경의 도리를 알 수 있는 능력은 천부적인 본성이며, 그것을 양지라고 한다. 부모와 형을 보았을 때, 본심은 우리에게 효와 공경을 할 것을 명령한다. 이 명령은 경험지식이 제공하지 않는다. 경험지식은 단지 우리에게 사물의 성질과 형태, 그리고 이에 대한 합리적인 대응 방안만을 제공할 뿐, 행위의 대상에게 마땅히 어떻게 해야 함을 제공하지는 않는다. '마땅히 어떻게'는 본심의 자각을 통해서 드러난 도덕의 지식이다. 본심의 자각이 없으면 효와 공경의 도리는 드러나지 않는다. 효와 공경은 본심이 자각을 통하여 창조한 것이다.

만일 효도 등의 도덕행위가 경험지식에 의해 제공된다면 사람마다 얻은 도

---

78) "良者本然之善也."《孟子集註》
79) 양지와 양능의 良을 후천적으로 배우고 훈련 없이 본래부터 잘 할 수 있는 능력이라고 해석하지만, 그 대상은 덕성실천에 한정된다. ― 옮긴이 주.

덕지식은 다를 수밖에 없기 때문에 매일매일 수정해야 할 것이다. 왜냐하면 경험은 우리에게 영원불변하고 보편적인 지식을 제공해 주지 못하기 때문이다. 모든 경험과학 지식은 매일 새로워지면서 발전한다. 반면 도덕적인 시비 선악의 지식은 영원불변하다. 비록 시대에 따라 도덕판단이 다르게 표현될 수 있지만, 그것은 도덕의식의 변화도 아니고, 본심양지의 변화도 아니다. 단지 처해진 상황에 따라 다른 표상이 있을 뿐이다. 예를 들어 이전에 선이라고 판단되었던 것들이 현대사회에서 선이 아닐 수도 있다. 이는 지금의 입장에서 그 행위에 대하여 새로운 가치의식을 부여했기 때문이다. 그러나 고금을 불문하고 판단의 주체인 양지는 영원불변하다. 양지는 하나의 지식이 아니라 자각의 주체이다. 즉, 천지만물과 당연히 일체를 이루어야 함을 자각하는 仁이다.

'도덕은 시대의 환경에 따라 변할 수 있다'는 주장은 도덕상대주의 입장이다. 그러나 도덕상대주의는 수용될 수 없다. 만일 도덕이 상대적인 것이라면 보편필연적인 도덕률은 존재할 수 없고, 진정한 도덕행위 역시 존재할 수 없다. 왜냐하면 나도 하나의 도덕률을 주장할 수 있고, 상대방도 나와 대립적 성격의 또 다른 도덕률을 주장할 수 있기 때문이다. 뿐만 아니라 고대와 현대, 동양과 서양이 각각 서로 다른 도덕률을 가질 수 있다. 그렇다면 보편적 가치를 지닌 도덕이 존재할 수 있겠는가? 이는 도덕의 파괴이다. 도덕을 주장하려면 반드시 도덕률의 선험적 보편성과 영원불편성을 먼저 긍정해야 한다.

또 효를 알고 공경을 아는 것이 경험과학적인 지식이라고 주장해 보자. 그렇다면 교육을 받지 못하고, 문명의 혜택을 받지 못하는 황야에서 태어났거나, 불량한 환경에서 자란 사람은 근본적으로 도덕실천을 할 수 없어야 한다. 이는 분명히 그른 주장이다. 정말로 도덕지식이 경험과학지식이라면 아무런 서적도 없던 시대의 요순은 무엇을 근거로 도덕실천을 했단 말인가? 남송(南宋)의 대유(大儒)인 육상산은 "비록 내가 한 자도 알지 못한다고 할지라도 나는 당당하게 사람 노릇을 할 수 있다"[80]고 하였다. 독서의 가치를 부정하는 것은 아니다. 독서는 우리를 계발시킬 수 있고, 우리로 하여금 도덕본심을 쉽게 드러낼 수 있게 한다. 그러나 역시 조연에 불과하다. 본질적인 것은 여전히 자신의 자각이다. 본심의 자각 없이 경험과학지식을 아무리 많이 축적하였다고

---

80) "若某則雖不識一字, 亦須還我堂堂地做個人." 《象山全集》 권35

할지라도 도덕실천에는 아무런 도움을 주지 못한다. 우리는 경험지식으로써 도덕을 논해서도 안 되고, 또 도덕의 원리를 경험적인 사실에서 찾아서도 안 된다.

이 장의 취지는 분명하다. 양지와 양능은 배우지 않고서도 할 수 있고, 생각하지 않고서도 알 수 있는 본심의 작용이다. '배우지 않고서도 할 수 있고, 생각하지 않아도 알 수 있다'는 것은 도덕이 후천적인 학습의 대상이 아니라는 의미이다. 양지와 양능은 본심에 본래 갖추어져 있는 것이다. 주자는 '良은 본연의 선이다'라고 주석하였다. 이는 양지와 양능에 대한 매우 정확한 해석이다.

양지의 知는 후천적인 사려 없이 직각적으로 얻을 수 있는 깨달음이다. 인의예지는 모두 양지의 자각을 통해 드러난다. 양지는 본심의 작용으로서, 부모와 형을 보고 직각적으로 효를 해야 함을 알고, 공경을 해야 함을 아는 명각(明覺)이다. 양지가 자각한 것은 인의예지의 도덕원리이기 때문에 '양지가 理를 아는 것'은 양지 자신이 자신의 활동방향을 자각한다는 것과 동일하다.

양지는 일단 드러나면, 무엇으로도 막을 수 없는 역량을 발현하여 자신의 모습을 표현하려고 한다. 이 역량이 바로 양능이다. 본래 양지와 양능은 한 가지 일이지만, 앎의 측면에서는 양지라고 하고, 실천하려는 역량 측면에서는 양능이라고 한다. 양능은 재질의 역량이 아니기 때문에 사람마다 차별적이지 않다. 모든 사람에게 동일하게 갖추어져 있기 때문에 실천하려는 의지만 있으면 모두 드러낼 수 있다. 부모를 보고서는 효를 해야 함을 알고, 또 그 자리에서 효심을 드러낸다. 효심이 드러나면 구체적인 도덕행위가 이루어지는데, 그 양태는 시공에 따라 다를 수 있고, 사람마다 다를 수도 있다. 그렇지만 표현형태의 다름은 행위의 가치와는 무관하다. 따라서 도덕실천을 하지 않는 것은 능력의 부족이 아니라 단지 실천하려는 의지를 보이지 않을 뿐이다.

양지는 시비선악을 판단하는 知이다. 즉, 도덕법칙을 받아들이는 주관적인 근거이며, 도덕법칙을 드러내는 객관적인 근거이다. 왜냐하면 양지는 천리의 자연스러운 드러남이기 때문이다. 양지는 생명의 활동방향을 결정하는데, 이 방향에는 법칙성이 갖추어져 있다. 따라서 양지 자체가 법칙에 대한 명각활동이고, 법칙의 소재인 것이다.

명대의 대유인 왕양명의 치양지교(致良知教)는 바로 이 장의 양지를 근거로 발휘한 것이다. 또 양명은 지행합일설(知行合一說)을 주장하였는데, 이것 역시 이 장의 양지와 양능을 근거로 수립한 학설이다. 양지는 하나의 명각이기 때문에 知이다. 또 무엇으로도 막을 수 없는 역량을 갖추고 있기 때문에 어떤 대상을 보게 되면 그에 상응한 도덕행위를 표현한다. 이것이 바로 行이다. 양명이 주장한 지행합일의 行은 일반적인 의미의 행위가 아니라 양능의 行이다. 또 '생각하지 않고서도 알 수 있는' 양지의 知는 외적인 대상에 대한 앎이 아니다. 만일 외적인 대상에 대한 지식으로써 도덕행위 방향을 결정한다면 이는 도덕의 타율이다. 앞장에서 맹자가 이미 배척한 고자의 '義外說'이 이에 해당한다. 양지의 知는 대상에 대한 앎이 아닌 자신에 대한 자각이다. 이 자각은 창조적인 기능을 갖춘 것으로, 양지의 자각은 도덕법칙의 창조임과 동시에 도덕행위의 창조이다.

16. 추구하면 사리를 얻을 수 있다(求則得之)

맹자가 말하기를, "추구하면 얻게 되고, 버리면 잃게 된다. 이는 추구하는 것이 (무엇을) 얻음에 도움이 되는데, 나에게 본래 갖추어져 있는 것을 추구하기 때문이다. 추구하는 데 정당한 방법이 있고, 얻는 데 제한이 있을 수 있다. 이는 추구하는 것이 (무엇을) 얻음에 도움을 주지 못하는데, 나의 밖에 있는 것을 추구하기 때문이다."

孟子曰 : "求則得之, 舍則失之. 是求有益於得也, 求在我者①也. 求之有道②, 得之有命. 是求無益於得也, 求在外者③也."〈盡心 上3〉

◁주 해▷

① 在我者 : 내 마음속에 본래 갖추어져 있는 인의를 지칭한다.
② 求之有道 : 추구하는 데 정당한 방법이 있다.
③ 在外者 : 부귀와 명예 등을 지칭한다.

◀해 설▶

맹자는 "추구하면 얻게 되고, 버리면 잃게 된다"고 하였다. 이는 어떤 것은 노력하여 추구하면 반드시 얻게 되지만 스스로 포기하면 반드시 잃게 된다는 의미이다. 왜냐하면 행위자가 스스로 결정할 수 있는 일이기 때문에 추구하는 노력이 결과를 얻는 데 반드시 도움을 줄 수밖에 없다. 그렇다면 무엇을 추구할 때 반드시 얻는다는 말인가? 추구하려는 대상은 인의예지의 도덕이다. 인의예지는 나에게 본래부터 갖추어져 있는 것이기 때문에 추구하면 반드시 얻을 수 있다.

　본심과 인의예지는 본래 일자이기 때문에 본심이 스스로 추구하려는 모습을 보이면 인의예지는 본심으로부터 자연스럽게 드러난다. 사실 추구하는 주체가 바로 본심이다. 따라서 본심의 활동 중에 인의예지는 이미 포함되어 있다. 맹자가 말한 "학문하는 방법은 다른 것이 없다. 잃어버린 마음을 찾는 것이다"[81]에서 '잃어버린 마음을 찾다'는 본심이 스스로 자신의 존재가치를 회복하는 것이다. 인의의 도덕을 실현하려고 할 때 이미 본심은 드러나 있기 때문에 '잃어버린 마음을 찾는 것'은 사실 본심이 본심의 본래 모습을 회복하는 것이다. 본심의 자기 회복은 자신의 존재가치를 스스로 되돌아보고 성찰하는 것이다. 이러한 자기에 대한 성찰은 다름 아닌 사욕에 의해 몽폐된 자신에 대하여 不安하고 不忍의 마음을 느끼는 것으로부터 출발한다.

　'나의 밖에 있는 것(在外者)'은 부귀와 명예 등을 지칭한다. 부귀와 명예는 본래 나와는 아무런 관련이 없는 후천적으로 얻어지는 우연한 결과이다. 이러한 부귀와 명예를 얻으려고 할 때는 반드시 정당한 방법을 사용해야 하지만, 정당한 방법을 사용한다고 해서 반드시 얻어지는 것도 아니다. 왜냐하면 외적인 환경의 영향을 받기 때문이다. 외적인 환경과 자신이 처한 상황은 자신의 의지가 완전히 주재할 수 없다. 따라서 부귀와 명예 등은 추구할 수 있는 것이지만 성패에는 필연성을 보장할 수 없다.

　인의의 도덕에 대한 추구는 필연성을 보장할 수 있지만, 부귀와 명예에 대한 추구는 필연성을 보장할 수 없다. 인의의 도덕을 행하는 것은 인격의 가치를 정립하는 것으로 자신의 의지로써 완전하게 주재할 수 있다. 어떤 외적인 환경도 인의의 도덕가치 성취를 막을 수 없다. 외적인 권위와 세력은 자신의 생명을 죽일 수는 있지만, 살신성인이라는 도덕가치 성취는 저해할 수 없다.

---

81) "學問之道無他, 求其放心而已矣."〈告子 上11〉

따라서 도덕은 의무임과 동시에 자유이다. 부귀와 명예 등의 성패는 인간의 의지로써 완전하게 주재할 수 없다. 비록 자신의 노력 여부에 따라서 약간의 차이가 있지만, 한계를 벗어날 수는 없다. 부귀와 명예 등은 의무도 아니고 자유도 아니다. 마땅히 부귀를 추구해야 할 때는 추구해야 하지만, 설령 실패하였다고 할지라도 인격의 가치에는 아무런 영향을 끼치지 않는다. 그러나 인의의 도덕가치를 추구하지 않으면 곧 금수의 지경으로 추락하게 된다.

맹자는 이 장에서 도덕과 부귀를 '자신 안의 것'과 '자신 밖의 것'으로 나누어 자신 안의 것은 추구하면 무한히 얻을 수 있고, 또 필연적으로 얻을 수 있지만, 자신 밖의 것은 추구하더라도 유한적일 수밖에 없고, 비록 얻더라도 필연이 아니라 우연적인 것임을 밝히고 있다. 이는 독자들로 하여금 인생의 정곡을 일깨워 주는 교훈이다.

17. 자기에게 갖추어져 있는 고귀한 것(貴於己者)

맹자가 말하기를, "고귀함을 얻고자 하는 것은 사람마다 같은 마음이다. 사람들은 자기 안에 고귀한 것을 갖고 있음에도 불구하고 그것을 자각하지 못할 뿐이다. 사람들이 고귀하다고 여기는 것은 사실 가장 고귀한 것이 아니다. 조맹이 고귀하게 만들어 주는 것은 조맹이 천하게 할 수도 있다. 《시경》에 이르기를, '이미 술에 취했고, 이미 덕에 배불러버렸다.' 인의에 배불러버렸기 때문에 남의 고량진미를 바라지 않는 것이다. 아름다운 명성이 자신의 몸에 갖추어져 있기 때문에 남의 아름다운 복장을 바라지 않는 것이다."

孟子曰 : "欲貴者, 人之同心也. 人人有貴於己者①, 弗思耳. 人之所貴者, 非良貴②也. 趙孟③之所貴, 趙孟能賤之. 詩云④ : '旣醉以酒, 旣飽以德.' 言飽乎仁義也, 所以不願人之膏粱⑤之味也. 令聞廣譽⑥施於身, 所以不願人之文繡⑦也."〈告子 上 17〉

◁ 주 해 ▷

① 貴於己者 : 조기는 "사람들은 자기 몸에 고귀한 것을 갖고 있는데, 그것은 인

의와 널리 소문난 명예⁸²⁾라고 한다"고 주석하였다.

② 良貴 : 선천적으로 갖추고 있는 고귀한 것.

③ 趙孟 : 진(晋)나라 정경(正卿) 조순(趙盾)의 자(字)가 맹(孟)이었기 때문에 자손들은 조맹이라고 불렀다. 이곳에서는 남에게 작위를 주기도 하고, 뺏기도 하는 세도가를 대표하는 명칭으로 사용되고 있다.

④ 詩云 : 《시경》〈대아(大雅)〉 기취편(旣醉篇).

⑤ 膏粱 : 고(膏)는 기름진 고기를 지칭하고, 량(粱)은 맛있는 곡식을 의미한다. 고량은 부잣집에서 먹는 음식을 가리킨다.

⑥ 令聞廣譽 : 아름다운 명성.

⑦ 文繡 : 화려한 복장.

◀해 설▶

'자기에게 갖추어진 고귀한 것'은 모든 사람이 갖추고 있는 인의를 말한다. 이것은 사람이 본래부터 갖추고 있는 가장 고귀한 것이다. 일반적으로 사람들이 고귀하다고 생각하는 것들은 대부분 많은 봉록과 높은 관직이다. 그러나 이런 것들은 다른 사람이 나에게 준 것이기 때문에 그 사람이 회수해 갈 수도 있다. 따라서 가장 고귀한 것도 아니고, 영원히 존귀한 것도 아니다. 봉록과 관직 등을 얻고 잃음은 모두 우연이다. 반면 인의를 실천할 때는 무엇과도 비교할 수 없는 가치를 느끼며, 인격의 존엄성을 확보할 수 있다. 비록 권세와 비교되기도 하지만, 부족감은 전혀 느끼지 않는다. "인의에 포만감을 느꼈기 때문에 다른 사람의 산해진미가 부럽지 않고, 인의의 도덕이라는 아름다운 명성을 얻었기 때문에 다른 사람의 아름다운 복장을 부러워하지 않는다." 이는 참으로 아름다운 노래이다. 도덕수양을 하게 되면 위대한 용기를 배양할 수 있고, 도덕적인 기개를 갖출 수도 있다. 따라서 비록 권세를 가진 사람과 대면해서도 조금도 위축되지 않는다.

82) 仁하다는 소문 — 옮긴이 주.

18. 天爵과 人爵

맹자가 말하기를, "천작이라는 것도 있고, 인작이라는 것도 있다. 인의충신과 선을 즐기면서 지겨워하지 않는 것이 천작이다. 공경대부는 인작이다. 옛날 사람들은 천작을 수양하면 인작이 자연스럽게 따라왔다. 지금 사람들은 천작을 수양하면서 인작을 얻으려고 한다. 이미 인작을 얻고 나서 천작을 버린다면 미혹됨이 심한 사람이다. 결국에는 반드시 인작마저 잃어버릴 것이다."

孟子曰：“有天爵①者, 有人爵②者. 仁義忠信, 樂善不倦, 此天爵也. 公卿大夫, 此人爵也. 古之人, 修其天爵而人爵從之. 今之人, 修其天爵以要③人爵. 旣得人爵, 而棄其天爵, 則惑之甚者也, 終亦必亡而已矣.”〈告子 上16〉

◁ 주 해 ▷

① 天爵 : 하늘로부터 품수받은 존귀한 것. 작(爵)은 벼슬이지만, 이곳에서는 고귀한 것을 의미한다.
② 人爵 : 사람들이 정한 공경대부와 같은 작위.
③ 要 : 추구하다.

◀ 해 설 ▶

천작은 하늘로부터 품수받은 고귀한 것이다. '인의예지'와 '선행에 대해서 즐거워하면서 지겨워하지 않는 것' 등이 바로 인성 중에 본래 갖추어져 있는 고귀함이다. 인작은 사람이 정하여 준 작위이다. 공경대부 등이 인작에 해당되며, 이는 정치계급상의 존귀함이다. 천작은 나에게 갖추어져 있는 양귀(良貴)로서 영원불변한 가치를 소유하고 있다. 인작은 외적인 것으로 수시로 변할 수 있기 때문에 그 가치는 임시적이다.

"옛날 사람들은 천작을 수양하면 인작이 자연스럽게 따라왔다"는 옛 사람들이 심중에 아무런 공리적 목적 없이 순수한 마음으로 덕성을 수양하고 선행을 좋아하였음을 의미한다. 그들은 덕성 수양을 빌미로 인작 얻기를 바라지 않았지만 그 명성이 널리 알려져 자연스럽게 인작도 얻었다. 때문에 "대덕을 소유한 자는 반드시 그에 상응한 지위를 얻는다"[83]고 한 것이다. 물론 이는 이상적인 입장에서 한 말이다. 그러나 천작과 인작은 일치되어야 한다. 마땅히 천작의 수양이 높으면 높을수록 그에 상응하는 인작이 뒤따라야 한다. 그래야만 비로소 합리적이고 정의로운 세계라고 할 수 있다. 그러나 현실에서는 덕성을 갖춘 자가 반드시 그에 상응한 지위를 얻은 것도 아니고, 지위를 얻은 자가 반드시 덕성을 갖춘 것도 아니다. 덕성과 지위가 필연적으로 일치하지는 않는다. 덕성을 갖춘 자가 지위를 얻어야 합리적이지만, 덕성을 갖춘 자가 지위를 얻지 못했다고 해서 덕성을 훼손시키는 것도 아니다. 인의충신 자체는 최고의 선이다. 그 가치는 현실의 지위에 따라 증감되지 않는다.

"천작을 수양하면서 인작을 얻으려고 한다"는 인작을 얻기 위한 수단으로 천작의 가치를 전락시키는 것이다. 천작은 이익을 위한 것이기 때문에 비록 천작을 수양한다고 할지라도 그 행위는 아무런 가치를 확보할 수 없다. 다시 말하면 인작을 얻기 위한 수단으로서 천작을 수양한다면 그 행위에 대해서는 가치를 부여할 수 없다.

지금 사람들은 절대적 가치를 갖고 있는 인의로써 단지 상대적 가치만을 갖고 있는 인작과 바꾸려고 한다. 그리고 일단 목적을 얻었으면 다시는 천작을 수양하지 않으니 이 얼마나 미혹됨이 심한가? 결국에는 인작마저도 보존하지 못하고 말 것이다. 왜냐하면 덕성을 갖추지 못한 사람이 지위를 갖게 되면 많은 사람들의 혐오감을 불러일으키기 때문이다.

19. 大體와 小體

공도자가 물어 말하기를, "다 같은 사람인데 어떤 사람은 대인이 되고, 어떤 사람은 소인이 되는 까닭은 무엇입니까?" 맹자가 말하기를, "대체에 따르면 대인이 되고, 소체에 따르면 소인이 된다." (공도자가) 말하기를, "다 같은 사람인데, 어떤 사람은 대체에 따르고, 어떤 사람은 소체에 따르는 까닭은 무엇입니까?" (맹자가) 말하기를, "귀와 눈의 감관은 (가치를) 자각하지 못하기 때

---

83) "大德必得其位."

문에 외물에 가려진다. 외물이 이목의 감관[84]과 교류하면 외물에 이끌려 갈 뿐이다. 마음이라는 기관은 자각을 하며, 자각을 하면 도리를 얻고, 자각하지 못하면 도리를 얻지 못한다. 이것은 하늘이 나에게 부여한 것이다. 먼저 대체를 올바르게 확립시키면 소체가 빼앗지 못한다. 이것이 대인이 되는 이유일 뿐이다."

公都子問曰: "鈞①是人也, 或爲大人, 或爲小人, 何也?" 孟子曰: "從其大體②爲大人, 從其小體③爲小人." 曰: "鈞是人也, 或從其大體, 或從其小體, 何也?" 曰: "耳目之官不思而蔽於物. 物交物則引之而已矣. 心之官則思, 思則得之④, 不思則不得也. 此⑤天之所與我者. 先立乎其大者, 則其小者不能奪也. 此爲大人而已矣."〈告子 上 15〉

◁ 주 해 ▷

① 鈞 : 균(均)과 같다. 즉 '모두' 혹은 '다 같이'의 의미이다.
② 大體 : 인의예지의 도덕심을 가리킨다.
③ 小體 : 이목구비 등의 감관 작용을 가리킨다.
④ 之 : 도리를 지칭한다.
⑤ 此 : 大體를 가리킨다.

◀ 해 설 ▶

대인과 소인, 그리고 대체와 소체에서 대소(大小)는 가치 의미로서의 대소이다. 사람이 대인이 될 수 있는 까닭은 대체의 명령에 따라서 행위하기 때문이다. 대체는 무엇인가? 대체는 바로 본심이다. 본심의 명령에 따라서 실천하면 덕성을 성취할 수 있고, 존귀한 인격을 세울 수 있다. 만일 본심이 결정한 방향에 따르지 않고 함부로 방종하여 예의규범을 지키지 않으면 금수와 다를 바 없는 소인의 지경으로 추락하게 된다. 맹자는 이곳에서 감관의 욕망을 소체로 표현하였다.

본심은 대체이며, 인간생명의 주재자이다. 따라서 생명은 대체의 주재에 따

---

84) 옮긴이는 이곳의 '物'을 감관으로 해석하였다. — 옮긴이 주.

라 움직여야 한다. 그런데 어찌 대체의 명령을 따르지 않고 소체의 지배를 받는다는 말인가? 맹자는 이목 등의 감관 욕망은 비록 소체이지만 상당한 역량을 갖고 있다고 생각하였다. 이목의 감관은 감성적인 것으로 자각의 기능은 없다. 사(思)는 가치에 대한 자각, 즉 선에 대한 자각이다. 이목은 감촉을 본성으로 하기 때문에 시비선악에 대한 판단 기능이 없다. 단지 끊임없이 외물과 교류하면서 접촉할 뿐이다. 이목 등의 감관은 가치에 대한 자각 기능이 없기 때문에 단지 하나의 외물일 뿐이다. 이 감관이 접촉하는 것도 역시 외물이다. 이목의 감관은 자신의 활동을 스스로 제어하지 못하기 때문에 쉽게 외물에 이끌리고, 지나치면 멈출 줄 모르고 극단으로 치닫는다. 이 때에는 마음도 이목의 욕구에 이끌려 이목 감관의 만족에만 관심을 가질 뿐 가치에 대한 자각의 기능을 발휘하지 못한다. 이런 心은 도덕심이 아닌 습심(習心) 혹은 심리적인 心일 뿐이다. 이 지경에 이르면 '본심을 잃어버렸다(失其本心)'고 한다. 본래 본심은 얻을 수 있는 것도, 잃을 수 있는 것도 아니다. 이른바 失과 得이란 단지 깨달음(覺)과 깨닫지 못함(不覺) 혹은 드러남(顯)과 숨음(隱)의 차이일 뿐이다. 본심은 나를 한시도 떠나지 않는다. 영원히 그곳에 그렇게 있을 뿐이다. 본심이 숨은 것은 나의 생명이 감성의 욕구에 몽폐되어 본심의 각성을 막고 있기 때문이다. 이는 마치 우리가 오랫동안 일을 하다 보면 피곤하듯이 생명도 무엇에 혼매(昏昧)되면 깊은 잠에 빠진 사람처럼 각성을 발휘하지 못할 수도 있다. 생명은 한번 혼매되면 외물에 쉽게 이끌려 본심의 각성을 더욱 강하게 은폐시킨다. 이것이 바로 본심의 '은(隱)'이다. 맹자는 이 장에서 '왜 우리가 본심의 각성을 잃게 되는가'와 '악의 발생'에 관하여 설명하고 있다.

　사람은 본래 유한적인 존재이다. 생명은 순수한 이성 작용뿐만 아니라 감성적 성분도 갖고 있다. 감성적 성분이 바로 생명을 혼매시킬 수 있는 가능성이다. 따라서 우리는 후천적인 수양공부를 통하여 본심을 항상 보존하고 있어야 하며, 시시각각 자신을 경각시켜 본심의 각성을 유지하고 있어야 한다. 한시라도 본심의 각성을 잃게 되면 본심은 바로 사욕에 가려져 은몰되어버린다. 본심은 경각하면 드러나고, 놓으면 바로 숨어버린다. 이것이 바로 "간직하면 보존되고, 놓으면 없어진다"[85]의 뜻이다.

---

85) "操則存, 捨則亡."

心이라는 기관의 기능은 자각하는 것이다. 心은 선을 자각할 수 있고, 사리를 자각할 수 있다. 이것이 바로 "자각을 하면 도리를 얻고, 자각하지 못하면 도리를 얻지 못한다"는 것이다. 心이 자각하여 얻은 것은 다름 아닌 도덕법칙이다. 도덕법칙은 心 스스로 결정하여 내놓은 것이다. 이 점에 관해서는 여러 차례 설명하였기 때문에 다시 논하지 않겠다. 心이 자각하여 자신을 드러내면, 이 때 우리 생명은 대체의 활동에 따라 움직이고, 대체가 결정한 방향에 따라 가치를 실현한다.

'此天之所與我者'의 '此'자는 구본(舊本)에는 '비(比)'자로 되어 있지만, 주자는 '此'가 옳다고 하였다. 此는 대체, 즉 본심을 지시한다. 따라서 '此天之所與我者'는 '보편적이고 영원하며, 스스로 보편적인 도덕법칙을 결정하는 본심은 하늘이 나에게 부여한 것이다'로 해석해야 한다. 이는 본심의 형이상적 근원을 제시한 것으로 《중용》의 '天命之謂性'과 같은 의미이다. 본심의 양지는 감성생명으로부터 발생한 것이 아니다. 맹자의 표현에 의하면 심성과 천도 사이에는 여전히 일단의 거리가 있는 것 같다. 맹자는 '본심이 곧 본성이고, 본성이 곧 천도이다'라고 말하지는 않았지만, 본심이 보편적인 도덕법칙을 드러내기 때문에 본심의 실천을 통하여 본성과 천도를 자각할 수 있다(盡心知性知天). 심성과 천도는 마땅히 일자여야 한다.

'先立乎其大'의 '立'은 '밝게 드러내다'의 의미이다. 이는 본래 없었던 것을 새롭게 세우는 것이 아니라 본래 있었던 것을 확고하게 주재자의 위치로 확립시킨다는 뜻이다. 본심과 인의예지 등의 도덕법칙은 나에 본래 갖추어져 있는 것이지만, 쉽게 사욕에 교폐되어 잃어버릴 수도 있기 때문에 항상 경각하여 본심의 주재성을 유지해야 한다. 이처럼 간직하고 보존하는 수양공부가 바로 '先立其大體'의 본의이다.

20. 모든 사물의 이치는 나에게 갖추어져 있다(萬物皆備於我)

맹자가 말하기를, "모든 사물의 이치는 나에게 갖추어져 있다.[86] 자신을 돌

---

86) 옮긴이는 이곳의 '物'자를 '사물의 이치'로 해석하였다. — 옮긴이 주.

이켜 보고서 마음을 진실하게 하면 즐거움이 그보다 큼이 없다. 노력하여 남을 배려하는 마음으로 행하면 仁을 구하는 데 그보다 가까운 길은 없다."

　孟子曰：“萬物皆備於我矣. 反身而誠, 樂莫大焉. 强恕①而行, 求仁莫近焉.”〈盡心 上4〉

◁ 주 해 ▷

　① 强恕：노력하여 자기를 미루어서 남을 헤아리는 ‘서(恕)’를 노력하여 실천한다.

◀해 설▶

　‘만물개비어아의(萬物皆備於我矣)’의 ‘물(物)’자에 관해서는 두 가지 해석이 가능하다. 첫째, 物을 사물의 이치로 해석하는 것이다. 대표자는 주자이다. 주자는 “이는 理의 본연을 말한 것이다. 크게는 군신과 부자이고, 작게는 미세한 사물의 도리이다. 그 당연의 이치는 성분(性分) 안에 갖추어져 있지 않음이 없다”[87]고 주석하였다. 모든 사물에는 존재의 원리가 내재되어 있다.《시경》의 “하늘은 많은 사물을 창생하였는데, 사물이 있으면 그 사물의 법칙이 있다”[88]가 바로 이 뜻이다. 유가철학에서는 사물의 존재원리를 도덕의 입장에서 규정한다. 즉, 사물의 소이연지이(所以然之理)는 바로 도덕원리이다. 부자라는 존재의 원리는 仁이다. 仁은 아버지로 하여금 진정한 아버지로 존재하게 하는 원리이고, 자녀로 하여금 진정한 자녀로 존재하게 하는 원리이다. 만일 仁이 없다면 아버지는 자녀에게 자애를 표현할 수 없고, 자녀는 아버지에게 효를 표현할 수 없다. 그렇다면 아버지는 아버지가 될 수 없고, 자녀는 자녀가 될 수 없다. 뿐만 아니라 부자라는 관계도 성립할 수 없다. 더욱 확대하면, 군신 간에는 義가 있고, 친구간에는 信이 있다. 이러한 각종의 理는 많지만, 모두 하나의 도덕원리(一理)일 뿐이고, 모두 나의 본성에 갖추어져 있다. 때문에 ‘萬物皆備於我’는 ‘모든 사물의 이치가 나에게 본래부터 갖추어져 있다’로 해

---

87) “此言理之本然也. 大則君臣父子, 小則事物細微. 其當然之理, 無一不具於性分之內也.”
88) “天生蒸民, 有物有則.”〈大雅 蒸民〉

석할 수 있다. 모든 사물의 원리가 나에게 갖추어져 있다면 어떤 사물과 응대 (應對)하였을 때 마땅히 그 사물에 적합한 이치로서 대응해야 한다. 부모와 대면하면 효로서 응대해야 하고, 형과 대면하면 공경으로서 응대해야 한다. 어떤 대상과 대면하더라도 그 대상에 맞는 이치로서 응대해야 한다.

둘째, '物'을 존재의 원리로 해석하지 않고, 구체적인 유형의 존재물로 해석하는 것이다. 만일 존재물로 해석하면 '萬物皆備於我'는 공자가 말한 "어느 날 극기복례하면 천하의 모든 사물이 仁으로 귀속한다"[89]의 '天下歸仁'과 같은 의미일 것이다. 즉, 仁心이 드러나면 천하 모든 사물은 내 仁心의 감통 범위 내로 들어와 나와 일체를 이룬다. 仁心의 감통 범위는 무한하다. 일단 사욕을 극복하고 仁心을 밝혀 드러내면 천지만물은 모두 내 仁心의 관조 범위 내에 들어와 나와 일체를 이룰 수 있다.

仁心의 감통을 통하여 만물이 仁心의 관조 범위 내에 들어오게 되면, 이 때의 만물은 평상시에 보여진 만물과는 다른 의미를 갖게 된다. 나의 仁心과 일체를 이루고 있는 만물은 도덕가치로 충만된 사물이다. 왜냐하면 仁心은 가치의 근원이고, 仁心의 작용으로 말미암아 仁心과 일체를 이루고 있는 대상의 가치가 드러났기 때문이다. 이 때 산천과 대지 및 모든 유형적인 사물은 도덕가치로 충만된 존재이고, 그런 존재로 가득한 세계가 바로 진실한 세계이다. 이 의미는 약간 현묘(玄妙)하기는 하지만 유가의 도덕형이상학에 본래 포함되어 있다. 나 역시 이러한 세계에 대하여 약간의 깨달음을 얻은 바 있다.

이상 서술한 두 종류의 '物'자에 대한 해석은 다르지만 그 의미는 서로 통한다. '모든 사물의 존재 원리가 나에게 본래 갖추어져 있다'와 '모든 사물이 나와 일체를 이룬다'는 본래 한 가지 일의 양면이라고 할 수 있다. 본심에 갖추어져 있는 도덕의 원리가 바로 사물로 하여금 진정한 사물이 되게끔 하는 원리이기 때문에 본심을 드러내 구체적인 도덕행위로 표현하여 사물에 미치게 하면, 이 때 만물의 이치가 본래 나에게 갖추어져 있다는 사실을 깨달을 수 있을 뿐만 아니라, 동시에 행위의 대상과 일체를 이루어 그 사물의 무한가치를 드러낼 수 있다. 따라서 仁心의 드러남이 도덕실천이고, 또 우주 생화의 창조 활동인 것이다. 모든 도덕원리는 본심에 갖추어져 있고, 본심의 자각을 통하

---

89) "一日克己復禮, 天下歸仁焉."《論語》〈顏淵 1〉

여 드러난다. 또 모든 존재는 내 마음의 감통으로 말미암아 본래의 가치를 드러낼 수 있기 때문에 나와 둘이 될 수 없다.

'자신을 돌이켜 보고서 마음을 진실하게 한다'는 마음속에 갖추어져 있는 모든 性理를 드러내 자신의 생명활동을 천리의 유행으로 승화시키는 것이다. 이 때 무한하고 영원한 가치를 체험할 수 있고, 천지와 합일하는 느낌을 갖기 때문에 무엇과도 비교할 수 없는 쾌락을 얻을 수 있다. 이런 쾌락은 감성의 욕망으로는 얻을 수 없다. 오로지 도덕실천만을 통하여 얻을 수 있는 정신상의 쾌락이다.

'노력하여 남을 배려하는 마음으로 행한다'는 仁을 실천하는 공부이다. 자신을 돌이켜보고 마음을 진실하게 하면 仁心이 드러나기 때문에 또 다른 공부가 필요 없을 것 같지만, 기질생명의 몽폐를 피하기 어렵기 때문에 자신을 미루어 타인의 헤아리는 수양공부가 필요하다. 이른바 '충서가 도와 멀리 떨어져 있지 않다'는 충서의 도리에 따라 행위하면 이미 仁心을 실현한 것과 마찬가지라는 의미이다.

21. 仁은 사람의 도리이다(仁者人也)

맹자가 말하기를, "仁은 사람의 도리이다. (仁과 人을) 합하여 말하면 道이다."

孟子曰 : "仁也者, 人也①. 合而言之, 道也②."〈盡心 下16〉

◁ 주 해 ▷

① 仁也者, 人也 : 주자는 "仁은 사람이 진실한 사람으로 될 수 있는 이치이다"[90] 라고 주석하였다.

② 合而言之, 道也 : 조기는 "사람과 仁을 합하여 말하면 도라고 말할 수 있다"고 주석하였다.[91]

90) "仁者, 人之所以爲人之理也."《孟子集註》
91) 조기는 仁을 실천할 수 있는 자는 사람이기 때문에 仁과 人이 합해지면 道라고 하였다. ─옮긴이 주.

◀해 설▶

앞장에서 仁心의 발현으로서 이루어진 도덕실천은 하나의 행위임과 동시에 우주의 생화활동임을 밝혔다. 우주 생화의 본체는 천도이다. 도덕실천이 우주의 생화활동이기 때문에 사람이 도덕실천에 종사할 때, 천도 역시 생화활동에 종사한다고 할 수 있다.

"仁은 사람의 도리이다"는 仁이 사람의 존재 근거라는 의미이다. 따라서 仁하지 못하면 진정한 사람으로 존재할 수 없다. "(仁과 人을) 합하여 말하면 도이다"는 사람이 仁의 가치를 실현하는 것이 바로 도의 발현이라는 의미이다. 仁의 발현은 곧 천도를 구체화하는 것이기 때문에 천도는 사람의 도덕실천을 통하여 구체화된다. 따라서 사람의 仁道 실천은 천도의 창현(彰顯)이다. 이 때 사람과 천도는 대립적 관계가 아닌 하나의 천도로서 유행하게 된다.

주자는 이 장에 대하여 고증을 한 적이 있다. 내용은 다음과 같다.

혹자가 말하기를, "외국본[92)]에는 '人也' 다음에 '義는 宜이고, 禮는 履이며, 智는 知이고, 信은 實이다'라는 구절이 있다. 이 20자를 지금 살펴보니, 그렇다면 그 이치가 더욱 분명해진다. 그러나 그것이 옳은지는 알 수 없다"[93)]고 하였다.

앞에서는 도를 사람이 仁을 체현(體現)하는 것으로 설명하였으나, 고려본에서는 인의예지신 등의 덕을 합한 것을 도라고 하였다. 그러나 '사람이 仁을 체현하는 것이 바로 도이다'라는 설명이 비교적 의미가 넓고 깊다.

22. 효와 공경의 도리는 모든 사리에 통한다(孝弟通於諸德)

맹자가 말하기를, "仁의 구체적인 실천은 부모를 섬기는 것이다. 義의 구체적인 실천은 형을 따르는 것이다. 智의 구체적인 실천은 이 두 가지를 알아서 그것에 벗어나지 않는 것이다. 禮의 구체적인 실천은 이 두 가지를 절제하면

---

92) 외국본은 고려본(高麗本)이다.

93) "或曰 : 外國本, 人也之下, 有義也者宜也, 禮也者履也, 智也者知也, 信也者實也. 凡二十字, 今按如此, 則理極分明, 然未知是否也."《孟子集註》

서 잘 꾸미는 것이다. 樂의 구체적인 실천은 이 두 가지를 즐거워하는 것으로, 즐거워하면 그 마음이 생겨난다. (즐거워하는 마음이) 생기니 어찌 그만둘 수 있겠는가? '어찌 그만둘 수 있겠는가'의 지경에 이르면 자기도 모르게 발이 뛰고 손은 춤을 추게 된다."

　　孟子曰 : "仁之實①, 事親是也. 義之實, 從兄是也. 智之實, 知斯二者弗去是也. 禮之實, 節文②斯二者是也. 樂之實, 樂斯二者, 樂則生矣③. 生則惡可已也? 惡可已, 則不知足之蹈之, 手之舞之."〈離婁 上27〉

◁주 해▷

① 實 : 구체적인 표현.[94]
② 節文 : 절제하고 꾸미는 행위.[95]
③ 樂則生矣 : 조기는 "부모를 섬기고 형을 따르는 것을 마음으로부터 즐겁게 하면, 즐거움이 그 안에서 나온다"[96]고 주석하였다. 이는 즐거운 마음으로 부모를 섬기고 형을 따를 수 있으면 즐거움이 마음으로부터 우러나온다는 의미이다.

◀해 설▶

이 장은 맹자가 말한 "요순의 도리는 효와 공경일 뿐이다"[97]에 대한 상세한 설명이라고 할 수 있다. 육상산은 "도리라는 것은 단지 눈앞의 도리일 뿐이다. 비록 성인의 경지에 이르렀다고 할지라도 눈앞의 도리일 뿐이다"[98]라고 하였다. '눈앞(眼前)'은 우리가 쉽게 접할 수 있는 상황, 즉 우리의 일상생활을 의미한다. 도리는 우리 일상생활 중에 있다. 따라서 반드시 아래로부터 배워 위로 나가야 하고, 먼길을 가려면 가까운 곳에서부터 출발해야 하며, 높은 곳을

---

94) 實은 '근본'으로 해석하기도 하지만 仁의 구체적인 드러남이 사친(事親)이기 때문에 '구체적인 표현'으로 해석하는 것이 옳은 것 같다. ― 옮긴이 주.
95) '꾸미다'는 형식을 뜻한다. 즉, 부모를 섬기고 형을 공경함에 있어 반드시 있어야 할 절차와 태도 등의 형식이다. ― 옮긴이 주.
96) "樂此事親從兄出於中心, 則樂生其中矣."《孟子趙注》
97) "堯舜之道, 孝弟而已矣."
98) "道理只是眼前道理, 雖見到聖人田地, 亦只是眼前道理."《象山全集》권34

오르려면 낮은 곳으로부터 시작해야 한다. 다시 말하면 일상생활 중에서 부모를 섬기고 형을 공경하는 것으로부터 지극히 고명한 도리를 밝혀 드러낼 수 있다. 인의예지 등의 덕행은 부모를 섬기고 형을 공경하는 평상의 행위 중에 나타난다. 부모와 형을 잘 섬길 수 있으면 참을 수 없는 즐거움이 마음으로부터 우러나와 자기도 모르는 사이에 발이 뛰고 손이 춤을 추게 된다. 이것이 바로 앞장에서 말한 "자신을 돌이켜보고서 마음을 진실하게 하면 즐거움이 그보다 큼이 없다(反身而誠, 樂莫大焉)"의 樂이다.

이 장에서는 '일상의 윤리를 떠나지 않고서도 위로 나아가 고명의 경지에도 이를 수 있다'는 유가철학의 특색을 가장 잘 표현해 주고 있다. 중국문화사에서 유가의 지위는 서양문화에서 기독교와 유사하다. 기독교는 서양의 문화에서 가장 높은 영도자적 위치를 차지하고 있다. 따라서 서양에서 기독교는 일상생활의 표준이고, 정신적으로 향상할 수 있는 틀이며, 정신생활을 지도하는 길이라고 할 수 있다. 기독교는 특수한 교의와 의식을 갖춘 종교이기 때문에 사람들로 하여금 쉽게 초월정신을 체험하게 할 수 있다. 그러나 유가에는 특수한 교의도 없고, 의식도 없다. 단지 오륜이라는 기본적인 질서 속에서 무한한 가치를 실현하면서 진선미의 신성함과 실재성을 인증하고자 할 뿐이다. 유가에서 말하는 천리는 일상적인 생활에서 드러난다. 일상적인 생활 외에 어떤 초월적이고 독립적인 실체가 있는 것이 아니다. 따라서 유가철학에는 일상의 윤리 형식 외에 어떤 특수한 종교의식이 구비되어 있지 않다. 그렇지만 일상 윤리에는 초월적인 의의가 충만되어 있다. 일상 윤리를 실현하면서 천도를 체현할 수 있기 때문에 천도는 초월적임과 동시에 내재적인 실체이다. 천도는 본심 중에 있고, 본심을 통하여 드러난다. 때문에 유가철학의 윤리는 단지 속세의 도덕교훈이며, 현실 인생 속에 구속되어 초월적인 의의를 표현하지 못한다고 평가해서는 안 된다. 오히려 반대로 유가는 인생을 올바르게 바라보고, 인생과 서로 격리되지 않으면서 초월의 세계로 지향하는 정대(正大)하고 원융적인 가르침이라고 해야 한다.

23. 도로써 몸을 따른다(以道殉身)

맹자가 말하기를, "천하에 도가 실현되고 있을 때는 도로써 몸을 따른다. 천하에 도가 실현되지 않으면 몸으로써 도를 따른다. 도로써 남에게 따라간다는 말은 들어보지 못했다."

孟子曰 : "天下有道①, 以道殉②身. 天下無道, 以身殉道. 未聞以道殉乎人者也."〈盡心 上 42〉

◁ 주 해 ▷

① 有道 : 왕도가 실행된 사회.
② 殉 : '따르다'의 '순(徇)'과 같은 의미이다.

◀ 해 설 ▶

'순(殉)'은 '따르다'의 뜻이다. 조기는 이 구절에 대하여 "천하에 도가 있으면 왕도정치를 행할 수 있으니, 도는 몸을 따라서 공적과 실적을 베풀 수 있다. 천하에 도가 없으면 도를 실행할 수 없으니 몸으로서 도를 따르고, 도를 지키면서 숨는다. 올바른 도로서 속인을 따른다는 말을 듣지 못했다"[99]고 주석하였다. 천하에 도가 실현되고 있으면 도는 우리의 현실생활과 격리되어 있지 않기 때문에 도는 나의 몸을 통하여 표현된다. 이것이 바로 맹자가 말한 '천형(踐形)'이고, "인의예지는 나의 마음을 근본으로 한다. 그것이 빛으로 발하면 윤택한 모양으로 얼굴에 나타나고, 등에 넘쳐 흐르며, 사체에 베풀어진다"[100]의 뜻이다.

도는 우리의 신체 각 부분을 통하여 구체화된다. 이 때는 도와 현실생활이 서로 격리되어 있지 않으며, 도와 우리 몸도 서로 떨어져 있지 않기 때문에 도라는 특수한 형상을 드러내지 않는다. 다시 말하면 도의 숭고하고 초월적인

[99] "天下有道, 得行王政, 道從身施功實也. 天下無道, 道不得行, 以身從道, 守道而隱. 不聞以正道從俗人也."《孟子趙注》
[100] 자세한 내용과 원문은 제1부 심성론 25를 참고.

형상이 나타나지 않는다. 왜냐하면 도가 이미 우리의 일상생활 중에 완전히 융해되어 있기 때문에 도를 평상적이고 자연스러운 것으로 생각한다. 사실 모든 생활 중에 도가 녹아 있으면, 모든 생활이 바로 도인 것이다. 즉, 모든 생활이 바로 무한한 가치로 충만된 도의 세계이다. 이는 이상과 현실이 완전하게 합일된 경지로서, 도를 말하면 도는 눈앞에서 드러나고, 이상을 말하면 이상은 눈앞에서 실현된다. 이것이 바로 가장 원만하고 이상적인 경계이다.

만일 천하에 도가 실현되고 있지 않으면, 도와 우리의 몸은 서로 따로따로 존재한다. 도는 도이고, 몸은 몸이니 몸으로써 도를 실현할 수 없다. 그렇다면 생명의 가치는 어디에 있는가? 이 때문에 뜻이 있는 사람은 자신을 희생시켜서라도 도가 있음을 증명하려고 한다.

"도로써 남에게 따라간다"는 현실에 굴복하여 본래의 원칙을 바꾸고 곡학아세(曲學阿世)하는 것이다. 이는 도를 수단으로 삼는 것이지 결코 원칙으로 삼는 것이 아니다.

24. 오로지 성인만이 육체생명의 가치를 완성시킬 수 있다(惟聖人可以踐形)

맹자가 말하기를, "신체의 형상과 피부의 색깔은 타고난 것이다. 오로지 성인이 된 후에야 신체의 모든 가치를 완성할 수 있다."

孟子曰 : "形色①, 天性也. 惟聖人然後可以踐形."〈盡心 上38〉

◁주 해▷

① 形色 : 형(形)은 신체의 모습이고, 색(色)은 피부의 색깔이다. 합하여 말하면 '사람의 신체 형상과 피부색 및 소리' 등을 가리킨다.

◀해 설▶

형(形)은 신체의 외형이고, 색(色)은 피부의 색깔이다. 이 두 가지를 합하면 인간의 육체생명을 가리킨다. 이 형색은 타고난 것이기 때문에 '천성(天性)'이라고 하였다. 천성은 선천적으로 타고난 모든 것을 가리킨다. '천형(踐形)'은 신체의 원래 형태에 갖추어져 있는 자질에 따라 실천하고, 하나의 모자람도 없게 실현하는 것이다. 이 말에는 두 가지의 뜻이 포함되어 있다.

첫째, 타고난 자질과 잠재력을 남김없이 잘 발휘해야 한다. 자신의 타고난 자질을 헛되이 보내지 않아야 하고, 훼손시켜서도 안 된다. 재능을 갖고 있으면서도 게을러 그 자질을 발휘하지 않으면, 그것이 바로 신체의 자질을 낭비하는 것이다. 또 타고난 자질을 너무 지나치게 사용하지 말아야 한다. 아름다운 색에 현혹되면 눈이 멀게 되고, 아름다운 소리에 너무 매료되면 귀가 멀게 된다. 우리의 오관 기능을 잘 사용하지 않고, 함부로 남용하는 것이 바로 신체를 훼손하는 것이다. 천형은 타고난 재능을 잘 운용하여 그것이 갖고 있는 본래의 작용을 발휘하는 것이다.

둘째, 천리는 신체의 감관 기능을 통하여 발현된다. 따라서 신체를 천리의 실현 통로로 삼아 구체적인 생명활동으로 표현해야 한다. 이것이 바로 "얼굴에 환하게 나타나고, 등에 넘쳐 흐르며, 사체에 베풀어진다"의 본뜻이다. 명대(明代)의 유학자 나근계(羅近溪)는 "고개를 들고 눈을 뜨니 모든 것이 단지 양지의 드러남이고, 입을 열고 소리를 들으니 모든 것이 양지의 발휘이다"[101]라고 하였다. 사람의 모든 동작과 성음이 모두 양지의 구체적인 표현이다.

감성의 육체생명은 도덕가치 실현을 방해하는 요소로 작용하기도 한다. 때문에 선학자들은 '자기의 사사로운 욕망을 극복해야 한다(克己)'고 하였고, '천리를 보존하고 인욕을 버려야 함(存天理, 去人欲)'을 강조하였다. 그러나 육체생명은 도를 실현하는 통로이다. 이 통로가 없다면 도는 구체적인 행위로 표현될 수 없다. 구체적인 행위로 나타나지 않는다면 천도는 영원히 허무하게 흐를 뿐 아무런 성과도 이룰 수 없다. 육체생명은 반드시 필요하다. 범인들은 육체생명을 천도 실현의 도구로 사용하지 않고 외물에 지나치게 반응하여 본심을 잃기도 한다. 이것이 바로 도를 해치는 것이다. 그러나 이는 육체생명의 잘못이 아니다.

육체생명의 재질과 잠재력을 훼손하지 않고 잘 사용하여 심령으로 하여금 청명한 상태를 유지하게 하고, 자신의 모든 언행을 도와 합치하게 하며, 육체

---

101) "抬頭擧目渾全只是知體著見, 啓口容聲纖悉盡是知體發揮."《明儒學案》卷34, 泰州學案 3, 語錄

생명을 천리의 구체실현 통로로 삼아 무한가치를 드러내는 사람이 바로 성인이다. 때문에 "오로지 성인만이 신체의 모든 가치를 완전하게 실현할 수 있다"고 한 것이다.

25. 군자가 긍정하는 性(君子所性)

맹자가 말하기를, "토지를 넓히고 백성을 많게 하는 것은 군자가 하고자 하는 일이지만, (군자가) 즐거워하는 것은 그곳에 있지 않다. 천하의 한가운데 서서 왕 노릇을 하며, 사해의 백성을 안정시켜 주는 일은 군자가 즐거워하지만 군자의 본성은 그곳에 있지 않다. 군자가 본성이라고 생각하는 것은 비록 자기의 뜻을 펼쳐 천하에 도를 실현하였다고 할지라도 더 증가하지 않는다. 비록 뜻을 이루지 못해 곤궁하게 지내더라도 감소하지 않는다. 본분이 정해져 있기 때문이다. 군자가 性이라고 생각하는 인의예지는 心을 근본으로 한다. 그것이 빛으로 발현하면 윤택한 모양으로 얼굴에 나타나고, 등에 넘쳐 흐르며, 사체에 베풀어지니, 사체는 말해 주지 않아도 깨달아 나간다."

孟子曰 : "廣土衆民①, 君子欲之, 所樂不存焉②. 中天下而立③, 定四海之民, 君子樂之, 所性不存焉. 君子所性, 雖大行④不加焉. 雖窮居不損焉. 分⑤定故也. 君子所性, 仁義禮智根於心. 其生色也, 睟然⑥見於面, 盎⑦於背, 施於四體, 四體不言而喻⑧."〈盡心 上21〉

◁ 주 해 ▷

① 廣土衆民 : 광대한 토지와 많은 백성,[102] 즉 천하를 가리킨다.

② 所樂不存焉 : 즐거움이 그곳에 있지 않다. 즉, 군자는 이것을 즐기지 않는다.

③ 中天下而立 : 천하의 왕 노릇을 하다.

④ 大行 : 조기는 "천하를 다스리다(行之於天下)"라고 주석하였다.[103]

---

[102] 조기는 '大國諸侯'라고 주석하였다. 그러나 동사로 사용하여 '토지를 넓히고 백성을 많게 한다'로 해석하는 것이 뒤의 '欲'자와 어울린다. — 옮긴이 주.

[103] 조기의 주석은 일반적인 해석이고, 문장의 앞과 뒤를 살펴볼 때, 大行은 '큰 뜻을 펼쳐 천하에 도를 널리 실현하였다'고 해석하는 것이 타당하다. — 옮긴이 주.

⑤ 分 : 본분.

⑥ 睟然 : 윤택한 모양.

⑦ 盎 : 성대한 모양.

⑧ 四體不言而喩 : 내가 명령을 내리지 않아도 예의규범에 벗어남이 없다. 이는
　　바로 공자가 70의 나이에 이른 "내 마음대로 하여도 규범에 어긋나지 않았다
　　(從心所慾不踰矩)"와 같은 경계이다.

◀ 해 설 ▶

　맹자는 이 장에서 일보 일보 더 깊게 들어가는 방식으로 본성의 절대적 가
치를 설명하고 있다. 넓은 토지와 많은 백성을 얻어 자신의 포부를 펼치는 것
은 당연히 좋은 일이다. 따라서 군자는 이 일을 하고자 한다. 그러나 군자의
즐거움은 그곳에 있지 않다. 왜냐하면 넓은 국토와 많은 백성을 얻고서도 천
하를 평정하지 못하고, 백성들이 안정된 삶을 얻지 못한 경우도 있기 때문이
다. '천하의 중앙에 서서 왕 노릇을 하며, 사해의 백성을 안정시켜 주는 일'은
군왕 사업의 보편적인 실현이라고 할 수 있다. 때문에 군자가 즐거워한다. 그
렇지만 군자의 본성은 그곳에 있지 않다. 다시 말하면 본성의 절대적 가치는
그것에 제한당하지 않는다. 군자가 갖추고 있는 본성의 가치는 결코 행복과
사업 성취 등으로 결정되지 않는다. 비록 자기의 뜻을 펼쳐 천하에 도를 실현
하였다고 할지라도 본성에는 아무런 보탬도 없다. 반대로 군자가 자신이 처한
시대의 환경이 열악하여 정치 이상을 펼치지 못하였다고 할지라도 그 사람의
인격에 아무런 손상을 끼치지 못한다. '분정(分定)'은 '본분이 이미 결정되었
다'는 의미이다. 본성은 하늘로부터 품수받은 것이고, 본성에 따라 도덕가치
를 실천하는 것은 인간의 의무이기 때문에 '分定'이라고 하였다. '본성을 하늘
로부터 품수받았다'는 곧 본성에 절대적 가치가 갖추어져 있음을 의미한다.
이 본성의 가치는 이미 결정되었기 때문에 군자 사업의 성패 득실과 아무런
관계가 없다.

　본성의 선성 자체는 절대적으로 선한 것이다. 어떤 상황에 처하더라도 그
선성에는 변함이 없다. 다시 말하면 행위의 결과는 본성이 갖고 있는 선성에
영향을 주지 않는다. 설사 운명의 조우가 불행하여 아무런 사업 성취도 없고,
세간의 모든 행복을 다 상실하였으며, 심지어 죽음을 당하더라도 본심의 가치

116

는 마치 보석처럼 선한 빛을 간직하고 있다. 운명의 조우가 아무리 열악하더라도 본심의 가치를 훼손하지 못한다. 오히려 운명의 조우가 열악하면 할수록 본성의 광명과 숭고함이 더욱 강하게 드러난다. 본성의 선성은 모든 공리주의적 행복과 이익 등이 탈락되었을 때 순수성과 절대적 가치가 더욱 분명하게 발현된다. 본심의 절대적 가치는 감성의 욕구 만족에 있지 않으며, 세간의 사업 성취에도 있지 않다. 본심의 절대적 가치를 위하여 모든 것을 희생할 수 있다. 이에 대해서는 자신의 양심에 반문하면 모든 사람이 긍정할 것이다. 때문에 맹자는 '목숨을 버려서라도 의로움을 성취해야 함(捨生取義)'을 강조하였으며, '의롭지 못한 일을 하고, 무고한 사람을 죽여서 천하를 얻을 수 있다고 할지라도 나는 하지 않겠다'고 한 것이다.

절대적 가치를 갖추고 있는 본성의 내용은 인의예지의 도덕이다. 인의예지는 본심의 자각을 통하여 실현된다. 따라서 본심과 본성은 내용상 일자로서 인의예지의 근본이다. 본심의 자각을 통하여 인의예지를 드러내면 생명의 모든 활동은 인의예지의 표현이다. 이 때 얼굴과 등 그리고 팔과 다리의 사체는 도덕가치로 충만되어 있다.

본심이 빛으로 발현하면 얼굴은 윤택한 빛을 띠고, 등에 넘쳐 흘러 모든 신체 전 부분에 확산되어 아름다운 인격과 덕성의 광채를 발현한다. 그렇기 때문에 맹자는 "충실함을 아름다움이라고 하며, 충실하면서 광채를 드러내는 사람을 대인이라고 한다"[104]고 하였다. 이 때 군자는 무엇과도 비교할 수 없는 감화력을 표현한다. 군자와 접촉하는 사람은 자연스럽게 군자의 덕풍에 감화되어 자기도 모르는 사이에 선을 실천하게 된다. 맹자는 "대인이면서 (다른 사람을) 변화시키는 사람을 성인이라고 하고, 성스러워 알 수 없는 것을 신이라고 한다"[105]고 하였는데, 이는 성인의 감화력을 형용한 것이다. 성인은 다른 사람과 접촉하면 그 사람으로 하여금 도덕에 흥미를 일으켜 주어 자연스럽게 선으로 인도한다. 이러한 성인의 감화력은 사람의 인지력으로서 알 수 없는 신비스런 역량(神用)이다. 때문에 성인의 감화력을 神으로 설명한 것이다. 맹자는 "군자가 지나가면 감화되고, 마음에 간직하고 있으면 신묘하여 알 수 없

---

104) "充實之謂美, 充實而有光輝之謂大."〈盡心 下 25〉
105) "大而化之之謂聖, 聖而不可知之之謂神."〈盡心 下 25〉

다. 위아래로 천지와 함께 흐르니 어찌 조금의 보탬이 있다고 하겠는가"[106]라고 하였다. 성인의 무한 감화력으로부터 천도를 체현할 수 있다. 왜냐하면 성인의 생명이 표현하는 순수한 도덕실천이 바로 신묘한 천도의 구체적인 발현이기 때문이다. 즉, 천도의 구체적인 내용은 성인의 생명을 근거로 증명할 수 있다. 맹자는 본심의 자각과 실천을 통하여 본성을 증명하였고, 천도의 내용을 밝혔다. 따라서 본심이 바로 본성이고, 천도인 것이다. 본심으로부터 드러나는 도덕실천이 곧 천도의 창조활동이다. 본성과 본심이 도덕을 실천할 수 있는 초월적인 근거이고, 모든 존재의 소이연지리이며, 우주 생화의 본체이다. 이러한 의리는 송명 이학자들에 의하여 구체화되었다. 이처럼 도덕실천을 통하여 천도를 깨달으며, 도덕활동을 우주의 생화 작용으로 삼아 모든 존재에 대하여 도덕적 의의를 부여하여 진정한 존재로 승화시키는 학문이 바로 유가의 도덕형이상학이다.

---

106) "夫君子所過者化, 所存者神. 上下與天地同流, 豈曰小補之哉?"〈盡心 上13〉

제2부 수양론

제2부 수양론

    제1부 심성론에서 맹자가 긍정한 性이 감성생명과 성격이 다른 인의예지를 내용으로 하는 도덕본성이며, 또 性은 추상적인 개념이 아닌 일상생활에서 구체적인 생명의 활동을 통하여 자신의 내용을 실현하는 주체임을 밝혔다. 본성의 선성은 자각심을 통하여 실현된다. 본심의 자각활동이 없다면 본성의 선성은 드러나지도 않고 드러날 수도 없다. 따라서 자각심과 본성은 사실상 동일자이다.

    이 장의 주요 내용은 맹자의 수양론에 관한 것이다. 본성은 心을 떠나 존재하는 것이 아니기 때문에 마땅히 수양론은 자각심을 배양하는 양심(養心)으로부터 시작해야 한다. 그런 후에 배양한 마음을 충분히 실현하여 자각심이 인간의 존재 근거인 본성임을 깨달아야 하고, 더 나아가 천도의 진정한 의미를 밝혀야 한다. 이렇게 함으로써 후천적인 요인으로 말미암아 분리된 心과 性을 다시 합일시켜야 한다. 이처럼 내성(內聖)의 기초를 올바르게 정립한 후에야 비로소 자신의 도덕인격을 확립할 수 있고, 또 정신을 집중하고 역량을 모아 타인의 인격도 올바르게 교정할 수 있으며, 더 나아가 객관적인 외왕(外王)사업도 전개할 수 있다.

    제2부에서는 먼저 우리가 무엇으로 말미암아 본심의 자각 작용을 잃게 되었으며, 그것으로부터 인생이 타락하게 된 과정에 관해서 논하겠다. 그러나 이에 대한 답안은 오히려 간단하다. 본심이 스스로 자각 작용을 발현하지 못하였기 때문에 외물의 유혹에 쉽게 빠져든 것이다. 외물의 유혹은 본심의 정결한 영명성을 오염시킬 수 있다. 이것이 바로 잡초가 마음을 꽉 막아버린 것

이고(茅塞其心), 자포자기(自暴自棄)한 상태이다. 이는 진정한 자아를 상실한 것이기 때문에 자기에 대해서 스스로 죄를 짓는 행위이다. 仁心의 본래 작용을 잃지 않고 보존하고 있으면 스스로 시비선악을 자각하여 결정할 수 있기 때문에 설사 환경이 아무리 열악하고, 모든 사람이 자신을 유혹한다고 할지라도 스스로 중심점을 잡아 풍년이 들어도 나태하지 않을 수 있고, 흉년이 들어도 포악하지 않을 수 있다.

수양의 요점은 외물에 혼매(昏昧)되어 드러나지 않은 心을 다시 한번 발현시키는 것에 있다. 때문에 맹자는 "학문의 방법은 다른 것이 없다. 단지 잃어버린 마음을 회복할 따름이다"[1]라고 하였다. 그렇다면 어떻게 잃어버린 마음을 회복하는가? 특별한 방법이 없다. 心이 주동적으로 스스로 자신의 작용을 회복해야 한다. 이것이 바로 반구저기(反求諸己), 즉 '스스로 자기를 되돌아보고 성찰하는 것이다'. 스스로 자기에게 '과거의 잘못은 무엇 때문에 발생하였는가' 하고 반문해 보라! 또 '내 마음이 진정으로 하고자 하는 것이 무엇인가' 하고 반문해 보라! 이 때 우리는 별로 중요하지 않은 2차적인 것을 가장 중요한 것으로 착각한 것이 바로 모든 잘못의 근원임을 깨닫게 될 것이다. 이 착각 때문에 진정으로 원하는 것이 무엇인지를 알지 못한 것이다. 맹자는 이로부터 인의의 개념을 제시하였다. 원래 인의는 다른 것이 아니다. 내 마음의 본성이 스스로 원한 것이다. 자기 마음의 본래 모습을 명확하게 파악하면 인의를 알 수 있다. 인의가 진정으로 내 마음이 원한 것이라는 것을 알고서, 모든 행동을 양심의 본성에 따라서 행하면 이것이 바로 인의에 합치된 행위이고, 또 도덕 행위인 것이다. 이것을 일러 발심(發心)이라 하고, 자득(自得)이라고 한다.

이러한 근본적인 자각이 있은 후에 비로소 어떤 환경에 직면해서도 그 환경의 주재자가 될 수 있다. 다시 말하면 아무리 환경이 열악하다 할지라도 환경에 대하여 스스로 정면적인 의미를 부여할 수 있고, 스스로 양심을 격려하여 더욱 강하고 굳세게 할 수 있다. 때문에 맹자는 "덕성의 지혜와 기술의 지혜를 가지고 있는 사람은 항상 어려움 속에 처해 있다"[2]고 하였으며, 또 큰 임무를 담당할 수 있는 인물이 곤궁한 환경에 처한 이유를 "마음을 분발시키고 성질

---

1) "學問之道無他, 求其放心而已矣."〈告子 上11〉
2) "人之有德慧術知者, 恒存乎小疾."〈盡心 上18〉

을 참게 하여 할 수 없었던 일을 더 많이 할 수 있게 해 주기 위함이다"[3]라고 하였다.

그렇다면 근본적인 자각을 통하여 자기가 처한 환경을 어떻게 대면하고, 또 그 상황에서 자신을 어떻게 단련하는가? 두 방면으로 나누어 설명할 수 있다. 먼저 안으로는 수시로 자각하여 지금의 마음 상태가 인의예지에 합치하고 있는지를 살펴야 한다. 이는 한 시각이라도 자신의 양심을 잃어버리지 않기 위함이다. 밖으로는 적극적인 태도로 자신이 처한 환경을 대면하고, 그 일에서 합당하고 합리적인 태도를 취해야 한다. 물론 합당과 합리라는 것이 주어진 고정적인 형식도 아니고, 의식 형태도 아닌 양심의 본성이 스스로 원하는 것임은 물론이다. 이것이 이른바 권형(權衡)[4]이라는 것이다. 때문에 맹자는 "대인은 한번 말을 했다고 해서 반드시 신용을 지키려고 하지 않고, 한번 시작한 일이라고 해서 반드시 끝까지 하려고 하지 않으며, 오로지 의로움에 따를 뿐이다"[5]라고 하였다. 또한 외적인 사건에 대한 합리적인 태도는 사실 양심의 자각을 통하여 스스로 얻어야 한다. 때문에 비록 내외로 나누어 설명하였지만, 이는 단지 방편에 불과할 뿐이다. 心이라는 것은 본래 발현, 즉 드러나는 작용 측면에서 말한 것이다. 마땅히 드러나야 할 때에 드러나지 않으면 心이라고도 말할 수 없다. 心은 드러나면 반드시 구체적인 대상과 접촉하지 않을 수 없다. 이 때 스스로 자각 성찰하여 양심의 합리성을 드러내면 어떤 사건에 직면하여도 자신이 선택한 합리성에 따라 일을 처리할 수 있다. 이것이 바로 구체적인 일에서 心을 단련하는 사상마련(事上磨鍊)이다.

《맹자》에는 시대와 상황에 부합하지 않은 낡은 규칙에 얽매이지 않고 본심의 판단에 따라 합리성을 결정하는 사례가 대단히 많이 수록되어 있다. 나는 그 중에서 대표적인 사례 10여 개를 선택하여 하나하나 설명함으로써 독자들이 맹자 수양론의 근본정신이 어디에 있는지 파악하는 데 도움을 주고자 한다. 뿐만 아니라 이를 근거로 독자들도 어떤 일에 직면하여 양심의 판단에 따

---

3) "動心忍性, 曾益其所不能."〈告子 下15〉
4) 권형은 과거의 습속이나 고정된 규칙에 따라 행동하지 않고 양심의 판단에 따라 수시로 사태의 변화에 응변하는 것이다. 공자의 시중지도(時中之道)의 '時'에 해당한다. ― 옮긴이 주.
5) "大人者, 言不必信, 行不必果, 惟義所在."〈離婁 下11〉

라 시의적절하게 처리하는 능력을 계발하기를 바란다.

　당연히 권형은 마음대로 결정하는 것이 아니라 반드시 도덕심의 판단을 기초로 해야 한다. 따라서 《맹자》에 수록된 많은 사례를 인용한 후에 다시 36장에서 '받고 줌에 관한 정당한 도리(取與之道)'를 수록하여 이것을 취할 수도 있고 저것을 취할 수도 있는 상황에서도 반드시 불변의 도덕을 원칙으로 해야 함을 강조하고자 한다. 다시 말하면 일반적인 원칙에 따르지 않은 것은 단지 특별한 상황에만 해당되는 것이다. 양심의 판단은 절대다수의 상황에서 일반적인 원칙과 합일한다. 이러한 점에 대하여 분명한 이해가 있어야만 권형에 대한 오해가 발생하지 않는다.

　이처럼 자신을 스스로 뒤돌아보고 양심의 판단에 따라 합리적인 일 처리 능력을 배양하도록 노력해야만 양심의 발용이 부자연스러움을 극복하고 갈수록 자연스럽게 되어 종국에는 공자의 "내 마음대로 하여도 도리에 어긋나지 않는다"[6]는 경지에 이를 수 있다. 이것이 이른바 '의정인숙(義精仁熟)'[7]이다. 그렇지 않고 어쩌다 도덕심에 의하여 합리성을 표현할 뿐 연속성이 없다면 성숙한 경지에 이를 수 없다. 다시 말하면 일폭십한(一暴十寒)한다면 양심의 판단은 정묘해질 수 없고, 仁心의 표현은 자연스러울 수 없다. 이것이 바로 '반드시 활시위를 끝까지 잡아당기려고 한다(必志於彀)'[8]는 것이며, '우물을 9인이나 팠는데도 물이 나오는 곳에 이르지 못했다(掘井九軔而不及泉)'[9]는 것이다. 그러나 일반사람들은 우연히 어쩌다 한 차례 드러나는 仁心만을 보고서 仁心에 대해서 무력감을 갖게 된다. 더 나아가 자신의 도덕 역량에 대해서도 의심을 갖게 되는데, 이것이야말로 경솔한 생각이 아닐 수 없다.

　仁心을 나날이 배양하여 성숙하게 하면 빛나는 인격을 이루어 부귀도 자신을 타락시키지 못하고, 빈곤도 자신의 본래 뜻을 바꾸지 못하며, 무력 앞에서도 굴복하지 않는 대장부의 기개를 드러낼 수 있다. 이러한 대장부의 기개는 기질의 강건함에서 비롯된 것이 아니다. 대장부의 기개는 자주적이고 자발적

---

6) "從心所欲不踰矩."《論語》〈爲政 4〉
7) 義精仁熟에서 義는 판단의 합리성이고, 仁은 행동의 원천을 의미한다. 따라서 義精은 합리성의 정밀함이고, 仁熟은 행동의 자연스러움이다. ― 옮긴이 주.
8) 제2부 수양론 38 참고. ― 옮긴이 주.
9) 제2부 수양론 39 참고. ― 옮긴이 주.

인 도덕심에 의해서 수립된 강건함이다. 대장부의 기개와 기질의 강건함은 성격이 다르다. 물론 도덕심의 의지는 강건한 기질을 통해서 발현되지만 기질의 강건함이 근본 역량은 아니다. 즉, 기개는 도덕심령의 안정으로부터 표현된 것이다. 이러한 자족적이고 자발적인 안정감 때문에 군자는 자연스럽게 자신이 처한 환경에 스스로 만족해하는 안락감을 표현할 수 있다. 이러한 안락감은 완전히 내적인 의지에 의해서 이루어진 것이기 때문에 외적인 조건에 따라 나타나는 만족감과는 관련이 없다. 예를 들어 천하의 왕자가 되었을 때의 만족감과 성격이 다르다.

스스로의 성찰, 스스로 만족하고 안락해하는 수양, 합리적인 행위의 축적, 仁心의 성숙을 경과하여 기질생명도 인의의 생명 속에서 점차 강건하게 변화되는데, 이는 심령의 굳셈뿐만 아니라 생명의 성숙으로 발전하게 된다. 이러한 강건함과 성숙함을 동시에 갖추었을 때 비로소 자립할 수 있고, 객관적인 도덕문화 사업을 건설할 수 있게 된다. 이것이 바로 도덕심을 배양함과 아울러 기질생명도 배양해야 하는 까닭이다. 나는 《맹자》〈만장〉편에 수록되어 있는 '양기지언(養氣知言)' 장을 선택하여 상세하게 설명하고, 더 나아가 《맹자》 수양론의 요지와 함께 원만한 결론을 내리겠다.

다음은 앞에서 서술한 수양론의 순서에 따라 《맹자》에서 원문을 선택하여 주해와 함께 해설하겠다.

1. 잡초가 마음을 막아버리다(茅塞其心)

맹자가 고자에게 말하기를, "사람들이 자주 다니는 산길은 조금만 다니면 길이 되고, (마찬가지로) 한동안 다니지 않으면 잡초가 자라나 길을 막아버린다. 지금 잡초가 너의 마음을 꽉 막고 있구나."

孟子謂高子①曰 : "山徑之蹊間②, 介然③用之而成路, 爲間④不用則茅塞之矣. 今茅塞子之心矣."〈盡心 下21〉

◁ 주 해 ▷

① 高子 : 제나라 사람이다. 일찍이 맹자에게 수학하였으나 맹자 학문의 도리를 터득하지 못하자 맹자를 떠났다.
② 山徑之蹊間 : 경(徑)은 좁은 길이고, 혜(蹊)는 사람이 다니는 곳이다. 즉, 사람이 자주 다니는 산길을 뜻한다.
③ 介然 : 저자는 개연(介然)을 확확실실(確確實實)로 해석하고 있지만, 주자는 숙연(倏然), 즉 '순식간'으로 해석하였다. 문맥의 앞뒤를 고려할 때 주자의 해석이 자연스럽다. 옮긴이는 주자의 해석에 따라 원문을 번역하겠다.
④ 爲間 : 짧은 시간.

◀ 해 설 ▶

이 장에서 맹자는 작은 산길이 어떻게 생기고, 어떻게 없어지는가를 비유로 삼아 우리 마음이 막히게 된 이유를 설명하고 있다. 고자(高子)가 맹자의 가르침을 이해하지 못하자 맹자는 산길을 비유로 삼아 깨우쳐 주고 있다. 원래 산속의 작은 길은 만들어지기도 쉽지만, 마찬가지로 없어지기도 쉽다. 산길은 몇 사람 혹은 몇 마리의 짐승들이 지나가면 풀들이 쓰러져 바로 길을 이루게 된다. 그러나 마찬가지로 몇천 명이 지나간 길이라고 할지라도, 또 언제 만들어졌는지도 모를 정도로 오래 된 길이라고 할지라도 잠깐 동안 인적이 없으면 길 양쪽에 풀들이 바로 무성하게 자라나 길을 덮어버린다. 이 비유는 깨우침은 쉽지만 그것을 보존하기가 결코 쉽지 않음을 암시해 주고 있다. 사람의 마음도 마찬가지이다. 팔다리가 우리에게 본래 갖추어져 있는 것처럼 우리는 사단의 마음을 본래부터 갖추고 있기 때문에 우리의 마음은 청명한 상태이다. 또 우리의 마음은 자각의 기능이 있기 때문에 스스로 자각하려고 노력하면 바로 그 자리에서 도리를 터득할 수 있지만, 스스로 노력하지 않으면 도리를 터득할 방법이 없다. 따라서 본성의 작용에 따라서 노력하면 순식간에 산길이 형성되는 것처럼 바로 그 자리에서 합리적인 도덕판단을 내릴 수 있고, 오랫동안 청명한 마음의 상태를 유지할 수도 있다. 그런데 무엇이 어렵단 말인가? 그러나 비록 자각하여 도리를 터득하였다고 할지라도 쉬지 않고 부단히 보존하려고 노력해야만 청명한 상태를 유지할 수 있다. 한순간이라도 나태하여 노력하지 않으면 바로 혼매하여 자신의 존재가치를 상실하게 된다. 우리 마음의 타락도 산길에 잡초가 자라나 순식간에 길을 덮어버리는 것처럼 빠르고 간단하다. 또한 마음의 청명한 상태를 잃어버리는 것은 어떤 외적인 원인 때문이 아니라 자신 스스로 자각 작용을 발현시키지 않았기 때문이다. 때문에 어떤 잘못을 범하여 마음을 잃게 되면 다른 사람이나 환경의 열악으로 그 원인을 전가해서는 안 된다. 왜냐하면 모든 것의 주체는 바로 자신이기 때문이다.

2. 스스로 자기를 손상시키고 자기를 버리다(自暴自棄)

맹자가 말하기를, "스스로 자기를 손상[10]시키는 사람과는 함께 이야기할 게 못된다. 스스로 자기를 버리는 사람과는 함께 일할 게 못된다. 말할 때 예의를 비방[11]하는 것을 자포라고 한다. 내 몸은 仁에 거처할 수 없고, 義를 따를 수 없다고 하는 것을 자기라고 한다. 仁은 사람이 거처할 수 있는 편안한 집이고, 義는 사람이 마땅히 따라야 할 올바른 길이다. (그런데도) 편안한 집을 비워두고 거처하지 않으며, 마땅히 따라야 할 올바른 길을 버리고서 따르지 않으니 얼마나 슬픈가?

---

10) 주자는 포(暴)를 '손상시키다' 혹은 '해치다'(害)로 주석하였다. — 옮긴이 주.

11) '言非禮義'를 '말이 예의에 어긋나다'로 해석하기도 한다. 그러나 주자는 비(非)를 '비방하다(毁)'로 주석하였다. 옮긴이는 주자의 해석을 따르겠다. — 옮긴이 주.

孟子曰：“自暴①者不可與有言也. 自棄②者不可與有爲也. 言非禮義, 謂之自暴也. 吾身不能居仁由③義, 謂之自棄也. 仁, 人之安宅④也. 義, 人之正路⑤也. 曠安宅而弗居, 舍正路而不由, 哀哉！”〈離婁 上10〉

◁ 주 해 ▷

① 自暴 : 스스로 자기를 해치다.
② 自棄 : 스스로 자기를 버리다.
③ 由 : '행하다' 혹은 '실천하다'.
④ 安宅 : 편안하게 거주할 수 있는 마음의 집.
⑤ 正路 : 정당하고 합리적인 인생의 길.

◀ 해 설 ▶

앞장에서는 마음을 잃게 되는(迷失) 원인을 마음 스스로 자각하지 않음에서 찾았다. 인생의 타락도 바로 '마음을 잃음'으로부터 시작된다. 그렇다면 '마음이 스스로 자각하지 않는다'는 것은 무엇을 의미하는가? 그것은 다름 아닌 마음이 자신의 본성이 스스로 원하는 것에 따르지 않음을 의미한다. 무엇이 마음의 본성인가? 그것은 다름 아닌 인의의 도덕이다. 仁은 우리의 마음속에 자리잡고 있는 진실한 도덕정감이다. 도덕정감은 자신에 대하여 스스로 진실하고, 다른 사람에 대해서는 사랑과 관심을 보인다. 義는 자신의 진실한 도덕감정을 타인에게 표현하는 통로이다. 예를 들면 진지하고 성실한 태도와 합리적인 행위 등이 義에 해당한다. 사람은 자신의 도덕감정이 원하는 바에 따라서 진실함을 체득하고, 또 타인을 사랑하는 마음을 표현해야만 마음이 편안하다. 또 합리적인 언행을 통하여 그 진실한 마음을 표현했을 때 타인과 즐거운 마음으로 서로 교통할 수 있고, 일체감을 가질 수 있다. 이것이 바로 '편안한 집(安宅)'이고, '올바른 길(正路)'이다. 우리의 마음에는 이러한 이상이 있으며, 또 타인과 서로 교통할 수 있는 능력이 갖추어져 있다. 따라서 그러한 마음에 따라서 실천하면 자연스럽게 자신의 존재가치를 완성할 수 있고, 자신의 인생을 진실하고도 의미 있는 인생으로 승화시킬 수 있다. 또 우리가 살고 있는 이 세계를 의미 있고 가치 있는 세계로 변화시킬 수 있다. 이것이 바로《중용》에서 말한 '자신의 존재가치를 완성하고 타인 혹은 타물(他物)의 존재가치를 완성하는' 성기성물(成己成物)이다. 이 얼마나 아름답고 숭고한 일인가? 그러나 세상 사람들은 자신에게 갖추어져 있는 마음의 진실함을 바로 보지 못한다. 때문에 스스로 마음의 본성에 따르기를 원치 않고, 또 아름답고 올바른 인생의 대로(大路)를 버리고서 따르지 않는다. 결국 자신 스스로를 공허하고 고립무원의 지경에 빠뜨리니, 이 얼마나 슬픈 일인가? 이러한 사람들을 자포자기한 사람이라고 한다. 자포자기한 사람들에게는 무슨 말을 해도 의미가 없다. 왜냐하면 그 사람들은 진실한 마음을 갖지 않고서 그저 가식적으로만 대응하기 때문이다. 이것이 바로 말로서 예의를 훼손시키는 것이다. 또 자포자기한 사람과 함께 사업을 하면 결코 성공하기 어렵다. 왜냐하면 진지함 없이 겉치레로 사업에 임할 뿐 仁에 거처하고 義를 따르려는 마음이 없기 때문이다. 이처럼 슬프고 가련한 지경으로 추락하게 된 원인은 다른 곳에 있지 않다. 스스로 자신의 양심을 잃어버렸기 때문이다.

3. 창랑의 물(滄浪之水)

맹자가 말하기를, "仁하지 않은 사람과 더불어 말할 수 있겠는가?[12] (仁하지 않은 사람은) 위태로움을 편안하게 여기고, 재앙을 이롭게 여겨 망하게 되는 짓을 좋아한다. 仁하지 않으면서도 더불어 말할 수 있다면 어찌 나라가 망하고, 집안이 망하는 일이 있겠는가? 어린아이가 노래하기를, '창랑의 물이 맑으면 나의 (소중한) 갓끈을 빨 것이고, 창랑의 물이 흐리면 나의 (더러운) 발을 씻을 것이다.' 공자가 말하기를, '제자들아 듣거라! 물이 맑으면 갓끈을 빨고, 물이 흐리면 발을 씻는다고 하였는데, 이는 (창랑의 물이) 스스로 자초한 것이다.' 무릇 사람은 스스로 자기를 업신여긴 후에 다른 사람이 (그를) 업신여긴다. 집안은 스스로 망하게끔 한 후에 다른 사람이 (그 집안을) 망하게 한다. 나

---

12) 이곳에서 '더불어 말하다(可與言)'는 '충고하면 받아들인다'로 해석해야 한다. 불인한 사람은 스스로 자신의 양심을 속이고 있는 사람이기 때문에 다른 사람이 어떻게 충고하더라도 소용이 없다. — 옮긴이 주.

라는 스스로 공격당하게끔 한 후에 다른 사람이 (그 나라를) 공격한다. 〈태갑〉[13] 에 이르기를, '하늘의 재앙은 피할 수 있을 것 같지만, 스스로 자초한 재앙은 (피할 수 없으니) 살 수 없다'는 바로 이 점을 두고 한 말이다."

孟子曰：“不仁者①, 可與言哉? 安其危而利其菑②, 樂其所以亡者③. 不仁而可與言, 則何亡國敗家之有? 有孺子歌曰：‘滄浪之水④淸兮, 可以濯我纓⑤. 滄浪之水濁兮, 可以濯我足.’ 孔子曰：‘小子⑥聽之! 淸斯濯纓, 濯斯濯足矣. 自取之也.’ 夫人必自侮, 然後人侮之. 家必自毀, 而後人毀之. 國必自伐, 而後人伐之. 太甲曰：‘天作孽猶可違. 自作孽, 不可活.’ 此之謂也.”〈離婁 上8〉

◁주 해▷

① 不仁者 : 양심의 본래 작용을 잃어버린 사람, 즉 자애롭고 측은한 마음을 상실한 사람이다.
② 菑 : 재앙(災)과 동일한 의미이다.
③ 所以亡者 : 일이 망하게 된 이유, 즉 비도덕적인 언행을 가리킨다.
④ 滄浪之水 : 호북(湖北)의 균현(均縣) 지방에 흐르는 한수(漢水)를 창랑지수(滄浪之水)라고 한다. 창랑의 물은 평상시에는 눈과 눈썹을 비출 수 있을 만큼 맑고 푸르지만, 우기가 되면 진흙이 흘러들어가 매우 혼탁한 물로 변한다.
⑤ 纓 : 모자 좌우의 갓끈이다. 턱 밑으로 매어 모자를 견고하게 매는 역할을 한다.
⑥ 小子 : 일반적으로 소년을 가리키지만, 이곳에서는 스승이 제자에게 한 말이다.

◀해 설▶

이 장의 내용도 앞장과 같다. 사람이 타락하게 된 주요 원인이 다른 곳에 있지 않고 스스로 자초한 것임을 강조하고 있다. 그러나 표현의 어기(語氣)가 앞장에 비해 엄숙하고 강한 것이 특징이다. 앞장의 분위기가 비교적 슬픈(哀矜) 반면, 이 장에서는 인생이 타락하게 된 일반적인 원인을 들어 엄하게 질책하

---

13)《書經》의 편명. — 옮긴이 주.

면서 스스로 맹성(猛省)할 것을 촉구하고 있으며, 또 고대 성현의 계언(戒言)을 들어 간곡하게 당부하고 있다.

이 장의 내용은 다음과 같다. 맹자는 이미 仁心을 잃어버린 사람에 대하여 "내가 너에게 무슨 말을 할 수 있겠는가? 너는 이미 물욕에 미혹되어 위험을 편안함으로 간주하고, 재난을 이익으로 간주하였을 뿐만 아니라, 패망의 길로 진입함을 스스로 즐기고 있기 때문에 어떤 충고도 너에게는 소용이 없을 것이다. 만일 이런 사람들을 충고하여 깨우칠 수 있다면 이 세상에 어찌 패가망신한 사람이 있을 수 있고, 나라를 망치는 불행이 있을 수 있겠는가?"라고 하였다.

당시 공자는 어린아이들이 부르는 '창랑의 물이 맑을 때에는 갓끈을 빨고, 물이 흐릴 때는 더러운 발을 씻겠다'는 노래를 인용하여 "제자들아 듣거라. 어린아이들이 물이 맑을 때에는 갓끈을 빨고, 물이 흐릴 때에는 더러운 발을 씻는 것은 창랑의 물이 그렇기 때문이다"라고 하였다. 사람도 마찬가지이다. 스스로 자기가 마땅히 가야 할 길을 가지 않고 타락의 길을 가기 때문에 다른 사람도 그를 업신여기는 것이다. 한 집안과 국가의 흥망성쇠도 마찬가지이다. 〈태갑〉에서는 "환경이 부른 재난은 피할 수 있는 방법이 있을 수 있지만, 자기 스스로 자초한 재난은 피할 방법이 없다"고 하였다. 이는 바로 스스로 자각하지 못하고 타락하면 도와줄 수 있는 방법이 없음을 강조한 것이다.

마지막으로 '왜 환경이 부른 재난은 피할 수 있는 방법이 있지만, 스스로 자초한 재난은 피할 수 없는가'에 관해서 논의해 보자. 이른바 사람이 자초한 재난은 바로 양심 스스로 올바른 길(正道)을 거부하는 것이다. 양심 스스로 정도를 거부함을 양심이 모를 리 없지만 그냥 모른 체하고 넘어간다. 이러한 양심 스스로의 거역은 자신이 철저히 반성하여 잘못을 고치기 전에는 다른 무엇으로도 교정할 수 없다. 환경이 부른 재난, 즉 현실상의 빈천과 좌절 등은 양심의 방실(放失)과 성격이 다르다. 비록 현실의 조건이 불만족스럽다고 할지라도 양심을 잃지 않고 있으면 현실의 난관을 겸허하게 수용할 수 있다. 그렇다면 현실의 좌절과 실패는 진정한 마음의 타격이 될 수 없다. 자신 스스로의 타격이 바로 치명적인 타격인 것이다.

4. 우산의 나무(牛山之木)

맹자가 말하기를, "우산의 나무는 아름다웠다. 큰 나라 수도의 교외에 있었기 때문에 (사람들이 몰려와) 도끼로 벌목을 하였으니 아름다워질 수가 있었겠는가? 밤낮으로 자라나고, 비와 이슬의 윤택을 받아 싹이 돋아나는 일도 없지 않았지만, (사람들이) 소와 양을 끌어다가 또 (싹이 돋아나는 대로) 먹여버리니, 저렇게 민둥산이 되어버린 것이다. 사람들은 (지금의) 민둥산 모습만을 보고서 본래부터 민둥산이었다고 생각한다. 그것이 어찌 그 산의 본성(본래의 모습)이겠는가? 사람에 있는 것(性)에 어찌 인의의 마음이 없겠는가? 그 양심을 잃어버리는 것은 도끼로 나무를 베는 것과 같다. 매일매일 베어내는데 어떻게 아름다워질 수가 있겠는가? 밤낮으로 양심이 자라나고, 이른 아침의 맑은 기운이 일어나 (선을) 좋아하고 (악을) 싫어하는 것이 다른 사람과 비슷한 점이 적지 않겠지만, 낮에 하는 행위가 그것을 뒤섞어 없애버린다. 그것을 뒤섞기를 반복하면 밤 사이에 길러지는 맑은 기운마저도 남아 있지 못한다. 밤 사이에 길러지는 기운이 남아 있지 못하면 금수와 차이가 멀지 않게 된다. 사람들은 금수 같은 그의 모습만을 보고서 그는 (선한) 재성이 없었던 사람이라고 생각한다. 하지만 어찌 그것이 그 사람의 성정이겠는가? 그러므로 잘 배양을 하면 자라나지 않는 사물이 없다. 배양하지 않으면 소멸되지 않는 사물이 없다. 공자가 말하기를, '간직하면 보존되고, 놓으면 잃어버린다. 나가고 들어옴에 결정된 시기가 없으니 어디로 나아갈지 모른다.' 이는 사람의 마음을 두고 한 말이다."

孟子曰："牛山①之木嘗美矣. 以其郊於大國也, 斧斤伐之, 可以爲美乎? 是其日夜之所息②, 雨雲之所潤, 非無萌蘗③之生焉. 牛羊又從而牧之, 是以若彼濯濯④也. 人見其濯濯也, 以爲未嘗有材焉, 此豈山之性也哉? 雖存乎人者, 豈無仁義之心哉! 其所以放⑤其良心者, 亦猶斧斤之於木也. 旦旦而伐之, 可以爲美乎? 其日夜之所息, 平旦之氣⑥, 其好惡與人相近也者幾希⑦. 則其旦晝之所爲, 有梏亡之矣⑧. 梏之反覆, 則其夜氣不足以存. 夜氣不足以存, 則其違禽獸不遠矣. 人見其禽獸也, 而以爲未嘗有才焉者, 是豈人之情也哉?

故苟得其養, 無物不長. 苟失其養, 無物不消. 孔子曰 : '操⑨則存, 舍則亡. 出入無時, 莫知其鄉⑩.' 惟心之謂與!"〈離婁 上8〉

◁ 주 해 ▷

① 牛山 : 제나라의 수도 동남쪽에 있는 산. 지금의 산동성(山東省) 임치현의 남쪽에 있다.

② 息 : 생장(生長), 즉 '자라나다'의 의미이다.

③ 萌蘗 : 맹(萌)은 이곳에서 명사로 쓰인다. 즉, 처음 나온 싹을 의미한다. 얼(蘗)은 맹 다음에 옆으로 나온 싹을 의미한다. 그러나 이곳에서 맹과 얼 두 문자를 합쳐 '싹'으로 해석해야 한다.

④ 濯濯 : 깨끗한 모양이다. 이곳에서는 초목이 없는 민둥산을 가리킨다.

⑤ 放 : 잃어버리다.

⑥ 平旦之氣 : 평단(平旦)은 막 동이 트려는 시기이다. 평단지기는 하룻밤 휴식을 취하고 이른 아침에 일어나 아직 외물과 교접하지 않아 마음이 혼란스럽지 않은 상태를 가리킨다.

⑦ 幾希 : '기(幾)'와 '희(希)' 두 문자는 같은 의미이다. 즉 '거의 없다'의 뜻이다.[14]

⑧ 有梏亡之矣 : 유(有)는 '또(又)'의 의미이고, 곡망(梏亡)은 '혼란스럽게 하여 잃어버리다'의 뜻이다.

⑨ 操 : 간직하다.

⑩ 鄉 : 향(嚮)과 같은 의미로서 동사로 쓰인다. 즉 '나아가다'의 뜻이다.

◀ 해 설 ▶

사람이 타락하게 된 가장 근본적인 원인은 스스로 양심을 잃어버렸기 때문이다. 그렇다면 양심을 어떻게 잃어버리는가? 또 인의의 도덕이 양심의 본성이라면 어떻게 그것을 잃어버릴 수 있는가? 만일 잃어버릴 수 있는 것이라면

---

14) 비록 양심을 잃어버린 사람이라고 할지라도 밤의 휴식을 통하여 마음이 안정되고, 또 아침에 맑은 기운이 솟아 나올 때는 인의를 좋아하고, 불의를 싫어함이 발현된다는 의미이다. 그러나 이 구절에 대한 조기와 주자의 해석이 다르다. 조기에 따르면 幾希는 '어찌 적겠는가'의 의미이고, 주자는 '不多'로 주석하였기 때문에 '거의 없다'로 해석해야 한다. 그러나 앞뒤의 문맥을 살펴보면 조기의 해석이 더 자연스럽다. — 옮긴이 주.

선천적인 것이 아니라는 것을 의미하기 때문에 본성이라고도 부를 수 없을 것이다. 따라서 우리는 '양심을 잃어버리다(良心之放失)'의 표현에 대해서 좀더 깊게 이해하여야 한다.

사실 양심이 본래 갖추고 있는 인의의 본성은 영원히 잃어버릴 수 없는 것이다. 이른바 '잃어버리다(放失)'는 단지 인의의 본성이 없는 것처럼 보이는 형상을 의미할 뿐이다. 이처럼 잃어버린 것처럼 보이는 형상은 미실(迷失)이라고 표현하는 것이 더욱 적절할 것 같다. 미실이라는 것은 본래 갖추고 있었으나 연기나 안개(煙霧) 등과 같은 것에 의해 가려져 잠시 보이지 않은 상태이다. 양심을 가리고 있는 연무와 같은 것은 후천적인 것으로서 예의에 부합하지 않은 언행 등이 이에 해당한다. 예의에 부합하지 않은 언행 등은 양심의 본성이 스스로 원하는 것이 아니기 때문에 양심과 모순 혹은 대립적 관계를 형성하게 된다.

비합리적인 언행은 처음에는 우연히 출현하여 자연스럽게 사라지기 때문에 심각하게 생각하지 않는다. 그러나 그 순간만큼은 우리의 양심과 위배되기 때문에 양심을 가리게 되고, 또 양심과 대립하게 된다. 그러나 그 역량이 너무 약하기 때문에 양심의 진아(眞我)와 대립된 가아(假我)의 모습이 견고하게 형성되지 않는다. 가아는 순식간에 형성되었다가 곧바로 흩어져 보이지 않기 때문에 양심은 여전히 밝게 드러난다. 이 상황에서 우리는 양심의 진아와 가아의 대립된 모습을 발견하기 어렵다.

그러나 양심을 배양하는 공부를 하지 않고 그 심각성을 간과하면 비합리적인 언행은 자연스럽게 또 발생할 수 있다. 만일 또다시 발생하고 습관적으로 연속 발생하게 되면 그 역량은 처음의 것과는 비교할 수 없을 정도로 강해져 마치 우리가 본래부터 갖추고 있었던 실재 존재처럼 보여지게 된다. 이 때에 비로소 양심의 진아와 가아는 서로 충돌하게 되며, 또 이러한 형상은 지속적으로 출현하게 된다. 이 단계에서 두 가지 현상이 나타난다. 하나는 양지의 출현이다. 우리는 진아와 가아의 대립 속에서 자신의 잘못에 대하여 부끄러움을 느낀다. 괴로움과 부끄러움이 바로 양지 작용의 출현이다. 다른 하나는 마음을 유혹하는 역량의 실재성이다. 마음을 유혹하는 가아의 역량은 이제 하나의 실재물처럼 굳어져 있고, 그 유혹의 힘도 강하게 나타난다.

만일 이 때에도 존양과 성찰공부를 적극적으로 하지 않고 그저 천부적인 양

136

심의 역량에만 의지하게 되면 가아의 힘을 영원히 소멸시킬 수 없다. 그저 관성의 누적에 따라 행동하면 가아의 존재는 더욱 견고해지고, 반대로 양심의 진아는 더욱 쇠약해지게 된다. 나중에 양심의 소리는 힘없는 바람처럼 변하고, 잔잔한 풍랑처럼 변하는데, 이 상태가 바로 양심의 마목(痲木)이다. '양심이 마목되었다'고 할지라도 양심의 본성이 전혀 발현되지 않는 것은 아니다. 단지 양심의 진아를 가리고 있는 장막이 너무 두꺼워 양심이 그 장막의 포위를 뚫고서 표현되기 어려울 뿐이다. 양심이 표현되지 않기 때문에 양심의 존재를 자각하기도 어렵다. 이 때 사람들은 이러한 사람들을 가리켜 본래부터 양심이 없는 사람일 것이라고 의심하기도 한다.

사실 양심은 인간의 본성이 스스로 원하는 작용이기 때문에 갖추고 있지 않는 사람이 없다. 이 양심은 모든 사람이 갖추고 있을 뿐만 아니라 수시로 발현되고 멈추기도 한다. 양심의 존재는 쉽게 발견할 수 있다. 나쁜 행위를 했을 때 불안한 마음이 드는데, 이는 곧 자기 스스로 양심의 존재를 자각하고, 또 그 행위에 대하여 스스로 책임을 묻는 것이다. 설사 아무리 타락한 사람이라고 할지라도 양심의 자아비판은 쉬지 않고 계속 진행되고 있다. 단지 그 비판의 활동이 마음속에 감추어져 있기 때문에 다른 사람, 심지어 행위의 주체마저도 발견하지 못할 뿐이다. 그러나 자세히 성찰해 보면 마치 폐와 간을 들여다보는 것처럼 분명하게 드러난다. 이 점에 관하여 맹자는 "사람에게 갖추어져 있는 것 중에 눈동자보다 좋은 것이 없다.[15] 눈동자는 악을 가리우지 못한다. 마음이 올바르면 눈동자가 맑고, 마음이 올바르지 못하면 눈동자가 흐리다"[16]고 하였으며, 또 "편파적인 말을 들으면 그 사람 마음의 막힌 바를 안다. 방탕한 말을 들으면 그 사람이 무엇에 빠져 있는지를 안다. 부정한 말을 들으면 그 사람이 정도에서 멀어졌음을 안다. (책임을) 회피하는 말을 들으면 그가 궁지에 몰려 있음을 안다"[17]고 하였다. 눈동자가 흐리게 되고, 말이 순간적으로 편벽되는 것은 마음속으로 이미 자신의 행위가 올바르지 않다는 것을 알았

---

15) '눈동자보다 더 좋은 것이 없다'는 것은 '눈동자가 선과 악을 분명하게 표현한다'는 의미이다. — 옮긴이 주.

16) "孟子曰 : 存乎人者, 莫良於眸子. 眸子不能掩其惡. 胸中正則眸子瞭焉. 胸中不正則眸子眊焉."〈離婁 上 15〉

17) "詖辭知其所蔽, 淫辭知其所陷, 邪辭知其所離, 遁辭知其所窮."〈公孫丑 上 2〉

기 때문이다. 단지 가아에 의한 가리워진 바가 너무 두꺼워 쉽게 드러나지 않을 뿐이다.

그렇다면 왜 그들에게 양심이 없다고 말하는가? 사실 양심을 갖추고 있다고 할지라도 양심이 드러나 자신의 언행을 유효하게 주재하지 못한다면 이는 없는 것과 다를 바 없다. 내가 '양심을 잃어버렸다'는 이 상태를 가리켜 한 말이지 결코 양심이 완전히 소멸하여 없어졌다는 것을 의미하지 않는다. 따라서 우리는 양심의 존재가 있음을 증명하는 것에 만족해서는 안 된다. 반드시 양심의 역량을 적극적으로 드러내 자신의 생명 속에서 상당한 위치를 차지하고 있는 가아의 역량을 소멸시키고 다시는 양심의 진아를 막을 수 없게 해야 한다.

이 공부는 또 어떻게 하는가? 사실 특별한 방법은 없다. 역시 양심 스스로 양심의 존재를 드러내 밝혀야 한다. 일단 양심의 존재를 자각하면 쉽게 관성에 따라 흘러가지 않는다. 양심의 자각에 따라 자주적으로 판단할 수 있고, 행위를 주재할 수 있기 때문에 근원이 없는 가아의 존재는 점점 위축된다. 진아와 가아의 관계는 진아가 소멸하면 가아가 증가되고, 가아가 소멸하면 진아가 증가되는 반비례의 관계이기 때문에 양심의 자각이야말로 시작이며 핵심이다. 이 양심의 자각을 조(操)라고 하고, 양심이 자각하지 못하고 관성의 흐름에 따르는 것을 사(捨)라고 한다. 양심은 순간적으로 드러나고 또 순간적으로 숨는다. 드러남이 존(存)이고, 숨음이 망(亡)이다. 이 일념간의 자주성이 心의 특성이다. 때문에 맹자는 공자의 말을 인용하여 "간직하면 보존되고, 놓으면 잃어버린다. 나가고 들어옴에 결정된 시기가 없으니 어디로 나아갈지 모른다고 하였으니, 이는 사람의 마음을 두고 한 말이다"라고 하였다.

물론 일념간의 자각으로 모든 문제가 종료되는 것은 결코 아니다. 평범한 일념의 자각은 단지 그 순간에만 표현된 것이기 때문에 그 힘은 그리 강하지 못하다. 반드시 그 자각의 상태를 계속 유지해야 한다. 이러한 과정이 반복되면 근원 없는 가아의 역량은 갈수록 약해져 나중에는 양심의 전체 역량이 모두 복원되어 시시각각 광명한 도덕 기상을 드러내는 仁心만이 남아 있게 된다.

이 장에서 맹자는 우산이 민둥산이 된 원인을 비유로 삼아 양심의 미실 과정을 설명하고 있다. '우산에 초목을 배양할 수 있는 능력이 항상 있다'는 것은

우리의 마음에 인의의 도덕심이 항상 존재하고 있음을 의미한다. 우산의 초
목을 사람들이 매일 간벌하고, 또 약간의 생장활동마저도 소와 양을 방목하
여 모두 먹게 해버리니 우산은 초목을 배양할 수 있는 능력을 표현할 방법이
없다.

우리의 마음도 마찬가지이다. 낮의 활동 중에 외물과 교접하면서 마음이 막
히고, 또 밤의 휴식을 통하여 어렵게 배양한 인의의 마음마저도 낮의 활동 중
에서 또 잃어버리니 양심은 표현되지 못하고 감추어져 있을 뿐이다. 감추어져
있는 인의의 역량을 맹자는 야기(夜氣)라고 하였다. 야(夜)는 혼자만 있는 때
이다. 혼자 있을 때에는 그 사람이 어떤 생각을 하고 있건, 마음의 상태가 어
떤지는 오로지 자기 혼자만 알 수 있을 뿐 다른 사람은 알 수 없다. 어떤 사람
이 다른 사람의 눈에 금수와 다를 바 없이 보인다고 할지라도 그 사람을 양심
이 없는 사람이라고 평해서는 안 된다. 이는 곧 우산의 지금 모습이 민둥산이
기 때문에 초목이 자랄 수 없는 산이라고 하는 것과 마찬가지이다. 우산이 비
록 지금은 민둥산일지라도 우산에는 초목을 자라나게 할 수 있는 힘이 여전히
갖추어져 있다.

5. 배고픔과 목마름의 폐해(飢渴之害)

맹자가 말하기를, "굶주린 사람은 맛있게 먹고, 목마른 사람은 달게 마시지
만, 그러나 그것은 먹고 마심의 올바른 맛을 안 것이 아니다. 이는 굶주림과
목마름이 (그의 입과 배를) 해친 것이다. 어찌 입과 배에만 굶주림과 목마름의
해가 있겠는가? 사람의 마음에도 그러한 해가 있다. 사람이 굶주림과 목마름
의 해로서 마음의 해를 삼지 않을 수 있다면 (부귀 등이) 남에게 미치지 못한
다고 할지라도 그것을 근심으로 여기지 않는다."

孟子曰 : "飢者甘食①, 渴者甘飲, 是未得飲食之正也. 飢渴害之也. 豈惟口
腹有飢渴之害? 人心亦皆有害. 人能無以飢渴之害爲心害, 則不及人不爲憂②
矣."〈盡心 上27〉

◁주 해▷

① 甘食 : 맛있게 먹다.
② 不及人不爲憂 : 남에게 미치지 못함을 근심으로 여기지 않는다.

◀해 설▶

앞장에서는 사람의 마음이 연무 등과 같은 것에 의해 교폐당할 수 있음을 설명하였다. 그리고 사람의 마음을 교폐시키는 연무 등과 같은 것은 마음 스스로 자초하는 비합리적인 행위임도 설명하였다. 그러나 사람들은 왜 비합리적인 행위를 하게 되는가? 이 점에 대해서는 상세한 설명이 필요하지만, 그것 역시 양심이 무엇에 막히어 그렇게 되었다고 할 수밖에 없다. 그렇다면 무엇이 원인이고, 무엇이 결과인가? 이 문제에 집착하다 보면 순환론에 빠질 수밖에 없다. 유가철학에서는 이 문제를 인과론에 비추어 바라보지 않고, 양심 스스로의 자각성 상실(不思)과 비합리적인 행위에 의한 막힘을 동일 사건의 양면으로 이해한다. 양심 스스로의 자각성 상실과 비합리적인 행위는 어느 것도 상대방의 원인이 아니고, 또 결과도 아니다. 양자는 동시에 성립한다. 양심이 자각성을 상실하면 바로 비합리적인 행위가 등장한다. 마찬가지로 비합리적인 행위가 등장하면 이는 곧 양심이 스스로 비합리적인 행위를 자각하지 못하였다는 것과 동일하다. 단지 구체적인 사건을 해석할 때 상이한 입장에서 서로 다른 해석을 할 수는 있다.

앞장에서는 전적으로 양심의 자각성 상실 측면에 초점을 두고 설명하였지만, 이곳에서는 입장을 바꾸어 마음이 막히고 해침을 당하는 측면에 초점을 두고서 설명하겠다. 그러나 재삼 강조하지만 이 두 가지 일은 동일 사건의 양면에 불과하다.

마음은 무엇에 의해 해침을 당하고, 어떻게 막히게 되는가? 맹자는 우리가 일상적으로 경험하는 먹고 마시는 행위를 비유로 삼아 설명하고 있다. 우리의 감각활동은 평상시에도 약간의 차이는 있다. 무슨 음식을 좋아하고, 어떤 맛을 좋아하고 싫어하는 등의 차이가 있다. 그러나 일반적으로 그 차이는 크지 않다. 고양이는 생선을 좋아하고, 개는 뼈를 가지고 놀기를 좋아한다. 우리의 입맛에 약간의 차이가 있긴 하지만 대동소이하다. 맹자는 이것을 '정(正)'이라

140

고 하였다. 즉 '일반 혹은 정상적인 활동이다'라는 의미이다. 그러나 배가 매우 고프거나 갈증이 심할 때는 이것저것 고려하지 않고 먹고 마시더라도 달고 맛있게 느껴진다. 그러나 이는 그가 평상시에 즐기던 맛이 아닐 수도 있다. 단지 배가 고프고 갈증이 났기 때문에 그의 맛 감각이 잠시 정상적인 활동을 상실한 것이다. 이것을 일러 맹자는 '굶주림과 목마름이 그의 입과 배를 해친 것이다(飢渴之害)'라고 하였다.

사람의 마음도 마찬가지이다. 어떤 위협이나 특별한 상황에 처하지 않았을 때는 양심의 본성에 따라서 진지하고 성실하며, 또 타인에 대하여 관용을 베풀고 보살피려고 한다. 그러나 생명이 위협을 받을 때는 이것저것 고려하지 않고 오로지 생명을 보존할 수 있는 일이라면 무엇이든지 하려고 한다. 평상시에 증오하고 비겁하다고 생각하였던 행동마저도 서슴지 않는다. 즉, 수단과 방법을 가리지 않는다(不擇手段). 이처럼 비상사태시에 자신이 행했던 모든 행위들을 그가 진정으로 원해서 한 것이라고 할 수 있겠는가? 당연히 아니다. 단지 생명에 대한 불안감 때문에 어찌할 수 없이 그렇게 한 것에 불과하다. 이것을 맹자는 '마음의 해침(心害)'이라고 하였다.

사실 육신의 배고픔과 갈증은 하나의 객관적인 사실이기 때문에 이것저것 가리지 않고 먹고 마시는 것은 어찌할 수 없다. 그러나 마음과 육신의 활동은 다르다. 우리의 마음은 유한적인 존재가 아니다. 또 객관적인 조건에 의해 필연적으로 좌우되는 것도 아니다. 우리의 마음은 자유로운 존재이기 때문에 그 무엇도 마음을 협박할 수 없다. 우리의 정신에 유한감과 불안감 등이 들 수 있지만 이는 마음의 진정한 모습이 아니다. 이러한 느낌이 드는 것은 자신 스스로 심령의 자아와 육신의 자아를 혼동하고서 경솔하게 육신이 받는 객관적인 제한을 심령의 존재 영역으로 끌어들였기 때문이다. 더 나아가 육신의 자아를 진정한 자아로 착각하여 육신의 위협을 심령의 위협으로 간주한다. 결국 심령의 자유를 보호한다는 명분으로 수단과 방법을 가리지 않게 된다. 그러나 이는 전적으로 잘못된 것이다. 이는 단지 심령이 배고픔과 갈증 등의 육체적 형상에 제한을 받아 나타난 것에 불과하다. 이러한 현상이 나타나게 된 것은 心이 스스로 자각하지 못하였기 때문임은 물론이다.

구체적인 사례를 들어 설명해 보자. 재화나 명성이 다른 사람에 미치지 못하면, 대부분의 사람들은 자신에 대하여 불만족스럽게 생각하여 마음이 불안하다. 이는 재화나 명성이 우리의 마음을 해쳤기 때문이다. 왜 불안감이 드는가? 그것은 자신 스스로 마음의 자유를 자각하지 못하고서 스스로를 유한적인 존재로 하락시켰기 때문이다. 그러나 유한이라는 느낌은 사실 육체의 영역에 속한 것이지 결코 심령에 속한 것이 아니다. 배고프고 갈증이 나며, 추위에 떨고 더위에 고통받으면 병이 나거나 신체가 손상될 수 있다. 이는 당연한 일이다. 심령은 왜 필요한가? 재화나 명리가 남보다 부족할 때 필요한 것인가? 그렇지 않다. 마땅히 있어서는 안 되고, 있을 필요도 없을 때 있다면 이것이 바로 마음의 착각이고 막힘이다. 따라서 맹자는 "배고픔과 갈증 때문에 드는 육체의 유한감을 심령의 유한감으로 전이하지 않으면 마음의 해가 발생하지 않아 마음은 자신에 대하여 믿음을 갖고 편안하게 된다"고 하였다. 이 때 비록 권력과 학식 및 용모 등이 다른 사람에 미치지 못한 부분이 있다고 할지라도 그것이 내심(內心)의 우환과 걱정을 조성하지 않는다. 따라서 수단과 방법을 가리지 않고 자신을 보호하려는 태도를 취하지 않을 것이다.

이상을 종합하면 수단과 방법을 가리지 않고 악한 행위를 하는 것은 그 자신의 본심이 스스로 원한 것이 아님을 알 수 있다. 그가 그런 행위를 하는 것은 어떤 것에 의한 압박 때문이다. 압박이란 다름 아닌 마음속의 환영(幻影)이라는 가상(假相)이 만들어 낸 것이고, 이 환영의 가상은 양심 스스로 자신의 본성을 자각하지 못함에서 비롯된 것이다. 이러한 환영도 양심의 미실을 초래하는 것이기 때문에 심해(心害)인 것이다.

6. 한 사람이 가르치고 여러 사람이 떠들어대다(一傅衆咻)

맹자가 대불승에게 말하기를, "당신은 당신의 왕이 선하기를 원하는가? 내가 당신에게 분명하게 알려 주겠다. 이곳에 초나라의 대부가 있는데, 자기의 아들이 제나라의 말을 하기를 바란다면, 제나라 사람으로 하여금 자식을 가르치게 하겠는가? 아니면 초나라 사람으로 하여금 자식을 가르치게 하겠는가?" (대불승이) 말하기를, "제나라 사람으로 하여금 가르치게 하겠습니다." (맹자가) 말하기를, "한 사람의 제나라 사람이 자식을 가르치고 많은 초나라 사람들이 (옆에서) 떠들어댄다면 비록 매일 매질을 하면서 제나라 말을 하기를 강요

142

한다고 할지라도 그는 제나라 말을 하지 못할 것이다. 그를 (번잡한) 장악에
수년간 놓아 두고서 매일 매질을 하면서 초나라 말을 하기를 요구한다고 할지
라도 초나라 말을 하지 못할 것이다. 당신은 설거주를 선한 사람이라고 하여
그로 하여금 왕이 거처하는 곳에 살도록 하였다. 왕이 거처하고 있는 곳의 사
람들, 어른이나 아이나 지위가 낮은 사람이나 높은 사람이나 모두 설거주와
같은 사람들이라면 왕이 누구와 함께 불선한 일을 하겠는가? 왕이 거처하고
있는 곳의 사람들, 어른이나 아이나 지위나 낮은 사람이나 높은 사람이나 모
두 설거주와 같은 사람이 아니라면 왕이 누구와 함께 선한 일을 하겠는가? 한
사람의 설거주가 송나라의 왕을 어떻게 하겠는가?"

　　孟子謂戴不勝①曰："子欲子之王之善與？我明告子. 有楚大夫於此, 欲其
子之齊語也, 則使齊人傳②諸？使楚人傳諸？"曰："使齊人傳之."曰："一齊
人傳之, 衆楚人咻③之, 雖日撻而求其齊④也, 不可得矣. 引而置之莊嶽⑤之
間數年, 雖日撻而求其楚⑥, 亦不可得矣. 子謂薛居州⑦善士⑧也, 使之居於
王所⑨. 在於王所者, 長幼卑尊皆薛居州也, 王誰與爲不善⑩？在王所者, 長
幼卑尊皆非薛居州也, 王誰與爲善？一薛居州, 獨如宋王何？"〈滕文公 下6〉

◁주 해▷

① 戴不勝：송(宋)나라의 신하.[18]
② 傳：동사로 쓰여 '가르치다'의 의미이다.
③ 咻：떠들어대다.
④ 齊：제나라의 언어를 말하다.[19]
⑤ 莊嶽：장(莊)과 악(嶽)은 모두 지명이다. 제나라의 수도 중심에 있는 번화한
　　지역이다.
⑥ 楚：초나라의 말.
⑦ 薛居州：송나라의 신하.
⑧ 善士：선량한 사람, 즉 좋은 도덕군자.

18) 송나라의 강(康)왕을 보필하면서 설거주를 천거하여 인정(仁政)을 펼쳐 보려고 노력한
　　인물이다. ― 옮긴이 주.
19) 초나라는 비록 큰 나라였으나 중원(中原)과는 다른 사투리를 사용하였다. 이곳에서 '제나
　　라의 말(齊語)'은 표준말을 의미한다. ― 옮긴이 주.

⑨ 居於王所 : 왕의 측근.

⑩ 王誰與爲不善 : '王與誰爲不善', 즉 '왕이 누구와 더불어 불선한 일을 하겠는가'의 도치문장이다.

◀해 설▶

앞장에서는 심해(心害)에 관하여 설명하였다. 맹자는 심해를 心 자신의 오인(誤認)으로부터 비롯된 불안감과 핍박감이라고 하였고, 또 이러한 심리상태를 환영 혹은 가상이라고 단정하였다. 이러한 불필요한 헛된 마음은 心의 자각활동을 통하여 철저하게 치료하지 않으면 맹목적으로 이끌려들어가 시간이 지나면 지날수록 그 망념(妄念)은 더욱 강화된다. 맹자는 "귀와 눈 등의 감각기관은 생각하지 못하니 외물에 막힌다. 감각기관은 외물과 교류하면 그것을 끌어당길 뿐이다"[20]라고 하였다. 불사(不思)는 시비선악에 대한 자각이 없는 맹목적인 활동을 말한다. 감각기관은 자각의 기능이 없기 때문에 일정한 형식에 제한을 받을 수밖에 없다. 예를 들어 귀는 일정한 음파(音波)에 제한을 받고, 눈은 일정한 빛의 스펙트럼에 제한을 받을 수밖에 없다. 물론 순수한 감각기관의 작용이 일정한 제한을 받는다고 할지라도 나쁠 것은 없다. 그러나 이러한 감각기관 작용의 유한성에 대하여 마음이 집착하여 불필요한 불안감을 조성해서는 안 된다. 만일 감각기관의 유한성에 집착하여 불안감을 조성하면 마음은 감각기관의 무한 만족을 추구하는 쪽으로 자신의 활동방향을 설정하게 된다. 이것이야말로 불필요하고, 또 불가능한 것이다. 이목 등의 감각기관은 본래 유한적인 것인데, 어떻게 무한량의 활동을 부담시키려고 하는가? 우리가 피곤할 때 감각기관의 유한성은 쉽게 증명된다. 그러나 이것에 집착하게 되면 불안감이 더욱 심하여 목숨을 걸고서 추구하려고 한다. 결국 악성적인 순환을 초래하는데, 이것이 바로 맹자가 말한 "감각기관은 외물과 교류하면 그것을 끌어당길 뿐이다"[21]의 의미이다. 다시 말하면 외적인 사물과 내심의 불안감이 서로 교류하면서 서로가 서로를 끌어당겨 맹목적인 유전을 거듭하게 된다. 맹목적인 활동이 오래 되면 오래 될수록, 강하면 강할수록 내심의

---

20) "耳目之官不思, 而蔽於物. 物交物則引之而已矣."〈告子 上 15〉

21) "耳目之官不思, 則蔽於物, 物交物則引之而已矣."〈告子 上 15〉

막힘도 더욱 누적되어 두텁게 된다. 이 때 비록 양심의 각성이 우연히 발생하더라도 마치 우산의 나무처럼 뿌리를 내리지 못한다. 또한 심중의 두터운 막힘은 반드시 열악한 환경을 조성한다. 이는 마음이 열악한 환경에 빠진 것이 아니라 사실은 마음이 이미 무엇에 막혀버린 것이다. 이 때에는 막힘이 너무도 두터워 양심이 아무런 작용을 할 수 없게 되는데, 이것이 바로 가장 비참한 인생의 타락이다.

이 장에서 맹자는 송왕(宋王)이 처한 상황을 매우 비관적으로 보고 있다. 맹자는 방언을 배우는 것을 예로 들어 송왕이 처한 환경의 열악함을 설명하고 있다. 송왕이 처한 환경은 너무나 열악하여 비록 설거주 같은 훌륭한 사람이 함께 거주한다고 할지라도 설거주 한 사람의 힘으로는 어찌할 수 없다. 이는 곧 송왕의 막힘이 너무 두텁다는 것을 의미한다. 만일 송왕을 구하려고 한다면 반드시 근본적인 치료가 필요하다. 이는 결코 머리나 수족의 아픈 부분을 치료하는 것과는 차원이 다르다. 다시 말하면 부분적인 치료로는 근본적인 양심의 막힘을 치료할 수 없다.

그렇다면 근본적인 수양공부는 무엇인가? 자신 스스로 맹성하는 것 외에는 다른 방법이 없다. 비록 다른 사람이 교도할 수도 있지만 그 힘은 너무나 미약하여 생명의 환영을 물리치고 생명의 진정한 모습을 드러내기 어렵다.

7. 잃어버린 마음을 찾다(求其放心)

맹자가 말하기를, "仁은 사람의 마음이다. 義는 사람이 (마땅히 가야 할) 길이다. 사람이 (마땅히 가야 할) 길을 따르지 않고, 마음을 잃어버리고서 찾을 줄을 모르니 슬프구나! 사람들은 개나 닭을 잃어버리면 곧 찾을 줄을 알면서, 마음을 잃어버리면 찾을 줄을 모른다. 학문의 방법은 다른 것이 아니다. 잃어버린 마음을 찾는 것일 뿐이다."

孟子曰："仁, 人心也. 義, 人路也. 舍其路而不由, 放其心而不知求, 哀哉! 人有鷄犬放, 則知求之, 有放心, 而不知求. 學問之道無他. 求其放心①而已矣."〈告子 上 11〉

◁주 해▷

① 求其放心 : 잃어버린 마음을 스스로 성찰하여 회복하다.

◀해 설▶

타락해 가는 인생을 구하려면 먼저 양심을 회복해야 한다. 이를 위해서는 양심 스스로의 맹성이 필요하다. 이 점을 강조하기 위하여 이 장에서 맹자는 "학문의 방법은 다른 것이 아니다. 잃어버린 마음을 찾는 것일 뿐이다"라는 점을 재삼 강조한 것이다.

물론 양심의 맹성만 필요하고 다른 수양공부는 일체 필요 없다는 것은 아니다. 맹자가 말한 '다른 것이 아니다(無他)'와 '그것뿐이다(而已)'의 의미는 두 측면에서 이해해야 한다.

첫째, 양심의 자각은 모든 수양공부의 시작이다. 따라서 양심의 자각이라는 기초가 이루어진 후에 다른 수양공부가 실질적인 효과를 나타낼 수 있다. 그렇지 않으면 어떤 다른 노력을 기울여도 단지 우연의 효과만을 기대할 수 있을 뿐이다. 상황이 바뀌면 우연히 드러난 효과는 마치 연기처럼 사라질 수 있기 때문에 오히려 또 다른 좌절감을 맛볼 수 있다. 반드시 양심의 자각이 있은 후에야 인생의 방향이 곧게 되고, 모든 활동 역시 효과를 볼 수 있다. 때문에 인생 수양의 관건은 바로 잃어버린 양심을 먼저 회복하는 데 달려 있다.

둘째, 사실 양심의 자각은 몇 가지 일에만 해당되는 자각이 아니다. 양심은 본래 구체적인 사건과 일에서 그 자각성을 드러낸다. 따라서 양심이 독서를 할 때 자각성을 드러냈다면 이미 독서의 가치를 자각했다는 것이고, 일을 할 때 자각성을 드러냈다면 이미 양심이 그 일의 가치를 자각하였다는 의미이며, 휴식을 할 때에 자각성을 드러냈다면 이는 이미 양심이 마땅히 휴식을 취해야 함을 판단하였다는 의미이다. 희노애락 등에도 양심의 자각이 포함되어 있다. 양심의 자각은 없는 곳이 없으며, 없었던 적이 없다. 시작에서 끝까지 양심의 자각은 모든 수양공부의 전부인 것이다. 모든 양심(養心)공부는 바로 양심(良心) 자각의 표현이다. 우리는 이것으로 맹자가 말한 "학문의 방법은 다른 것이 아니다. 잃어버린 마음을 찾는 것일 뿐이다"를 해석할 수도 있을 것이다.

양심의 자각에 관한 첫째와 둘째의 의미를 막론하고 잃어버린 양심의 자각성을 회복해야 하는 중요성은 더 이상 말할 필요가 없을 것이다. 그런데도 이처럼 중요한 양심의 자각을 많은 사람들이 오히려 홀시하니, 이것이야말로 인생의 가장 큰 불행과 비애가 아니겠는가? 때문에 맹자는 개탄하면서 "仁과 義는 모든 사람이 선천적으로 갖고 있는 본성이 스스로 원하는 것인데, 사람들이 자기자신의 본래 면목을 자각하지 못하니 얼마나 슬픈 일인가? 한 마리의 개와 닭이 집을 나가면 급한 마음에 찾으려고 하면서, 그보다도 훨씬 중요한 양심의 상실에 대해서는 오히려 급하게 찾으려고 하지 않으니 이 얼마나 애처로운 일인가? 아마 이것이 바로 양심을 잃게 되는 가장 근본적인 원인인지도 모르겠구나"라고 한 것이다.

그렇기 때문에 맹자는 우리들에게 "학문의 방법은 특별한 것이 없다. 자기를 뒤돌아보고 스스로 성찰하여 잃어버린 양심의 자각성을 회복하는 것에 불과하다"고 간절히 호소한 것이다.

8. 큰 것을 배양해야 한다(養其大者)

맹자가 말하기를, "사람은 자기 몸에 대해서는 모두 다 같이 아낀다. 모두 다 같이 아끼니 모두 함께 배양한다. 한 자나 한 치의 살도 사랑하지 않음이 없으니 한 자나 한 치의 살도 배양하지 않음이 없다. 때문에 배양하기를 잘하고 잘못하는 것을 살핌에 어찌 다른 것이 있겠는가? 자기 스스로 (중요한 것과 중요하지 않은 것을) 결정할 뿐이다. 사람의 몸에는 귀한 것과 천한 것이 있고, 큰 것과 작은 것이 있다. 작은 것으로써 큰 것을 해쳐서도 안 되고, 천한 것으로써 큰 것을 해쳐서도 안 된다. 작은 것을 배양하면 소인이 된다. 큰 것을 배양하면 대인이 된다. 지금 여기에 정원사가 있는데, 오동나무와 가래나무를 잘라내고서 떫은 대추나무와 가시나무를 재배한다면 능력 없는 정원사일 것이다. 손가락 하나를 배양하고자 어깨나 등에 난 병을 놓쳐버리고 모른다면 낭질에 걸린 사람일 것이다. 먹고 마시는 음식에만 정신이 팔려 있는 사람을 남들이 천하게 여기는데, 그것은 작은 것을 배양하고자 큰 것을 잃어버리기 때문이다. 먹고 마시는 일에 정신이 팔려 있는 사람일지라도 (귀하고 중요한 심지를) 잃어버림이 없다면 입과 배가 어찌 단지 한 자나 한 치의 살 정도밖에 안 되겠는가?"[22]

　孟子曰：“人之於身也, 兼所愛. 兼所愛, 則兼所養也. 無尺寸之膚不愛焉, 則無尺寸之膚 不養也. 所以考其善不善者, 豈有他哉? 於己取之而已矣! 體有貴賤, 有大小①. 無以小害大, 無以賤害貴. 養其小者, 爲小人. 養其大者, 爲大人. 今有場師②, 舍其梧檟③, 養其樲棘④, 則爲賤場師焉. 養其一指, 而失其肩背而不知也, 則爲狼疾⑤人也. 飲食之人, 則人賤之矣, 爲其養小以失大也. 飲食之人, 無有失也, 則口腹豈適爲尺寸之膚哉?"〈告子 上14〉

◁주 해▷

　① 體有貴賤, 有大小 : 체(體)는 사람 몸의 일부분을 지칭한다. 이곳에서 귀(貴)와 대(大)의 體는 心을 지칭하고, 천(賤)과 소(小)의 體는 이목구비 등을 가리킨다.
　② 場師 : 정원관리사.
　③ 梧檟 : 오(梧)는 오동나무이고, 가(檟)는 개오동나무(榎) 혹은 가래나무이다. 모두 목질이 좋아 관목(棺木)으로 사용되었다.
　④ 樲棘 : 이(樲)는 갈매나무과에 속하는 대추나무이고, 극(棘)은 가시나무이다. 모두 쓸모 없는 나무이다.
　⑤ 狼疾 : 이리는 본래 되돌아보기를 잘하는 동물이다. 이런 성질을 가진 이리가 병이 나면 되돌아볼 수가 없게 된다. 되돌아볼 수 없으니 자기의 어깨와 등을 볼 수 없다. 이는 '어깨를 잃어버린 것과 같음'을 비유한다.

◀해 설▶

　이 장에서도 여전히 잃어버린 마음을 회복하는 수양공부의 중요성을 강조하고 있다. 아울러 마음을 잃어버렸음에도 불구하고 회복할 줄 모르는 원인이 다른 곳에 있지 않고 진정으로 귀중한 것이 무엇이고, 천한 것이 무엇인지를

---

22) 설령 먹고 마시는 음식에 정신이 팔려 있다고 할지라도 그 사람이 귀중하고 중요한 심지를 잃지 않고 간직하고 있다면 음식을 먹는 입과 음식을 채우는 배는 단순한 육체로서의 입과 배가 아니라 원대한 목표와 이상을 실현하는 데 도구로 쓰일 수 있다는 의미이다. — 옮긴이 주.

148

구별하지 못함에 있다고 역설하고 있다.

우리는 이곳에서 맹자가 말한 귀천의 의미를 왜곡해서는 안 된다. 맹자는 결코 이목구비의 가치를 폄하하지 않았다. 귀천과 대소는 心과 이목구비의 관계에서 이해해야 한다. 心과 이목구비의 관계에서 心이 주(主)이고, 이목구비가 종(從)이다. 心은 인간의 이상과 가치 그리고 사랑의 정감을 발동시키는 근원이고, 이목구비와 사체(四體)는 이상과 가치를 실현하는 도구이다. 먼저 心이 방향을 올바르게 결정해야만 이목구비와 사체의 구체적인 행동이 의미를 가질 수 있다. 따라서 귀천과 대소는 주종과 선후 및 경중의 의미로 이해해야 한다. 사실 心의 쓰임과 이목구비의 쓰임이 일체가 되어야만 비로소 인생이 완전하게 된다. 맹자는 이것을 근거로 "형색은 천성이다"[23]라고 하였다.

이 장의 첫 부분에서 맹자는 '신체의 모든 부분을 다 같이 아끼기 때문에 모두 다 배양하는 것은 옳다'고 주장하였다. 비록 心이 대체인 것은 사실이지만, 그렇다고 신체의 한 점 살의 가치를 경시해서는 안 된다. 사실 이처럼 모두 배양해야 하는 상황에서 대체와 소체 혹은 귀한 것과 천한 것을 구별하는 것이 무슨 소용이 있겠는가? 원래 귀천의 분별은 어쩔 수 없는 상황에서 먼저 선택할 것을 요구받았을 때 비로소 가능하다. 예를 들어 맹자가 말한 물고기와 곰발바닥(熊掌)[24]은 내가 먹고 싶은 것이지만 다 얻을 수 없고 그 중 하나만을 선택해야 한다면 물고기를 포기하고 웅장을 취한다는 것이다. 사는 것과 의로움도 내가 모두 하고자 한 것이다. 그러나 양자를 모두 겸비할 수 없다면 생을 포기하고 의로움을 취할 수밖에 없다는 것이다. 왜 그런가? 양자의 가치가 대립하고 있을 때 양심의 판단이 의로움을 먼저 선택하기 때문이다. 즉, 살아 있는 것이 부끄러움 없이 죽는 것보다 더욱 고통스럽기 때문이다. 따라서 소체는 마땅히 배양해서는 안 되는 것이 아니라, 소체의 배양을 위해서 대체를 해쳐서는 안 된다는 것이다. 이것이 바로 귀천과 대소 분별의 진정한 의미이다.

그러나 일반사람들은 취사의 선택에서 자주 본말을 전도시키는 잘못을 범한다. 단지 입과 배의 만족, 그리고 감성생명의 만족만을 추구할 뿐 양심의 존재를 망각한다. 처음에는 그리 심각한 정도는 아니지만 점차 자기도 모르게

---

23) "形色, 天性也." 〈盡心 上 38〉
24) 제2부 수양론 14 참고. ─옮긴이 주.

형세가 역전되어 心은 자각 작용을 발현하지 못하고 결국에는 존재의 가치마저 상실하게 된다. 처음에 상황의 심각성을 깨달으면 소체로써 대체를 해치는 지경에 이르지 않지만 처음에 깨닫지 못하고 습성화되면 결국 소체로써 대체를 해치게 되는 엄중한 결과를 초래하게 된다. 때문에 맹자는 선과 불선은 마음이 처음 발동할 때 대체를 취하는가? 아니면 소체를 취하는가? 이 결정에 따라서 결정된다고 하였다. 대체를 선택한 사람은 소체마저도 잘 보살핀다. 왜냐하면 양심은 본래 모든 곳에 미치어 그것들의 가치를 완성하려고 하기 때문에 소체의 가치를 경시하지 않는다. 이런 사람을 대인이라고 한다. 소체를 선택한 사람은 그렇지 않다. 반드시 자기에게 유리한 쪽으로 행동하기 때문에 대체를 해칠 수밖에 없다. 왜냐하면 이목구비 등은 스스로 자신의 가치를 올바른 쪽으로 결정할 수 없기 때문에 소인이 되는 것은 당연한 결과이다. 또 맹자는 이곳에서 가치의 본말이 전도되는 것을 오동나무를 잘라버리고 가시나무를 기르는 정원사와 손가락 하나를 보존하기 위하여 어깨와 등의 질병을 보지 못하는 어리석음을 들어 설명하고 있다.

마지막에는 처음으로 다시 돌아와 이목구비와 음식을 먹는 일의 가치를 긍정하고 있다. 단지 양심을 해치지만 않는다면 이목구비의 작용은 양심의 실현에 도움을 준다. 모든 것을 함께 배양하고, 대체와 소체가 하나의 생명체로 작용하는 상황에서 대체는 소체를 통하여 발용되고, 양심의 발용은 일상적인 일과 격리되어 나타나지 않는다. 그렇다면 음식을 먹는 것은 도를 실현할 수 있는 자원이기 때문에 그 자체로서 이미 귀중한 것이다. 설마 음식을 먹는 것이 단지 입과 배의 만족만을 위해서이겠는가? 사람들은 이러한 도리를 깨닫지 못하니 스스로 귀한 것을 해치고 소인으로 타락하게 된다. 이것이 바로 인생에서 가장 슬픈 일이다.

9. 호걸지사(豪傑之士)

맹자가 말하기를, "문왕이 출현한 이후에 분발하는 사람은 일반 백성이다. 호걸지사라면 비록 문왕이 출현하지 않았다고 할지라도 스스로 분발한다."

孟子曰 : "待文王而後興①者, 凡民也. 若夫豪傑之士, 雖無文王猶興."〈盡心 上10〉

◁주 해▷

① 興 : 분발. 즉, 심지를 고양하다.

◀해 설▶

잃어버린 마음을 회복하면 먼저 인격의 독립성을 세움과 동시에 모든 일에 자신감을 갖는다. 원래 소체를 따르거나 소체로서 대체를 해치는 가장 주된 원인은 바로 유한적인 육체생명을 자신의 진정한 모습으로 착각하였기 때문이다. 이러한 사람들은 인생의 가치를 내적인 생명에서 찾지 않고 외적인 것에서 추구한다. 다시 말하면 명예나 권력 그리고 지식과 용모 등의 외적인 조건으로서 자신의 존재가치를 유지하려고 한다. 설사 어떤 모순과 고통이 뒤따를지라도 그저 과거의 관성에 따라 자기 아닌 다른 것에 기대어 한 순간 한 순간 넘어간다. 그러나 외적인 것에 영원히 의지할 수 없다. 즉, 본질상 의지할 수 없는 것이다. 왜 그런가? 그 이유는 양심의 독립적 가치와 자주성 그리고 본성의 무한성을 자각하지 못하였기 때문이다. 그러나 이런 사람도 양심의 자각성을 발휘할 수 있으면 불필요한 유한성에 대한 불안감과 모순 그리고 고통 등, 마음을 괴롭히는 모든 것을 일시에 제거할 수 있고, 생명의 본래 모습인 광명과 편안함을 회복할 수 있다. 따라서 잃어버린 마음을 회복하려면 먼저 외적인 것에 의지하지 않으려는 의지의 독립성부터 확립해야 한다.

호걸지사들은 문왕이나 성인의 출현을 기다리지 않고 주동적으로 자신을 스스로 구하려고 노력하는 사람이다. 나는 이곳에서 하나의 예를 들고자 한다. 일반사람들은 자기자신을 방어하려는 약자의 심태를 갖기 쉽다. 대부분 다른 사람과 교제하면서 상대방이 먼저 손을 내밀어 우의의 감정을 드러내기를 기다렸다가 자기의 뜻을 표현하려고 한다. 먼저 주동적으로 마음을 열고 다른 사람을 포용하려는 자세를 취하려고 하지 않는다. 왜 그럴까? 그것은 먼저 자기가 손을 내밀어 우의를 표현했을 때 혹시 상대방에게 거절당할까 두렵기 때문이다. 상대방의 의사를 확인하고자 하는 것은 마음의 충격을 받지 않으려는 심태이다. 즉, 먼저 안전지대를 확보하고서 비로소 발을 내딛고자 한다. 만일 모든 사람이 그런 태도를 취하려고 한다면 인간세계는 어느 누구도 서로 사랑하고 포용하는 관계를 맺을 수 없게 될 것이다. 호걸지사는 자기자신에 대하여 부끄러움이 없기 때문에 자신을 믿고서 용감하게 일을 추진한다. 사람을 만나면 먼저 손을 내밀고, 설사 상대방이 거절하더라도 단지 인연이 아니라고 생각할 뿐 자기나 상대방을 탓하지 않는다. 때문에 스스로 위축되지 않는다. 이것이 바로 본심을 유지하고 있는 사람의 자신감 표현이다.

10. 대인을 설득할 때는 그에게 위축되지 말라(說大人則藐之)

맹자가 말하기를, "대인을 설득할 때는 그를 경시하고, 그의 높은 지위를 보지 마라. 집의 높이가 수인이나 되고, 서까래가 수척이나 되는 집은 내가 뜻한 바를 이루어도 짓고 살지 않을 것이다. 음식을 사방 일장이나 되는 상에 차려 놓고, 시중드는 첩을 수백 명 두는 짓은 내가 뜻한 바를 이루어도 하지 않을 것이다. 큰 규모로 즐기고 술을 마시고, 말을 달려 사냥하며, 천승의 수레를 뒤따르게 하는 일은 내가 뜻한 바를 이루어도 하지 않을 것이다. 저 사람에게 있는 것은 모두 내가 하지 않을 것들이다. 나에게 있는 것은 모두 고대에 합리적인 것들이다. 그런데 내가 무엇 때문에 그를 두려워하겠는가?"

孟子曰 : "說大人①, 則藐之②, 勿視其巍巍然③. 堂高數仞④, 榱題數尺⑤, 我得志弗爲也. 食前方丈⑥, 侍妾數百人, 我得志弗爲也. 般樂⑦飮酒, 驅騁 田獵, 後車千乘, 我得志弗爲也. 在彼者, 皆我所不爲也. 在我者, 皆古之制⑧ 也. 吾何畏彼哉!"〈盡心 下 34〉

◁ 주 해 ▷

① 大人 : 이곳에서 대인은 도덕인격과는 관계 없는 정치적인 지위가 높은 사람을 지칭한다. 앞장에서 말한 '대체를 배양하면 대인이 된다'에서 대인과는 성격이 다르다.

② 藐之 : '경시하다'의 의미이지만, 이곳에서는 인격상의 경시가 아니라 외적

인 지위에 위축되지 않는다는 의미이다.

③ 巍巍然 : 높은 모양을 형용한 것이다. 즉, '정치적인 지위가 높다'는 의미
   이다.

④ 仞 : 8척을 1인(仞)이라고 한다.[25]

⑤ 榱題數尺 : 최(榱)는 서까래를 가리키고, 제(題)는 머리 혹은 시작의 의미이
   지만, 이곳에서는 서까래의 노출 부분을 의미한다. 서까래의 노출 부분이 수
   척이나 된다는 것은 그 집의 웅장함을 의미한다.

⑥ 食前方丈 : 사방 1장의 면적에 음식을 차려 놓다. 즉, 음식이 풍성하다는 뜻
   이다.

⑦ 般樂 : 반(般)은 '크다'의 뜻이다. 반락(般樂)은 '즐기는 판 규모가 매우 크다'
   는 의미이다.

⑧ 古之制 : 고대의 제도를 뜻하지만, 이곳에서는 합리적인 규범을 의미한다.

◀ 해 설 ▶

이 장에서도 스스로에 대한 믿음의 중요성에 대하여 다시 한번 상세히 설명
하고 있다. 앞장에서는 단지 자기 스스로에 대한 자신감이었지만, 이 장에서
는 타인과 대면하였을 때에 어떤 방법으로 자신감을 고취시키는가에 관해서
설명하고 있다. 원래 양심을 잃게 되는 주요 원인은 외적인 것에 자신의 가치
를 의지하기 때문이다. 외적인 조건은 모두 상대적이다. 즉, 서로 비교할 수
있는 것들이다. 따라서 외적인 것들에 의지하게 되면 반드시 자기의 가치를
올리고 타인의 가치를 내리려고 한다. 그러다 보면 자연스럽게 타인과 다툼이
일어날 수밖에 없다. 그러나 다툼은 승리를 보장할 수 없기 때문에 득실에 대
하여 걱정한다. 이 때 두려움과 근심이 수반되는 것은 당연하다. 이것은 오히
려 자기 스스로에 대한 일종의 타격이다. 때문에 자신감은 타인과 비교하는
곳에서 세울 필요가 없다. 자신의 가치에 대해서 스스로 만족감을 느끼는 자
신감이야말로 누구나 가능하면서, 타인에게도 타격을 주지 않는 진정한 자신
감이다.

이 장에서 맹자는 신분이 존귀하고, 지위가 높은 사람과 대면할 때 마땅히

---

25) 仞에 대해서는 여러 설이 있다. 8척이라고도 하고, 혹자는 7척, 혹은 4척이라고도 하지만
   일반적으로 성인의 키와 비슷한 길이이다. ─ 옮긴이 주

어떤 태도를 취해야 할 것인가를 제기함과 동시에 진정한 자신감이 무엇인지에 관해서 자세히 설명하고 있다. 자신감은 외적인 조건인 화려한 가옥이나 산해진미 그리고 많은 노복과 걸판진 술판 등의 호화로운 생활과 무관하다. 사실 상대방이 이처럼 호화스러움을 강조하는 것은 그것으로 자신의 나약함을 감추고자 할 뿐이니 어찌 가련하다고 하지 않을 수 있겠는가? 때문에 자기를 감추고자 한다면 설사 돈이 많고, 지위가 높아지더라도 나는 절대 그런 짓을 하지 않을 것이다. 그렇다면 내가 하고자 하는 일은 무엇인가? 다름이 아니라 양심의 요구에 따라 순리대로 행하면서, 진정한 인격과 자신감을 세울 뿐이다. 또한 타인에 대하여 관심을 갖고, 타인과 원만한 관계를 실현할 뿐이다. 이것이 바로 '고대의 합리적인 제도이다.' 이미 나는 진리의 편에 서 있기 때문에 나를 비하시킬 이유가 없다. 그렇다면 지위가 높은 사람과 대면해서도 두려움 없이 평등한 태도로서 그와 도리를 담론할 수 있고, 또 함께 사업을 논할 수 있다.

이 장에는 독자들이 오해를 할 수 있는 부분이 있다. 혹자는 맹자가 거만한 태도로 지위가 높은 인물을 누르려고 한다고 생각할 수도 있지만, 절대 그렇지 않다. 맹자는 양심의 절대적인 자신감을 세우고자 했을 뿐이다. 만일 거만한 기세로써 상대방을 누르려고 한다면 호화로운 재산과 높은 지위로써 타인을 누르려고 하는 사람과 어떤 차별이 있겠는가?

11. 학자는 고상한 뜻을 세워야 한다(士尙志)

왕자 점이 묻기를, "학자는 어떤 일을 해야 합니까?" 맹자가 말하기를, "고상한 뜻을 세워야 한다." (왕자 점이) 말하기를, "고상한 뜻을 세운다는 것은 무엇을 말합니까?" (맹자가) 말하기를, "오로지 인의일 뿐이다. 한 죄 없는 사람을 죽이는 것은 仁이 아니고, 자기가 마땅히 취해야 할 것이 아닌데도 취하는 것은 義가 아니다. 어디에 거처해야 하는가? 仁이 바로 그곳이다. 마땅히 따라야 할 길은 무엇인가? 義가 바로 그것이다. 仁에 거처하고 義를 따르면 대인이 해야 할 일을 갖출 수 있다."

王子墊①問曰 : "士何事?" 孟子曰 : "尙志②." 曰 : "何謂尙志?" 曰 : "仁義而已矣. 殺一無罪非仁也, 非其有而取之非義也. 居惡在? 仁是也. 路惡在? 義是也. 居仁由義, 大人之事③備矣."〈盡心 上33〉

◁ 주 해 ▷

① 王子墊 : 제나라의 왕자이다. 점(墊)은 그의 이름이다.
② 尙志 : 고상한 뜻을 의미한다. 지(志), 즉 뜻이란 마음이 가고자 하는 바이기 때문에 상지(尙志)는 인의의 마음을 간직하는 존심(存心)의 또 다른 표현이다.
③ 大人之事 : 이곳에서의 대인은 정치적으로 높은 지위를 가진 사람과 덕성을 갖춘 사람을 함께 지칭한다. 즉, 내성과 외왕을 겸비한 유가의 이상적인 인물을 가리킨다.

◀ 해 설 ▶

'잃어버린 마음을 회복한다'에는 자신감 회복과 아울러 인의의 마음을 간직하는 의미까지 포함되어 있다. 다시 말하면 어떤 마음이 들더라도 반드시 양심의 본성과 부합한 행동을 하라는 것이다. 그렇다면 양심의 본성이 스스로 하고자 하는 일은 무엇인가? 양심이 스스로 하고자 하는 일은 다름 아닌 타인을 사랑하고, 또 자신의 진실한 존재가치를 긍정하는 것이다. 인의의 마음을 간직하는 공부는 순수한 心의 일이다. 인의의 마음을 간직하는 공부가 이처럼 중요하지만 밖으로 나타나지 않을 수도 있다. 밖으로 드러나는 일은 단지 그의 사업과 말 그리고 여러 가지 활동 등에 불과하다. 이 때문에 사람들은 내심의 수양보다는 외적인 사업을 중시하기도 하고, 드러나는 사업의 공적만을 따지기 쉽다. 왕자 점이 맹자에게 질문한 것도 이와 같은 이유 때문이다. 공경대부와 같은 관리들은 매일 많은 공무를 처리하고, 또 농공상인들은 생업에 종사하는데, 오로지 학자들만 생산에도 종사하지 않고, 정치적인 책임도 지지 않으니 마치 아무 일도 하지 않는 한량처럼 보이기 쉽다. 도대체 '이러한 학자들이 어떤 존재가치를 갖고 있는가'라는 질문이 당연히 따른다.

왕자 점의 질문에 대하여 맹자는 다음과 같이 대답하였다. 비록 학자들이 잠시 동안은 구체적인 사업에 종사하고 있지는 않지만, 그렇다고 그들이 할 일이 없는 한량은 결코 아니다. 그들은 끊임없이 내심의 수양공부에 종사하고 현실정치에 고민하면서 장래의 정치적 책임을 짊어지려는 준비를 한다. 이 때의 수양공부가 바로 상지(尙志)이다. 그렇다면 상지는 무엇인가? 그것은 다름 아닌 양심의 본성이 스스로 원하는 인의를 배양하는 것이다. 무엇이 인의인가? 오로지 자신만을 위하지 않고 타인도 고려하는 마음이 바로 仁이다. 예를 들어 죄 없는 사람을 죽이는 일은 仁이 아니다. 죄가 있어 벌하는 것은 그를 깨우쳐 교육시키고자 함이고, 죄가 있어 죽이는 것은 전체 사회를 깨우쳐 교육시키고자 함이다. 즉, 악행이 엄중하면 엄한 형벌을 가하여 다시는 이러한 범죄가 발생하지 않도록 한다.[26] 그렇다면 죄 없는 사람을 왜 죽이는가? 그것은 아마 자신의 정치적인 야망을 달성하기 위함일 것이다. 이것은 당연히 불인(不仁)이다. 義는 행동거지의 정당과 분수를 의미한다. 정당과 분수는 자기와 타인에게 서로 이익을 주면서 서로 상해하지 않음이다. 예를 들어 자기의 소유물이 아닌데도 그것을 취하려고 하는 것은 義가 아니다. 원래 모든 물건은 도를 실행함에 있어 일종의 도구적 역할을 담당하고, 또 타인과 교제하는 매개자의 역할도 담당한다. 따라서 어떤 한 사람이 본래부터 점유할 수 있는 것이 아니다. 만일 네가 어떤 물건을 소유하고 있는데, 그것이 어떤 사업을 함에 있어 반드시 필요한 것이 아니고, 단지 자신을 꾸미기 위한 것에 불과하다면 그 물건을 소유하고 있는 행위는 정당하지 못하다. 즉, 불의(不義)이다. 따라서 맹자가 말한 '非其有'는 단지 '어떤 물건을 마땅히 내가 소유해야 한다'의 의미도 아니고, 또 '마땅히 네가 소유해야 한다'의 의미도 아니다. 만일 소유의 의미로 해석한다면, 여러 사람이 원래 천지의 공물(公物)을 마음대로 나누어 가지면 그만일 것이다. 따라서 '非其有'는 천지의 모든 물건이 내가 소유할 수 있는 것이 아니라, 단지 눈앞에 있는 사물을 적절하게 운용하여 내심의 인의를 전달하면서 문화이상을 실현하는 것에 불과하다는 의미이다.

이상의 내용을 종합하면, 한 사람 특히 정치에 종사하고 있는 사람은 마땅히 仁의 마음을 간직해야 하고, 義와 不義를 분명하게 분별할 줄 알아야 한다. 인의의 마음을 간직하고, 義와 不義를 분명하게 분별할 줄 안 후에야 비

---

26) 물론 '사형이 올바른 제도인가'는 재론할 여지가 있다.

로소 정치적인 책임을 질 수 있는 자격을 갖게 된다. 정치적 지위는 강력한 권력을 수반하기 마련이다. 만일 정치에 종사하는 사람이 仁과 不仁 그리고 義와 不義를 변별할 수 없으면 쉽게 권력을 남용하여 백성을 해칠 수 있다. 비록 학자가 지금의 순간은 마치 아무 일도 없는 사람처럼 보이지만 사실 그가 하고 있는 일은 매우 중요하기 때문에 학자의 존재가치를 무시해서는 안 된다.

지금의 현대사회는 과거의 봉건사회가 아니기 때문에 사농공상의 차별도 없고, 또 신분 세습도 없다. 모든 사람이 정치에 종사할 수 있는 가능성이 있기 때문에 미래사회에 대한 책임을 지기 전에 먼저 고상한 뜻을 배양하여 그에 대한 준비를 해야 할 것이다. 그래야만 정치권력의 유혹이 있더라도 당당하게 임할 수 있고, 타락하지 않을 수 있다.

12. 부끄러워하는 마음이 없는 것을 부끄러워한다(無恥之恥)

맹자가 말하기를, "사람은 부끄러워하는 마음이 없으면 안 된다. 부끄러워하는 마음이 없는 것을 부끄러워해야만 부끄러워해야 할 일이 없게 된다."

孟子曰 : "人不可以無恥①. 無恥之恥②, 無恥③矣."〈盡心 上6〉

◁주 해▷

① 無恥 : 치(恥)는 수오지심으로 해석해야 한다. 따라서 무치(無恥)는 '수오지심이 없다'는 의미이다.
② 無恥之恥 : 지(之)는 '……이다', 즉 시(是)로 해석해야 한다. 동사 앞에 놓여 강조의 어기사로 사용된다. 무치지치(無恥之恥)는 '恥無恥(부끄러워하는 마음이 없음을 부끄러워해야 한다)'의 도치문장이다.
③ 無恥 : 이곳에서는 '부끄러워해야 할 일이 없다'로 해석해야 한다.

◀해 설▶

'고상한 뜻을 세운다'는 정면적인 입장에서 말한 것이고, 반면적인 입장에서 말한 것이 바로 '부끄러움을 아는 것'이다. 양심에 부합하지 않는 일이란 바로 인의에 위배되는 행위이기 때문에 당연히 불안한 마음을 수반한다. 이는 그의 양심이 매몰되지 않고 자각 작용을 하고 있다는 의미이다. 사실 잘못을 한 순간은 양심이 혼매된 상태이지만, 그 순간이 지나간 후에라도 자각할 수 있는 사람은 그래도 희망이 있다. 때문에 과거의 잘못에 대해서는 다시 죄를 묻지 않는다(旣往不咎). 이처럼 과실이 있으면 바로 과실을 깨달아 그곳에서 개과천선할 수 있고, 과실이 있는데도 이를 고치지 않음을 인생의 가장 큰 과실 혹은 부끄러움으로 삼을 수 있는 것은 그의 양심이 활발하게 자각 작용을 발현하여 끝없이 상달(上達)를 추구하고 있기 때문이다. 양심의 자각 활동을 유지하고 있는 사람이라고 할지라도 과실이 있을 수 있지만 이는 극히 우연이며 잠시성의 행동에 불과하다. 인생의 타락과 오욕을 면하려면 먼저 과실에 대한 자각이 부끄러움으로 표현되어야 한다.

마지막으로 이곳에는 도치문장이 출현하는데, 이는 아마 고대에 이러한 표현방법을 사용하여 독자의 주의를 끌려고 하지 않았나 생각된다. 이러한 표현방법이 이해하기는 어렵지만 오히려 독자들로 하여금 더욱 강한 인상을 주어 쉽게 잊혀지지 않을 수도 있다. 따라서 이 문장은 '사람은 부끄러워하는 마음이 없어서는 안 된다. 만일 부끄러워하는 마음이 없는 것을 인생의 가장 큰 부끄러움으로 삼을 수 있다면 그런 사람은 자연스럽게 부끄러운 일과 멀어지게 될 것이다'로 해석해야 한다.

13. 자기의 양심이 하고자 하지 않는 일을 하지 말라(無爲其所不爲)

맹자가 말하기를, "자기가 하지 않는 일을 하지 말고, 자기가 하고 싶지 않는 일을 하고자 하지 말라. 그렇게 할 뿐이다."

孟子曰 : "無爲其所不爲, 無欲其所不欲. 如此而已矣."〈盡心 上17〉

◀ 해 설 ▶

이른바 '뜻을 고상하게 세우라'는 것은 '우리의 생명으로 하여금 육체생명의 욕구에 따르지 말고 도덕생명의 본성에 따라 행위하게 하라'는 의미이다.

그리고 '부끄러움을 알라'는 비록 우리의 생명이 일시적으로 혼매할 수는 있지만 불인불의(不仁不義)한 일을 한 것에 대하여 부끄러움을 느끼고 자각하라는 의미이다. 부끄러움을 느끼는 것은 바로 본심이 스스로 원하는 일과 반대로 하였음에 대한 자각이다. 남을 누르고 자기를 올린다든가, 남에게 손해를 끼치고 자기의 이익을 도모하는 것을 양심의 본성이 원하겠는가? 가치 없는 명예와 영화 등이 양심이 스스로 원하는 일인가? 무엇을 얻지 못했을 때는 그것이 자신이 진정으로 원하는 것인지에 대하여 모를 수 있지만, 그것을 얻고 나서는 곧바로 그것이 자신을 진정으로 만족시켜 주지 않음을 자각한다. 이로부터 자신이 과거에 맹목적으로 추구해 온 것들에 대하여 자각 성찰할 수 있다. 잘못을 깨달음으로부터 부끄러움을 느낄 수 있고, 부끄러움을 느끼는 것으로부터 잘못을 고칠 것을 결심할 수 있기 때문에 자신의 양심이 진정으로 원하지 않는 일을 다시는 하지 않는다. 왜냐하면 그런 것들이 양심을 만족시키지 않기 때문이다. 이것이 바로 성실(誠實)이고, 잃어버린 마음을 회복하는 것이다. 학문의 방법은 다른 것이 아니다. 오로지 잃어버린 마음을 회복하는 것일 뿐이다. 다시 말하면 수양공부의 방법은 다른 것이 아니라 양심의 본성이 하고자 함에 따라서 행위할 뿐이다. 즉, 양심이 하지 않는 일을 하지 말고, 양심이 하고자 하지 않는 일을 하고자 하지 않을 뿐이다. 이것 외에 다른 특별한 방법이 없다.

14. 물고기와 곰 발바닥의 비유(漁與熊掌)

맹자가 말하기를, "물고기는 내가 먹고자 하는 것이다. 곰 발바닥 역시 내가 먹고자 하는 것이다. 이 두 가지를 동시에 얻을 수 없다면 물고기를 포기하고 곰 발바닥을 취한다. 사는 것도 내가 원하는 것이다. 의로움도 내가 원하는 것이다. 이 두 가지를 동시에 얻을 수 없다면 삶을 포기하고 의로움을 취한다. 사는 것도 내가 원하는 바이지만 사는 것보다 더욱 강하게 원하는 것이 있기 때문에 (살기 위하여) 구차한 짓을 하지 않는다. 죽는 것도 내가 싫어하는 바이지만 죽는 것보다 더욱 강하게 싫어하는 것이 있기 때문에 환난이 닥치더라도 피하지 않는다. 만일 사람이 원하는 것을 사는 것보다 더 강한 것이 없게 한다

면 무릇 살 수 있는 방법이라면 무슨 방법인들 사용하지 않겠는가? 만일 사람
이 싫어하는 것을 죽는 것보다 더 강한 것이 없게 한다면 환난을 피할 수 있는
짓이라면 무슨 짓인들 하지 않겠는가? 이 방법을 사용하면 살 수 있는데도 사
용하지 않음이 있고, 이런 짓을 하면 환난을 피할 수 있는데도 하지 않음이 있
다. 그렇기 때문에 원하는 것에 살고자 하는 것보다 더욱 강한 것이 있고, 싫
어하는 것에 죽음보다 더욱 강한 것이 있다. 현명한 사람만이 그런 마음을 갖
고 있는 것이 아니고, 사람이면 모두 갖고 있지만, 현명한 사람은 그 마음을
잃어버리지 않았을 뿐이다. 한 그릇의 밥과 한 그릇의 국을 얻으면 살고, 얻지
못하면 죽는 경우라도 (예의를 갖추지 않고) '옛다' 하고 주면 길 가는 사람도 받
지 않고, 발로 툭 차서 주면 거지도 달갑게 여기지 않는다. (그러나) 만종의 봉
록은 예의를 분별하지 않고 받는다면 만종의 봉록이 자기에게 무슨 보탬이 있
겠는가? 주택을 아름답게 하고, 처첩을 배불리 먹이고 입히며, 내가 알고 있
는 가난한 사람이 나를 고맙게 여기기 위함인가?[27] 앞에서는 죽을지라도 받지
않았는데, 지금은 주택을 아름답게 하기 위하여 (만종의 봉록을) 받고, 앞에서
는 죽을지라도 받지 않았는데, 지금은 처첩을 배불리 먹이고 입히기 위하여
(만종의 봉록을) 받으며, 앞에서는 죽을지라도 받지 않았는데, 지금은 자기가
알고 있는 가난한 사람이 (자기의 도움을 받아) 자기를 고맙게 여기기 위하여
(만종의 봉록을) 받는다. 이것 역시 그만둘 수 없는가? 이것을 일러 본심을 잃
어버렸다고 하는 것이다.

孟子曰：“魚, 我所欲也. 熊掌①, 亦我所欲也. 二者不可得兼, 舍魚而取熊掌
者也. 生, 亦我所欲也. 義, 亦我所欲也. 二者不可得兼, 舍生而取義者也. 生亦
我所欲, 所欲有甚於生者, 故不爲苟得②也. 死亦我所惡, 所惡有甚於死者, 故
患有所不辟③也. 如使人之所欲莫甚於生, 則凡可以得生者, 何不用也? 使人之
所惡莫甚於死者, 則凡可以辟患者, 何不爲也? 由是則生而有不用也. 由是則可
以辟患而有不爲也. 是故, 所欲有甚於生者, 所惡有甚於死者, 非獨賢者有是心
也. 人皆有之, 賢者能勿喪耳. 一簞④食, 一豆羹⑤, 得之則生, 弗得則死. 嘑爾⑥

---

27) '내가 알고 있는 가난한 사람이 나를 고맙게 여긴다'는 자기가 알고 있는 가난한 사람에
    게 은덕을 베풀어 그들로 하여금 자신에게 감사함을 느끼게 한다는 의미이다. ― 옮긴
    이 주.

而與之, 行道之人⑦弗受. 蹴爾⑧而與之, 乞人不屑也. 萬鍾⑨則不辯禮義而受
之, 萬鍾於我何加焉? 爲宮室之美, 妻妾之奉, 所識窮乏者得⑩我與? 鄕⑪爲身
死而不受, 今爲宮室之美爲之. 鄕爲身死而不受, 今爲妻妾之奉爲之. 鄕爲身死
而不受, 今爲所識窮乏者得我而爲之. 是亦不可以已⑫乎? 此之謂失其本心⑬."
〈告子 上 10〉

◁주 해▷

① 熊掌 : 곰 발바닥이다. 중국 고대 팔진미에 속한 것으로 매우 진귀한 식품
이다.

② 苟得 : 시비를 분별하지 않고 경솔하게 받아들이다.

③ 辟 : 피하다(避)와 같은 의미이다.

④ 簞 : 밥을 담을 수 있는 대나무 그릇.

⑤ 豆羹 : 두(豆)는 국을 담는 목기이다. 갱(羹)은 탕 혹은 국을 의미한다.

⑥ 嘑爾 : 호(嘑)는 호(呼)와 동일한 의미이다. 호이(嘑爾)는 예의를 갖추지 않
고 건방지게 부르는 모습이다.

⑦ 行道之人 : 지나가는 과객.

⑧ 蹴爾 : '발로 차다'는 뜻으로, 이곳에서는 '경멸하다'의 의미이다.

⑨ 萬鍾 : 종(鐘)은 고대에 양을 재는 기구이다. 6斛 4斗(64말)를 담을 수 있다.
만종(萬鍾)은 봉록이 많음, 혹은 지위가 높음을 의미한다.

⑩ 得 : 덕(德)과 동일한 의미로서, '은혜에 감사하다'의 뜻으로 확대되어 사용
된다.[28]

⑪ 鄕 : 먼젓번의 경우.

⑫ 已 : 멈추다.

⑬ 本心 : 양심을 가리킨다.

◀해 설▶

우리의 양심이 진정으로 원하는 것은 무엇인가? 우리가 중요한 것으로 여
기고 있는 것 중에 사실은 그리 중요하지 않은 것들이 많다. 그것은 무엇인
가? 이 점에 관하여 맹자는 이 장에서 매우 상세하게 분석하고 있다.

---

28) 초순(焦循)의 주장 — 옮긴이 주.

　맹자는 먼저 육체생명의 생존과 양심의 이상을 모두 긍정하고 있다. 이 두 가지 모두 우리가 얻고자 하는 바이지만, 문제는 이 둘 사이에 경중과 본말, 그리고 주종과 대소 혹은 귀천의 차별이 있다는 것이다. 두 가지를 모두 얻을 수 있을 때 자신의 판단에 따라서 선택하면 별로 문제될 것이 없다. 그러나 두 가지를 모두 얻을 수 없을 경우에는 반드시 합리적인 판단을 해야 한다. 맹자가 제시한 합리적인 판단은 바로 삶을 포기할지라도 의로움을 취하는 것이다. 즉, 맹자는 사생취의(捨生取義)를 합리적인 판단이라고 생각하였다. 왜 사생취의가 합리적인 판단인가? 그것은 우리의 양심이 정의를 수호하는 것을 목숨을 지키는 것보다 더욱 중요하다고 생각하기 때문이다. 맹자는 이곳에서 우리의 일상생활에서 쉽게 볼 수 있는 것을 예로 들어 논증을 전개하고 있다. 대부분의 사람들은 생존을 가장 중요하게 생각하고, 죽음을 가장 싫어한다. 정말 그런가? 그렇다면 생명을 보존하고 죽음을 면할 수 있는 방법이라면 아무런 의심 없이 그 방법을 채택하여 삶을 연장해야 한다. 그러나 모든 사람이 그렇게 하지는 않는다. 생명을 보존하고 죽음을 피할 수 있는 방법이 있는데도 불구하고 스스로 그것을 포기하는 사람이 있다. 우리의 본성 중에는 삶을 희구하고 죽음을 회피하려는 욕구보다 더욱 강한 욕구가 있다. 우리는 이 점을 깨달아야 한다. 이러한 마음은 소수의 성현에게만 갖추어져 있는 것이 아니다. 사람이면 모두 갖추고 있다. 단지 표현을 하지 못한 경우만을 보고서 그런 마음을 긍정하지 않을 수 있는데, 이는 양심이 미실된 상태에서 나타난 순간의 가상에 불과하다.

　가상은 영원하지 않다. 우리의 양심은 마땅히 발현해야 할 상황에 직면하면 수시로 자신의 가치를 드러낸다. 맹자는 이곳에서 이익과 관계 없이 순수하게 드러나는 자연적인 반응을 근거로 본심의 실재성을 증명하고 있다. 한 그릇의 밥과 국을 얻어먹으면 살 수 있고, 먹지 못하면 죽는 상황에서, 주는 사람이 예의를 갖추지 않고 경멸하는 태도로 주게 되면 일반사람은 물론 거지라도 화를 내면서 받지 않는다. 받지 않는 태도를 일시적인 기질의 충동으로만 이해해서는 안 된다. 비록 혈기의 충동 중에는 강한 기질과 아집 그리고 자만 등의 요소가 포함되어 있을 수 있지만, 그곳에는 본성의 존엄성도 함께 내재되어 있음을 부정할 수 없다. 본성의 존엄과 양심의 이상은 불합리한 상황에 직면하면 자연스럽게 반항하는 모습으로 표현된다. 맹자는 이곳에서 각종 기질의 협잡이 밀려오는 상황을 예로 들어 존귀한 본심의 실재성을 증명하고 있다. 비록 분노하고 미워하며, 탐욕의 마음에 물들었을지라도 양심은 항상 나를 떠나지 않고 간직되어 있다.

본심은 수시로 드러나기 때문에 우연히 발현되면 바로 그곳에서 본심을 간직해야 하며, 또 실천을 통하여 이를 확충해야 한다. 그러나 일반사람들은 본심의 존재가치를 분명하게 파악하지 못하고 있기 때문에 결국 간직하지 못하고 잃어버리게 된다. 또 명예와 이익의 유혹이 강하면 강할수록 본심을 간직하기가 더욱 어렵다. 예의를 갖추지 않고 주는 한 끼의 식사에 대해서는 죽음을 불사하고서라도 거절하였지만 높은 관직과 후한 봉록으로 유혹하면 곧잘 그것의 정당성을 무시하고 받아들인다.

그러나 한번 생각해 보자. 높은 관직과 후한 봉록이 우리에게 어떤 광명을 더해 주는가? 만일 네가 그것을 이용하여 아름다운 집을 지어 부를 누리고, 여러 처첩을 배불리 먹일 수 있으며, 가난한 친구들에게 도움을 주어 그들로부터 칭송을 받을 수 있다고 말한다면 이는 분명 잘못된 생각이다. 왜냐하면 앞에서는 죽음을 불사하고서 본성의 존엄성을 지켰는데, 약간의 물질적 쾌락을 위하여 도덕생명의 영혼을 판다는 것이 얼마나 애석한 일인가? 약간의 물질적인 쾌락이 자신의 목숨보다도 중요하다는 말인가? 또 자신의 양심을 팔아버릴 만큼 중요하다는 말인가? 그런 사람의 행위는 달리 설명할 길이 없다. 그저 어리석다고 할 뿐이다. 무엇에 대해서 어리석다는 말인가? 바로 본심을 잃어버리는 어리석음이다.

15. 순임금의 선행(舜之聞善)

맹자가 말하기를, "순임금이 깊은 산 속에 살면서, 나무와 돌 틈에 거처하고, 사슴과 멧돼지와 함께 어울려 지냈으니, 깊은 산 속에 사는 야인과 다른 점이 거의 없었다. (그러나) 그가 선한 말을 듣고, 선한 행실을 보면 마치 장강과 황하의 물이 터져 쏟아져 나오는 것 같아 무엇으로도 막을 수 없었다."

孟子曰："舜之居深山①之中, 與木石居, 與鹿豕遊, 其所以異於深山之野

人②者幾希. 及其聞一善言, 見一善行, 若決江河,²⁹⁾ 沛然③莫之能禦也."〈盡心 上16〉

◁ 주 해 ▷

① 居深山 : 순임금이 요임금에게 발견되기 전 역산(曆山)에서 농사를 짓고 살 때를 가리켜 한 말이다.
② 野人 : 농촌 사람, 혹은 산야에 묻혀 사는 사람.
③ 沛然 : 많은 물이 힘차게 흘러나오는 모양.

◀ 해 설 ▶

앞장에서는 인생 수양의 방법에서 가장 중요한 것이 바로 잃어버린 본심을 회복하는 것임을 강조하였다. 따라서 문체나 어기(語氣)가 대부분 교훈적이다. 또 본심을 잃어버린 상태를 자주 등장시켰으며, 그것이야말로 인생의 비애라는 점을 부각시켜 독자들로 하여금 맹성할 것을 촉구하고 있다. 그러나 양심을 자각한 후에 그 기상이 어떠한지에 관해서는 자세하게 설명하지 않았다. 이 장과 다음 장에서는 양심을 자각한 후의 기상이 어떠한지에 관해서 설명하고 있다.

이 장에서 맹자는 순임금을 예로 들어 양심을 자각한 효과와 군자의 풍모를 설명하고 있다. 순임금은 어렸을 적에 깊은 산 속에서 밭을 일구면서 살았다. 그 시절에는 비록 특별히 타락하지는 않았지만 일반 평민들의 삶과 다를 바가 없었다. 즉, 찬란한 도덕적 인격의 모습을 갖추지 않았다. 만일 이런 상태가 계속된다면 순임금의 일생은 아마 도덕가치를 자각하지 못한 채 그저 그렇게 살아가는 평범한 삶이었을 것이다. 그러나 후에 순임금은 찬란한 도덕인격을 표현하였는데,³⁰⁾ 무엇이 인격 완성의 가장 중요한 요인이었을까? 그것은 다름 아닌 순임금의 발심(發心)이었다. 발심과 잃어버린 마음을 회복하는 수양공부

---

29) 강(江)은 장강(長江), 즉 양자강을 가리키고, 하(河)는 황하를 가리킨다. ― 옮긴이 주.
30) 우리는 순임금이 존경을 받는 원인을 천자라는 지위에서 찾지 말고 순수한 그의 도덕적인 인격에서 찾아보자. 물론 순임금에 대한 칭송은 후대 사람들의 미화일 가능성도 있지만, 그 점에 대해서는 잠시 논의를 보류하겠다.

164

는 약간 다르다.

잃어버린 마음을 회복하는 구방심(求放心)은 양심을 잃어버린 후에 그것을
회복하는 공부이다. 다시 말하면 '양심을 잃어버렸다'는 한 차례의 곡절이 전
제되어 있다. 그러나 발심에는 양심을 회복하는 한 차례의 곡절(曲折)이 전제
되어 있지 않다. 순박한 일상생활 속에서 자연스럽게 인생의 이상을 드러내는
것이 바로 발심이다. 이러한 양심의 발심에는 인생의 비애가 포함되어 있지
않다.[31] 단지 양심의 발용에 따라서 정면적인 도덕가치와 찬란한 도덕기상을
표현하는 것이다. 정면적인 도덕가치와 도덕기상이 바로 문화 이상의 실현이
며 확장이다. 삶의 영역은 발심으로부터 확장되고, 인성의 역량 역시 발심으
로부터 모여진다. 이러한 과정 속에서 인류 문화는 함께 흐르기 때문에 어떤
힘으로도 막을 수 없다. 이것이 바로 인생 이상의 위대함이고, 인성의 위대함
이다. 그 근원을 살펴보면 모든 것이 발심으로부터 시작된다. "그가 선한 말
을 듣고, 선한 행실을 보면 마치 장강과 황하의 물이 터져 쏟아져 나오는 것
같아 무엇으로도 막을 수 없었다"는 구절로부터 양심 자각의 존귀성을 발견할
수 있다.

16. 깊게 파고들어 스스로 깨닫다(深造自得)

맹자가 말하기를, "군자가 합리적인 방법으로 깊게 파고드는 것은 스스로
터득하고자 함이다. 스스로 터득하게 되면 자신이 터득한 것에 대하여 의심을
갖지 않는다. 자신이 터득한 것에 대하여 의심을 갖지 않으면 깊게 들어갈 수
있다. 깊게 들어갈 수 있으면 가까운 좌우에서 취하여 쓰더라도 그 근원을 알
수 있다. 그러므로 군자는 스스로 터득하려고 한다."

孟子曰："君子深造①之以道②, 欲其自得之也. 自得之, 則居之安③. 居之
安, 則資之深④. 資之深, 則取之左右逢其原⑤. 故君子欲其自得之也."〈離婁
下14〉

---

31) 저자는 아마 '요순은 본성에 따라 자연스럽게 도덕인격을 완성한 사람이다(堯舜性之)'를
근거로 발심을 강조한 것 같다. ─ 옮긴이 주.

◁주 해▷

① 深造 : 심(深)은 '깊게 파고들다'이고, 조(造)는 '이르다'의 의미이다. 심조(深造)는 '지극히 깊게 연구하다'의 뜻이다.

② 道 : 합리적인 방법.

③ 居之安 : 이해하고 있는 것에 대하여 의심을 갖지 않고 신뢰하다.

④ 資之深 : 자(資)는 '의지하다'의 뜻이다. 자지심(資之深)은 '정묘하고 자세하게 연구하여 그 앎이 천박한 경지에 이르지 않게 하다'의 뜻이다.

⑤ 取之左右逢其原 : 원(原)은 원(源)이다. 즉, 그 일의 근거 혹은 근원의 의미이다. 전 구절의 의미는 '무엇이든지 자유롭게 취하여도 모두 근거가 있기 때문에 억지로 꾸밀 필요가 없다'는 것이다.

◀해 설▶

이 장에서도 양심 자각의 효과와 기상에 대하여 설명하고 있다. 맹자는 우리의 생명 영역을 깊고 넓게 하고, 더 높은 경지로 끌어올리려면 반드시 합리적인 방법을 사용해야 한다고 생각하였다. 맹자가 긍정한 합리적인 방법은 무엇인가? 그것은 다름 아닌 스스로 터득하는 자득(自得)이다. 그렇다면 무엇을 자득이라고 하는가? 맹자가 말하는 자득이란 양심 스스로 자신의 가치에 대한 인증(認證)을 의미한다. '사람은 마땅히 성실해야 한다'는 도덕규범을 예로 들어 보자. 성실이라는 도리를 스스로 자각하여 터득하지 않고, 다른 사람이 나에게 가르쳐 주었다면, 어떤 이유를 막론하고 성실이라는 도리는 외적인 규범에 불과하다. 외적인 것에는 조건이 따를 수밖에 없다. 예를 들어 나에게 성실이라는 도리를 가르쳐 준 사람을 더 이상 신뢰하지 않았을 때, 그 사람이 가르쳐 준 성실이라는 도리에 대해서 회의가 들 수 있고, 또 어떤 사람이 그 사람과 반대의 논리로써 나를 설득시켰을 경우에도 성실이라는 도리에 대해서 회의가 들 수 있다. 왜 그런가? 그것은 바로 성실이라는 도리의 가치를 내가 나의 양심을 통하여 스스로 증명하지 않았기 때문이다.

그러나 자득은 자신 주체생명의 자각을 통하여 자신의 양심이 진정으로 원하는 것이 무엇인가를 절실하게 깨우친 것이다. 따라서 성실을 비롯한 많은 도리를 수용할 때 어떤 외적인 조건을 수반하지 않는다. 당연히 자득을 통하여 얻은 도리에 대해서는 어떤 회의가 들지 않을 것이다. 이것이 바로 맹자가

166

말한 "스스로 터득하게 되면 자신이 터득한 것에 대하여 의심을 갖지 않는다
(自得之, 則居之安)"의 의미이다.

　자득을 통하여 얻은 도리는 마음이 직접 수용한 것이기 때문에 어떤 의문도
들지 않는다. 따라서 우리는 그 도리가 갖고 있는 깊은 의미에 대하여 더욱 깊
고 세밀하게 연구하고, 구체적인 생명의 실천을 통하여 도덕경험을 누적함으
로써 자신의 지식을 더욱 확장할 수 있다. 본래 자득을 통하지 않고 인식한 도
리는 단지 그 도리에 대한 개념적인 인식에 불과하기 때문에 결국 추상적이고
개괄적인 지식일 수밖에 없다. 성실이라는 도리를 문자상으로 이해하면 매우
간단하다. 또 '우리는 타인에 대해여 성실해야 한다'는 도덕교훈에 대해서도
별의문이 없는 것 같다. 그러나 구체적인 행위에서 어떻게 해야만 성실하다고
할 수 있는가? 성실을 어떤 상황에서도 사실을 말해야 하는 것으로 규정해 보
자. 그러나 현실에서는 사실을 말했을 경우 어떤 때는 올바르다고 할 수 있지
만, 그렇지 않은 경우도 있다. 이러한 도덕적 판단은 추상적인 개념을 통하여
추리할 수도 없고, 정의할 수도 없다. 반드시 자신의 양심을 통하여 절실하게
깨우쳐야만 비로소 그 속에 포함되어 있는 의미를 발굴할 수 있다. 이것이 바
로 "자신이 터득한 것에 대하여 의심을 갖지 않으면 깊게 들어갈 수 있다(居之
安, 則資之深)"는 의미이다.

　본성의 가치에 대하여 성숙한 이해가 있은 후에야 비로소 수시로 우리에게
닥쳐오는 사건에 대하여 합리적인 도리로써 임기응변할 수 있다. 합리성이란
다름 아닌 본성의 근원으로부터 나온 것이고, 또 양심의 이상을 드러낸 것이
다. 결코 시비선악의 판단이 전제되지 않은 향원(鄕愿)식의 원만함이 아니다.
이것이 바로 "깊게 들어갈 수 있으면 가까운 좌우에서 취하여 쓰더라도 그 근
원을 알 수 있다(資之深, 則取之左右逢其原)"의 의미이다. 인생은 이 경지에 이
르러야만 비로소 원숙하다고 할 수 있다. 그렇게 될 수 있는 근거는 바로 양심
의 자각과 체험으로 얻어진 자득에 있다. 따라서 군자 학문의 요결(要訣)은 바
로 스스로의 터득, 즉 자득에 있다.

　"학문의 방법은 다른 것이 아니다. 잃어버린 마음을 찾는 것일 뿐이다(學問
之道無他, 求其放心而已矣)"에서부터 서술한 열 개의 문장은 본심을 회복하는
핵심공부를 논한 것이다. 다음에는 양심을 배양하는 양심(養心)의 공부에 대
하여 논하고자 한다. 나는 세 측면으로 나누어 양심을 배양하는 공부를 설명

하겠다. 첫째는 외적인 환경 요소를 통하여 양심을 유발하는 것이고, 둘째는 구체적인 사건에 직면하여 자신을 뒤돌아보고 성찰함으로써 양심을 보존하는 것이며, 셋째는 시중(時中)의 원리에 따라 사건의 합리성을 추구하는 것이다. 먼저 외적인 환경의 요소를 통하여 양심을 유발시키는 것에 대하여 설명하겠다.

17. 양심을 배양함에 있어 욕망을 적게 하는 것보다 좋은 방법이 없다(養心莫善於寡欲)

맹자가 말하기를, "양심을 배양함에 있어 욕망을 적게 하는 것보다 좋은 방법은 없다. 그 사람됨이 욕망이 적으면 (본심을) 보존하고 있지 않고 있을지라도 (과실이) 적다. 그 사람됨이 욕망이 많으면 본심을 보존하고 있을지라도 (선을 행함이) 적다."

孟子曰 : "養心莫善於寡欲①. 其爲人也寡欲, 雖有不存②焉者寡矣. 其爲人也多欲, 雖有存焉者寡矣." 〈盡心 下 35〉

◁ 주 해 ▷

① 欲 : 이목구비와 사지의 욕망.
② 不存 : 본심을 잃어버리다.

◀ 해 설 ▶

앞에서는 '본심을 어떻게 잃어버리게 되는가'에 관해서 논했다. 내적인 원인으로는 본심 스스로 자각하지 않음(不思)을 들었고, 외적인 원인으로는 외물에 의한 막힘(蔽), 즉 굶주림과 목마름으로 인한 심해(心害)를 들었다. 잃어버린 마음을 회복하는 방법으로 두 가지를 들 수 있다. 내적으로는 양심 스스로의 각성이고, 외적으로는 환경으로 인한 유발(誘發)을 들 수 있다. 그러나 이 두 가지는 한 가지 일의 두 측면에 불과하다. 즉, 나누어서 말하자면 둘이지만 이는 어디까지나 방편에 불과하다.

환경으로 인한 유발은 두 종류가 있다. 하나는 불량한 환경을 멀리하여 그 환경으로 인한 마음의 해를 차단시키는 것이다. 다른 하나는 환경의 유혹에 직면하여 주동적으로 양심의 역량을 격발시키는 것이다. 이 장에서는 먼저 불량한 환경을 멀리하여 마음의 해를 차단시키는 것부터 설명하겠다.

이 장에서 맹자는 "양심을 배양함에 있어 욕망을 적게 하는 것보다 좋은 방법은 없다"고 하였다. 이는 환경의 유혹을 멀리하여 본심을 회복시키는 가장 일반적인 방법이다(常法). 사실 환경에 대면하여 환경의 유혹에 저항하는 것은 일반적인 방법이 아니다(非常法). 일반적인 방법과 비일반적 방법의 차이는 무엇인가? 일반적인 방법은 실천하기가 비교적 용이하고 안전하며, 위험성이 적다. 때문에 대부분 이 방법을 선택한다.

그렇다면 환경의 유혹이란 무엇을 말함인가? 앞에서 양심을 잃어버리는 주요 원인이 이목구비의 유한성을 본심 자신의 유한성으로 착각하는 데 있다고 하였다. 본심의 작용도 유한하다고 오인하기 때문에 두려움과 걱정이 생기고, 두려움과 걱정을 없애기 위하여 수단 방법을 가리지 않기 때문에 결국에는 타락하고 마는 것이다. 물욕으로부터 마음의 환상이 발생한다. 허망한 물욕이 더욱 강해지면 마음의 환상도 정도가 더욱 심해져 결국 악순환에 빠지고 만다. 이러한 타락에서 자신을 구하려면 당연히 그전의 생각과 다르게 해야 한다. 먼저 악성적인 순환의 굴레로부터 벗어나야 한다. 최소한 그 상태가 더 심화되지 않도록 해야 한다. 그런 연후에 비로소 양심의 역량이 틈 사이로 드러나기 시작할 것이다. 제4장 '牛山之木'에서의 야기(夜氣) 혹은 평단지기(平旦之氣)처럼 일상생활 속의 번잡함으로부터 잠시 격리된 밤에 양심은 드러난다. 비록 드러난 양심이 번잡한 일상생활 속에서 없어져버릴 수도 있지만 양심이 드러난다는 사실만큼은 부정할 수 없다. 그러나 우리는 자연스럽게 발생하는 야기 혹은 평단지기만을 의지할 수 없다. 이것 외에 후천적인 어떤 방법을 사용하여 양심이 일상생활 속에서도 없어지지 않도록 해 주어야 한다.

그렇다면 어떻게 환경의 유혹을 멀리하는가? 특별한 방법이 없다. 이목구비의 욕망을 감소시켜 외물과 교접(交接)하는 기회를 줄여야 한다. 이것이 바로 욕망을 적게 갖는 과욕(寡慾)이다. 예를 들어 번잡한 도시에서 양심의 자주적인 역량이 부족한 사람은 비교적 쉽게 그 유혹을 벗어나지 못하고 결국 그 속에 함몰되어 양심의 자각 작용마저도 잃어버리게 된다. 노자는 "아름다운 색은 눈을 멀게 하고, 아름다운 소리는 귀를 멀게 한다"[32]고 하였다. 이러한 상황을 벗어나려면 잠시 동안이라도 번잡한 도시를 벗어나 눈과 귀 등 육근(六根)을 청정하게 하면 양심은 비교적 쉽게 나타날 수 있다. 이것 외에 종교에서 강조하는 계율에 따라 행동하는 것도 욕망을 적게 하는 방법이 될 수 있다.

사실 이러한 과욕을 하려는 마음이 생겼다는 것은 이미 양심의 자각 작용이 발산하기 시작하였음을 뜻한다. 따라서 양심의 자각과 외적인 환경의 유발은 동일한 사건의 양면인 것이다. 이곳에서는 단지 환경의 유발 측면에서만 논하고 있을 뿐이다.

18. 덕행과 지혜 그리고 기술과 재능(德慧術知)

맹자가 말하기를, "사람이 덕행과 지혜 그리고 기술과 재능을 갖고 있으면,[33] 항상 어려움에 처해 있기 마련이다. 오직 (임금에게) 버림받은 신하와 (아버지의 사랑을 받지 못한) 얼자만이 마음가짐이 위태롭고, 환난을 염려함이 깊기 때문에 사리에 통달할 수 있다."

孟子曰："人之有德慧術知①者, 恒存乎疢疾②. 獨孤臣孽子③, 其操心④也危, 其慮患也深, 故達⑤."〈盡心 上 18〉

◁주 해▷

① 德慧術知 : 덕행과 지혜 그리고 기술과 재능을 의미한다.
② 疢疾 : 어려운 일에 직면하여 노심초사하는 괴로움.
③ 孤臣孽子 : 고신(孤臣)은 군주에게 버림받은 신하이고, 얼자(孽子)는 첩의 소생으로 아버지의 사랑을 받지 못한 아들을 의미한다. 처해진 환경이 위태로워 언제든지 재난을 당할 수 있다.
④ 操心 : 마음가짐, 혹은 마음 씀.

---

32) "五色令人目盲, 五音令人而聾."《道德經》12장
33) 조기는 덕행(德行)과 지혜(智慧) 그리고 도술(道術)과 재지(才智)로 해석하였으며, 주자는 덕혜(德慧)는 덕의 혜(德之慧), 술지(術智)는 술의 지(術之知)로 해석하였다. 이곳에서는 조기의 해석을 따르겠다. ― 옮긴이 주.

⑤ 達 : 사리에 통달하다. 즉, 앞의 덕행과 지혜 그리고 기술과 재능을 의미한다.

◀해 설▶

앞장에서 논한 '주변 환경의 유혹을 멀리 한다'는 본심을 회복하는 소극적인 태도이다. 이것이 비록 일반적이고 평이한 방법이지만 환경이 자신을 압박하고, 그 환경의 압박으로부터 헤어 나올 수 없다면 어떻게 하겠는가? 당연히 무기력하게 그저 그렇게 지낼 수는 없다. 이 때는 용감하게 자신의 양심을 분발시켜 주동적으로 환경의 도전에 맞서야 한다. 신기한 것은 용감하게 맞서면 자신을 감싸고 있는 어두움은 자연스럽게 그 힘을 상실하기 시작한다. 원래 양심의 작용은 무한하다. 이른바 자신을 감싸고 있는 어두움이라는 것도 사실은 양심이 혼매한 상태에서 나타난 일종의 환상이다. 또 불안전한 느낌, 그리고 이로부터 발생한 걱정과 우려감도 불필요한 것이다. 따라서 양심이 혼매하게 되면 불안감과 걱정이 밀려 오지만, 양심이 각성하면 그러한 것들은 일시에 사라지게 된다.

그러나 문제는 우리의 마음은 무엇을 근거로 혼매한 상태로부터 각성할 수 있는가? 환상에 연연하면서 요행을 바란다면 각성은 불가능하다. 대부분 막다른 길에 몰려 어떠한 요행도 기대할 수 없는 상황에 이르렀을 때 비로소 위험성을 깨닫고서 목숨을 걸고 분투하기 시작한다. 이것이 이른바 "황하에 이르기 전에는 포기하지 않고, 관을 보기 전에는 절대 눈물을 흘리지 않는다"[34]는 말이다. 왜 가장 최후의 지경에 이른 후에 비로소 지난날의 과오를 깨닫기 시작하는가?

이 장에서 맹자는 먼저 "사람이 덕행과 지혜 그리고 기술과 재능을 갖고 있으면, 항상 어려움에 처해 있기 마련이다"라고 하였다. 재난이 자신에게 닥쳤을 때가 바로 자신의 미몽(迷夢)을 깨우쳐 자신을 속일 수 없고 오로지 진실만을 바라볼 수 있는 시기이다. 맹자는 임금에게 버림받은 외로운 신하와 아버지의 사랑을 받지 못한 서자의 상황을 예로 들었다. 외로운 신하와 서자는 항상 위태로움에 놓여 있고, 무엇도 자신의 안위를 보장해 줄 수 없기 때문에 오히려 그런 상황을 기회로 이 세상 무엇도 의지할 것이 못된다는 생각을 할 수

34) "不到黃河不死心, 不見棺材不掉淚."

있다. 오로지 믿을 수 있는 것은 자신뿐이기 때문에 주동적으로 자신의 역량을 격발시켜 자주적인 역량을 가지려고 한다.

마지막으로 맹자가 말한 덕혜술지(德慧術知)에는 심령의 역량, 즉 자신감과 자주적인 역량뿐만 아니라 현실적인 기능의 배양도 포함되어 있다. 그러나 이 두 가지 중에서 심령의 인격을 증강시키는 것을 근본으로 삼아야 한다. 그렇기 때문에 맹자는 덕과 혜를 앞에 놓고, 술과 지를 뒤에 놓은 것이다. 그렇지 않고 어려움에 직면하여 그 사태를 벗어날 수 있는 기능만을 증강시키고, 심령의 능력을 배양시키려고 하지 않는다면 그 분투의 노력이 강하면 강할수록 심령의 역량은 오히려 더욱 소멸될 것이다. 대부분의 독재자들이 기능 측면에만 힘을 기울이기 때문에 결국 비극적인 최후를 맞는 것이다.

환경의 유혹을 멀리하는 것과 환경의 유혹에 정면으로 맞서 저항하면서 각성하는 것을 비교하면, 전자보다 후자의 경우가 비교적 위험하고, 자칫 잘못하면 오히려 더욱 곤경에 처할 수 있기 때문에 일반적인 방법이 아니라고 한 것이다.

19. 우환 속에서는 살고, 안락 속에서는 죽는다(生於憂患, 死於安樂)

맹자가 말하기를, "순은 농사를 짓다가 기용되었고, 부열은 성벽을 쌓는 공사를 하다가 등용되었으며, 교력은 생선과 소금을 팔다가 등용되었고, 관이오는 감옥에서 등용되었으며, 손숙오는 바닷가에서 등용되었고, 백리해는 시장에서 등용되었다. 그러므로 하늘이 그 사람에게 큰일을 내리려면, 반드시 먼저 그들의 심지를 괴롭게 하고, 뼈와 힘줄을 힘들게 하며, 육체를 굶주리게 하고, 그들을 아무것도 없게 하여 그들이 행하고자 하는 바와 어긋나게 한다. (그렇게 하는 것은) 마음을 격동시켜 성질을 참게 함으로써 그들이 할 수 없었던 일을 더 많이 할 수 있게끔 해 주기 위함이다. 사람들은 항상 잘못을 저지르고 난 후에 고칠 수 있다. 마음속으로 번민하고 생각이 막혀 잘 되지 않은 후에야 한다. 얼굴에 나타나고, 소리로 표현된 후에야 깨닫는다. 나라 안에는 법도 있는 대신의 집과 그를 보필하는 사람이 없고, 나라 밖에는 적국과 외환이 없다면, 그 나라는 언제나 멸망한다. 그런 후에 우환이 있으면 살고, 안락

172

이 있으면 죽는다는 도리를 알게 된다."

孟子曰："舜發於畎畝之中①, 傅說②舉於版築③之間, 膠鬲④舉於魚鹽之中, 管夷吾⑤舉於士⑥, 孫叔敖⑦舉於海, 百里奚⑧舉於市. 故天將降大任於是人也, 必先苦其心志, 勞其筋骨, 餓其體膚, 空乏⑨其身, 行拂⑩亂其所爲. 所以動心忍性⑪, 曾⑫益其所不能. 人恒過, 然後能改. 困於心⑬, 衡於慮⑭, 而後作. 徵於色⑮, 發於聲, 而後喻. 入⑯則無法家拂士⑰, 出⑱則無敵國外患者, 國恒亡. 然後知生於憂患, 而死於安樂也."〈告子 下 15〉

◁주 해▷

① 舜發於畎畝之中 : 발(發)은 '기용되다'의 의미이다. 견(畎)은 물이 빠지는 밭도랑이다. 순임금은 일찍이 역산(曆山)에서 농사짓다가 요임금에게 기용되었기 때문에 "순임금은 밭 가운데서 기용되었다"고 한 것이다.

② 傅說 : 은나라 때의 사람이다. 일찍이 부암(傅巖)에서 성벽 쌓는 일에 종사한 적이 있었다. 은왕(殷王) 무정(武丁)에 의해 재상으로 기용되었다.

③ 版築 : 옛날에 성벽을 쌓을 때 나무판자를 양쪽에 세우고 그 사이에 흙이나 돌을 넣었다. 그러한 작업을 판축(版築)이라고 하였다.

④ 膠鬲 : 은나라의 현자이다. 주(紂)왕의 폭정을 피해 물고기와 소금을 팔고 살다가 후에 주(周) 문왕에게 발탁되었다.

⑤ 管夷吾 : 관중(管仲).

⑥ 士 : 감옥을 관리하는 옥관(獄官).

⑦ 孫叔敖 : 초나라 사람으로 이름은 위오(蔿敖)이고, 자는 손숙(孫叔)이며, 그의 아버지는 상가(商賈)였는데, 피살당하였다. 손숙오는 바닷가에 숨어 살다가 초 장왕(莊王)에 발탁되어 재상으로 기용되었다.

⑧ 百里奚 : 춘추시대 우(虞)나라 사람이며, 자는 정백(井伯)이다. 우나라가 진(秦)나라에게 멸망당하자 백리해는 진나라로 도망가 시장에 숨어 살다가 진목공(繆公)에 의해 재상으로 기용되었다.

⑨ 空乏 : 공(空)과 핍(乏)은 동일한 의미이다. 즉, 아무것도 없게 하여 어려움에 처하게 한다.

⑩ 拂 : '어긋나다'의 역(逆) 혹은 여(戾)와 같은 의미이다.

⑪ 動心忍性 : '마음이 격동하지만 성질을 참으면서 함부로 행동하지 않는다'의 뜻이다. 즉, 외물의 자극을 받아 마음이 움직이지만 참고 인내하여 평상심을

잃지 않는다.

⑫ 曾 : '더해지다'의 증(增)과 같은 의미이다.

⑬ 困於心 : 마음이 곤혹스럽다. 즉 '번민하다'의 뜻이다.

⑭ 衡於慮 : 생각이 막혀 순조롭게 되지 않는다.

⑮ 徵於色 : 얼굴에 드러나다.

⑯ 入 : 나라 안.

⑰ 法家拂士 : 군주를 보필하는 능력 있는 신하. 불(拂)은 '보필하다'의 필(弼)과 같은 의미이다.

⑱ 出 : 나라 밖.

◀해 설▶

이 장의 의리는 앞장의 연장이다. 이 장에서 맹자는 여러 명의 고대 현인을 예로 들어, 항상 어려움에 처해 있으면서 노심초사하는 것이 오히려 덕혜술지 (德慧術知)를 더욱 강화시킬 수 있음을 강조하였다. 또한 여러 가지 예를 종합하여 하나의 인생정리(人生定理)를 제정하였는데, 그것은 다름 아닌 '하늘이 너의 재능을 중시하여 큰 임무를 내리려고 할 때는 반드시 사전에 역경으로 시험한다'는 것이다. 만일 네가 이 점을 믿을 수 없다면 일반사람들의 경우를 살펴보면 곧 알 수 있을 것이다. 대부분의 사람들은 잘못을 저지른 후에야 자신의 행위가 잘못되었음을 깨닫지 않는가? 또 역경을 거친 후에야 비로소 발분 노력하지 않는가? 대부분의 사람들은 타인에게 시비를 걸어 그 사람이 화를 내기 전에는 그 잘못을 알지 못하다가, 그 사람이 얼굴에 노기를 띠면 그때서야 놀라면서 과오를 깨닫지 않는가? 사실 태어나면서부터 알지 못하는 바가 없고(無所不知), 할 수 없는 바가 없는(無所不能) 사람은 없을 것이다. 이러한 상황은 개인에게만 해당되는 것이 아니라 국가에도 해당된다. 때문에 맹자는 국가의 경우에도 '우환은 나라 사람의 생기를 격발시키고, 안락감은 오히려 다른 나라의 침략을 받아 멸망을 초래할 수 있다'는 인생정리를 제시하였다.

앞에서 서술한 두 가지 인생의 정리를 '존재진리'라고 칭하고자 한다. 존재진리는 '원리상 반드시 그렇게 발생되어야 한다'는 것이 아니라 '사실상 그렇게 된다'는 것이다. 다시 말하면 '사람들은 잘못을 범하는 과정 중에서 잘못을 깨닫는다'는 사실이 그렇기 때문에 문제가 없다. 그러나 잘못을 깨우치기 위하여 먼저 잘못을 범해야 하는가? 또 깨우치기 위한 전제인 잘못은 진정한 과실이 아니란 말인가? 결코 그렇지 않다. 과실은 영원히 잘못된 것이다. 우리가 잘못을 범하는 과정에서 깨닫는 것은 우리의 생명이 유한하기 때문이다. 이는 어쩔 수 없다. 때문에 우리는 잘못을 범하면 반드시 수치심을 느끼고 참회하여 다시는 동일한 과오를 저지르지 않도록 노력해야 한다. 이것이 바로 근본적인 취지이다. 존재진리는 현상의 사실로부터 귀납으로 증명할 수 있는 개연성의 진리이기 때문에 필연성은 보장할 수 없다. 이 점을 분명하게 이해하고 있어야만 존재진리의 성격을 파악할 수 있고, 또 존재진리를 운명으로 오해하지 않을 수 있다. 사실 수양의 종극적인 목표는 자기 스스로 노력하고 분발하여 과실을 범하지 않고 인생의 진리를 깨닫는 것이다. 그렇게 함으로써 편안함에 거처하면서도 위태로움을 잃어버리지 않고, 계속 노력하여 상달(上達)의 경지에 이르러야 한다. 이것이 바로 수양하는 목적이고, 또 이렇게 해야만 인생의 존엄과 자유를 실증할 수 있다.

20. 자기를 뒤돌아보고서 성찰하다(反求諸己)

맹자가 말하기를, "다른 사람을 사랑하는데도 (그 사람과) 가까워지지 않으면 (자신이 그 사람에게) 仁하게 대하지 않았는가를 반성하라. 남을 다스리는데 잘 다스려지지 않으면 (자신의) 지혜가 부족하지 않은가를 반성하라. 남에게 예로써 대하였는데, (그 사람이) 반응하지 않으면 (그 사람에게) 공경하게 대하지 않았는가를 반성하라. 실천을 하였는데도 (예상하였던 결과를) 얻지 못하였으면 모두 자신을 돌이켜보고 반성하라. 자신이 올바르면 천하의 모든 것은 자기에게 돌아올 것이다. 시경에는 '영원토록 천명과 합치하도록 노력하는 것이 스스로 많은 복을 구하는 길이다'라고 하였다."

孟子曰 : "愛人不親, 反①其仁. 治人不治, 反其智. 禮人不答, 反其敬. 行有不得者, 皆反求諸己. 其身正, 而天下歸之. 詩②云 : '永言配命③, 自求多福.'"〈離婁 上4〉

◁주 해▷

① 反 : 반성.
② 詩 :《시경》〈대아 문왕(大雅 文王)〉편.
③ 永言配命 : 이곳에서 '言'은 어조사이다. 이 구절에는 명령문의 어기가 포함
　되어 있다. 즉, '영원토록 천명과 합치하도록 노력해야 한다'의 뜻이다.

◀해 설▶

　앞에서는 양심 스스로의 맹성과 환경에 의한 유발이라는 두 측면에서 잃어
버린 마음을 어떻게 회복하는가에 관하여 탐구하였다. 그렇다면 지금부터는
양심의 자각이 발현한 후에는 또 어떻게 진행해야 하는가에 관하여 논의하겠
다. 즉, 양심의 자각과 아울러 주동적으로 자신의 생활을 어떻게 유지할 것인
가에 관하여 설명하고자 한다.

　앞의 여러 장에서 논한 환경에 의한 유발에는 피동적인 의미가 강하게 포함
되어 있다. 사실 피동에 의한 양심의 자각은 우연적인 것이다. 만일 이 후천적
인 우연에만 의지한다고 하면 양심의 자각은 운명의 지배를 받을 것이다. 즉,
운이 좋으면 자각을 할 수 있고, 운이 없으면 그러한 기회가 없기 때문에 자각
하지 못할 수도 있을 것이다. 그렇다면 양심의 자율성과 자동성은 설명할 수
없다.

　우리의 인생이 진흙과 같은 구렁에 빠져 양심의 작용을 모두 잃어버렸을 때
는 양심이 자연스럽게 발현될 수 있는 상황을 기다릴 수밖에 없지만, 양심이
일단 발현하게 되면 우리는 즉시 양심의 영명성을 잃어버리지 않고 간직해야
한다. 이 때 필요한 수양공부를 개발해야만 한다. 이 기회를 놓치게 되면 양심
은 잠시 드러났다가 다시 사라져 결국에는 더 깊은 수렁에 빠지게 된다.

　그렇다면 주동적으로 내놓을 수 있는 수양공부는 무엇인가? 내적인 측면에
서 말하면, 시시각각 자신이 간직하고 있는 마음이 진실한 것인가에 관하여
반성하는 것이다. 외적인 측면에서 말하면, 자신이 행한 일이 합당하게 처리
되었는가에 관하여 살펴보는 것이다. 이는 양심의 주동적인 발용에 의해서 이
루어진다. 그 효과는 자아의 훈련을 통하여 나타난다. 즉, 양심으로 하여금 청
명한 영각(靈覺) 작용을 잃지 않고 간직하게 하고, 더욱 정묘하게 숙성시키면

양심 또한 견고하게 자신을 유지하게 된다.

이 장에서 맹자는 자기가 하고자 하는 일이 좌절당하면 다른 곳에서 원인을 찾지 말고 즉시 자신을 뒤돌아보고 성찰할 것을 강조하고 있다. 예를 들어 자신은 타인을 사랑하였는데, 그 사람이 오히려 그것을 몰라 주고 관심을 표현하지 않으면 먼저 자신에게 그 사람을 대하는 자신의 마음에 불인(不仁)의 요소가 끼어 있지 않은가를 반성해야 한다. 그렇지 않다면 타인을 사랑하는 그 행위는 오히려 자신의 가치를 드러내는 것으로 보일 수 있기 때문에 타인의 반감을 초래할 수도 있다. 이 때 우리는 결코 가볍게 자신의 태도를 변호해서는 안 된다. 이 경우에 '내가 도대체 무엇을 잘못했다는 말인가'의 태도는 너무나 쉽게 나올 수 있는 반응이다. 만일 자신의 태도가 진지했다면 진실한 마음으로 먼저 자신에 되물어보고 그 다음의 일을 처리해야 한다.

백성을 다스리는 것도 마찬가지이다. 자신은 노력하였는데도 백성들이 여전히 자신이 추구하는 궤도에 오르지 않았을 경우에는 먼저 자신에게 '너무 급하게 자신의 방법을 적용하여 결국 백성들을 성숙하지 못한 정책의 희생물로 삼았지 않았는가'하고 되물어야 한다.

또 자신은 예를 갖추어 대하였는데도 그 사람은 오히려 예로써 화답하지 않으면 먼저 자신에게 '자신의 마음에 그 사람을 존경하는 마음이 충분하지 못하였는가? 아니면 자기도 모르는 사이에 가식적인 태도로써 그 사람을 대하지 않았는가' 하고 반성해야 한다. 타인은 나의 거울이다. 즉, 타인의 반응은 자신의 마음을 반영해 주고 있는 것이다. 진지하고 진실한 마음을 충분히 갖추고 있으면, 자신의 행위에 대한 반응이 기대에 미치지 못하였을 때 반드시 먼저 자신을 뒤돌아보고 반성해야 한다. 사실 자신의 마음이 참으로 진실하였다면 천하 모든 사람이 즐거운 마음으로 자기를 받아들일 것이다. 그 이유는 다른 사람과 교통하는 것을 우리의 본성이 스스로 원하고 있기 때문이다. 본성의 바람이 실현되지 않은 것은 사심에 막혔기 때문이다. 만일 행위자의 마음을 가로막고 있는 사심이 모두 사라졌다면 상대방이 무엇 때문에 그를 거절하겠는가? 따라서 타인과 교제하면서 조화를 이루지 못하였을 경우 타인을 먼저 책망해서는 안 된다. 자기를 뒤돌아보고 성찰하는 것이 더욱 적극적이고 유효한 방법이다.

맹자는 이곳에서 《시경》〈대아 문왕〉편의 두 구절을 인용하여 반구저기(反

求諸己)의 중요성을 설명하고 있다. 즉, 우리는 항상 진리에 따라 행동하도록 노력해야만 주동적으로 아름다운 인생을 창조할 수 있다.

21. 타인의 무례에 대한 태도(橫逆)

맹자가 말하기를, "군자가 일반사람들과 다른 것은 본심을 간직하고 있기 때문이다. 군자는 仁으로써 본심을 간직하고, 예로써 본심을 간직한다.[35] 仁한 사람은 남을 사랑하고, 예를 갖춘 사람은 남을 공경한다. 남을 사랑하는 사람은 남도 항상 (그 사람을) 사랑한다. 남을 공경하는 사람은 남도 (그 사람을) 항상 공경한다. 여기에 어떤 사람이 있는데, (그 사람이) 나에게 무례하고 난폭하게 대하면, 군자는 반드시 자신을 돌이켜보고서 반성한다. '내가 틀림없이 仁하게 대하지 않았고, 예를 갖추지 않았나 보다. (그렇지 않다면) 이러한 일이 어찌 나에게 닥치겠는가?' 스스로 돌이켜보아 반성하였는데 (그 사람에게) 仁하게 대하였고, 스스로 돌이켜보아 반성하였는데 (그 사람에게) 예를 갖추었는데도 난폭하고 무례함이 그 전과 같으면, 군자는 스스로 자신을 돌이켜보아 반성한다. '내가 틀림없이 진실하지 못하였는가 보구나.' 스스로 돌이켜보아 반성하였는데 (그 사람에게) 진실하게 대하였는데도 난폭하고 무례함이 그 전과 같다면, 군자는 말하기를, '이는 정신 나간 사람이다. 이렇다면 금수와 어떤 차이가 있겠는가, 금수에게 또 무엇을 질책하겠는가?' 그렇기 때문에 군자는 종신토록 하는 근심은 있어도, 하루 아침 거리의 걱정은 없다. 근심할 만한 것이라면 이런 것이 있다. 순임금도 사람이고, 나 역시 사람이다. 순임금은 천하에 법도를 세워 후세에 전해졌는데, 나는 아직 향촌의 평범한 사람을 벗어나지 못하고 있다. 이것이 근심할 만한 일이다. 어떻게 근심하는가? 순임금처럼 근심한다. 군자가 사소하게 걱정하는 바는 없다. 仁이 아니면 하지 않고, 예가 아니면 하지 않는다. 하루 아침의 걱정거리에 대해서 군자는 걱정하지 않는다."

---

35) 주자는 《集注》에서 '以仁禮存心'을 "마음속에 두어 잊지 않는다(存於心而不忘也)"로 해석하였다. 그러나 이러한 해석보다는 '仁과 禮를 실천함으로써 본심을 간직한다'로 해석하는 것이 비교적 자연스럽다. — 옮긴이 주.

178

孟子曰：“君子所以異於人者，以其存心也. 君子以仁存心，以禮存心. 仁者愛人，有禮者敬人. 愛人者，人恒愛之. 敬人者，人恒敬之. 有人於此，其待我以橫逆①，則君子必自反也. ‘我必不仁也. 必無禮也. 此物②奚宜至哉?’ 其自反而仁矣，自反而有禮矣，其橫逆由是也，君子必自反也. ‘我必不忠.’ 自反而忠矣，其橫逆由③是也，君子曰：‘此亦妄人④也已矣! 如此則與禽獸奚擇⑤哉? 於禽獸，又何難⑥焉?’ 是故君子有終身之憂⑦，無一朝之患⑧也. 乃若所憂則有之. 舜人也，我亦人也. 舜爲法於天下，可傳於後世，我由未免爲鄕人也. 是則可憂也. 憂之如何? 如舜而已矣. 若夫君子所患，則亡⑨矣. 非仁無爲也，非禮無行也，如有一朝之患，則君子不患矣.”〈離婁 下 28〉

◁주 해▷

① 橫逆 : 무례하고 난폭한 태도.
② 物 : 이곳에서는 사(事)로 해석해야 한다. 즉, ‘난폭하고 무례한 행위’를 의미한다.
③ 由 : ‘같다’. 즉, 유(猶)와 같은 의미이다.
④ 妄人 : 맹목적으로 행동하는 정신 나간 사람.
⑤ 擇 : 분별하다.
⑥ 難 : 질책하다.
⑦ 終身之憂 : 인생에 관한 근본적인 걱정. 즉, ‘자신의 인생관이 올바른가? 인격을 올바르게 세웠는가’에 관한 걱정.
⑧ 一朝之患 : 우연히 발생하여 예측할 수 없는 사건.
⑨ 亡 : ‘없다’. 즉 무(無)와 같다.

◀해 설▶

이곳에서 맹자는 반성의 방법에 관하여 상세하게 설명하고 있다. 맹자는 먼저 군자를 군자라고 하는 까닭이 仁과 禮로써 본심을 간직하고 있기 때문임을 강조하였다. 이는 仁과 禮를 나누어서 설명한 것이지만, 사실 仁과 禮는 하나로 통합시켜 말할 수 있다. 仁은 마음의 실질 내용이다. 仁은 남을 사랑하고 공경하는 행위로 표현된다. 이러한 마음은 모든 사람이 갖추고 있다. 그러나 仁의 가치를 자각하지 못하면 없는 것과 다를 바 없다. 때문에 군자는 한시라도 仁心의 가치를 자각하지 않음이 없고, 시시각각 타인에게 행동으로써 仁心을 드러낸다. 仁心은 일단 드러나면 바로 일정한 반응을 수반한다. 즉, 행위의 대상을 자극하여 그 사람으로 하여금 자신처럼 타인을 사랑하고 공경하는 마음을 갖게 한다. 왜냐하면 仁心은 자신뿐만 아니라 모든 사람에게 보편적으로 갖추어져 있기 때문이다.

반드시 앞에서 서술한 근본적인 의리를 긍정할 수 있어야만 다음의 반성이 근거를 가질 수 있다. 어떤 사람이 아무런 이유 없이 나에게 난폭하고 무례하게 대하는데, 왜 군자는 타인을 질책하기보다 자신을 먼저 반성하는가? 인성의 자연스러운 상태에 비춰 보면 자포자기한 사람이 아니라면 서로 사랑하고 공경하는 마음을 가져야 한다. 그러나 지금 나와 다른 사람 사이에 마땅히 발생하지 않아야 할 무례한 일이 발생하였다면, 쌍방이 모두 책임이 있거나 최소한 어느 한쪽이 잘못하였을 것이다. 그러나 군자는 잘못의 원인이 어디에 있는가를 추궁하지 않고 먼저 자신을 돌이켜보고서 반성한다. 왜 그런가? 그 사람과 나 모두 상대방을 간섭할 자격이 없기 때문이다. 따라서 스스로 자신을 돌이켜보고서 반성하는 것이 바로 내가 마땅히 해야 할 책임인 것이다.

군자는 모든 항목마다 스스로 검토하여 잘못이 있으면 바로 교정한다. 만일 그래도 상대방이 무례하게 대하면 그 때서야 비로소 문제가 자신에게 있지 않고 타인에게 있다고 생각한다. 상대방에 문제가 있다면 우리는 마땅히 어떤 태도로써 그를 대해야 하는가? 먼저 이른바 '문제'라는 것에 대해서 논의해 보자. 이곳에서 말한 문제는 법률적인 것이 아니라 도덕에 관한 것이다. 만일 법률적인 것이라면 법률 자체에 징벌의 기준이 있을 것이다. 그러나 도덕에 관한 것이라면, 다른 사람은 사랑하고 공경하는 것이 자유이기 때문에 무엇으로도 압박할 수 없다. 때문에 어떤 사람이 난폭하고 무례한 태도를 보이면 그의 잘못을 질책하기보다는 그를 군자로 간주하지 않으면 그만이다. 그가 인생의 이상에 대하여 무지하고, 자신의 양심이 원하지 않는 일을 한 것이기 때문에 그에게 화를 내거나 질책할 필요가 없다. 관용의 태도로써 용서하고, 그가 스스로 깨닫기를 기다릴 뿐이다. 때문에 맹자가 "금수에게 또 무엇을 질책하겠는가"라고 한 것이다. '금수'라는 표현을 악의적인 저주의 의미로 이해해서는 안 된다. 단지 인생의 이상에 대하여 자각이 없는 사람으로 취급하였을 뿐이다.

  그런 후에 맹자는 '군자가 왜 군자인가'에 대하여 더욱 상세하게 설명한다. 군자는 끊임없이 반성하여 본심을 간직하고, 심성을 더욱 순일하게 함으로써 그 생명을 도덕적인 존재의 영역으로 끌어올린다. 이것이 바로 군자가 '종신토록 하는 근심'이다. 환경의 변화에 따라서 우연히 닥치는 변고는 우리의 주관적인 의지로서는 어찌할 수 없다. 이는 우리의 능력으로써 예측할 수 없기 때문에 그것에 대하여 걱정하는 것은 자신의 삶에 아무런 보탬이 되지 않는다. 때문에 군자는 그런 점에 대해서는 아무런 근심 걱정이 없다.

  반성이라는 것은 양심이 이미 발현하였을 때 하는 것으로, 양심의 발현을 계속 확충함으로써 양심을 자연스럽게 소통시키고자 함이다. 그렇게 함으로써 인격의 독립적인 자유와 인간애의 교류가 원만하게 실현될 수 있다.

22. 다른 사람이 선을 실천할 수 있도록 도와주다(與人爲善)

  맹자가 말하기를, "자로는 남이 그에게 잘못이 있음을 지적하면 기뻐했다. 우임금은 좋은 말을 들으면 절을 올렸다. 위대한 순임금은 그보다 더했다. 남과 교통하기를 좋아하였고, 자기의 편견을 버리고 타인의 의견을 잘 따랐으며, 타인의 좋은 점을 취하여 선을 실천하기를 즐거워하였다. (젊은 시절에) 농사짓고, 질그릇을 구웠으며, 물고기를 잡다가 황제가 되기까지 다른 사람의 의견을 취하지 않음이 없었다. 남의 의견을 취하여 선을 하는 것은 다른 사람이 선을 하도록 도와주는 것이다. 그러므로 군자에게 남이 선을 하도록 도와주는 것보다 더 중대한 일은 없다."

  孟子曰："子路, 人告之以有過則喜. 禹聞善言則拜. 大舜有大焉. 善與人同①, 舍己從人②, 樂取於人以爲善③. 自耕稼陶漁④, 以至爲帝, 無非取於人者. 取諸人以爲善, 是與⑤人爲善者也. 故君子莫大乎與人爲善."〈公孫丑 上8〉

◁ 주 해 ▷

  ① 善與人同 : 동(同)은 통(通)과 같은 의미이다. 즉, '타인과 서로 잘 교통하여 격리되지 않는다'의 뜻이다.

② 舍己從人 : 자기의 주관적인 견해에 고집하지 않고 타인의 좋은 성정이나 의견을 잘 청취하고 따른다.

③ 樂取於人以爲善 : 타인의 장점을 아름답게 여기고, 그것을 즐거운 마음으로 배운다.

④ 自耕稼陶漁 : 순임금은 젊은 시절에 역산(曆山)에서 농사지었고, 하빈(河濱)에서 물고기를 잡았으며, 뇌택(雷澤)에서 질그릇을 구웠다.

⑤ 與 : 돕다.

◀ 해 설 ▶

생명에 관한 일을 내외로 나누어 설명할 수 있지만, 이는 단지 설명의 방편에 불과하다. 사실 생명에서 내와 외는 일체의 관계를 맺고 있다. 왜냐하면 무엇에도 교폐됨이 없는 마음을 가진 사람은 마땅히 가치를 실현해야 할 때가 되면 자연스럽게 행위의 대상에 직면(及物)하여 그 대상을 윤택하게(潤物) 할 것이기 때문이다. '행위의 대상에 미친다(及物)'와 '그 대상을 윤택하게 한다(潤物)'에는 두 가지 의미가 포함되어 있다. 하나는 '내 마음의 사랑이 그 대상에 이르러 대상을 윤택하게 해 준다'는 것이고, 다른 하나는 '행위의 대상이 갖추고 있는 아름다움이 나에게 미쳐 나의 마음을 윤택하게 해 준다'는 것이다. 따라서 자신을 완성하는 성기(成己)와 행위의 대상을 완성하는 성물(成物)은 실제로 한 가지 일의 양면이다. 이 장에서 맹자는 순임금의 도덕실천을 통하여 성기 성물의 의미와 그 기상을 설명하고 있다.

순임금과 자로 그리고 우임금의 경계에는 약간의 차이가 있는 것 같다. 그 차별은 무엇인가? 그 차이는 다름 아닌 자로와 우임금이 아직 소극적인 단계에 머물러 있는 반면 순임금은 적극적으로 양심을 발용시켜 행위의 대상을 윤택하게 해 줌에 있다. 사실 이 두 인격의 차별을 구별하여 설명하기란 결코 쉽지 않다. 마음이 어디에 한번 교폐되면 행위의 대상에 사람의 마음이 미치지 않기 때문에 대상을 윤택하게 할 수도 없다. 그러나 일단 자각 반성하여 지난날의 잘못을 교정하면 곧바로 대상에 사랑의 마음이 미쳐 그 대상의 가치를 완성시킬 수 있다. 하물며 자로와 우임금과 같은 사람은 개과천선에 매우 용감한 사람들이기 때문에 양심의 교폐는 오래 가지 않을 것이고, 대상의 가치를 완성시키는 성물의 공과도 결코 적다고 할 수 없을 것이다. 따라서 맹자는

182

이곳에서 순임금의 도덕행위가 자로나 우임금보다 자연스럽게 표현되었음을 특별히 강조하고 있을 뿐 개과천선 등의 우열 문제에 관해서는 언급하지 않고 있다. 아울러 순임금의 자연스러움을 빌려 군자의 양심(養心) 효과를 더욱 강하게 드러내고 있다. 그렇다면 순임금의 양심 효과는 어디에서부터 비롯되었는가? 그 효과는 부단한 자각 반성을 통하여 올 뿐이다. 따라서 순임금처럼 자연스러움의 경지에 이르려면 반드시 자로와 우임금과 같은 노력이 있어야 한다.

순임금의 경지에 이르게 되면 자각 반성하여도 인위적인 자각 반성의 형상이 보이지 않는다. 순임금의 모든 표현은 자연스럽게 타인과 조화를 이루어 일체감으로 나타난다. 이 구체적인 표현이 바로 "남과 교통하기를 좋아하였고, 자기의 편견을 버리고 타인의 의견을 잘 따랐으며, 타인의 좋은 점을 취하여 선을 실천하기를 즐거워하였다"는 것이다. 이 몇 구절의 내용은 무엇인가? 원래 마음은 외물에 의해 교폐된다. 이른바 교폐라는 것은 다름 아닌 자아의 거짓 형상(假我)이다. 이 자아의 거짓 형상은 헛된 마음이 만들어 낸 것이다. 이 헛된 가아를 습기(習氣)와 정식(情識) 혹은 성견(成見)[36]이라고 칭한다. 이러한 막힘이 있게 되면 대상에 대한 사랑 정신은 밖으로 확충될 수 없게 된다. 결국 이러한 특수한 형식에 제한받아 올바르지 못한 좋아함과 싫어함을 드러내게 된다. 순임금은 자신만의 특수한 형상을 내려 놓고서 평심(平心)의 상태에서 타인의 성정(性情)을 이해하고, 타인의 행동방식을 감상할 줄 알았으며, 또 타인의 방식을 배워 그것을 통로로 삼아 타인의 마음속으로 들어갔다. 이는 마치 《장자》〈양생주〉에서 포정(庖丁)이 "두께가 없는 칼로써 공간이 있는 틈을 비집고 들어가는 것(以無厚入有間)"과 유사하다. 한번 물어 보자. 이런 사람이 어떤 사람을 사랑하지 않겠는가? 이런 사람이 어떤 생명과 일체를 이루지 않겠는가? 이것이 바로 군자가 마음을 배양한 효과이다. 자각 반성의 목적은 원래 자기의 선입견을 버리고 자기만의 담장을 제거하여 도덕심으로 하여금 통하지 않는 곳이 없게 하는 것이다. 마음이 통하지 않는 곳이 없으면 어떤 사람과 만나도 그 사람의 가치를 긍정하여 그로 하여금 자신의 가치를 완성하게 해 줄 것이다. 이것이 바로 "다른 사람이 선을 하도록 도와주는 것이다

---

36) 성견은 선입견 혹은 편견을 의미한다. ― 옮긴이 주.

(與人爲善)." 군자가 양심(良心)을 간직한 채 타인의 가치를 완성해 주는 것은 바로 그 사람으로 하여금 선을 실천할 수 있도록 도와준다는 의미이다. 군자가 위대한 것은 바로 이 때문이다.

23. 오로지 義가 있는 곳을 따를 뿐이다(惟義所在)

맹자가 말하기를, "대인은 한번 말을 하였다고 해서 반드시 지키려고 하지 않고,[37] 한번 행동으로 옮겼다고 해서 반드시 그 일을 마치려고 하지도 않는다.[38] 오로지 義가 있는 곳을 따를 뿐이다."

孟子曰 : "大人者, 言不必信, 行不必果①. 惟義所在."〈離婁 下 11〉

◁주 해▷

① 果 : '끝내다'의 의미이다. 즉, 행위의 시종일관을 뜻한다.

◀해 설▶

앞에서 나는 양심의 초보적인 자각 이후의 수양론을 내와 외로 나누어 설명할 수 있음을 밝혔다. 내적인 수양은 항상 자기가 간직하고 있는 마음의 진실성 여부를 반성하는 것이고, 외적인 수양은 일의 합리성 여부를 저울질해 보는 것이다. 내적인 측면에 관해서는 앞에서 이미 설명하였고, 지금부터는 외적인 수양에 관한 부분을 설명하겠다.

비록 일(事)이라는 것은 마음 밖에 있는 객관적인 것이지만, 그 일의 의의와 가치는 내적인 마음에 의해서 부여된다. 일과 행위의 대상은 성격이 다른 존재이다. 행위의 대상이야말로 순수한 객관 존재이다. 일은 인위(人爲)로부

---

37) 신용을 지키지 않는다는 의미가 아니다. 비록 말을 하였지만 자신의 말에 정당성이 결여되었음이 발견되면 주관적인 체면 등을 고려하지 않고 과감하게 취소하거나 포기한다는 의미이다. — 옮긴이 주.

38) 주 37)과 같은 의미이다. 비록 행동으로 옮겼으나 중도에 그 의미가 희석되거나 계속 실행하는 것이 비합리적이라고 판단되었을 때는 과감하게 중단한다는 의미이다. — 옮긴이 주.

터 발생되고, 사람과 사람의 접촉으로부터 생겨나기 때문에 그 사람의 희망과 감정 및 이상을 포함하고 있다. 사람이 표현하는 일은 언설이나 행위를 막론하고 그 사람 마음의 감정과 희망 그리고 이상을 드러내고자 함이 아닌 것이 없다. 때문에 말 한마디, 행동 하나가 이러한 것들을 충분히 표현하였을 때 유효한 언행이라고 할 수 있다. 만일 이러한 것들을 표현할 수 없다면 그 언행은 아무런 의미를 갖지 못한다. 의미 없는 언행은 존재할 가치가 없기 때문에 말할 필요도 없고, 행동할 필요도 없다. 때문에 비록 어떤 사람과 약속하였다고 할지라도 후에 그 약속이 의미가 없고, 심지어 도리에 위배된다고 판단되었을 때는 그것을 실천으로 옮길 필요도 없고 옮겨서도 안 된다. 또 어떤 일을 이미 시작하였는데, 중도에 그 일의 부당성이 발견되면 그 일을 그만두어야 한다. 즉, 반드시 완성해야 한다고 고집할 필요가 없다. 우리는 무엇을 근거로 이렇게 결정할 수 있는가? 언어와 행위는 모두 양심의 자기표현 도구일 뿐이다. 모두 양심의 의지에 따르는 것이기 때문에 양심의 희망을 근거로 취사선택해야 한다. 이러한 양심의 취사를 권형(權衡)이라고 하고, 현대적인 표현으로는 선택이라고 한다.

또 양심의 진정한 희망을 근거로 삼으려면 당연히 보존하고 있는 마음의 순수성이 전제되어야 한다. 만일 양심을 잃어버린 상태라면 그것은 사사로운 의념에 불과할 뿐이기 때문에 이 때의 취사선택은 합리성과는 관계 없는 허망에 불과하다.

이처럼 외적인 권위나 교리 등을 표준으로 삼지 않고 양심을 일의 최고 표준으로 삼는 것을 자율성이라고 한다. 양심의 자율성에 따라서 표현된 행위가 바로 진정한 의미의 자율적 도덕행위인 것이다. 유가철학의 도덕론은 당연히 자율형태에 속하고, 그 중에서 《맹자》에 양심의 자율성에 관한 문헌이 가장 많이 수록되어 있다. 이후에 등장하는 십여 개의 문장은 모두 양심의 자율성에 관한 것들이다.

24. 취사의 방법에 대한 원칙(辭受之道)

진진이 묻기를, "지난날 제나라에서 왕이 좋은 황금 100일을 보내 주었는데도 받지 않았습니다. 송나라에서 70일을 보내 주었는데 받으셨습니다. 설나라에서는 50일을 보내 주었는데 받으셨습니다. 지난날 받지 않은 것이 올바른 태도였다면, 오늘날에 받은 것은 올바르지 않은 태도입니다. 오늘날 받은 것이 올바른 태도라면 지난날 받지 않은 것은 올바르지 않은 태도입니다. 선생님의 태도는 반드시 이 두 가지 중에 하나일 것입니다." 맹자가 말하기를, "모두 다 올바른 태도였다. 송나라에 있을 적에는 내가 먼 길을 떠나려고 하였다. 떠나는 사람에게는 반드시 전별금을 주는데, 보내온 사람의 말에 '전별금입니다'라고 하였으니, 내가 왜 그것을 받지 않겠는가? 설나라에 있을 적에는 내가 (변고를) 방비하려는 마음을 갖고 있었는데, 보내온 사람의 말에 '(변고에) 대비한다는 말을 들었는데, 병장기를 마련하십시오'라고 하였으니, 내가 무엇 때문에 받지 않겠는가? 제나라에 있을 적에는 마음이 편치 않았다. 마음이 편치 않았는데도 주니, 이것은 재물로써 나를 매수하려는 것이다. 어찌 군자가 뇌물에 매수되겠는가?"

陳臻[39]問曰: "前日於齊, 王餽[40]兼金①一百②而不受. 於宋餽七十鎰而受. 於薛, 餽五十鎰而受. 前日之不受是, 則今日之受非也. 今日之受是, 則前日之不受非也. 夫子必居一於此矣!" 孟子曰: "皆是也. 當在宋也, 予將有遠行③. 行者必以贐④, 辭曰: '餽贐'. 予何爲不受? 當在薛也, 予有戒心⑤. 辭曰: '聞戒'. 故爲兵餽之. 予何爲不受? 若於齊, 則未有處⑥也. 無處而餽之, 是貨⑦之也. 焉有君子而可以貨取乎." 〈公孫丑 下3〉

◁주 해▷

① 兼金: 좋은 금. 일반 금값보다 갑절이 비싸다고 해서 겸금(兼金)이라고 한 것이다.
② 一百: 금 100일(鎰)을 뜻한다. 고대에 금 1일은 1금(金), 즉 20량에 해당한다. 따라서 100일은 2천량이다.
③ 將有遠行: 송나라를 떠나 위나라로 갈 때.
④ 贐: 먼 길을 떠나는 사람에게 주는 일종의 전별금.

39) 맹자의 제자이나 신상에 대해서는 알 수 없다. ─옮긴이 주.
40) 궤(餽)는 '금품이나 물품을 보내 주다'의 뜻이다. ─옮긴이 주.

⑤ 戒心 : 방비하는 마음. 당시에 맹자를 해치려고 하는 사람이 있어 이에 대비
　　하는 마음이다.

⑥ 未有處 : 합리적이지 않아 마음이 편치 않다.

⑦ 貨 : 돈으로 매수하려고 함.

◀해 설▶

　먼저 맹자 자신이 행하였던 일을 비유로 삼아 권형의 문제를 설명해 보겠
다. 제나라와 송나라 그리고 설나라의 군주는 모두 맹자에게 황금을 보내 주
었다. 그런데 맹자는 송나라와 설나라의 군주가 보내 준 황금은 받았지만, 제
나라의 군주가 보내 준 황금은 받지 않았다. 표면적으로 보면 맹자의 태도는
서로 모순인 것 같다. 맹자의 제자인 진진이 이러한 맹자의 태도는 잘못된 것
이라고 지적하면서 묻자, 맹자는 뜻밖에도 '모두 다 올바른 태도이다'라고 대
답하였다. 그렇다면 맹자가 올바르다고 판단한 표준은 무엇인가?

　원래 맹자가 송나라와 설나라에 있을 적에 두 군주가 황금을 보내 준 것에
는 정당한 이유가 있었다. 그러나 맹자는 제나라의 군주가 황금을 보내 준 행
위에 대해서는 합리적인 설명을 할 수 없었다. 맹자가 거절한 것은 바로 황금
을 보내 준 행위를 정당하지 않다고 판단하였기 때문이다. 행위의 외적인 모
습만을 보고서 그 행위의 정당성 여부를 판단해서는 안 된다. 반드시 행위의
내적인 동기를 자세히 분석해 본 후에야 비로소 정당성 여부를 판단할 수 있
다. 황금을 받을 것인가? 아니면 거절할 것인가? 그 표준은 바로 義, 즉 동기
의 정당성 여부이다. 이것이 바로 권형이다.

25. 광장의 잘못(匡章之過)

　공도자가 말하기를, "광장은 온 나라 사람들이 불효자라고 한다. 선생님께
서는 그와 교제하고, 또 상종하면서 예를 갖추어 그를 예우하는데, 왜 그러는
지 감히 여쭈어 보겠습니다." 맹자가 말하기를, "세속에서 말하는 불효자는
다섯 종류가 있다. 수족을 게을리하여 부모 봉양을 돌보지 않는 것이 첫 번째

불효이다. 노름을 일삼고, 술 마시기를 좋아하면서 부모 봉양을 돌보지 않는 것이 두 번째 불효이다. 재물을 탐내고 아내와 자식에게만 관심을 보이면서 부모 봉양을 돌보지 않는 것이 세 번째 불효이다. 눈과 귀의 욕구만을 만족시키면서 부모를 욕되게 하는 것이 네 번째 불효이다. 무모한 용맹을 좋아하고 거칠게 싸워 부모를 위태롭게 하는 것이 다섯 번째 불효이다. 장자(광장)가 이 중에서 한 가지 잘못이라도 저질렀는가? 장자의 경우는 아들과 아버지가 서로 선을 책망하다가 서로의 뜻이 맞지 않게 된 것이다. 선으로 책망하는 것은 친구 사이의 도리이다. 부자지간에 선으로 책망하는 것은 은덕을 해치는 것 중에 큰 것이다. 장자인들 어찌 부부와 모자가 서로 단란하게 지내는 것을 원치 않았겠는가? 아버지에게 잘못을 범하여 (아버지를) 가까이 할 수 없었기 때문에 아내를 내보내고 아들을 물리쳐 죽을 때까지 그들의 봉양을 받지 않은 것이다. 그는 마음먹음이 그와 같지 않으면 아버지에 대한 죄가 더욱 커지는 것이라고 생각하였기 때문이다. 이것만은 장자가 하였다."

公都子曰："匡章①, 通國②皆稱不孝焉. 夫子與之遊, 又從而禮貌之③, 敢問何也?" 孟子曰："世俗所謂不孝者五. 惰其四肢, 不顧父母之養④, 一不孝也. 博奕⑤, 好飮酒, 不顧父母之養, 二不孝也. 好貨財私妻子, 不顧父母之養, 三不孝也. 從⑥耳目之欲, 以爲父母戮⑦, 四不孝也. 好勇鬪很⑧, 以危父母, 五不孝也. 章子有一於是乎? 夫章子, 子父責善而不相遇⑨也. 責善, 朋友之道也. 父子責善, 賊恩之大者. 夫章子, 豈不欲有夫妻子母之屬⑩哉? 爲得罪於父, 不得近, 出妻, 屛子, 終身不養⑪焉. 其設心⑫以爲不若是, 是則罪之大者. 是則章子已矣!"〈離婁 下30〉

◁ 주 해 ▷

① 匡章 : 제나라의 장군이다.[41]

---

41) 광장은 제나라의 장군이었다. 광장의 어머니가 아버지에게 죄를 짓자 아버지가 어머니의 잘못을 용서하지 않고 죽였다. 광장은 아버지에게 죽은 어머니를 용서해 주고 후하게 장사지내 줄 것을 간언하였다. 아버지가 끝내 거절하자 아버지 곁을 떠났으며, 후에 아버지가 죽자 자기도 처자와 떨어져 혼자 살았다. 이 고사는 부모와 자식간에는 서로 선악으로 질책할 수 없는 것인데, 광장이 아버지의 지나친 행위를 질책하고, 정도를 실행할 것을 요구하면서 부자간에 서로 의견 충돌이 발생한 것이 바로 광장의 잘못, 즉 불효라는 점을

② 通國 : 온 나라, 즉 전국.

③ 禮貌之 : 예의를 갖추어 대하다.

④ 養 : 봉양하다.

⑤ 博奕 : 박(博)은 일종의 주사위 놀이인데, 전해지지 않아 어떻게 하는지 알 수 없다. 혁(奕)은 장기를 뜻한다. 박혁(博奕)은 후에 노름의 의미로 사용되었다.

⑥ 從 : '함부로' 혹은 '제멋대로', 즉 종(縱)의 뜻이다.

⑦ 戮 : 치욕.

⑧ 很 : '거칠다'의 뜻이다.

⑨ 遇 : 서로 일치하다.

⑩ 夫妻子母之屬 : 부부와 자녀가 서로 함께 단란하게 지냄을 의미한다.

⑪ 不養 : 처자의 봉양을 거절하다.

⑫ 設心 : 마음먹음.

◀해 설▶

　광장은 온 나라 사람들이 모두 불효자라고 손가락질하는 사람인데, 맹자는 그와 교제하였을 뿐만 아니라 예를 갖추어 공경하였다. 맹자의 제자인 공도자가 그런 맹자의 태도를 이해하지 못하여 맹자에게 그 까닭을 물은 것이다. 그렇다면 맹자의 태도는 어떤 정당성을 갖추고 있는가?

　맹자는 먼저 일반적으로 사회에서 불효라고 여기는 다섯 가지 공통적인 표준을 열거하였다. 그러나 광장의 행위는 이 다섯 가지 중에 어느 한 가지에도 부합되지 않음을 밝히면서, 광장이 불효자라는 오명을 쓴 이유를 설명하였다. 광장은 확실히 한 가지 잘못을 범하였다. 그것은 바로 친구 사이에나 할 수 있는 도리를 부자간에 적용시켜 아버지의 마음을 상하게 한 것이었다. 이러한 광장의 태도는 분명 잘못이지만 다섯 가지의 불효처럼 엄중한 것은 아니었다. 아버지에게 정도를 행할 것을 요구한 행위의 동기는 아버지에 대한 사랑이었다. 단지 그 방법에 약간의 지나침이 있었을 뿐이었다. 마지막으로 맹자는 광

　설명한 것이다. 그러나 광장은 자신이 아버지를 질책한 불효를 저지른 것에 대한 죄과를 처자의 봉양을 물리치고 혼자 사는 것으로 대신 표현하였다. 이는 광장만이 할 수 있는 일이었다. 광장에 대한 맹자의 긍정은 바로 이 점이다. ― 옮긴이 주.

장이 참회하는 모습을 예로 들어 광장이 본래 선량한 사람이라는 것을 증명하고 있다. 때문에 광장은 교제할 만한 가치가 있는 사람이다.

누구든지 잘못을 범할 수는 있다. 단지 개과천선할 수 있다면 그것이 바로 진정한 군자인 것이다. 세간에 아무 근거 없이 유행하는 속견에 대해서는 양심의 용기로써 과감하게 내칠 필요가 있다.

26. 가장 큰 불효는 대를 이을 아들을 두지 않는 것이다(無後爲大)

맹자가 말하기를, "불효에는 세 가지가 있는데, 그 중에서 뒤를 이을 아들을 두지 않는 것이 가장 크다. 순임금은 아버지에게 알리지 않고 아내를 맞이하였는데, 이는 뒤를 이을 아들이 없었기 때문이다. 군자는 (순임금이 아버지에게 알리지 않고 아내를 맞이한 행위를) 아버지에게 알린 것과 마찬가지라고 생각한다."

孟子曰 : "不孝有三①, 無後爲大. 舜不告而娶②, 爲無後也. 君子以爲猶告③也."〈離婁 上26〉

◁ 주 해 ▷

① 不孝有三 : 조기의 주에 의하면 세 가지 불효에는 차서가 있다. 부모의 뜻에 무조건 아첨하여 부모를 불의(不義)에 빠지게 하는 것이 첫 번째 불효이다. 집안이 궁핍하고 부모가 연로한데도 불구하고 녹(祿)을 받는 벼슬을 하지 않는 것이 두 번째 불효이다. 아내를 맞이하지 않아 자식이 없어 조상에 대한 제사를 끊는 것이 세 번째 불효이다.[42]

② 不告而娶 : 순임금이 아버지인 고수(瞽瞍)에게 알리지 않고 요임금의 두 딸인 아황(娥皇)과 아영(娥英)을 아내로 맞이하였다. 고수는 매우 부도덕한 사람이었다. 순임금이 먼저 고수에게 알렸다면 고수는 어떤 방법을 써서라도 순의 결혼을 방해할 것이라고 짐작하여 어쩔 수 없이 알리지 않은 것이다.

---

42) "阿意曲從, 陷親不義, 一不孝也. 家窮親老, 不爲祿仕, 以不孝也. 不娶無子, 絕先祖祀, 三不孝也."《孟子趙注》

③ 猶告 : 부모에게 알린 것과 마찬가지이다. 왜냐하면 순임금이 고수에게 알리지 않고 아내를 맞이한 것은 후사를 얻기 위한 것이기 때문이다. 즉, 순임금은 후사를 얻는 것을 가장 큰 효로 여겼기 때문이다.

◀해 설▶

이른바 권형이라는 것은 진퇴양난의 상황에 처했을 때 하는 것이다. 이 사람의 뜻을 따르면 저 사람이 상처를 입고, 저 사람의 뜻에 따르면 이 사람이 상처를 입는다. 두 사람의 뜻에 따를 수 없고, 오로지 어느 한 사람만 찬성해야 한다는 경우를 가정해 보자. 이 때 비로소 권형의 공부가 필요하다. 권형의 표준은 모두 義를 표준으로 하고서, 어떤 것이 더욱 중요한 것인가를 저울질하여 판단하는 것이다. 더욱 숭고한 의로움을 위하여 비교적 그 가치가 덜 중요하다고 판단된 것을 포기하는 것이다. 이는 인간으로서 어쩔 수 없는 한계이며, 또 권형이 갖고 있는 곤란이며, 동시에 그 판단의 엄숙함이다. 어떤 선택을 하더라도 또 다른 의로운 일의 가치를 완성할 수 없다. 그 판단이 엄숙한 것은 결코 사사로운 이익 때문이 아니라 더욱 숭고한 의로움을 성취하기 위함이다. 만일 권형에 대한 명확한 이해가 없으면 더욱 숭고한 의로움을 선택할 용기가 쉽게 우러나오지 않는다. 일반사람들은 양자 사이를 방황하면서 이러지도 저러지도 못하다가 책임을 회피할 궁리만 할 것이다.

순임금은 후사를 얻지 못하는 것이 불효 중에 가장 큰 것이라고 생각하였기 때문에 부모를 더욱 곤경에 빠뜨릴 수 있는 경우를 피하고, 자신 역시 더 큰 불효를 범할 수 있는 상황에 빠지지 않기 위하여 할 수 없이 부모에게 알리지 않고 아내를 취한 불효를 지은 것이다. 이는 부모에 대한 불효가 아니라, 사실은 반대로 부모를 욕되게 하지 않으려는 최선의 선택이다. 따라서 군자는 순임금의 태도를 '비록 부모에게 알리지 않았지만, 이미 알린 것과 마찬가지이다'라고 평가한 것이다.

우리는 이렇게 결론을 내릴 수 있다. 만일 한 가지 경우만을 가지고 논한다면, 순임금이 아내를 맞이한 것은 후사를 얻기 위한 것이기 때문에 올바른 태도라고 할 수 있다. 또 부모에게 알리지 않은 사실만을 본다면, 어떻게 설명해도 순임금의 잘못이다. 그러나 두 가지 상황을 전체적으로 판단하면 순임금의 선택은 올바른 것이었다. 왜냐하면 그가 부모에게 알리지 않고 아내를 맞이한 것은 후사를 얻지 못해 조상의 대를 끊는 불효와 비교하면 그 가치의 남음이 충분하기 때문이다.

27. 나라를 떠날 때의 태도(去國之道)

맹자가 말하기를, "공자가 노나라를 떠날 때 말하기를, '천천히 가자'. (이는) 부모의 나라를 떠날 때의 태도이다. 제나라를 떠날 때는 물에 담가 놓은 쌀을 건져서 떠났다. (이는) 다른 나라를 떠날 때의 태도이다."

孟子曰 : "孔子之去魯, 曰 : '遲遲吾行也.' 去父母國之道也. 去齊, 接淅①
而行. 去他國之道也."〈盡心 下 17〉

◁ 주 해 ▷

① 接淅 : 석(淅)은 쌀을 일어 물에 담가 놓은 쌀이다. '접석(接淅)'은 물에 담근 쌀을 다시 손으로 건져 올려 물을 빼는 것이다.[43]

◀ 해 설 ▶

공자는 노나라를 떠날 때 차마 발길이 떨어지지 않았기 때문에 '천천히 가자'고 하였다. 그러나 제나라를 떠날 때는 오히려 쌀을 물에 담가 아직 익히기도 전에 물에서 쌀을 손으로 건져 올려 그냥 가지고 떠났다. 공자의 태도가 왜 이처럼 다른가? 맹자의 해석은 공자의 심정을 매우 절실하게 헤아린 것이다. 원래 모국과 타국을 떠날 때의 태도가 이처럼 다른 것이다.

---

43) 이 말은 주저하지 않고 빨리 결정하여 떠난다는 의미이다. 공자는 제나라에 머물렀지만 도가 실현되지 않자 주저하지 않고 미련 없이 떠났다. ― 옮긴이 주.

28. 우와 직 그리고 안회가 추구하는 이상은 같다(禹稷顏回同道)

우와 직은 평안한 시대에 살았는데, 자기 집 문앞을 세 차례나 지나면서도 들어가지 않았다. 공자가 이 점을 칭찬하였다. 안자는 혼란한 시대에 살았는데, 누추한 골목에서 거주하고, 한 그릇의 밥과 국으로 (어렵게) 지냈다. 다른 사람은 그러한 근심을 참을 수 없는데, 안자는 자기의 즐거움을 바꾸지 않았다. 공자가 이 점을 칭찬하였다. 맹자가 말하기를, "우와 직 그리고 안회의 이상은 같았다. 우는 천하에 홍수의 재난을 당한 사람이 있으면 마치 자기가 재난을 당한 것처럼 괴로워하였다. 직은 천하에 굶주린 사람이 있으면 마치 자기가 굶주린 것처럼 괴로워하였다. 이 때문에 그처럼 급하게 굴었던 것이다. 우와 직 그리고 안자가 처한 상황을 바꾸어 놓으면 모두 그렇게 했을 것이다. 지금 한 집안에 싸우는 사람이 있어 그 싸움을 말리려고 한다면 비록 머리털을 풀어 헤치고 갓끈으로 갓을 매고서 (싸움을) 말려도 괜찮다. 마을에 싸우는 사람이 있어 머리털을 풀어 헤치고 갓끈으로 갓을 매고서 (싸움을) 말리려고 한다면 그것은 사건을 잘못 처리한 것이다. (그런 상황에서는) 비록 문을 닫고 있어도 괜찮다."

禹, 稷當平世①, 三過其門而不入. 孔子賢之. 顏子當亂世②, 居於陋巷, 一簞食, 一瓢飲. 人不堪其憂, 顏子不改其樂. 孔子賢之. 孟子曰: "禹稷顏回同道③. 禹思天下有溺者, 由己溺之也. 稷思天下有餓者, 由己餓之也. 是以如是其急也. 禹稷顏子, 易地則皆然④. 今有同室之人鬪者, 救之, 雖被髮纓冠⑤而救之, 可也. 鄉隣⑥有鬪者, 被髮纓冠而往救之, 則惑⑦也. 雖閉戶可也. 〈離婁 下29〉

◁ 주 해 ▷

① 平世 : 도가 있는 시대, 즉 비록 태평성대라고는 할 수 없으나, 그래도 이상이 있고, 희망을 가질 수 있는 시대를 가리킨다.

② 亂世 : 도가 없어 무질서한 시대, 즉 가치가 전도되고, 이상이 침몰된 시대를 가리킨다.

③ 同道 : 같은 마음, 혹은 같은 이상.

④ 易地則皆然 : 처한 위치를 바꾸어 놓으면 그 사람과 같은 태도를 취한다.

⑤ 纓冠 : 영(纓)은 갓끈이다. 갓끈은 본래 턱 아래로 매어 고정시켜야 하는데, 너무나 황급한 나머지 갓끈으로 갓을 매는 것을 영관(纓冠)이라고 한다.[44]

⑥ 鄕隣 : 같은 마을에 사는 사람.

⑦ 惑 : 일을 사리에 맞지 않게 처리하다.

◀해 설▶

이른바 권형이라는 것은 일을 처리하는 태도의 차이에 관련된 것일 뿐 군자의 마음과는 아무런 관련이 없다. 군자의 마음은 오로지 仁일 뿐이다. 仁이야말로 영원하면서도 보편적인 진리이기 때문에 또 다른 차별상이 있을 수 없다. 仁心은 반드시 구체적인 사물에 직면하여 그 사물의 가치를 윤택하게 해주었을 때 仁心의 전체적인 모습이 충분히 드러난다. 그렇지 않으면 仁心은 영원히 숨겨져 있기 때문에 없는 것과 다를 바 없다. 仁心은 본래 차별상이 없는 것이지만, 번잡한 현상계에 직면하여 자신의 모습을 드러낼 때는 그 상황에 적합한 모습으로 드러난다. 비록 仁心의 표현에 수많은 차별이 있을지라도 그 본질은 仁, 즉 사랑 하나이다. 仁은 하나이고, 그 사랑 역시 동일한 하나이지만, 仁心은 눈앞에 직면한 상황에 가장 적절한 모습을 선택하여 자신을 드러낸다. 그렇게 해야만 仁을 충분히 드러낼 수 있고, 어디에도 막힘 없이 자연스럽게 유출되기 때문이다. 이 때의 상황에 가장 합당한 방식이 바로 권형이다. 권형의 표준은 내심의 仁에 있으며, 또 지금의 상황에 가장 적절한 환경 조건에 있다.

우와 직 그리고 안회는 처한 환경이 서로 달랐기 때문에 仁心을 표현한 방식도 달랐다. 즉, 그들이 처한 환경의 조건에 적합하게 표현하였다. 그러나 그들의 방식이 서로 달랐다고는 하지만 그들 마음속의 도덕정감은 일치하지 않은 바가 없다. '목적지는 같을지라도 가는 길은 다를 수 있다(同歸而殊道).' 맹자는 "우와 직 그리고 안자가 처한 상황을 바꾸어 놓으면 모두 그렇게 했을 것이다"라고 하였다. '모두 그렇게 했을 것이다'는 이 세 사람의 태도에 대한 공

---

44) 황급한 상황을 비유한 것이다. — 옮긴이 주.

자의 칭찬으로 증명할 수 있다.

맹자는 우와 직 그리고 안회가 취한 태도가 그렇게 차이가 날 수밖에 없는 원인을 매우 자세하게 분석하여 독자의 이해를 돕고 있다. 맹자는 싸움을 말리는 상황을 예로 들어 설명하였다. 같은 집안 사람이 서로 싸운다면 비록 머리털을 풀어 헤치고 갓끈으로 갓을 매고서라도 그 싸움을 말려야 한다. 이는 매우 합당한 태도이다. 왜 그런가? 이는 싸움이 바로 자신의 옆에서 발생하였기 때문에 싸움을 말리는 책임도 자신이 질 수밖에 없는 것이다. 이것이 바로 "仁을 실천해야 할 때는 양보하지 않는다(當仁不讓)"의 뜻이다. 그러나 싸움이 자기가 있는 곳과 멀리 떨어진 곳에서 발생하였을 때에도 앞의 경우와 같이 황급히 달려간다면, 이는 사리에 맞지 않는 태도이다. 왜냐하면 멀리 떨어진 곳에서 싸움이 발생하였기 때문에 설사 내가 달려간다고 하여도 그 싸움은 이미 끝났을 것이고, 또 그 싸움을 말리는 것도 나의 책임이 아니라 마땅히 그 주변 사람의 책임이기 때문이다. 따라서 이 때에는 방문을 잠그고 잠을 잔다고 할지라도 합당하지 않음이 없다. 이것이 바로 "그 자리에 있지 않으면 그 정치에 대하여 논의하지 않는다(不在其位, 不謀其政)"의 뜻이다.

우와 직이 처한 상황은 같은 집안 사람이 싸울 때 그 옆에 있는 사람의 위치와 같다. 책임이 바로 옆에 있기 때문에 전력을 다하여 자신의 책임을 다하려고 했던 것이다. 그러나 안회는 책임을 질 수 있는 상황에 처하지 않았기 때문에 자신의 인격 수양에 힘을 다했던 것이다. 이것이 이른바 "그 뜻이 막히어 궁하면 혼자서 자신의 몸을 올바르게 하고, 그 뜻이 통하면 천하와 함께 올바르게 한다"[45]의 뜻이다. 이것이 바로 유가철학에서 가르치는 권형의 도이다. 반드시 이렇게 해야만 인생이 자신의 뜻대로 될 수 있으며, 다른 사람에 대한 사랑도 가장 많이 실현할 수 있다. 그렇지 않으면 좌충우돌하여 괜히 힘만 소모하고 아무런 공헌도 없게 된다. 다시 말하면 노력은 많이 한 것 같지만 실제로는 사욕의 헛수고일 뿐이다.

---

45) "窮則獨其善, 達則兼善天下."

29. 증자와 자사가 추구하는 이상은 같다(曾子子思同道)

증자가 무성에 있을 때 월나라 군대가 쳐들어왔다. 어떤 사람이 "(월나라) 군대가 쳐들어왔는데 왜 떠나지 않습니까"라고 하자, (증자가 떠나려고 하면서) 말하기를, "다른 사람을 내 집에 들여 잔디와 나무를 훼손하지 않도록 하라." 적이 물러가자 말하기를, "내 (학사의) 담과 집을 수리하라. 내 장차 돌아갈 것이다." (월나라) 군대가 물러가고 증자는 돌아왔다. 좌우의 (제자들이) 말하기를, "(무성의 읍재가) 선생님을 이처럼 정성스럽고 공경하게 대하였는데, (월나라) 군대가 쳐들어오자 선생님은 먼저 이곳을 떠나버려 백성들에게 (좋지 않은) 본보기를 주고, (월나라) 군대가 물러나자 돌아왔다. 아마 그래서는 안 될 것 같습니다." 심유행이 말하기를, "그 점에 대해서는 너희들은 모른다. 옛날에 심유씨가 부추의 화를 당했는데, (그곳에 있던) 선생님을 따르는 70명 중 어느 누구도 (그 화를 진압하는 데) 참여하는 사람이 없었다." 자사가 위나라에 살 때 제나라 군대의 침략이 있었다. 어떤 사람이 말하기를, "(제나라) 군대가 쳐들어왔는데 왜 떠나지 않습니까?" 자사가 말하기를, "만일 내가 떠나간다면 군주는 누구와 함께 나라를 지키겠는가?" 맹자가 말하기를, "증자와 자사가 추구하는 이상은 같다. 증자는 스승이었고, 부형이었다. 자사는 신하였고, 그 지위가 미천하였다. 증자와 자사는 처지가 바뀌었다면 모두 그렇게 했을 것이다."

曾子居武城①, 有越寇②. 或曰: "寇至, 盍去諸?" 曰: "無寓③人於我室, 毁傷其薪木." 寇退則曰④: "脩我牆屋, 我將反." 寇退, 曾子反. 左右曰: "待先生如此之忠且敬⑤也, 寇至, 則先去以爲民望⑥. 寇退則反. 殆於⑦不可." 沈猶行⑧曰: "是, 非汝所知也. 昔沈猶有負芻⑨之禍, 從先生者七十人, 未有與⑩焉." 子思居於衛, 有齊寇. 或曰: "寇至, 盍去諸?" 子思曰: "如伋⑪ 去, 君誰與守⑫?" 孟子曰: "曾子 · 子思同道. 曾子, 師也, 父兄也. 子思, 臣也, 微⑬也. 曾子 · 子思, 易地則皆然."〈離婁 下31〉

◁주 해▷

① 武城 : 노나라 비읍(費邑)에 있는 지명. 지금의 산동 비현(費縣)의 서남 지방이다.

② 越寇 : 월나라의 병사를 지칭한다. 당시 월나라는 오나라를 멸망시켜 오나라의 땅을 차지하였다. 뒤이어 인접 국가인 노나라를 침략하였다.

③ 寓 : '기거하다'의 뜻으로, 이 구절은 '내가 살고 있는 곳에 다른 사람이 살지 못하게 하라'의 의미이다.

④ 曰 : 어사(語辭)이다. 이 구절은 '만일 월나라 병사가 물러가면 나를 대신하여 집을 수리하라. 내가 머지않아 돌아갈 것이다'의 의미이다.[46]

⑤ 待先生如此之忠且敬 : 이 구절에는 주어가 생략되어 있다. 앞뒤 문장을 살펴보면 주어는 무성의 읍재(邑宰), 즉 읍장임을 알 수 있다.

⑥ 爲民望 : 백성들이 우러러보는 대상, 즉 백성들의 본보기를 의미한다.

⑦ 殆於 : '아마'의 뜻이다.

⑧ 沈猶行 : 심유(沈猶)가 성이고, 행(行)은 이름이다. 증자의 제자이다.

⑨ 負芻 : 인명이다. 부추가 심유씨 집을 공격하자, 그곳에 70명의 제자와 함께 머무르고 있던 증자는 제자를 모두 데리고 떠났다.[47]

⑩ 與 : '참여하다'의 뜻이다. 미유여(未有與)는 '부추의 난을 물리치는 데 참여한 사람이 없었다'의 의미이다.

⑪ 伋 : 자사의 이름.

⑫ 君誰與守 : 군주는 장차 누구와 함께 국가의 사직을 지키겠는가?

⑬ 微 : 지위가 낮다.

◀해 설▶

이 장의 내용도 역시 '목적지는 같을지라도 가는 길은 다를 수 있다'에 관한 것이다. 입장을 바꾸어 놓으면 모두 다 그렇게 할 것이다. 이곳에서는 주인공을 증자와 자사로 바꾸었을 뿐이다.

증자가 무성에 거주할 때 무성의 읍재는 증자에게 정성과 공경을 다하였다. 그러나 무성에 변고가 있자 증자는 먼저 그곳을 떠나버렸다. 적군이 물러가자

---

46) 어사(語辭)로 해석하면 문장이 매끄럽지 않기 때문에 이곳에서는 저자의 뜻을 따르지 않고자 한다. ― 옮긴이 주.

47) 심유(沈猶)를 심유행 자신으로 해석하는 경우도 있다. ― 옮긴이 주.

돌아왔다. 또 심유씨 집에 머무른 적이 있었는데, 심유씨 집에 변고가 있자 증자는 수수방관만 하고 있을 뿐이었고, 증자를 따르던 70명의 제자들도 변란을 진압하는 데 참여하지 않았다. 그러나 자사는 그렇지 않았다. 위나라의 신하로 있을 때, 제나라의 군대가 쳐들어왔다. 어떤 사람이 피난 갈 것을 권유하자 거절하고서 위나라의 군주와 환난을 같이 하였다. 그렇다면 증자와 자사의 태도 중에 어떤 것이 정당한가?

맹자는 증자와 자사가 취한 태도에 대하여 모두 긍정하였다. 왜냐하면 증자와 자사의 처지가 서로 달랐기 때문에 그들이 선택한 태도 역시 다를 수밖에 없었다는 것이다. 증자가 무성에 있을 때 증자는 어른(長子)의 위치였고, 심유씨 집에 있을 때 증자는 스승의 위치였다. 예법에 비추어 보면 젊은이들이 어른과 스승을 보호하는 것이지 어른과 스승이 젊은 제자를 위하여 싸우는 것이 아니다. 만일 젊은 제자를 보호하기 위하여 싸웠다면 그것은 곧 제자들을 부끄럽게 하여 머리를 들 수 없게 하는 것이고, 혹이라도 싸우다가 죽음이라도 당하면 제자들을 불의한 사람으로 전락시키기 때문이다. 증자는 무성과 심유씨 집을 떠남으로써 제자들로 하여금 마땅히 해야 할 도리를 다하게 한 것이다. 이는 서양에서 두 사람이 결투할 때 옆에 있는 사람은 어느 쪽도 도울 수 없는 원칙과 유사하다. 만일 어떤 한쪽을 도와 그 사람이 승리하였다면, 승리자는 고마워하지 않고 오히려 타인의 도움을 받아 승리하였다는 사실에 대하여 부끄러워할 것이다.

그러나 자사는 그렇지 않았다. 자사는 위나라 군주의 신하였다. 때문에 그 직분에 맞는 책임을 다 하였다. 설령 죽음을 당할지라도 그것 역시 자사가 마땅히 해야 할 직분이다. 이처럼 군자의 진퇴에는 그 상황에 적합한 권형이 내재되어 있다. 이것이 바로 앞에서 말한 '의정인숙(義精仁熟)'이다.

마지막으로 나는 하나의 질문을 던져 보고 싶다. 만일 심유씨 집에 거주하고 있을 때, 부추의 난으로 심유씨가 멸망하려고 하면, 증자는 "같은 집안 사람이 서로 싸운다면 비록 머리털을 풀어 헤치고 갓끈으로 갓을 매고서라도 그 싸움을 말려야 한다"는 권형에 따라 제자들을 전투에 참여시킬 것인가? 나는 증자가 반드시 참여시키지 않을 것이라고는 생각하지 않는다. 왜냐하면 특수한 비상 시기이기 때문에 증자는 그 상황에 적절한 태도를 취하였을 것이다. 권형에는 변통이 있다. 심유씨의 집에 난이 발생하였을 때 제자들을 참여시키지 않은 것은 아마 증자가 그 때의 상황을 그리 위급하지 않다고 판단하였기 때문일 것이다.

30. 물에 빠진 형수는 손으로 끌어당겨 구해 주어야 한다(嫂溺援之以手)

순우곤이 말하기를, "남녀가 직접 손으로 주고받지 않는 것이 예입니까?" 맹자가 말하기를, "예이다." (순우곤이) 말하기를, "형수가 물에 빠지면 손으로 구해 주어야 합니까?" (맹자가) 말하기를, "형수가 물에 빠졌는데 구해 주지 않으면 이는 승냥이나 이리 같은 사람이다. 남녀간에 직접 손으로 주고받지 않는 것은 예이고, 형수가 물에 빠져 손으로 구해 주는 것은 임시방편적인 권이다." (순우곤이) 말하기를, "지금 천하가 물에 빠졌는데 선생께서 구해 주지 않는 까닭은 무엇입니까?" (맹자가) 말하기를, "천하가 물에 빠지면 도로써 구해 주어야 한다. 형수가 물에 빠지면 손으로 구해 주어야 한다. 당신은 천하를 손으로 구하려고 하는가?"

淳于髡①曰:"男女授受不親②, 禮與?" 孟子曰:"禮也." 曰:"嫂溺則援之以手乎?" 曰:"嫂溺不援, 是豺狼也. 男女授受不親, 禮也. 嫂溺援之以手者, 權也③." 曰:"今天下溺矣, 夫子之不援, 何也?" 曰:"天下溺, 援之以道. 嫂溺, 援之以手. 子欲手援天下乎?"〈離婁 上17〉

◁주 해▷

① 淳于髡 : 제나라의 변사. 성이 순우(淳于)이고, 곤(髡)은 이름이다.
② 男女授受不親 : 중국의 고대 예법은 남녀간의 행위를 매우 엄하게 규정하고 있다. 남자와 여자는 서로 물건을 주고받을 때 직접 손으로 전달해서는 안 된다.《예기》〈방기(坊記)〉편에 기록되어 있다.
③ 權 : 권(權)은 본래 저울추였다. 좌우로 움직여 저울의 평형을 잡는 것이었지만, 이곳에서는 저울추를 빌려 상황의 경중을 살펴 변통해야 함을 설명하고 있다.

◀해 설▶

이 장에서 맹자는 권형의 의미를 매우 적절하게 설명하고 있다. 순우곤은 당시의 유명한 변사(辯士)로서 논변에 뛰어난 재능을 가진 사람이었다. 순우곤은 논리적 함정을 파놓고서 맹자를 몰아가는데, 맹자는 오히려 그와 진실한 태도로 대화하면서 가볍게 순우곤의 공격을 헤쳐 나갔다.

순우곤은 먼저 '남녀간에는 손으로 직접 물건을 주고받지 않는' 예법[48]과 '물에 빠진 형수를 손으로 끌어당겨 주어야 하는' 서로 모순된 명제를 들어 맹자를 시험하였다. 맹자가 임시방편이라는 권변(權變)의 방법을 제시하자, 다음에는 '지금 천하의 백성은 마치 물에 빠진 형수처럼 도탄에 빠져 있는데, 당신은 오로지 인의도덕이라는 불변의 예법에만 구속되어 있을 뿐 손을 내밀어 물에 빠진 형수를 구해 주는 것처럼 백성을 구할 수 있는 권법을 제시하지 않은 까닭은 무엇인가'라고 물었다. 이러한 순우곤의 계속된 질문은 맹자로 하여금 권법이 잘못된 것임을 승인하라고 압박하는 것이다. 맹자는 과연 어떻게 대답하였을까?

맹자는 순우곤의 질문을 받자마자 바로 순우곤의 관념에 한 가지 혼란이 있음을 발견하였다. 그것은 바로 순우곤이 일반적인 상법(常法) 혹은 상규(常規)인 예법과 예법의 근본인 仁을 혼동하고 있는 것이다. 순우곤은 비록 분명하게 설명하지는 않았지만, 아마 맹자로 하여금 인의도덕에만 구속되지 말고 암흑처럼 어두운 현실을 직시하고서 눈에는 눈, 이에는 이라는 방식으로 신속하게 악의 세력을 소멸시키는 문제에 주력하라고 권유하는 것 같다. 순우곤이 이처럼 생각하는 것은 일반적인 사회 질서인 법규는 필요할 때 임시변통을 할 수 있지만 예법의 근본인 인의도덕은 영원히 바꿀 수 없는 점을 모르기 때문이다. 권법으로써는 단지 사건을 처리할 수 있을 뿐 권법으로써 존심(存心)하는 것이 아니다. 때문에 권법에 의해서 나타난 임시방편도 반드시 인의도덕에 부합해야 한다. 권법이 인의도덕과 일치하지 않으면 변통과 작란(作亂)에 무슨 차이가 있단 말인가?

맹자의 대답 속에 있는 의미는 다음과 같이 설명할 수 있다. '너는 인의도덕을 버려 두고서 무력에 의지해서 천하를 구할 수 있다고 생각하는가? 이는 불

---

48) 禮는 상법(常法)으로서 불변의 경(經)이다.

200

가능하다. 천하가 어지러운 것은 바로 인의도덕을 강조하지 않았기 때문인데, 어떻게 너처럼 인의도덕을 강조하지 않고 천하를 구하겠다는 말인가? 악마의 세력은 애정과 동정으로써 교화해야 하는 것이지 무력을 사용하여 소멸시키려고 해서는 안 된다. 왜냐하면 악마의 본질이 무력으로써 서로 죽이는 것이기 때문이다. 네가 무력으로써 그들의 세력을 살육하려고 한다면 그것은 바로 네 자신이 바로 잔악한 악마임을 스스로 증명하는 것과 마찬가지이다. 그렇게 되면 악마의 세력은 자신을 방어하기 위하여 갈수록 강해지려고 할 텐데, 그런 방법으로 어떻게 천하를 구할 수 있다는 말인가?'

천하를 올바르게 구할 수 있는 방법은 인의도덕밖에 없다. 이른바 권형이라는 것은 불변의 도덕양심을 포기하자는 것이 아니라 인의도덕을 근본으로 변통을 생각하자는 것이다. 따라서 어떤 임시방편이 나오더라도 반드시 인의도덕을 종(宗)으로 삼아야 한다. 이럴진대 어떻게 영원 보편적인 仁心을 가볍게 버리자고 하는가?

31. 예와 식색(食色) 중에 무엇이 더 중요한가?(禮與食孰重)

어느 임나라 사람이 옥로자에게 말하기를, "예와 먹는 음식 중에서 어느 것이 중요합니까?" (옥로자가) 말하기를, "예가 중요하다." (임나라 사람이 말하기를), "여색과 예 중에서 어느 것이 중요합니까?" (옥로자가) 말하기를, "예가 중요하다." (임나라 사람이) 말하기를, "예법에 따라 먹으려고 하면 굶어 죽게 되고, 예법에 따르지 않고 먹으려고 하면 먹을 것을 얻을 수 있는데도 반드시 예법에 따라야 합니까? 예를 갖추어 여자를 맞이하려고 하면 아내를 얻을 수 없고, 예를 갖추지 않고 아내를 얻으려고 하면 아내를 얻을 수 있는데도 반드시 예를 갖추어 아내를 맞이해야 합니까?" 옥로자가 대답할 수 없었다. 다음 날 추나라에 가서 맹자에게 (이 사실을) 알렸다.[49] 맹자가 말하기를, "이런 문제에 대답하는 것이 뭐 그리 어려운가! 근본을 맞추지 않고 그 끝부분만을 가

49) 맹자가 묵고 있는 추나라의 성(城)은 임나라와 120리밖에 떨어지지 않았기 때문에 하루 안에 갈 수 있었다. ―옮긴이 주.

지런히 하려고 한다면 한 치되는 조그마한 나무를 높은 집보다 더 높이 올릴 수 있다.[50] 쇠가 깃털보다 무겁다는 것이 어찌 혁대고리와 같은 조그마한 쇠와 한 수레의 깃털을 비교하여 말한 것이겠는가? 식사의 중요성과 예법의 경미성을 비교한다면 어찌 식사가 중요하다고만 할 수 있겠는가? 아내를 얻는 중요성과 예법의 경미성을 비교한다면 어찌 아내를 얻는 것이 중요하다고만 할 수 있겠는가?[51] (임나라에) 가서 '형의 팔을 비틀어 빼앗아 먹으려고 하면 먹을 것을 얻을 수 있고, 비틀지 않으면 먹을 것을 얻을 수 없는 상황에 처하면, (형의) 팔을 비틀겠는가? 동쪽 집의 담장을 넘어가 (그 집의) 처녀를 강제로 끌어오면 아내를 얻을 수 있고, 강제로 끌어오지 않으면 아내를 얻을 수 없는 상황에 처하면, (처녀)를 억지로 끌어오겠는가' 하고 말하라."

任①人有問屋廬子②曰："禮與食孰重?" 曰："禮重." "色與禮孰重?" 曰："禮重." 曰："以禮食則飢而死, 不以禮食則得食, 必以禮乎? 親迎③則不得妻, 不親迎則得妻, 必親迎乎?" 屋廬子不能對. 明日之鄒④, 以告孟子. 孟子曰："於⑤答是也何有⑥! 不揣⑦其本, 而齊其末, 方寸之木, 可使高於岑樓⑧. 金重於羽者, 豈謂一鉤金⑨與一輿羽之謂哉! 取食之重者, 與禮之輕者而比之, 奚翅⑩食重? 取色之重者, 與禮之輕者而比之, 奚翅色重? 往應之曰：'紾⑪兄之臂, 而奪之食, 則得食. 不紾, 則不得食, 則將紾之乎? 踰東家[52]牆而摟其處子⑫則得妻, 不摟則不得妻, 則將摟之乎?'"〈告子 下1〉

◁주 해▷

① 任 : 임(任)은 지금의 산동성 제영현(濟寧縣)에 있었던 작은 나라 이름이다. 군주는 태호(太昊)의 후손으로 성은 풍(風)이다.
② 屋廬子 : 맹자의 제자로서 이름은 연(連)이다.

---

50) 주자의 주에 따르면, 본(本)은 아래를, 말(末)은 위를 가리킨다. 또 조그마한 나무는 식색을 비유하고, 높은 집은 예를 비유한다. 만일 아래를 맞추지 않고 꼭대기만 맞추려고 한다면 한 치 안 되는 작은 나무도 높은 집보다 높이 올릴 수 있기 때문에 말이 안 된다는 것이다. 즉, 임나라 사람의 비유가 적절치 못함을 지적한 것이다. ─ 옮긴이 주.
51) 이 말은 원론적인 입장에서는 예가 우선이지만 상황이 특수한 경우에는 마땅히 일의 경중을 헤아려 선후를 결정할 수 있다는 의미이다. ─ 옮긴이 주.
52) 동쪽의 이웃집이지만, 동가(東家)는 미인을 의미한다. ─ 옮긴이 주.

③ 親迎 : 예절을 갖추어 여자의 집으로 가서 직접 아내를 맞이하는 행사.

④ 之鄒 : 추나라에 가다. 추(鄒)는 원래 춘추시대의 주(邾)나라였는데, 노나라 목공(穆公) 때 이름을 추로 바꾸었다. 추나라는 지금의 산동성 추현(鄒縣) 동남쪽에 위치하였기 때문에 노나라와 인접국가이다.

⑤ 於 : '……에 대하여.'

⑥ 何有 : '어떤 어려움이 있는가?' 이 구절은 '이 질문에 대한 대답이 뭐 그리 어려운가'의 뜻이다.

⑦ 揣 : 헤아리다.

⑧ 岑樓 : 잠(岑)은 원래 '높은 산 언덕'을 지칭하기 때문에 잠루(岑樓)는 높은 집을 의미한다.

⑨ 一鉤金 : 구(鉤)는 혁대고리를 의미한다. 따라서 일구금(一鉤金)은 극히 소량의 쇠를 가리킨다.

⑩ 奚翅 : 해(奚)는 '어찌'의 뜻이고, 시(翅)는 시(啻), 즉 '……일 뿐'과 같은 의미이다. 따라서 해시(奚翅)는 '어찌 ……에 그치겠는가'의 의미로서 강조의 어기사이다. 또 '당연' 혹은 '더 말할 필요가 있겠는가'로 해석할 수도 있다.

⑪ 紾 : 비틀다.

⑫ 摟其處子 : 루(摟)는 '훔쳐 오다'의 뜻이고, 처자(處子)는 아직 시집가지 않은 처녀를 의미한다.

◀해 설▶

앞에서 권형은 마땅히 仁心에 의거하여 헤아려야만 인의에 위배되지 않음을 밝혔다. 부득이한 상황에서는 일반적인 예법을 따르지 않을 수도 있다. 다시 말하면 권형은 인의의 본심을 근본으로 삼을 뿐 형식적인 예를 근본으로 삼지 않는다. 그렇다고 禮의 의미가 말살되는 것은 아니다. 지금부터는 예의 상법(常法)과 상행(常行)의 의미에 관하여 설명하겠다.

본래 인간의 생활은 크게 두 방면의 활동으로 나누어 설명할 수 있다. 하나는 생존활동이고, 다른 하나는 문화활동이다. 생존의 대표적인 현상은 배가 고프면 음식을 먹고, 추우면 따뜻하게 옷을 입는 활동이다. 이러한 생존활동은 인생의 기본적인 수요로서 절대 없어서는 안 된다. 그러나 인생이 생존활동에만 그친다면 동물과 다를 바 없다. 사람이 사람일 수 있는 까닭은 생존활동 외에 인격의 존엄을 세우고, 仁心의 사랑을 펼쳐 다른 사람과 서로 정감을 교류함으로써 사회의 구성원들이 서로 사랑하는 문명세계를 건립함에 있다. 이러한 활동을 문화활동이라고 한다. 문화활동은 당연히 仁心을 근본으로 해야 한다. 仁心을 근본으로 하여 밖으로 표출된 성과가 바로 예의 문화, 즉 예문(禮文)이다. 예문은 원래 내적인 문화 이상이 밖으로 드러난 행위형식이다. 이러한 행위형식을 통하여 서로간의 감정을 교류하고 의사를 전달한다. 만일 예문의 형식이 없다면 각각의 자기 일면에만 집착할 수 있기 때문에 서로간의 원만한 교류는 불가능하게 된다. 예문이 중요한 이유가 바로 여기에 있다.

그렇지만 예문은 사람이 결정한 것이기 때문에 그 자체에 필연성과 보편성을 갖추고 있지 않다. 시대와 환경의 변화에 따라 손익을 고려하고 또 개정할 수 있다. 때문에 공자는 "은나라는 하나라의 (문물과 전장 제도를) 본받아 따랐으니 빼고 더하면 알 수 있다. 주나라는 은나라의 (문물과 전장 제도를) 본받아 따랐으니 빼고 더하면 알 수 있다"[53]고 하였다. 또 행동을 취하려고 할 때에도 특수한 상황이 발생할 수 있다. 이 때는 禮에 의거하여 행동하는 것이 오히려 불편을 초래할 수 있다. 또 다른 상황도 발생할 수 있다. 두 가지 예가 서로 중첩되어 어떤 예를 선택해야 할지 분명한 판단이 서지 않은 경우도 있을 수 있다. 이런 상황에서는 오로지 내적인 인의의 본심만이 유일한 표준이다. 반드시 仁心을 근거로 권형해야 한다. 한 시대의 예법인 대례(大禮)를 다시 결정하는 것도 권형이고, 특수한 상황에 직면하여 잠시 예를 따르지 않는 것도 권형이며, 이 두 가지 예가 중첩되어 어느 하나를 선택하는 것도 역시 권형이다. 즉, 仁心에 의거하여 어떤 권형을 내리더라도 모두 禮인 것이다. 구시대의 예를 버리고 신시대의 예를 따르기도 하고, 이 예를 버리고 저 예를 취하기도 하는 것은 특수한 상황에 직면하여 잠시 예를 제쳐두는 것에 불과하다. 다시 말하면 우연의 예외적 상황인 것이다. 그 상황이 지나가면 당연히 일반적인 예법에 따라 행해야 한다. 仁心에 의거하여 경중을 고려하고 권형을 할 수 있는 사람이 바로 생존의 생활에 머물지 않고 禮에 따라 행동하는 문명인이다.

이 장의 내용은 일반적인 상황과 특수한 상황에서 마땅히 어떤 태도를 취해야 하는가에 관한 것이다. 임나라 사람은 '예와 먹고 마시며 아내를 취하는 것 중에서 어느 것이 중요하냐'고 물었는데, 이는 '문화활동과 생존활동 중에서

---

53) "殷因於夏禮, 所損益可知也. 周因於殷禮, 所損益可知也."《論語》〈爲政 23〉

어느 것이 중요하냐'고 묻는 것이다. 사람이 사람일 수 있는 근거는 도덕에 있기 때문에 당연히 문화활동이 중요하다. 다시 말하면 문화활동을 우선시해야만 비로소 그 인생의 의미를 찾을 수 있다. 때문에 옥로자는 '예가 중요하다'고 답한 것이다. 옥로자의 대답은 맹자의 가르침과 일치한 것이지만, 임나라 사람이 다시 '일반적인 상황과 특수한 상황에서 무엇을 우선해야 하는가'에 관하여 질문하자 옥로자는 일반적인 상황에 대한 원칙만을 알고 있을 뿐 응변에 대한 원칙은 잘 모르고 있었기 때문에 대답을 하지 못한 것이다.

그렇다면 이 특수한 상황은 도대체 어떤 성격의 특수인가? 본래 생존활동은 문화활동의 기초이다. 설사 가치론적인 입장에서는 예를 우선시하지만 생존활동이 문화활동의 기초인 것만은 사실이다. 만일 살 수 없고, 또 그 민족의 생존이 지속될 수 없다면 문화활동이란 근본적으로 존재할 수 없다. 따라서 생존은 우리의 기본적인 책임이기 때문에 인의의 도덕에 위배되지 않는다. 생존의 활동이 예법에는 위배될 수 있지만 인의의 양심까지 연결시키는 것은 무리이다.

맹자는 먼저 문화활동인 예가 생존활동인 식색(食色)보다 중요하다고 하였다. 그러나 이는 기본적인 생존활동이 어느 정도의 만족스러운 결과를 얻은 후에 다시 문화활동과 생존활동의 가치 문제를 논의할 때 문화활동의 우선성을 긍정한 것에 불과하다. 따라서 생존활동이 아직 만족스럽지 못할 때는 당연히 문화활동을 잠시 제쳐두고 생존활동을 계속해야 한다.

맹자는 마지막으로 특수한 상황에 직면하여 잠시 문화활동을 제쳐놓은 것도 인의의 도덕에 위배되지 않음을 설명하였다. 맹자는 '반드시 다른 사람을 해쳐야만 먹을 것을 얻을 수 있고, 다른 사람의 권리를 침범해야만 아내를 얻을 수 있다면, 그런 행위는 마땅히 해서는 안됨'을 강조하였다. 특수한 상황에서 잠시 동안 예를 제쳐놓은 것은 단지 소극적인 임시방편일 뿐이다. 때문에 근원적인 인의의 도덕은 절대 위배할 수 없다.

32. 원수에게 무슨 예를 차립니까?(寇讎何服之有)

맹자가 제선왕에게 말하기를, "임금이 신하 보기를 (자신의) 손발처럼 여기면, 신하는 임금 보기를 (자신의) 배와 심장처럼 여깁니다. 임금이 신하 보기를 개나 말처럼 여긴다면 신하는 임금 보기를 자기와 아무런 관계 없는 사람처럼 여깁니다. 임금이 신하 보기를 흙과 풀처럼 여긴다면 신하는 임금을 원수처럼 여깁니다." 왕이 말하기를, "예법에는 지난날 섬겼던 임금을 위하여 상복을 입는다고 되었는데, 어떻게 해야 (임금을 위해 신하가) 상복을 입습니까?" (맹자가) 말하기를, "(신하가) 간하면 그것을 (임금이) 행하고, 말하면 들어 주어 그 은혜가 백성에게 내려지다가, 어떤 이유가 있어 (임금 곁을) 떠나려고 하면, 임금은 사람을 시켜 신하를 국경 밖으로 내보내 주고, 또 신하가 가고자 한 곳에 먼저 사람을 보내 신하를 도와줍니다. (그러다가 신하가) 삼년이 되었는데도 돌아오지 않은 후에야 그에게 내렸던 봉읍을 회수합니다. 이것을 일러 세 번 예가 있다고 합니다. 이렇게 하면 옛 임금을 위하여 상복을 입습니다. 지금 신하가 되어서 간하면 행하지 않고, 말하면 들어 주지 않아 그 은혜가 백성에게까지 내려가지 않고, 어떤 이유가 있어 (임금 곁을) 떠나려고 하면, 임금은 (신하의 가족을) 가두어버리고, 신하가 가고자 한 곳에 사람을 먼저 보내 방해하며, (신하가) 떠난 날 바로 봉읍을 회수해버립니다. 이것을 일러 원수라고 합니다. 원수인데 무슨 복을 입습니까?"

孟子告齊宣王曰："君之視臣如手足, 則臣視君如腹心. 君之視臣如犬馬, 則臣視君如國人①. 君之視臣如土芥, 則臣視君如寇讎." 王曰："禮, 爲舊君有服②, 何如斯可爲服矣?" 曰："諫行, 言聽, 膏澤③下於民, 有故而去, 則君使人導之出疆, 又先④於其所往. 去三年不反, 然後收其田里⑤. 此之謂三有禮焉. 如此則爲之服矣. 今也爲臣, 諫則不行, 言則不聽, 膏澤不下於民. 有故而去, 則君搏執⑥之, 又極⑦之於其所往. 去之日, 遂收其田里. 此之謂寇讎. 寇讎, 何服之有?"〈離婁 下 3〉

◁ 주 해 ▷

① 國人 : 나라 안의 사람이지만 이곳에서는 '자신과 아무런 관계가 없는 사람'을 지칭한다.
② 禮, 爲舊君有服 :《의례(儀禮)》〈상복전(喪服傳)〉에 따르면 "정당한 이유로 군주의 곁을 떠났으나 (군주와의 관계를) 아직 끊어버리지 않은 사람은 (그 군주

가 죽으면) 상복을 삼개월 동안 입는다(以道去君而未絶者, 服齊衰三月)"고 기록
되어 있다.

③ 膏澤 : 기름과 물이지만, 이곳에서는 생활을 윤택하게 해 주는 은혜의 의미
로 쓰인다.

④ 先 : 선행(先行), 즉 '먼저 가다'의 의미이지만, 이곳에서는 떠나는 사람을 위
하여 길을 열어 준다, 혹은 떠나는 사람보다 먼저 사람을 보내어 그가 그곳
에서 뜻을 펼칠 수 있도록 도와준다는 의미로 쓰인다.

⑤ 田里 : 떠난 신하에게 주었던 전지(田地)와 주택, 즉 봉읍(封邑)을 의미한다.

⑥ 搏執 : '가두어 놓다'로 '떠나간 신하의 가족에게 박해를 가한다'는 뜻이다.

⑦ 極 : '막다' 혹은 '방해하다'의 뜻이다. 그 신하가 가고자 한 곳에 먼저 사람
을 보내 그를 모함하여 곤궁에 빠뜨린다.

◀해 설▶

이 장에서는 군신간의 일반적인 예법의 존폐에 관하여 논의하고 있다. 원래
예법은 자신과 타인간의 정감을 교통하고 서로간의 의지를 교류하기 위하여
제정한 것이다. 따라서 예법은 쌍방이 서로 준수해야 한다. 상대방에게 성의
를 다했는데도 불구하고 돌아오는 것은 자신에 대한 무시와 홀대라면, 그것은
인의의 도에 부합하지 않기 때문에 예법을 만든 원래 목적에도 부합하지 않는
다. 따라서 자신에 대한 상대방의 정감이 바뀌어졌으면 자신 역시 그 사람에
대한 태도와 행위를 조정해야 한다. 이것 역시 권형이다. 즉, 이 예법을 버리
고 저 예법을 취하는 것이다. 그러나 예법의 형식을 바꾼다고 할지라도 양심
의 선의를 위배해서는 안 된다. 다시 말하면 예법의 조정은 문화활동의 범위
내에서 이루어져야지 서로간의 투쟁으로 전개되어서는 안 된다.

이 장에서 맹자는 먼저 제선왕에게 군신간의 상호성을 설명하였다. 맹자의
설명에는 군신간의 예법은 상호간 관계의 변화에 따라 변할 수 있음이 내포되
어 있다. 제선왕은 맹자와 같은 생각을 한 적이 없기 때문에 한 가지 예법을
들어 신하는 영원히 군주를 섬겨야 함을 강조하려고 한다. 그러나 이러한 제
선왕의 생각은 사사로운 마음으로 신하를 이용하려는 것일 뿐 인의에 의한 사
랑이 아니다. 인의를 근본으로 한 것이 아니면 이미 예법이라고도 할 수 없다.
때문에 맹자는 禮의 본의에 입각하여 이미 군주의 도에 부합하지 않는 군주,

즉 이름만 군주일 뿐 실상은 원수에 가까운 사람에게는 군신의 禮를 다할 필
요가 없음을 강조한 것이다.

33. 귀척의 경과 이성의 경[54] (貴戚之卿[55] 與異姓之卿[56])

제선왕이 (맹자에게) 경의 도리에 관하여 물었다. 맹자가 말하기를, "어떤
경에 관하여 물은 것입니까?" 왕이 말하기를, "경에도 다름이 있습니까?" (맹
자가) 말하기를, "다릅니다. 왕과 성이 같은 귀척의 경이 있고, 왕과 성이 다
른 이성의 경이 있습니다." 왕이 말하기를, "귀척의 경에 관하여 묻겠습니다."
맹자가 말하기를, "(귀척의 경은) 왕에게 큰 과오가 있으면 그 잘못을 간하고,
그것을 되풀이하여 간하다 왕이 들어 주지 않으면 새로운 왕으로 교체합니
다." 왕이 갑자기 발끈하여 얼굴색이 변하자, (맹자가) 말하기를, "왕께서는
괴이하게 생각하지 마십시오. 왕이 신하에게 묻는데, 신하가 감히 올바르게
대답하지 않을 수 있겠습니까?" 왕의 얼굴색이 평정을 되찾은 후에 이성의 경
에 관하여 물었다. (맹자가) 말하기를, "왕에게 큰 과오가 있으면 그 잘못을 간
하다가, 그것을 되풀이하여 간하다가 왕이 들어 주지 않으면 떠나버립니다."

齊宣王問卿①. 孟子曰: "王何卿之問②也?" 王曰: "卿不同乎?" 曰: "不
同. 有貴戚之卿, 有異姓之卿." 王曰: "請問貴戚之卿." 曰: "君有大過則諫,
反覆之而不聽, 則易位③." 王勃然④變乎色, 曰: "王勿異⑤也. 王問臣, 臣不
敢不以正對⑥." 王色定⑦, 然後請問異姓之卿. 曰: "君有過則諫, 反覆之而
不聽, 則去."〈萬章 下 9〉

---

54) 제3부 정치문화론의 19에도 같은 내용이 수록되어 있다. 그러나 수양론에서는 예법의 권
형에 대한 논의가 주이고, 정치문화론에서는 정치의 원칙과 신하의 의무에 대하여 논하
고 있다. ─ 옮긴이 주.
55) 군주와 성(姓)이 같은 귀족. 즉 출신성분에 의해 결정된 경을 의미한다. ─ 옮긴이 주.
56) 군주와 성이 다른 경. 출신성분이 아닌 능력과 덕망의 겸비를 통해 경에 이른 사람을 의
미한다. ─ 옮긴이 주.

208

◁주 해▷

① 問卿 : 경(卿)의 지위에 있는 사람이 마땅히 해야 할 도리와 예법 등에 관하여 묻다. 경은 상·중·하 세 계급으로 나눈다.
② 何卿之問 : 어떤 경에 관한 물음인가?
③ 易位 : 군주를 바꾼다. 현재의 군주와 동성(同姓)인 사람 중에서 현자를 선택하여 새로운 군주로 옹립한다.
④ 勃然 : 안색이 갑자기 변하면서 화를 내는 모양.
⑤ 異 : 이상하게 여기다.
⑥ 以正對 : 바른대로 대답하다.
⑦ 色定 : 얼굴색이 평정을 되찾다.

◀해 설▶

　이 장에서는 상대방과의 관계에 따라 예법도 달라질 수 있음을 설명하고 있다. 예를 들어 경(卿)이라는 관직도 동일한 명칭을 사용하지만 군주와의 관계가 서로 다르기 때문에 정치상의 책임도 서로 다를 수밖에 없다. 군주와 성이 같은 귀척의 경과 군주와 성이 다른 이성의 경의 공통점은 그 책임이 군주를 보좌하는 곳에 있다. 따라서 군주에게 잘못이 있으면 마땅히 그 잘못을 간해야 한다. 그러나 다른 점도 있다. 먼저 귀척의 경은 군주의 사소한 과오에 대해서는 극간을 하지 않고 왕실 전체의 친화를 유지하려고 한다. 반면 이성의 경은 귀척의 경과 달리 군주에 대한 책임과 태도가 다르다. 따라서 몇 차례 잘못을 간하다가 군주가 그 잘못을 교정하지 않으면 군신관계를 단절하고서 다른 나라로 떠나버린다. 그러나 귀척의 경은 군주뿐만 아니라 국가 사직의 존망에 대해서도 책임을 져야 한다. 이것이 맹자가 말한 "민중이 가장 귀중하고, 사직이 다음이며, 군주의 지위는 가볍다"[57]의 본의이다. 따라서 마땅히 여러 차례 군주의 잘못을 간하다가 군주가 끝내 들어 주지 않으면, 군주와의 관계는 단절할 수 있지만, 사직과의 관계는 단절할 수 없기 때문에 새로운 군주를 옹립한다. 이것이 바로 사직에 대한 귀척지경의 책임이다. 이러한 귀척지경의 행동이 군주의 권리를 침해한 것인가? 그렇지 않다. 왜냐하면 귀척지경과 군

---

57) "民爲貴, 社稷次之, 君爲輕."〈盡心 下 14〉

주의 관계가 군주에 의해서 단절되었고, 귀척의 경은 자신이 마땅히 다해야 할 책임을 하였을 뿐이기 때문이다.

34. 군자를 배양하는 방법(養君子之道)

만장이 말하기를, "지식인이 제후에게 의탁하지 않는 이유는 무엇입니까?" 맹자가 말하기를, "감히 그렇게 하지 못하기 때문이다. 제후가 자기 나라를 잃어버린 후에 (다른 나라의) 제후에게 의탁하는 것은 예법에 맞지만, 지식인이 제후에게 의탁하는 것은 예법에 맞지 않는다." 만장이 말하기를, "군주가 (타국에서 온 지식인에게) 곡식을 보내 주면 받습니까?" (맹자가) 말하기를, "그것은 받는다." (만장이 묻기를), "받는 이유는 무엇입니까?" (맹자가 말하기를), "군주는 백성을 구제해 주어야 한다." (만장이) 말하기를, "구제하는 것은 받고, 하사하는 것은 받지 않는 이유는 무엇입니까?" (맹자가) 말하기를, "감히 그렇게 하지 못하기 때문이다." (만장이) 말하기를, "감히 여쭈어 보겠습니다. '그 감히 받지 못하는 이유'는 무엇입니까?" (맹자가) 말하기를, "성문을 지키고 야간 순찰을 도는 사람은 모두 일정한 직분이 있기 때문에 위로부터 양식을 받지만, 일정한 직분이 없는 사람이 위로부터 하사품을 받는 것은 공경스럽지 않다고 생각하기 때문이다." (만장이) 말하기를, "군주가 무상으로 보내주면 받는다고 하였습니다. 그렇다면 잘 모르겠습니다만 계속 받아도 괜찮겠습니까?[58]" (맹자가) 말하기를, "목공은 자주 자사에게 안부를 물으면서 자주 맛있게 조리한 고기를 보내 주었지만 자사는 그것을 기쁘게 생각하지 않았다. 마침내 (음식을 가지고 온) 사람에게 손을 내저으면서 그를 대문 밖으로 내보내 놓고 북쪽을 향하여 머리를 조아려 두 번 절을 한 다음에는 (보내 온 고기를) 받지 않았다. (그러면서) 말하기를, '이제서야 군주가 나 급(伋)을 개나 말처럼 취급한다는 사실을 알았다.' 그로부터 사자가 고기를 보내는 일이 없었다. 현자를 좋아하면서 등용하지 못하고, 또 그를 배양하지 못하는데 어찌 현자를 좋아한다고 말할 수 있겠는가?" (만장이) 말하기를, "감히 묻겠습니다.

---

58) '군주가 구휼하는 의미로 주는 양곡을 계속 받아도 되느냐'는 질문이다. —옮긴이 주.

군주가 군자를 배양하려고 하면 어떻게 해야만 배양한다고 할 수 있습니까?"
(맹자가) 말하기를, "군주의 명령으로 (고기나 양곡을) 보내 주면 머리를 조아려
재배하고서 그것을 받는다. 그 후에는 미곡 출납을 관장하는 관리가 계속해서
양곡을 대고, 고기를 관장하는 관리가 계속해서 고기를 대지만, 군주의 명령
으로 보내지는 않는다. 자사는 맛있게 요리한 고기를 자주 보내 주는 행위는
자기로 하여금 번잡스럽게 자주 절을 올리도록 하는 것이지 군자를 배양하는
올바른 방법이 아니라고 생각하였다. 요임금이 순을 대함에 있어서는, 그의
아홉 아들로 하여금 (순을) 섬기게 하고, 두 딸을 (순에게) 시집을 보내었으며,
백관과 소 및 양 그리고 미곡 창고를 준비하여 순을 밭고랑 사이에서 배양하
였다. 후에는 (순을) 등용해 윗자리에 앉혔다. 그러므로 그것을 일러 '왕공이
현자를 존경하는 것이다'라고 말한 것이다."

萬章曰："士①之不託②諸侯, 何也?" 孟子曰："不敢也. 諸侯失國而後託
於諸侯, 禮也, 士之託於諸侯, 非禮也." 萬章曰："君餽59)之粟, 則受之乎?"
曰："受之." "受之何義也?" 曰："君之於氓③也, 固周④之." 曰："周之則
受, 賜⑤之則不受, 何也?" 曰："不敢也." 曰："敢問其不敢, 何也?" 曰：
"抱關擊柝者, 皆有常職以食於上. 無常職而賜於上者, 以爲不恭也." 曰："君
餽之, 則受之. 不識可常繼乎?" 曰："繆公⑥之於子思也, 亟⑦問, 亟餽鼎
肉⑧, 子思不悅. 於卒⑨也, 摽⑩使者 出諸大門之外, 北面稽首⑪, 再拜而不
受. 曰：'今而後, 知君之犬馬畜伋⑫!' 蓋自是臺⑬無餽也. 悅賢不能擧, 又不
能養也, 可謂悅賢乎?" 曰："敢問國君欲養君子, 如何斯可謂養矣?" 曰："以
君命將⑭之, 再拜稽首而受. 其後廩人⑮繼粟, 庖人⑯繼肉, 不以君命將之. 子
思以爲鼎肉, 使己僕僕爾⑰亟拜也, 非養君子之道也. 堯之於舜也, 使其子九
男事之, 二女女⑱焉, 百官牛羊倉廩備. 以養舜於畎畝之中. 後擧而加諸上位.
故曰：'王公之尊賢者也'."〈萬章 下6〉

◁ 주 해 ▷

① 士 : 관직을 갖지 않은 군자.
② 託 : 의탁(依託)하다. 즉, 출사하지 않고서 군주나 다른 사람에게 기대어 먹

59) 궤(餽)는 무상으로 양곡 등을 주는 행위. ─ 옮긴이 주.

고 사는 것을 의미한다.

③ 氓 : 맹(氓)은 일반적으로 유랑인을 가리키지만 때로는 일반 백성을 의미하기도 한다. 이곳에서는 일반 백성으로 해석하는 것이 자연스럽다.

④ 周 : '구휼하다'의 주(賙)와 같은 의미이다. 이곳에서는 일상적이 아닌 임시성의 하사를 의미한다.

⑤ 賜 : 앞의 주(周)와 같은 왕의 하사이지만, 임시성의 하사가 아닌 일상적인 증여를 의미한다.

⑥ 繆公 : 노나라의 목공(穆公)

⑦ 亟 : 자주(數)의 의미이다.

⑧ 鼎肉 : 정(鼎)은 식기(食器)를 가리킨다. 정육(鼎肉)은 조리를 한 고기, 즉 숙육(熟肉)을 의미한다.

⑨ 於卒 : '마침내' 혹은 '결국'.

⑩ 摽 : '내친다'의 뜻으로 '손으로 내젓으면서 거절하다'의 의미이다.

⑪ 稽首 : 절을 올리다.

⑫ 伋 : 자사의 이름.

⑬ 臺 : 군주의 심부름을 하는 사람.

⑭ 將 : 양곡이나 고기 등을 보내 주다.

⑮ 廩人 : 미곡 출납을 관장하는 관리.

⑯ 庖人 : 고기를 관장하는 관리.

⑰ 僕僕爾 : 번잡스럽게 하는 모양. 이(爾)는 '그렇게(然)'의 의미이다.

⑱ 女 : 동사로 '시집보내다'의 뜻이다. 즉, '순에게 딸을 시집보내다.'

◀ 해 설 ▶

이 장에서도 일반적인 예법의 실행에 관하여 매우 상세하게 설명하고 있다. 예법을 실행함에 있어 경솔해서는 안 된다. 신중하게 고려하지 않고 경솔하게 예법을 실행하였을 경우 행위자의 선의가 왜곡될 수 있고, 받는 사람도 모욕감을 느낄 수 있기 때문이다.

군신간의 일반적인 예법은 당연히 다음과 같이 실행되어야 한다. 일정한 직분이 있는 사람에게는 고정적인 봉록을 주어야 하고, 일정한 직분이 없는 사람에게는 고정적인 봉록을 주어서는 안 된다. 일정한 직분과 고정적인 봉록은 권리와 의무의 관계이다. 따라서 일정한 직분이 있을 때 받는 봉록에 대해서는 감사해야 할 필요가 없다. 일정한 직분이 없는 사람에게는 당연히 봉록을 주지 않아야 한다. 따라서 일정한 직분이 없는데도 봉록을 받으면, 이는 불합리한 행위이고, 예법에도 맞지 않는 행위이다.

그러나 군주가 백성을 구휼하는 것은 이것과 다르다. 구휼은 권리와 의무의 관계가 아니다. 이는 윗사람이 아랫사람에게 은혜를 베푸는 것이다. 따라서 그것을 받는 사람은 마땅히 머리를 조아려 감사를 표해야 한다. 그러나 구휼은 본질상 우연에 속한 일이다. 자주 구휼을 받는다면 오히려 받는 사람으로 하여금 모욕감을 들게 할 수 있다. 때문에 자사는 군주가 자주 내리는 하사품에 대하여 기뻐하지 않았으며, 하사품을 가지고 온 사자를 대문 밖으로 내쫓은 것이다.

그렇다면 자주 하사품을 내려 군자를 배양하는 것은 어떤 예법이라고 할 수 있는가? 이것을 비록 군신간의 관계가 아니라고 할 수는 없지만, 이것보다 더욱 중요하게 보아야 할 것은 양자의 관계를 장유 혹은 사제지간의 관계로 인식해야 한다.

어린 제자가 스승을 공양하는 것은 당연한 도리이다. 따라서 스승이 어린 제자의 공양을 편안한 마음으로 받아도 되며, 굳이 감사의 마음을 표하지 않아도 된다. 군주도 매번 군주의 명의로 하사품을 내릴 필요는 없다. 한번이면 족하다. 즉, 첫 번째는 군신간의 예법으로서 하사할 수 있지만, 그후부터는 신하로 하여금 군자를 알아서 배양하도록 해야 한다. 마치 요임금이 순을 배양하는 것처럼 해야만 현자를 존경하는 태도라고 할 수 있다.

이 장의 내용은 비록 길지만 내용이 매우 정미(精微)하기 때문에 입신처세 방법의 참고로 삼을 만한 가치가 충분히 있다.

35. 현자를 만나는 도리(見賢人之道)

만장이 말하기를, "감히 묻겠습니다만, 제후를 만나 보지 않는 것은 무슨 이유입니까?" 맹자가 말하기를, "수도에 있는 사람을 시정의 신하라고 하고, 초야에 있는 사람을 초망의 신하라고 하는데, 그런 사람들을 서인이라고 한다. 서인은 예물을 올려 신하가 되지 않는 한, 감히 제후를 만나 보지 못하는 것이 예법이다." 만장이 말하기를, "서인은 (군주가) 불러[60] 부역을 시키면, 부역을 한다. (그런데) 군주가 만나 보고 싶어 (그를) 부르면 가서 만나지 않는 것은 무엇 때문입니까?" (맹자가) 말하기를, "부역에 나가는 것은 義이고, 가서 만나는 것은 義가 아니다. 또 군주가 만나 보고자 하는 까닭은 무엇이라고 생각하는가?" (만장이) 말하기를, "그가 아는 것이 많기 때문이고, 현자이기 때문입니다." (맹자가) 말하기를, "아는 것이 많아서라면 천자도 스승을 부르지 않는데, 하물며 제후가 그렇게 해서 되겠는가? 현자이기 때문이라면, 나는 지금까지 현자를 보고싶어서 불러갔다는 소리를 들어 보지 못했다. 목공이 자주 자사를 만나 말하기를, '옛날에 천승의 군주가 지식인(士)과 벗하였는데, 어떻게 생각하십니까?' 자사가 불쾌하게 생각하며 말하기를, '옛 사람의 말에 섬긴다고 하는 말이 있지 않습니까? 어찌 벗삼는다고 하십니까?' 자사가 불쾌하게 생각한 것이 '지위로서 보면 그대는 군주이고, 나는 신하인데, 어떻게 감히 군주와 벗이 되겠소? 덕으로서 말하자면, 그대는 나를 섬기는 사람인데, 어떻게 나와 벗을 삼을 수 있겠는가'라는 것이 아니겠는가? 천승의 군주가 벗으로 삼고 싶어도 할 수 없었는데, 어떻게 함부로 부를 수 있겠는가? 제나라 경공이 사냥을 하면서 정이라는 깃발을 들어 사냥터 관리인을 불렀는데, 오지 않자 (관리인을) 죽이려고 하였다. '(공자가 말하기를) 뜻있는 지식인은 (시신이) 구덩이에 내던져져 죽는 것을 잊지 않았고, 용기 있는 사람은 머리를 잃는 것을 잊지 않았다.' 공자는 (관리인의 태도에서) 어떤 점을 취한 것인가? 정당한 신호로 부르지 않으면 가지 않은 점을 취한 것이다." (만장이) 말하기를, "사냥터 관리인을 부를 때는 무엇으로 부릅니까?" (맹자가) 말하기를, "(사냥터 관리인은) 가죽 모자로써 부르고, 서인은 전이라는 깃발로써 부르며, 지식인은 기라는 깃발로써 부르며, 대부는 정이라는 깃발로써 부른다. 대부를 부르는 깃발로써 관리인을 불렀으니, 관리인이 죽음을 당할지라도 감히 가지 못하는 것이다. 지식인을 부르는 깃발로써 서인을 부르면, 어찌 서인이 감히 갈 수 있겠는가? 하물며 현명하지 않은 사람을 부르는 방법으로 현자를 부를 수 있겠는가? 현자를 만나 보고 싶으면서 정당한 방법으로 부르지 않는 것은 들

---

60) 소(召)는 문자나 손짓으로 오라고 부르는 행위이다. 이곳에서 옮긴이는 召를 '부르다'로 번역하겠다. ─옮긴이 주.

214

어오라고 하면서 문을 닫아버리는 것과 같다. 무릇 義라는 것은 길이다. 禮라
는 것은 (들어가는) 문이다. 오로지 군자만이 그 길로 가고, 그 문으로 들어갈
수 있다. 《시경》에 이르기를, '큰길의 평탄함이 마치 숫돌과 같고, 그 곧음이
마치 화살과 같다. (이는) 군자가 밟고 가는 길이고, 소인이 우러러보는 것이
다.'" 만장이 말하기를, "공자는 군주가 부르면 수레를 말에 매기를 기다리지
않고 떠났다. 그렇다면 공자의 태도가 잘못된 것입니까?" (맹자가) 말하기를,
"공자는 벼슬에 임하여 관직이 있었기 때문에 그 관직에 합당한 방법으로 불
렀기 때문에 (그렇게 급하게 간 것이다)."

萬章曰："敢問不見諸侯, 何義也?" 孟子曰："在國①曰市井之臣, 在野②
曰草莽之臣, 皆謂庶人. 庶人不傳質③爲臣, 不敢見於諸侯禮也." 萬章曰：
"庶人, 召之役則往役. 君欲見之, 召之則不往見之, 何也?" 曰："往役, 義
也. 往見, 不義也. 且君之欲見之也, 何爲也哉?" 曰："爲其多聞也, 爲其賢
也." 曰："爲其多聞也, 則天子不召師, 而況諸侯乎! 爲其賢也, 則吾未聞欲
見賢而召之也. 繆公亟見於子思曰：'古千乘之國, 以友士, 何如?' 子思不悅
曰：'古之人有言曰事之云乎④! 豈曰友之云乎!' 子思之不悅也, 豈不曰：
'以位, 則子君也, 我臣也, 何敢與君友也? 以德, 則子事我者也, 奚可以與我
友?' 千乘之君, 求與之友, 而不可得也, 而況可召與? 齊景公田⑤, 招虞人以
旌⑥, 不至, 將殺之. '志士不忘在溝壑, 勇士不忘喪其元⑦.' 孔子奚取焉? 取
非其招不往也." 曰："敢問招虞人何以?" 曰："以皮冠⑧, 庶人以旃⑨, 士以
旂⑩, 大夫以旌. 以大夫之招招虞人, 虞人死不敢往. 以士之招招庶人, 庶人豈
敢往哉! 況乎以不賢人之招招賢人乎! 欲見賢人而不以其道, 猶欲其入而閉之
門也. 夫義, 路也. 禮, 門也. 惟君子能由是路, 出入是門也. 詩云⑪：'周道
如底⑫, 其直如矢. 君子所履, 小人所視.'" 萬章曰："孔子, 君命召, 不俟駕
而行. 然則孔子非與?" 曰："孔子當仕有官職, 而以其官召之也."〈萬章 下7〉

◁주 해▷

① 國：이곳에서는 제후국의 수도를 의미한다.
② 野：수도와 반대 개념으로 향촌을 의미한다.
③ 傳質：지(質)는 예물, 즉 지(贄)와 같은 의미로서 서로 만날 때 사용하는 예

물이다. 고례(古禮)에 따르면 '사(士)는 꿩(雉)을 잡고, 서인(庶人)은 집오리
(鶩)를 잡고서 상견례를 한다'고 되어 있다.

④ 云乎 : 어기사.

⑤ 田 : 사냥.

⑥ 招虞人以旌 : 우인(虞人)은 사냥터, 즉 짐승을 기르는 공원의 책임자(苑囿)이
고, 정(旌)은 깃털을 장식한 깃발이다.

⑦ 元 : 머리, 즉 목숨을 의미한다.

⑧ 皮冠 : 옛날에 사냥을 할 때 머리에 쓰는 가죽 모자. 고례에 따르면, '군주가
사냥할 때 사냥터의 관리인을 부르고자 하면 이 피관(皮冠)을 들어 신호를
보냈다.

⑨ 旃 : 손잡이가 구부러진 깃발. 붉은 비단으로 만들었다.

⑩ 旂 : 용의 그림을 그려넣고, 방울을 단 깃발.

⑪ 詩云 : 《시경》〈소아 대동(小雅 大東)〉편

⑫ 周道如底 : 주도(周道)는 큰길이고, 저(底)는 숫돌(砥)을 가리킨다. 즉, '큰길
이 평탄하다'의 뜻이다.

◀해 설▶

이 장의 주요 내용은 앞장과 유사하다. 모두 禮의 실행에 관한 내용이다. 그
중에서도 군주와 신하 사이, 그리고 군주가 일반 서인과 지식인을 만나 볼 때
의 예법을 들어 예법의 조건에 관하여 논의하고 있다.

군주는 어떤 조건하에서 사람을 부를 수가 있는가? 군주가 사람을 부를 수
있는 필요조건은 바로 권리와 의무이다. 군주와 신하의 관계가 그렇다. 그러
나 군주와 신하의 관계에서 반드시 알아야 할 것은 군주가 존귀한 까닭이다.
군주가 존귀한 까닭은 그 사람 때문이 아니라 그 지위 때문이다. 신하가 군주
에게 복종하는 것도 군주 인격의 높고 낮음과는 무관하고, 단지 제도상 혹은
조직 체계상 응당 그렇게 하는 것일 뿐이다. 따라서 군신간의 조직 체계에서
는 각 구성원의 권리와 의무를 상세하게 제정해야 한다. 그런 연후에 정치조
직은 효과적으로 구성되어 운용의 효용(效用)을 발휘할 수 있으며, 그 혜택이
민중에게 미칠 수 있다. 때문에 군주는 그 관직에 의거하여 오라고 해야 하며
(召), 신하는 군주가 부르면 지체없이 군주의 명령에 따라야 한다. 이는 아첨

이 아니라 예법이다. 공자는 《논어》에서 "군주를 섬기면서 예를 다하는 것을 일반사람들은 아첨한다고 여긴다"[61]고 하였다. 그러나 군주가 관직에 의거하여 부르지 않고, 즉 정식 행정계통에 속하지 않은 개인 명의로서 부르거나, 행정조직과 부합하지 않는 방법으로 부르면 신하는 그 부름에 감히 응할 수 없으며, 또 응해서도 안 된다. 왜 그런가? 그 이유는 그 직분에 맞지 않는 방법을 사용하면 정치조직 체계상 운용의 효과를 기대하기 어렵기 때문이다. 심한 경우 상대방을 모욕할 수도 있기 때문에 정당, 즉 義라고 할 수 없다. 예를 들어 대부를 부르는 예법으로서 사냥터 관리인을 부르면, 이는 군주가 스스로 그 정치조직 체계를 혼란스럽게 하는 것이다. 그렇게 되면 정치조직 체계의 운용을 해치게 된다. 또 정치조직 체계 이외의 일반사람인 서인을 명령이나 손짓으로 부르는 것은 군주의 오만한 태도이다. 정치조직 체계상 군주는 일반사람인 서인에게 부역을 시킬 수 있는 권리가 있다. 따라서 군주는 서인을 불러 부역시킬 수 있고, 서인은 마땅히 군주의 부름에 따라 부역을 다해야 할 의무가 있다. 그렇지만 군주와 관직이 없는 서인의 관계는 부역에 그쳐야 한다. 그 이상의 권리와 의무 관계는 사대부 계층에 이르러 비로소 적극적으로 정치조직 체계 안에서 논의할 수 있다. 군주와 일반 서인의 권리와 의무는 부역에 부르고, 부역에 응하는 것에 그치기 때문에 서인은 예물을 올리는 禮로써 제후를 만나 보지 않는다. 서인의 신분에서 부역의 의무마저도 없다면 군주와 서인의 관계는 아무런 계통도 없는 평등관계, 즉 한 자연인으로서의 관계일 뿐이다. 그렇다면 서인은 군주를 군주라고 부를 필요도 없다. 군주는 단지 서인과 평등관계인 한 자연인에 불과하다. 서인 역시 군주의 신하가 아니기 때문에 그 역시 한 사람의 자연인일 뿐이다. 평등관계의 사람들 사이에서 어떻게 군주가 함부로 서인을 오라고 부를 수 있겠는가? 군주가 할 수 있는 것은 단지 진실되고 가여운 마음으로서 그들을 돌볼 뿐이다. 예를 들면 노인을 공경하고, 현자를 존중하는 자제(子弟)의 禮로써 대할 뿐이다. 자제의 禮는 정치조직 체계 안에서의 권리와 의무의 禮가 아니라 인륜에 속하는 禮이다. 때문에 비록 천자와 같은 존귀한 위치에 있다고 할지라도 함부로 스승을 부를 수 없다. 왜냐하면 스승은 정치조직 체계 속의 관직이 아니기 때문이다. 제후 역

---

61) "事君盡禮, 人以爲諂也."《論語》〈八佾 18〉

시 천승의 군주라는 명(命)으로서 지식인과 벗할 수 없다. 왜냐하면 천승의 군주는 정치조직 체계 속의 명칭이고, 친구는 이 계통에 속한 것이 아니기 때문이다. 때문에 자사는 '만일 군주인 당신이 정치조직 체계를 표준으로 삼는다면 당신은 군주이고, 나는 신하이기 때문에 서로 벗할 수 없다. 또 군주인 당신이 정치조직 체계가 아닌 도덕을 표준으로 삼는다면 당신이 먼저 존경하는 마음을 가져야지 오만한 자세를 가져서는 안 된다'고 한 것이다.

맹자는 이상과 같이 상세하게 관계의 분촌(分寸)을 분석한 후에 마지막으로 '義는 사람과 사람 사이에 마땅히 교통해야 할 올바른 길이고, 禮는 피차간에 출입할 수 있는 대문이다. 그러나 올바른 길과 대문에 대하여 분명하게 아는 것은 결코 쉬운 일이 아니다. 오로지 군자의 인격을 수양하고 연마한 사람만이 이것을 분명하게 분별하여 털끝만큼의 어긋남도 없다'고 하였다.

36. 받고 줌에 관한 정당한 도리(取與之道)

맹자가 말하기를, "받아도 되고, 받지 않아도 되는데, 받으면 청렴을 해친다. 주어도 되고, 주지 않아도 되는데, 주면 은혜를 해친다. 죽어도 되고, 죽지 않아도 되는데, 죽으면 용기를 해친다."

孟子曰："可以取, 可以無取, 取傷廉①. 可以與, 可以無與, 與傷惠②. 可以死, 可以無死, 死傷勇."〈離婁 下23〉

◁ 주 해 ▷

① 廉 : 원래는 모서리나 각(廉隅 · 稜角)의 의미였는데, 후에 분별 혹은 부당한 방법으로 취하지 않는 청렴의 의미로 확장되었다.
② 惠 : 은혜.

◀ 해 설 ▶

앞의 24장 '취사의 방법에 대한 원칙(辭受之道)'에서부터 35장 '현자를 만나는 도리(見賢人之道)'까지 12개 장에서는 권형에 관하여 논의하였다. 그 중 앞의 24장 '취사의 방법에 대한 원칙'에서부터 30장 '물에 빠진 형수는 손으로 끌어당겨 구해 주어야 한다(嫂溺援之以手)'까지의 7개 장에서는 권형활동의 주체가 인의의 양심임을 밝혔고, 31장 '예와 식색(食色) 중에 무엇이 더 중요한가(禮與食孰重)'에부터 35장 '현자를 만나는 도리'까지의 5개 장에서는 권형의 대상이 예법임을 밝혔다. 양심의 주재성과 예법의 권형을 모두 긍정함으로써 양심의 창조성을 긍정할 수 있고, 또 예법의 객관적인 가치도 긍정할 수 있다. 36장 '받고 줌에 관한 정당한 도리(取與之道)'에서는 양자를 종합하여 논의하겠다.

"받아도 되고, 받지 않아도 된다(可以取, 可以無取)"는 선택의 자유성을 나타낸다. 그러나 맹자는 '마땅히 받지 않아야 한다'를 선택하였다. 그 이유는 일반적인 예법(常禮)의 존엄성에 있다. "주어도 되고, 주지 않아도 된다(可以與, 可以無與)"와 "죽어도 되고, 죽지 않아도 된다(可以死, 可以無死)"에서도 '마땅히 주지 않아야 한다'와 '마땅히 죽지 않아야 한다'를 선택하였는데, 그이유는 모두 같다.

왜 받지 않아야 하는가? 왜 주지 않아야 하는가? 왜 죽어서는 안 되는가? 이것과 일반적인 예법의 존엄성은 어떤 관련이 있는가? 비록 원칙상 모든 행위는 응변할 수 있다고 할지라도 응변의 표준은 마땅히 仁心이어야 한다. 그러나 사실상 仁心은 대부분 하나의 일반적인 방식을 통하여 자신의 모습을 드러낸다. 비록 행위 중에는 仁心이 드러나는 일반적인 모습이 있고, 때때로 어떤 행위는 극히 드물게 仁心의 일반적인 모습과 다르게 나타나기도 한다. 그러나 비일반적인 모습은 지극히 우연적인 현상이다. 따라서 우리는 仁心의 일반적인 표현을 예법으로 지정하고, 이를 준수하는 것이다. 이러한 예법은 仁心을 더욱 쉽게 드러내는 데 도움을 준다.

물론 仁心의 일반적인 표현도 변할 수 있다. 때문에 예법에 빼고 더하는 손익(損益)이 있는 것이다. 비록 일반적인 행태가 아닌 것도 仁心과 합치할 수 있다. 이 점에 관해서는 앞의 권형에서 상세히 논의하였기 때문에 또 다시 설명하지 않겠다. 지금은 '받지 않고'·'주지 않으며'·'죽지 않아야 한다'가 왜 仁心의 일반적인 표현인가에 관하여 논의하겠다.

양심이 표현하는 人道의 이상은 仁과 義이다. 仁과 義는 안으로는 자립(自立)을 추구하고, 밖으로는 사람을 사랑한다(愛人). 이것이 이른바 내성외왕이라는 것이고, '자기가 자립하고 싶으면, 남도 자립하게 해 준다'는 서(恕)이다. 그러나 유가에서는 자립과 사람을 사랑하는 것 중에서 자립을 우선시한다. 사람을 사랑하는 것의 기초는 먼저 건전한 자아를 올바르게 수립하는 것이다. 또 사람을 사랑하는 목적도 상대방이 독립적인 인격을 올바르게 수립하도록 도와주는 것이기 때문에 모두 자립을 기초로 삼는다. 이렇게 보면 모든 예법은 자립하는 데 도움을 주어야만 비로소 예법의 의의와 가치를 부여할 수 있다.

맹자는 받아도 되고, 받지 않아도 되는데, 받지 않는 것을 올바른 것으로 생각하였다. 받지 않는 것이 스스로 노력하여 자립하는 데 도움이 되기 때문이다. 다시 말하면 타인의 도움 없이 독립적으로 자립하는 것이 올바르다. 마찬가지로 주어도 되고, 주지 않아도 될 때는 주지 않는 것이 올바르다. 왜냐하면 주지 않는 것이 상대방이 스스로 자립하는 데 도움을 주기 때문이다. 죽어도 되고, 죽지 않아도 될 때는 죽지 않는 것이 올바르다. 왜냐하면 자립의 기본조건이 바로 생존이기 때문이다. 생존에 어려움이 닥치면 분투하여 극복할 때 자립할 수 있다는 용기를 증명할 수 있기 때문이다. 이러한 이유 때문에 마땅히 받지 않는 것이 청렴을 해치지 않고, 마땅히 주지 않는 것이 은혜를 해치지 않으며, 마땅히 죽지 않는 것이 용기를 해치지 않는다는 것을 알 수 있다.

37. 仁心의 숙성(仁之熟)

맹자가 말하기를, "오곡은 씨앗 중에서 좋은 것들이다. (그러나 오곡이) 여물지 않는다면 피만도 못하다. 무릇 仁이라는 것도 (오곡을) 여물게 하는 곳에 있을 뿐이다."

　孟子曰 : "五穀者, 種之美者也. 苟爲不熟, 不如荑稗①. 夫仁, 亦在乎熟之而已矣."〈告子 上19〉

◁ 주 해 ▷

①荑稗 : 밭과 논에 나는 피를 가리킨다. 비록 먹을 수는 있지만 오곡에 비할 수는 없다.

220

◀해 설▶

'잃어버린 마음을 회복하는 것'에서 권형에 이르기까지, 주요 내용은 양심을 어떻게 배양할 것인가에 관한 것이었다. 그러나 양심을 배양하는 공부의 질(質)에 관한 내용이 주를 이루었다. 다시 말하면 공부의 양(量)에 관해서는 적극적으로 논의하지 않았다. 공부의 질은 양심의 자각을 통하여 권형을 반성하는 것이고, 공부의 양은 오늘 이렇게 하였으면 내일도 그렇게 하고, 매일매일 그렇게 함으로써 양심의 발현을 지속시키는 것이다. 질적인 측면에서 말하자면, 지금 이곳에서 발심하여 드러난 양심의 자각이 바로 양심의 완전한 현현이다. 양적인 측면에서 말하자면, 仁心의 발현을 중단 없이 지속하여 축적하는 것이다.

仁心이 일폭십한(一暴十寒)하면 仁心의 주재 역량을 충분히 발휘할 수 없다. 仁心을 지속적으로 발현시켜야 하고, 仁心으로 하여금 수시로 주동적으로 드러나게 하는 것이 가장 이상적이다. 이것을 일러 '仁의 원숙(仁熟)'이라고 한다. 또 仁心으로 하여금 매 상황마다 합리적인 모습으로 출현하게 하여 권형이 올바름을 얻는 것을 일러 '義의 정묘(義精)'라고 한다. 다시 말하면 합리성이 정묘하여 모든 일이 올바름을 얻는 것이다. 지속적으로 합리성을 정묘하게 판단하고, 仁心과 합치하여 그 마음을 지속적으로 유지하는 것이 바로 인숙(仁熟)이다. 합리성의 정묘함으로부터 仁心을 원숙하게 하는 것을 합하여 '의정인숙(義精仁熟)'이라고 한다. 도덕생명의 수양에 관한 유가의 이상은 바로 이곳에 있다. 다음 세 장에서는 구체적인 예를 들어 설명하겠다.

38. 활을 쏠 때는 반드시 활시위를 끝까지 잡아당기려고 한다(射必志於彀)

맹자가 말하기를, "예가 사람들에게 활쏘기를 가르치면, 반드시 활시위를 끝까지 잡아당기려고 한다. 배우는 사람 역시 활시위를 끝까지 잡아당기려고 한다. 훌륭한 목수가 사람을 가르칠 때는 반드시 컴퍼스와 자를 가지고 가르친다. 배우는 사람도 컴퍼스와 자를 가지고 배운다."

孟子曰 : "羿①之教人射, 必志於彀②. 學者亦必志於彀. 大匠③誨人, 必以
規矩④. 學者亦必以規矩."〈告子 上20〉

◁주 해▷

① 羿 : 활을 잘 쏘았던 중국 신화 속의 인물.
② 志於彀 : 지(志)는 '바라다' 혹은 '기대하다'이고, 구(彀)는 '활시위를 충분히
잡아당기다'의 뜻이다. 지어구(志於彀)는 '활시위를 끝까지 잡아당기는 것을
목표로 한다'의 의미이다.
③ 大匠 : 훌륭한 목수.
④ 規矩 : 규(規)는 원을 그릴 때 사용하는 컴퍼스이고, 구(矩)는 각을 그릴 때
사용하는 직각자이다. 이 규와 구는 법규 혹은 표준의 의미로 사용된다.

◀해 설▶

예가 사람들에게 활쏘는 법을 가르칠 때는 반드시 배우는 사람이 최고의 경
계에 이르기를 기대하면서 가르쳤다. '반드시 활시위를 끝까지 잡아당기려고
한다'는 바로 이 점을 비유한 것이다. 훌륭한 목수는 사람들에게 목수 일을 가
르치면서 그들이 만든 것이 가장 훌륭하고 아름다운 작품이 되기를 기대하면
서 가르친다. '컴퍼스와 자를 가지고 가르친다'는 바로 그들의 작품이 컴퍼스
와 자라는 표준과 일치함을 비유한 것이다. 마찬가지로 우리도 仁心을 배양하
면서 절대로 어쩌다 한 차례 하고 그쳐서는 안 된다. 반드시 자신의 수양공부
가 나날이 정묘해지고 원숙해져, 공자 70세의 경지처럼 '내 마음대로 하여도
규범에 어긋나지 않는' 경지에 이르도록 해야 한다.

39. 우물을 9인이나 팠어도 물이 나오지 않는다(掘井九軔而不及泉)

맹자가 말하기를, "(仁義)를 실천하려고 하는 사람을 우물을 파는 것에 비유
할 수 있다. 우물을 9인이나 팠는데도 물이 나오는 곳에 이르지 못했으면, 우
물을 포기한 것이나 마찬가지이다."

孟子曰 : "有爲者, 辟①若掘井. 掘井九軔②而不及泉, 猶爲棄井也."〈盡心
上 29〉

◁ 주 해 ▷

① 辟 : 비유하다(譬).
② 軔 : 1인(軔)은 8척이다.

◀ 해 설 ▶

이 장의 내용 역시 앞장과 같다. 단지 활쏘는 것 대신 우물을 파는 것을 예
로 들었을 뿐이다. 우물을 파기 시작하였으면, 반드시 물이 나올 때까지 파야
만 그 작업이 의미를 가질 수 있다. 마찬가지로 도덕수양도 仁心의 순일(純一)
함을 자각하여 어쩌다 한번 발용하는 데 그치지 않고 그 안정성을 계속 유지
할 수 있어야만 비로소 공부의 완성을 고할 수 있다. 이 때 그 사람의 인격은
공고히 구축되어 쉽게 추락하지 않게 된다. 이처럼 수양공부의 안정성이 확고
해야만 믿을 수 있다. 우리는 수십 년간 수양공부에 종사하였지만 한번의 과오
혹은 포기로 하루 아침에 모든 것을 훼멸시켜버린 사례를 적지 않게 보아 왔다.
  독자들은 이곳에서 하나의 의문을 가질 것이다. 즉, 수양공부가 어떤 경지에
이르러야만 '활시위를 끝까지 당겼'고 할 수 있고, '샘물이 나오는 곳에 이
르렀'고 할 수 있는가? 사실 유한적인 우리의 인생에서 보면 수양공부의 완
전성을 보장할 수 없다. 때문에 공자도 "성인과 인자라면 내가 어찌 감히 이르
렀다고 자처할 수 있겠는가? 단지 (仁義를) 실천하기를 싫어하지 않고, 남을
가르치기를 게을리하지 않는 것으로 말하면 그렇다고 말할 수 있을 뿐이다"[62]
고 하였다. 仁道 실천의 공부는 죽는 그날까지 쉬지 않고 계속할 뿐이다. 이
것이 바로 '인의를 실천하기를 싫어하지 않고, 남을 가르치기를 게을리하지
않는다'의 본의이다. 한 시각이라도 게을러 중단이 있으면 仁은 숨고 不仁이
나타난다. 맹자는 비록 이처럼 말하지는 않았지만, 맹자의 말에는 이 의미가
가득 담겨져 있다.

---

62) "若聖與仁, 則吾豈敢? 抑爲之不厭, 誨人不倦, 則可謂云爾已矣."《論語》〈述而 34〉

40. 仁은 不仁을 이긴다(仁勝不仁)

맹자가 말하기를, "仁이 不仁을 이기는 것은 마치 물이 불을 이기는 것과 같다. 요즈음 仁을 실천하는 사람들은 한잔의 물로써 한 수레의 나무에 붙은 불을 끄려고 하는 것과 같은 사람이다. 불이 꺼지지 않으면 물이 불을 이기지 못한다고 말한다. 이것은 不仁을 심하게 조성하는 것으로 결국은 틀림없이 (처음의 仁마저도) 잃게 될 것이다."

孟子曰："仁之勝不仁也, 猶水勝火. 今之爲仁者, 猶以一杯水救一車薪之火也. 不熄, 則謂之水不勝火. 此又與①於不仁之甚者也, 亦終必亡②而已矣."〈告子 上18〉

◁ 주 해 ▷

① 與 : '돕다'의 뜻이다.
② 亡 : 잃어버리다.

◀ 해 설 ▶

이 장에서는 양심을 간직하는 공부가 질적인 면뿐만 아니라 양적인 측면에서도 충분히 누적되어야만 비로소 도덕주체가 무명(無明)과 습기(習氣)의 세력을 물리치고 생명의 주인으로서 역할을 할 수 있음을 설명하고 있다. 본래仁은 不仁을 충분히 물리칠 수 있는 역량을 갖고 있다. 양심 역시 생명의 주체로서 不仁을 물리치는 역할을 할 수 있다. 왜냐하면 이른바 不仁이라는 것은 양심이 자신의 자리를 스스로 비움으로써 나타난 환영(幻影)이기 때문이다. 따라서 양심이 일단 자각하기만 하면 환영 역시 저절로 사라지게 된다. 이는 물이 불을 이길 수 있는 것과 마찬가지이다. 그러나 생명 중에 환영이 너무 많고, 그 세력이 강하면 양심은 매일매일 각성해야 한다. 그렇지 않으면 또 다른 환영이 바로 생겨나 양심을 가로막기 때문이다. 양심의 각성 역량이 약하면 환영은 곧바로 곁가지를 펼쳐 양심을 엄습한다. 이 때 사람들은 이제껏 해온 양심의 각성공부에 대하여 실망하고, 또 지금까지의 공부를 헛수고라고 생각할 수도 있다. 그러나 지끔껏 해온 공부가 아무런 가치도 없는 헛수고는 절대 아니다. 그렇다고 성공했다고도 할 수 없다. 또 다시 항구적으로 공부를 계속해야 한다. 공부의 역량이 강해지면 양심은 수시로 드러나고, 동시에 환영은 점차 감소되어 자신의 생명을 엄습할 기력을 잃게 된다. 이 때 도덕생명은 마치 물이 빠지면 그 속의 돌들이 자신의 모습을 드러내듯이 맑은 기상을 표현한다. 이 경지에 이르면 仁이 不仁을 이길 수 있다는 것을 증명할 수 있다.

사실 지난날 부족했던 수양공부는 필요 없는 헛수고가 아니다. 단지 당시에 역량이 부족하여 수양공부의 결과가 표면으로 드러나지 않았을 뿐이다. 이는 마치 악기를 배우거나 그림을 배우며, 작문을 배울 때 침체기에 들어서는 것과 유사하다. 많은 노력을 기울였지만 자신의 재능이 전혀 진보되지 못한 느낌이 들 때가 있다. 그러나 이런 침체기를 벗어나면 괄목상대(刮目相對)할 발전을 이루게 된다. 이 때의 발전이 갑작스럽게 느껴지지만 사실 이러한 성과는 지난날의 힘들었던 공부가 누적되어 나타난 결과이다. 다시 말하면 내적으로 숙성되어 일시에 드러난 것이다.

우리는 양심을 배양하는 공부를 진행하면서 仁은 不仁을 이길 수 있다는 신념을 반드시 가져야 한다. 지금 드러나는 효과만을 생각하지 말고 샘물이 모여 강을 이룰 때까지 묵묵히 기다려야 한다. 또 순간순간의 효과에 집착해서는 안 된다. 순간의 효과에 집착하면 의심이 생기기 쉽고, 의심이 깊어지면 자칫 자포자기라는 엄중한 실책을 범할 수 있다. 이 때는 무엇으로도 구제할 수 없게 된다.

仁心의 배양이 숙성되면 간직되어 있던 그윽한 빛이 점점 생명에 표현되어 인격의 찬란함을 볼 수 있게 될 것이다. 다음 세 장에서는 대인 인격의 광명한 기상에 대하여 설명하겠다.

41. 대장부(大丈夫)

경춘이 말하기를, "공손연과 장의가 어찌 진정한 대장부가 아니겠습니까? 그들이 한번 노하면 제후들이 두려워하였고, 그들이 편안하게 들어앉아 있으면 천하가 조용해졌습니다." 맹자가 말하기를, "그런 것 가지고 어찌 대장부라고 할 수 있겠는가? 당신은 禮를 아직 배우지 않았는가? 장부가 관례를 하면 아버지가 (장부의 도리를) 알려 준다. 여자가 시집을 가면 어머니가 (아내의 도리를) 알려 준다. 대문까지 가서 (딸을) 보내면서 '반드시 공경하고 조심하며 남편의 뜻을 어기지 마라'고 훈계한다. 순종하는 것을 올바름으로 삼는 것은 부인들의 도리이다. (대장부는) 천하의 넓은 곳(仁)에 살고, 천하의 올바른 위치(禮)에 서며, 천하의 대도(義)를 실천한다. 뜻을 얻으면⁶³⁾백성들과 함께 나아가고, 뜻을 얻지 못하면 홀로 자신을 수양한다. (때문에) 부귀도 (그 사람의 마음을) 어지럽히지 못하고, 빈천도 (그 사람의 마음을) 바꾸지 못하며, 무력도 (그 사람의 마음을) 굴복시키지 못하게 되는데, 이것을 일러 대장부라고 한다."

景春①曰 : "公孫衍②張儀③, 豈不誠大丈夫哉? 一怒而諸侯懼④, 安居而天下熄⑤." 孟子曰 : "是焉得爲大丈夫乎? 子未學禮乎? 丈夫之冠⑥也, 父命之⑦. 女子之嫁也, 母命之⑧. 往送之門, 戒之曰 : '往之女家⑨, 必敬必戒, 無違夫子⑩.' 以順爲正者, 妾婦之道也. 居天下之廣居⑪, 立天下之正位⑫, 行天下之大道⑬. 得志與民由之⑭, 不得志獨行其道⑮. 富貴不能淫, 貧賤不能移, 威武不能屈, 此之謂大丈夫."〈滕文公 下 2〉

◁ 주 해 ▷

① 景春 : 맹자와 동시대 인물로서 지금의 외교학술가인 종횡가(縱橫家)에 속한 사람이다.

② 公孫衍 : 위(魏)나라 사람이다. 위의 서수(犀首)⁶⁴⁾로 지내다가, 진(秦)나라에 들어가 제후들의 동맹을 주도하였다.

③ 張儀 : 위나라 사람으로 귀곡자(鬼谷子)의 문하이다. 일찍이 진나라의 혜왕(惠王) 때 여러 나라를 다니면서 소진(蘇秦)의 합종설(合從說)을 깨고 연횡설(連橫說)을 주장한 대표적인 종횡가이다.

④ 一怒而諸侯懼 : '공손연과 장의 등이 한번 화를 내어 제후를 설복시키면 제후들이 서로 전쟁을 벌여 천하가 혼란스럽게 된다'는 의미이다.

⑤ 安居而天下熄 : '공손연과 장의 등이 편안하게 생활하면서 천하를 혼란스럽

---

63) 제후에게 발탁되어 정치에 참여하다. ─ 옮긴이 주.

64) 장군에 해당하는 관직. ─ 옮긴이 주.

게 하지 않으면 천하 역시 태평하게 된다'는 의미이다.

⑥ 冠 : 옛날에 남자가 20세가 되면 성년식을 거행하는데, 이를 관례(冠禮)라고
  한다.

⑦ 父命之 : 아들이 성년이 되면 아버지가 남자 대장부의 독립적이고 자주적인
  생활을 할 수 있도록 가르쳐 준다.

⑧ 母命之 : 여자가 시집을 가면 어머니가 아내의 도리를 가르쳐 준다.

⑨ 女家 : 여(女)와 여(汝)는 같은 의미이다. 따라서 여가(女家)는 '너의 집'을 의
  미한다. 옛날에는 여자가 시집을 가면 남편의 집을 자신의 집으로 삼았다.

⑩ 夫子 : 남편.

⑪ 廣居 : 仁을 가리킨다.

⑫ 正位 : 禮를 가리킨다.

⑬ 大道 : 義를 가리킨다.

⑭ 與民由之 : '백성들과 함께 인의의 대도를 간다'는 뜻으로, 이곳에서는 외왕
  사업을 의미한다. 유(由)는 '가다'(行)의 의미이다.

⑮ 獨行其道 : '자기 혼자서 인의의 대도를 간다'는 뜻으로, 정치에서 물러나 홀
  로 자신을 수양한다는 의미이다.

◀ 해 설 ▶

이 장에서는 진정한 대장부의 자질에 관하여 논하고 있다. 공손연과 장의
등과 같은 사람들은 비록 한 시대를 풍미한 인물이었지만 맹자는 이들을 진정
한 대장부로 간주하지 않았다. 그 이유는 무엇인가? 맹자에 의하면 그들은 독
립적이고 자주적인 도덕인격을 수립하지 않았기 때문이다. 대장부의 일생은
반드시 義를 따르는 삶이어야 한다. 그렇다면 공손연과 장의의 일생은 무엇을
따르는 삶이었는가? 물론 그들의 삶이 일반 아녀자의 여필종부(女必從夫)와
같은 삶은 아니었을지라도, 그들의 일생이 군주의 뜻을 따른 삶이라고도 할
수 없을 것이다. 그들은 그들의 군주를 자신의 손바닥에 올려 놓고 조종하였
기 때문에 자신의 사욕에 따른 것이지 결코 군주에 순종한 것이 아니다. 이것
역시 양심의 방실(放失)이다. 그들은 물욕에 혼폐(昏蔽)되어 외적인 공명(功
名)을 자신 존재가치의 참모습으로 착각하고서 일생 동안 맹목적적으로 공명
만을 추구하였을 뿐이다. 이들의 모습을 겉만 보면 자아를 부단히 확장시킨
삶처럼 보이지만 사실 양심을 갈수록 매몰시켜 가는 인생이었다. 다시 말하면

외적인 모습은 성대하지만 내적으로는 허약한 삶이다. 그런데 어떻게 그들을 대장부라고 할 수 있겠는가?

진정한 대장부는 양심을 기초로 강건한 도덕인격을 수립한 사람이다. '대장부는 천하의 넓은 곳(仁)에 살고, 천하의 올바른 위치(禮)에 서며, 천하의 대도(義)를 실천한다'는 군자의 입신처세가 단정하다는 것을 설명한 것이고, '뜻을 얻으면 백성들과 함께 나아가고, 뜻을 얻지 못하면 홀로 자신을 수양한다'는 군자의 정신이 자유롭다는 것을 의미하며, '부귀도 그 사람의 마음을 어지럽히지 못하고, 빈천도 그 사람의 마음을 바꾸지 못하며, 무력도 그 사람의 마음을 굴복시키지 못한다'는 군자 인격의 독립성과 자주성을 설명한 것이다. 군자의 풍격에 대한 맹자의 설명은 도덕생명의 수양공부를 장기간 수행한 사람만이 드러낼 수 있는 기상을 매우 적절히 묘사한 것이다. 독자들로 하여금 자연스럽게 대장부의 기상에 존경심이 들게 한다.

마지막으로 부녀자들의 도리에 대한 맹자의 입장에 관하여 간단하게 논의하고 싶다. 이곳의 내용을 보면 맹자가 부녀자의 지위를 약간 폄하하고 있다는 느낌을 받는다. 그러나 부녀자의 도리를 순종으로 규정한 것은 단지 당시의 상황에 입각하여 하나의 비유로 든 것에 불과하다. 또 그 점이 이 장의 핵심 내용도 아니다. 이 장의 주지(主旨)는 '인격의 독립성'이지 결코 '남녀의 차별적 지위에 관한 논변'이 아니다. 옛날에는 여자들이 독립적으로 인격을 수립할 수 있는 기회를 갖지 못하였기 때문에 맹자 역시 당시의 일반적인 상황에 비추어 논변을 전개한 것이다. 그러나 현대사회에서는 여자들도 노력하여 독립적인 인간상, 즉 군자의 인격을 수립할 수 있는 기회가 충분히 있기 때문에 '순종'만을 올바른 도리로 생각해서는 안 된다. 만일 맹자가 지금의 사회에 태어났다면 반드시 여자 인생의 가치에 대하여 정면적인 긍정을 했을 것이다. 우리는 고전을 읽으면서 당시의 상황에 비추어 정당성을 확보하려고 해야지 결코 그 문장의 의미에만 구속되어서는 안 된다.

42. 마치 본래부터 가지고 살아 온 것 같다(若固有之)

맹자가 말하기를, "순이 (역산에서 농사를 지을 때) 마른 밥을 먹고 거친 음식

228

을 먹었는데, 평생 동안 그렇게 살 것 같았다. (그러나) 천자가 되어서는 무늬가 새겨진 아름다운 옷을 입고, 거문고를 타며, 두 여인의 시중을 받았는데, 마치 그러한 삶을 본래부터 가지고 살아 온 것 같았다."

孟子曰: "舜之飯糗茹草①也, 若將終身焉②. 及其爲天子也, 被袗衣③, 鼓琴, 二女果④, 若固有之."〈盡心 下 6〉

◁ 주 해 ▷

① 飯糗茹草 : 이곳에서 반(飯)과 여(茹)는 모두 동사로 '먹다'의 의미이다. 구(糗)는 마른 양식, 즉 쌀이나 보리 등을 볶아서 간단하게 먹을 수 있도록 한 음식이다. 초(草)는 거친 음식을 가리킨다.
② 焉 : '여기에', 즉 '於此'와 같은 의미이다.
③ 被袗衣 : 피(被)는 '입다'이고, 진의(袗衣)는 무늬가 새겨진 아름다운 옷을 뜻한다.
④ 果 : '시중들다'의 와(婐)와 같은 의미이다.

◀ 해 설 ▶

앞장에서는 독립적이고 자주적인 대장부의 광명한 기상을 소개하였다. 이 장과 다음 장에서는 군자의 안분수기(安分守己)와 안빈낙도(安貧樂道)의 모습에 관하여 설명하겠다. 먼저 순임금의 사람됨을 예로 삼아 군자 스스로의 즐거움과 만족을 소개하고자 한다.

순은 역산에서 농사를 지을 때 매일 거친 음식을 먹으면서 힘들게 지냈다. 순에게 한번 질문을 해보자. 어려운 생활을 보내면서, 순의 마음속에 원망과 불만이 없었으며, 또 화려한 의상과 맛있는 음식을 먹는 생활을 동경하지 않았는가? 순은 원망하지도 않았고, 어떠한 불만도 없었으며, 화려하고 부유한 생활을 동경하지도 않았다. 그는 단지 온 마음과 온 힘을 당시 자기가 하고 있는 일에 투여하여 성실하게 노력하였을 뿐이다. 그러한 순의 생활은 평생 동안 그렇게 진행될 것 같았다. 그리하여 순은 밭을 경작하는 생활 속에서 생명의 충실과 만족을 체험하게 되었다. 원래 인생의 충실 여부는 빈부에 있지 않고, 신분의 귀천에도 있지 않다. 마음의 진지함과 순수성이 생활의 충실 여부를 결정한다. 때문에 순은 후에 천자가 되어서도, 비록 화려한 의상을 입고 아름다운 거문고를 타며, 요임금 두 딸의 시중을 받았지만 조금도 오만한 모습을 드러내지 않고 마치 그렇게 살아 온 사람처럼 그대로 지냈다. 왜 그렇게 할 수 있는가? 그것은 순임금의 독립적이고 자주적인 인격으로부터 비롯된 것이다. 어떤 외적인 환경에도 영향을 받지 않고 본래의 즐거움과 만족감을 유지한 것이다.

43. 군자의 세 가지 즐거움(君子三樂)

맹자가 말하기를, "군자에게는 세 가지 즐거움이 있는데, 천하의 왕으로서 누리는 즐거움은 그곳에 포함되어 있지 않다. 부모가 모두 생존해 계시고, 형제간에 불화하는 일이 없는 것이 첫 번째 즐거움이다. 우러러보아서 하늘에 부끄럽지 않고, 굽어보아서 사람들에게 부끄럽지 않은 것이 두 번째 즐거움이다. 천하의 영재를 얻어 가르치는 것이 세 번째 즐거움이다. 군자에게 세 가지 즐거움이 있지만, 천하의 왕으로서 누리는 즐거움은 그곳에 포함되어 있지 않다."

孟子曰 : "君子有三樂, 而王天下不與存①焉. 父母俱存, 兄弟無故②, 一樂也. 仰不愧於天, 俯不怍③於人, 二樂也. 得天下英才, 而敎育之, 三樂也. 君子有三樂, 而王天下不與存焉." 〈盡心 上20〉

◁ 주 해 ▷

① 不與存 : 천하의 왕 노릇하는 즐거움은 세 가지 즐거움에 포함되지 않는다.
② 無故 : 형제간에 서로 다투고 불화하는 일이 없다.
③ 怍 : 부끄럽다.

◀ 해 설 ▶

군자가 독립적이고 자주적인 인격을 수립하면 자연스럽게 생명의 안락감과 화해적 기상을 드러내는데, 이 장의 내용이 바로 군자가 가지는 독립적이고 자주적인 즐거움에 관한 것이다.

맹자는 군자에게는 세 가지 즐거움이 있다고 말하면서, 이 세 가지 즐거움을 제시하기 전에 먼저 '천하의 왕으로서 누리는 즐거움은 그 안에 포함되어 있지 않다'는 점을 강조하였다. 이곳에서 '천하의 왕으로서 누리는 즐거움'이란 실제로 내적인 생명 외의 모든 외적인 사업의 성취를 통하여 얻을 수 있는 쾌락을 의미한다. '천하의 왕으로서 누리는 즐거움'이 군자의 세 가지 즐거움에 포함되어 있지 않다는 것은 군자가 중시하는 인생의 즐거움이 모두 내적인 생명으로부터 나온 것이고, 외적인 환경과는 본질적 관련이 없음을 의미한다. '내적인 생명'이란 앞장에서 지적한 것처럼 당연히 양심, 즉 인의의 도덕심을 가리킨다. 양심의 현현을 통하여 자주적인 인격을 세우고, 인의의 도덕심으로서 자기를 완성하고, 타인의 존재가치도 완성하는 인생의 이상을 실현한다. 이 점은 맹자가 열거한 인생의 세 가지 즐거움과 밀접한 관련이 있다.

해설의 편리를 위하여 두 번째 즐거움부터 설명하겠다. 두 번째의 즐거움은 '우러러보아서 하늘에 부끄럽지 않고, 굽어보아서 사람들에게 부끄럽지 않는' 마음인데, 이 즐거움은 모든 즐거움의 근본이 된다. 우러러보고 굽어보아도 부끄럽지 않는 것은 바로 양심에 따라 행동하기 때문인데, 이것이 바로 인격의 독립성과 자족성(自足性)이다.

양심을 기초로 인격의 독립성과 자족성을 이룬 후에, 이 마음을 밖으로 확충하여 타인을 사랑한다. 사랑의 실현은 가장 지근 거리에 있는 가족으로부터 시작한다. 즉, 부모와 형제간의 관계를 사랑으로써 원만무애하게 유지한다. 자신의 불효로 말미암아 부모가 불행을 당하지 않게 하고, 자신의 불화로 말미암아 형제간이 반목하지 않게 한다. 이것이 바로 양심의 이상이고 사랑이다. 이 때의 즐거움은 양심을 밖으로 처음 실현할 때 드는 쾌락이다.

그런 후에 양심의 이상과 사랑은 횡적으로 실현될 뿐만 아니라 종적인 방향으로도 실현되는데, 이 종적인 방향의 사랑이 바로 사제지간에 이루어지는 역사문화의 전통이다. 이로부터 드는 즐거움이 바로 '천하의 영재를 얻어 가르치는 것'이다.

이상 세 가지 사랑은 다음과 같은 공통적인 특질을 갖고 있다. 첫째, 이 세 가지 즐거움은 모두 내적인 양심으로부터 나온 것이지 결코 외적인 사업의 성취로부터 온 것이 아니다. 비록 밖으로 일보일보 확충하면 외적인 사업과 관련을 가질 수 있지만 즐거움의 근원은 外가 아니라 內이다. 둘째, 이 세 가지 즐거움은 모든 사람이 가질 수 있는 쾌락이다. 우러러보아도 부끄럽지 않고 굽어보아도 부끄럽지 않는 즐거움을 얻으려면 먼저 자신을 되돌아보고 성찰 해야 한다. 그 때 즐거움은 반드시 따라온다. 맹자가 말한 "자신을 돌이켜보고 진실하게 하면 즐거움이 그보다 더할 수 없다"[65]의 즐거움이 바로 그것이다. 다음 부모형제는 누구에게도 있는 것이다. 따라서 부모와 자녀간에 효와 자애 를 다하고, 형제간에 우애함으로써 얻을 수 있는 즐거움도 원칙상 모든 사람 에게 가능하다. 마지막으로 세상 사람들과의 사이에서 발생하는 도덕문화관 계 역시 모든 사람이 가질 수 있고, 마땅히 가져야 하는 인간관계이다. 이 세 상에는 다른 사람에게 인생의 도리를 배우지 않는 사람이 없고, 다른 사람에 게 인생의 도리를 가르쳐 주지 않는 사람이 없다. 이상 세 가지의 즐거움은 인 간 세상의 가장 일반적인 도리이며, 모든 사람이 향유할 수 있는 보편적인 쾌 락이다.

이상의 설명으로부터 우리는 왜 외적인 권세와 명리 등이 진정한 즐거움이 아닌 이유를 알 수 있을 것이다. 그 이유는 다름 아닌 외적인 사업과 명리 및 권세 등은 내적인 양심의 수양으로써 조절할 수 없기 때문이다. 노력한다고 반드시 얻어지는 것도 아니고, 또 어떤 것은 다른 사람으로부터 빼앗아야 한 다. 따라서 내가 얻으면 다른 사람은 가질 수 없기 때문에 다른 사람과 함께 즐거움을 향유할 수 없다. '노력한다고 반드시 얻어지지 않는다'는 양심의 자 주성과 부합하지 않고, '다른 사람과 함께 향유할 수 없다'는 양심의 사랑과 합치하지 않는다. 그런데 어떻게 즐거움이라고 할 수 있겠는가?

즐거움은 반드시 내적인 양심의 자각으로부터 출현해야 하고, 행위의 합리 성과 인격의 독립자주성으로 표현되어야 한다. 이러한 즐거움이 표현되려면 반드시 장기간의 도덕수양이 전제되어야만 비로소 원만무애한 생명이라는 결 과를 얻을 수 있다.

맹자 수양론은 여기까지 소개하면 일단락을 고할 수 있을 것 같다. 그러나 어딘지 부족한 느낌이 드는데, 이는 맹자철학에서 매우 중요한 위치를 차지하 고 있는 〈공손추 상 2〉의 지언양기(知言養氣)를 소개하지 않았기 때문이다. 사

---

65) "反身而誠, 樂莫大焉."〈盡心 上4〉

실 지언양기는 의정인숙(義精仁熟) 이후에 나타나는 '생명의 광명' 부분에 놓아야 하는데, 이 장이 너무나 길어 그 부분에 삽입하면 전체 문체의 기상을 약간 방해할 것 같아 마지막에 배치하였다.

또 이 장이 너무 길고 내용 역시 상당히 번잡하기 때문에 독자들의 이해를 돕기 위하여 전편의 내용을 먼저 모두 앞에 배열하지 않고 몇 단락으로 나누는 방식을 채택하였다. 먼저 앞 단락의 원문에 대하여 주석과 해설을 붙이고, 다음 단락과 연결시켜 내용을 일관성 있게 전개하겠다.

44. 양기지언(養氣知言) 1

공손추가 묻기를, "선생께서 제나라의 경상 자리에 앉으셔서 왕도정치를 행할 수 있게 된다면 비록 그로 말미암아 (제나라의 군주가) 패왕으로 불려져도 이상할 것이 없겠습니다.[66] 그럴 경우 마음이 동요되지 않겠습니까(不動心)?" 맹자가 말하기를, "아니다. 내 나이 40이 되어서는 마음이 동요되지 않는다." (공손추가) 묻기를, "그렇다면 선생님께서는 맹분보다 훨씬 뛰어나십니다." (맹자가) 말하기를, "그것은 어렵지 않다. 그러한 부동심은 고자가 나보다 앞섰다." (공손추가) 말하기를, "부동심하는 데 방법이 있습니까?" (맹자가) 말하기를, "있다. 북궁유의 용기를 기르는 방법은 (창과 칼로) 살이 찔려도 굽히지 않고, (송곳으로) 눈이 찔려도 눈을 피하지 않는 것이다. 다른 사람에게 털끝만큼의 모욕을 당해도 마치 시장에서 매를 맞는 것처럼 (분하게) 생각한다. 갈관박에게도 (모욕을) 당하지 않고, 만승의 군주에게도 (모욕을) 당하지 않는

---

66) 혹자는 패왕을 패자와 왕자로 나누어 해석하지만, 조기와 주자의 해석을 보면 패왕을 한 낱말로 해석하고 있다. 옮긴이는 마땅히 한 낱말로 해석하는 것이 타당하다고 생각한다. 왜냐하면 앞 문장의 어기로 볼 때, 맹자가 경상의 자리에 있으면서 왕도정치 이념을 주장하고, 제나라 군주가 맹자의 주장을 받아들여 실현하면, 비록 제나라의 군주를 사람들이 천하의 패자라고 칭해도 이상할 것이 없다는 것이다. 왜냐하면 왕도정치를 실현하는 것과 사람들이 그것을 평가하는 것은 다르기 때문이다. 그 뜻은 '이상하게 생각하지 않는다(不異)'는 말 속에 이미 포함되어 있다. 만일 패왕을 패자와 왕자로 나누어 해석한다면 왕도정치의 실현과 사람들이 왕자라고 평가하는 것은 일치하기 때문에 '이상하게 생각하지 않는다'와 어울리지 않는다. — 옮긴이 주.

다. 만승의 군주를 찌르는 것을 마치 천한 사람을 찌르는 것처럼 보고, 두려워하는 제후가 없다. 자기를 험담하는 소리를 들으면 반드시 (똑같이) 돌려 준다. 맹시사가 용기를 기르는 까닭을 말하면서, '이기지 못한 것을 보기를 이기는 것처럼 한다. 적을 헤아린 후에 전진하고, 승리할 것을 생각한 후에 교전한다면 이는 (적의) 삼군을 두려워하는 사람이다. 맹시사가 어찌 반드시 승리할 수 있겠는가? 두려워하지 않을 수 있을 뿐이다.' 맹시사는 증자와 유사하고, 북궁유는 자하와 유사하다. 이 두 사람의 용기에서 누가 더 나은지는 모르겠다. 그러나 맹시사가 요점을 잘 파악하고 있는 것 같다. 옛날에 증자가 자양에게 말하기를, '자네는 용기를 좋아하는가? 나는 일찍이 위대한 용기에 관하여 선생님(공자)께 들은 적이 있다. 스스로 반성하여 義에 부합하지 않으면 비록 갈관박 같은 사람일지라도 내가 두려워하지 않을 수 있겠는가? 스스로 반성하여 義에 합치한다면 비록 천만 사람의 앞이라고 할지라도 나는 나아가겠다.' 맹시사가 기질의 용기를 지키는 것(守氣)은 증자가 요점을 잘 파악하고 있는 것(守約)만 못하다."

公孫丑問曰 : "夫子加①齊之卿相②, 得行道焉, 雖由此霸王不異矣. 如此, 則動心③否乎?" 孟子曰 : "否. 我四十不動心." 曰 : "若是, 則夫子過孟賁④遠矣!" 曰 : "是不難. 告子⑤先我不動心." 曰 : "不動心有道乎?" 曰 : "有. 北宮黝⑥之養勇也, 不膚橈⑦, 不目逃⑧. 思以一毫挫⑨於人, 若撻之於市朝. 不受於褐寬博⑩, 亦不受於萬乘之君. 視刺萬乘之君, 若刺褐夫, 無嚴⑪諸侯. 惡聲至, 必反之. 孟施舍⑫之所⑬養勇也, 曰 : '視不勝猶勝也⑭. 量敵而後進, 慮勝而後會, 是畏三軍⑮者也. 舍豈能爲必勝哉? 能無懼而已矣.' 孟施舍似曾子, 北宮黝似子夏. 夫二子之勇, 未知其孰賢. 然而孟施舍守約⑯也. 昔者曾子謂子襄⑰曰 : '子好勇乎? 吾嘗聞大勇於夫子⑱矣. 自反而不縮⑲, 雖褐寬博, 吾不惴焉? 自反而縮, 雖千萬人, 吾往矣!' 孟施舍之守氣, 又不如曾子之守約也."〈公孫丑 上2〉

◁ 주 해 ▷

① 加 : 거(居)와 같은 뜻이다. 즉, 경상의 지위에 오르다.
② 卿相 : 상(相)은 문무백관 중에서 가장 높은 지위이다. 옛날에는 경(卿)을 상

234

중하로 나누었는데, 그 중에서 상경이 재상을 맡았기 때문에 경상이라고 칭한 것이다.

③ 動心 : 마음이 동요되다.

④ 孟賁 : 옛날의 이름난 용사. 기록에 의하면, '맹분은 물 속을 헤엄칠 때는 교룡을 피하지 않았고, 길을 걸을 때는 호랑이와 외뿔소를 피하지 않았으며, 목숨과 부귀로서도 그의 용맹을 바꾸지 않았다'[67]고 한다.

⑤ 告子 : 맹자와 동시대의 학자.[68]

⑥ 北宮黝 : 제나라 사람이다. 성이 북궁이고, 이름이 유이다.

⑦ 膚撓 : 요(撓)는 요(撓)와 같은 뜻으로 '굽히다'의 의미이다. 즉, 예리한 칼이나 날카로운 창으로 찔려 굴복당하다.

⑧ 目逃 : 송곳 등의 날카로운 무기가 눈을 찌르려고 하자 눈을 돌려 피하다.

⑨ 挫 : 모욕당하다.

⑩ 褐寬博 : 갈(褐)은 거친 털로 만든 엉성한 옷이고, 관박(寬博)은 신분이 천한 사람의 옷이다. 즉, 갈관박은 천한 사람을 가리킨다.

⑪ 無嚴 : 두려워하지 않는다.

⑫ 孟施舍 : 옛 용사의 이름이다.

⑬ 所 : '때문에'의 소이(所以)와 같은 뜻이다.

⑭ 視不勝猶勝也 : 이길 수 없음을 알면서도 지는 것을 두려워하지 않고 용감하게 맞서다.

⑮ 三軍 : 주나라의 제도에 의하면 천자는 6군을 거느리고, 제후 중에 큰나라는 3군을, 작은 나라는 2군 혹은 1군을 거느린다. 1군은 12,500명이다. 이곳에서 3군은 강한 적군과 많은 병사를 의미한다.

⑯ 守約 : 중요한 도리를 잘 파악하여 간직하고 있다.

⑰ 子襄 : 증자의 제자.

⑱ 夫子 : 공자.

⑲ 縮 : '곧다(直)', 즉 '義에 합치하다'의 의미이다.

◀해 설▶

이 장은 공손추가 맹자에게 '부동심'에 관한 물음으로부터 시작된다. 먼저

---

67) 《사기》〈范睢列傳集解〉와 〈袁盎傳索隱〉. ─ 옮긴이 주.
68) 고자의 학설에 관한 내용은 제1부 심성론에 상세하게 설명되어 있다. ─ 옮긴이 주.

공손추의 물음부터 분석해 보자. 그는 문제의 핵심을 단지 '마음이 동요되지 않는' 것에만 두고서 소박하게 부동심 자체를 부러움의 대상으로 삼고 있다. 그러나 '마음이 동요되지 않는다'는 여러 측면에서 생각할 수 있다. 부동심은 도덕본심 스스로 자신을 안정시키는 것일 수도 있고, 외물과 접촉했을 때 억지로 강한 척하여 상대방을 제압하려는 것일 수도 있으며, 어떤 외적인 조건에도 자신의 의지를 굴복당하려고 하지 않는 것일 수도 있다. 심지어 마음을 모든 만상과 결별시켜 허무적정(虛無寂靜)의 심태를 유지하고 있는 상태를 부동심이라고 할 수도 있다. 그러나 진정한 부동심은 도덕본심 스스로 자신을 안정시키는 것 외에는 부동심이라고 할 수 없다. 왜냐하면 도덕본심 스스로의 안정 외의 다른 것들은 단지 잠시적 혹은 표면적인 '움직이지 않음'에 불과하기 때문이다. 비록 그것들의 효과가 빠르게 나타나지만 철저하지 못하기 때문에 편차가 있을 수밖에 없다.

북궁유가 용기를 기르는 방법에 대하여 주자는 "필승을 위주로 삼는 것이다"[69]라고 하였다. 북궁유는 신분의 귀천을 막론하고 모두 자기의 아랫사람으로 내려보고서 오로지 자기만을 홀로 강한 자로 생각하려는 사람이다. 그러나 인간의 능력은 유한적일 수밖에 없고, 또 강한 것 중에는 보다 강한 것이 있다. 인간은 늙을 수밖에 없다. 점차 늙어지면 홀로 누리고 있었던 강한 위치는 더 이상 유지할 수 없게 된다. 따라서 이러한 방법으로 부동심하려고 하면 부동심은 결국 한때의 허무함으로 귀결될 수밖에 없다. 또 우리의 본심에 비춰볼 때 '왜 반드시 다른 사람을 제압하고 살아야만 하는가' 하는 물음이 따를 수밖에 없다. 이러한 방법은 마음을 너무 지나치게 압박하는 것으로, 결국 양산박의 영웅호걸지사 등과 같은 사람만을 만들 뿐이다. 사실 부동심에는 올바른 방법이 있다. 올바른 방법에 따라서 마음을 동요시키지 않을 때 비로소 사람과 사람은 서로 의지하고 도우면서 살아간다. 부동심에는 쟁탈의 의미가 포함되어 있지 않다.

사실 북궁유와 같은 방법은 용기에만 해당되는 것이 아니다. 모든 방면(지식·능력·재산·사회적 지위·권력·용모·천부적인 자질 등)에서 다른 사람을 이기려고 하는 사람은 다 그렇다. 그러나 자신의 양심은 자기의 외적인 조건

---

69) "以必勝爲主."《孟子集註》

이 영원히 강할 수 없음을 잘 알고 있다. 때문에 언어나 심태를 억지로 위장하기도 하고, 심지어 과대포장하여 자기를 숨기기도 한다. 이것은 그들의 마음이 불안하다는 것을 의미한다.

다음 맹시사의 용기에 관하여 주자는 "두려워하지 않는 것을 위주로 삼는다"[70]고 하였다. 맹시사는 상대방의 조건이 어떻건 관계 없이 오로지 자신의 정신적 의지만을 긍정한다. 맹시사의 방법을 북궁유와 비교해 보면, 북궁유처럼 혼자만의 강함은 영원히 지속될 수 없다는 위기감과 최후에는 진퇴양난에 빠지게 되는 어려움을 면할 수 있을 것 같다. 때문에 맹자는 맹시사의 방법론이 북궁유보다 진리에 가깝다고 평가하였다. 그러나 도덕본심의 올바른 위치에서 볼 때, 여전히 편차가 있음을 면할 수 없다. 왜냐하면 맹시사 역시 외적인 대상과 대립하고 있는 마음을 갖고 있기 때문이다. 단지 상대방과 교류하면서 이기려고 하지 않고 자기의 마음으로 절대적인 승리를 추구하는 것일 뿐이다. 그러나 이기려고 하는 마음이 있으면 자기의 마음은 다른 사람과 필연적으로 대립하게 되어 상호간의 관계를 단절할 수 있다. 이러한 마음은 하나의 유한심에 머무를 뿐 결코 형이상적인 무한심의 세계로 진입할 수 없다. 인간의 본심이 본래부터 다른 사람과 투쟁하며 서로 격리되는 것을 요구하는가? 맹시사의 방법으로부터 우리는 그의 마음속에 여전히 억지가 있고, 고독과 비장함이 간직되어 있음을 발견할 수 있다. 이는 서양의 신화에 나오는 운명에 굴복하지 않는 시지푸스와 유사하다.

북궁유와 맹시사를 소개한 후에 맹자는 자하와 증자를 언급하고 있다. '맹시사는 증자와 유사하고, 북궁유는 자하와 유사하다'고 하였는데, 그들 사이에 유사한 점은 무엇이고, 서로 다른 점은 무엇인가에 대해서도 마땅히 논의를 해야 할 것 같다.

북궁유와 맹시사에 대하여 맹자가 비록 '두 사람 중에서 누가 더 나은지 모르겠다'고 하였지만, 사실 이 말은 두 사람의 용기 배양방법에 대하여 맹자가 모두 긍정하지 않고 있음을 암시하고 있다. 자하와 증자는 모두 공자 문하의 고제(高弟)들이다. 맹자는 여러 차례 증자의 인격에 대하여 찬양한 적이 있기 때문에 자하와 증자의 인격이 북궁유와 맹시사의 인격보다 고상함은 분명하

---

70) "以不懼爲主."《孟子集註》

다. 물론 자하와 증자, 그리고 북궁유와 맹시사의 차별에는 양적인 측면뿐만 아니라 질적인 측면의 차별도 포함되어 있다. 그렇다면 그들간의 차별은 무엇인가? 그것은 다름 아닌 군자와 소인, 즉 도덕생명의 차별이다. 북궁유와 맹시사 중에서 북궁유가 비록 외적인 것을 추구하고, 맹시사가 내적인 것을 지키려고 하기 때문에 맹시사가 약간 우월한 것 같지만, 실질적으로 두 사람의 용기 배양은 모두 기질생명의 맹동(盲動)에 불과할 뿐 도덕생명과는 무관하다. 자하와 증자는 그들과 판이하게 다르다. 자하와 증자는 기질뿐만 아니라 도덕생명까지도 충실하게 간직하고 있기 때문에 두 명의 용사와 질적으로 다른 생명 경계를 유지하고 있는 사람이다. 단지 한 사람은 도덕생명을 밖으로 실현하고, 한 사람은 안으로 간직하였기 때문에 그 점이 유사할 뿐이다. 주자는 "자하는 성인을 독실하게 믿었고, 증자는 자기를 돌이켜보고 반성하였다. 따라서 두 용사와 증자 · 자하가 비록 같은 무리는 아닐지라도 그 기상을 논한다면 각기 유사한 바가 있다"[71]고 하였다.

45. 양기지언(養氣知言) 2

(공손추가) 말하기를, "감히 묻겠습니다. 선생님의 부동심과 고자의 부동심에 관하여 설명을 들어 볼 수 있습니까?" (맹자가 말하기를) "고자는 '남의 말이 이해되지 않으면 마음으로 생각하지 말고, 마음으로 이해되지 않아도 氣에 호소하지 말라'고 하였는데, 마음으로 이해되지 않아도 氣에 호소하지 말라고 하는 말은 옳지만, 남의 말이 이해되지 않으면 마음으로 생각하지 말라는 것은 옳지 않다. 志는 氣의 장수이며, 氣는 몸에 꽉 찬 것이다. 志가 드러나면 氣는 그 다음에 따라간다. 그러므로 말하기를 '그 志를 올바르게 잡고, 그 氣를 포악하게 자극하지 말라'고 한 것이다."

曰 : "敢問夫子之不動心, 與告子之不動心, 可得聞與?" "告子曰 : '不得於言, 勿求於心. 不得於心, 勿求於氣.' 不得於心, 勿求於氣, 可. 不得於言, 勿

---

71) "子夏篤信聖人, 曾子反求諸己. 故二子與曾子子夏, 雖非等倫, 然論其氣象, 則各有所似." 《孟子集註》

求於心, 不可. 夫志, 氣之帥也. 氣, 體之充也. 夫志至焉, 氣次焉. 故曰 : '持其志, 無暴其氣①.'"〈公孫丑 上2〉

◁주 해▷

① 暴其氣 : 포(暴)는 난폭하다. 즉, 기질생명을 함부로 자극하여 맹목적으로 요동치게 하는 것을 말한다.

◀해 설▶

앞에서는 북궁유와 맹시사 두 사람의 부동심에 관하여 논의하였다. 지금부터는 두 사람의 부동심과 다른 형태를 소개하겠다. 맹자는 이곳에서 고자가 취한 부동심의 형태를 소개하고 있다. 고자의 인생 태도를 살펴보면 도가와 매우 흡사하다. 《맹자》〈고자〉편에 기록된 내용을 살펴보면, 고자는 人性을 나무바리를 만드는 버드나무에 비유하면서, 본성에는 본래 선함도 없고, 악함도 없다고 하였다. 고자가 긍정한 인성은 생리적 본능, 즉 태어나면서 갖추고 있는 각종의 특성이기 때문에 도덕가치 창조와는 관계가 없는 본성이다. 고자는 도덕본성의 존재를 긍정하지 않았다. 때문에 고자의 부동심 방법은 억지로 호기를 부려 마음을 안정시키려고 하는 것도 아니고, 단순히 자아긍정을 통하여 마음을 무대립의 상태로 나아가게 하려는 것도 아니며, 공자와 맹자처럼 도리에 따라 실천함으로써 스스로 안정하려는 것은 더더욱 아니다. 고자의 부동심은 마음을 만상과 결별시켜 허무적정의 상태로 가려는 것이다. 일부러 알려고도 하지 않고, 되는 것도 없고 되지 않는 것도 없는 상태가 바로 고자의 부동심이다. 그렇다면 마음은 없는 것과 마찬가지이기 때문에 '動'과 '不動'을 말할 필요도 없다. 이 점은 노장(老莊)의 심태와 매우 유사하다.

고자의 부동심을 이처럼 해석하면 맹자가 말한 "고자는 남의 말이 이해되지 않으면 마음으로 생각하지 말고, 마음으로 이해되지 않아도 기에 호소하지 말라고 하였다"를 어렵지 않게 이해할 수 있다. 원래 고자는 말(言)은 외적인 사물에 대한 묘사이고, 마음(心)은 외적인 사물을 묘사하는 통로이며, 기는 생명이 실제로 존재할 수 있는 근거라고 생각하였다. 고자와 도가에서는 생즉성(生則性)을 긍정하였기 때문에 말과 마음 및 기 중에서 당연히 기를 주도적 개념으로 삼는다. 그러나 고자의 기는 자연적인 생화활동 측면에서 말한 것이기 때문에 기의 실질과 기화(氣化)에 의해 나타난 현상의 모습은 별로 중시하지 않는다. 고자에서 보면, 마음의 작용은 단지 드러난 사물의 현상에 대응하여 그에 상응한 묘사를 하고, 그것을 언어로 표현하는 것에 불과하다. 따라서 사물의 현상이 지나가면 그것에 따라 없어지고, 그 언어 역시 없어진다. 기의 운행은 무위자연이기 때문에 마음의 작용 역시 기에 상응하여 무위자연해야 한다. 어디에도 머무르지 않기 때문에 집착하면 안 된다. 따라서 고자는 만일 지금 눈앞의 어떤 사물의 현상을 묘사하고 있는 언어를 이해하지 못하면 억지로 집착하여 그것을 이해할 필요가 없다고 한다. 고자에 의하면 언어라는 것은 단지 눈앞의 사물 현상을 묘사하는 것에 불과한 것일 뿐 하나의 가치판단도 아니고, 또 영원성의 의미도 갖고 있지 않기 때문이다. 사물의 현상이 갑자기 없어지면 그것을 묘사하는 언어의 효용도 함께 없어진다. 따라서 이미 죽어버린 언어를 반드시 이해하려고 하는 태도를 긍정할 수 없는 것이다. 눈 앞에 나타나는 모든 사물의 현상에 집착하고, 또 지나버린 과거의 형상에 머물러 있다고 생각해 보자. 그렇다면 사물의 현상은 부단히 발생할 것인데, 어떻게 새롭게 등장하는 사물의 현상에 응대할 것인가? 아마 영원히 한 발 늦게 현재와 만나게 될 것이다. 아니 그 사람에게는 현재는 없고 과거만이 있을 뿐이다. 그렇게 된다면 우리의 생명은 지금의 현상과 격리되어 자연스러운 발산을 상실하게 될 것이다. 고자의 '생지위성(生之謂性)' 계통에서 보면 이러한 태도는 인성을 상실한 것과 마찬가지이기 때문에 심각하게 대체하지 않으면 안 된다. 고자는 자연의 변화에 따라가는 생명의 자연스러움을 보존하기 위하여 어쩌다 이해가 안 되는 몇몇의 언어에 대해서는 집착할 필요가 없다고 주장한다. 그 찰나의 현상이 지나가면 다음의 찰나가 다가온다. 우리의 마음은 다음 찰나의 현상과 격리되지 않아야 한다. 한순간의 집착으로 말미암아 생명의 자연스러운 흐름을 희생시켜서는 안 된다. 이것이 바로 고자가 말한 "남의 말이 이해되지 않으면 마음으로 생각하지 말고, 마음으로 이해되지 않아도 氣에 호소하지 말라"의 의미이다. 언어와 마음 그리고 기는 일관되어 흘러가야 한다. 언어를 이해하지 못한 것 때문에 마음의 집착을 초래해서도 안되고, 마음의 집착으로 말미암아 기의 자연스러운 발산을 해쳐서도 안 된다. 고자의 주장은 결국 기화의 자연스러움을 보호하는 곳으로 귀결되기 때문에 마음은 단지 기화의 부속물에 불과한 존재로 전락한다. 그러나 마음의 주동적인 발용을 긍정하지 않는다면 마음에서 動과 不動의 의미를 발견할 수도 없다. 고자가 취한 부동심의 방법은 바로 이러한 형태로서 북궁유처럼 기를 고의로 부풀리고, 맹시사처럼 억지로 그 마음만을 잡고 있는 형태와 크게 다르다.

이상은 고자 혹은 도가에서 견지하는 부동심의 방법과 내용에 관한 설명이다. 이것과 맹자의 부동심은 크게 다르다. 맹자의 계통 중에서 언어와 마음 그리고 기에 대한 이해와 이 삼자의 관계는 고자와 다르다. 고자의 계통에 따르면 "남의 말이 이해되지 않으면 마음으로 생각하지 말고, 마음으로 이해되지 않아도 기에 호소하지 말라"는 것은 매우 자연스럽지만 맹자의 계통에서는 결코 동의할 수 없는 주장이다. 원래 맹자철학에서 마음(心)은 기의 자연스러움에 부속되어 아무런 작용도 없는 통로가 아니다. 心은 도덕가치의 방향을 결정할 수 있고, 생명과 모든 사물의 현상에 가치를 부여하는 주재자이다. 때문에 맹자철학에서 心은 최고 층차의 존재이다. 기 혹은 자연생명에 관해서는 고자의 견해와 일치한다. 즉, 어디에도 머물지 않고 흘러가는 존재이다. 비단 어디에도 머물지 않고 흘러가는 존재일 뿐만 아니라 도덕심의 주재 아래 도덕가치를 표현하는 도구이기도 하다. 고자와 도가에서는 이른바 도덕가치의 실현과 기의 자연스러운 유행은 서로 모순적인 것이기 때문에 생명을 보호한다는 전제 아래 도덕가치를 희생시킬 수밖에 없는 것이다. 또 心에서 그 작용과 가치를 박탈하여 心을 아무런 내용도 없는 존재로 전락시킨 것이다. 그러나 맹자철학에서는 심과 기의 실현이 서로 모순관계에 있지 않다. 심은 반드시 기와 함께 해야만 자신의 모습을 드러낼 수 있다. 또 기는 심의 주재를 통해서만 비로소 그 의의를 가질 수 있다. 기가 심의 주재하에 발현될 때 비단 자연스럽게 실현될 수 있을 뿐만 아니라 굳건한 세력을 가질 수 있게 된다. 그렇기 때문에 "지 (志-心)는 氣의 장수이다"라고 하였으며, "기는 몸에 꽉 찬 것이다"라고 하였다. 기는 실제로 도덕역량을 드러내는 힘이다. 志가 本이고, 기는 末이다. 본과 말이 서로 교류하면서 서로를 배양하기 때문에 한편으로는 志를 올바르게 잡을 수 있고, 다른 한편으로는 기를 포악하게 하지 않을 수 있는 것이다. 비록 심과 기가 서로를 배양하지만 본말의 차이는 분명히 있다. 심이 근본이기 때문에 심을 잃어버리고 기에 의지해서는 안 된다. 맹자가 고자의 "마음에 맞지 않으면 기에 호소하지 말라"는 구절을 긍정한 것은 바로 이 때문이다. 그러나 이 구절에 대한 맹자의 이해는 고자와 크게 다르다는 점을 주의해야 한다. 고자는 단지 마음이 언어를 이해하지 못했을 경우 그 언어에 집착하여 기의 자연스러운 유행을 방해하지 말라는 것을 강조하였을 뿐이다. 그러나 맹자는 '心을 잃어버렸을 경우 마땅히 자신을 성찰하여 마음의 본래 모습을 회복해야지 기에 의지해서는 안 된다'는 점을 강조한 것이다.

지금부터 언어에 관하여 말해 보자. 맹자철학의 계통에서 보면 생명의 표현은 단순한 자연스러운 유행이라는 의미뿐만 아니라 도덕가치 창조의 실적이라는 의미도 함께 가지고 있다. 따라서 생명의 유행과정에서 모든 사물의 현상은 지나가면 없어지는 것이 아니라 그 객관적인 의미를 남기고 간다. 사물의 현상은 역사의 흐름에 누적되어 있기 때문에 없앨 수 없다. 따라서 객관적인 사물의 현상을 묘사하는 언어 역시 마찬가지로 객관적인 의의를 갖고 있는 것이어서 결코 지나가면 없어지는 것이 아니다. 우리는 남아 있는 언어를 통하여 생명의 역사를 알 수 있고, 인류가 지금까지 실천한 도덕가치의 내용을 이해할 수 있다. 이것을 가지고 지금 시대에 마땅히 가야 할 도덕의 방향을 결정할 수 있다. 때문에 '언어를 이해할 수 없다고 해서 어떻게 버릴 수 있겠는가?' 이것이 바로 맹자가 "남의 말이 이해되지 않으면 마음으로 생각하지 말라"는 고자의 주장을 반대한 이유이다. 바꾸어 말하면 맹자는 도덕심의 주도하에 지식의 의의를 긍정한 것이다. 반면 고자는 자연생명의 자연스러운 유출이라는 측면에서 지식의 의의를 부정하였다. 이상 우리는 《맹자》의 원문 중에 나타난 몇 종류의 생명 형태를 소개하였다. 생명의 기를 부추키려는 북궁유와 맹시사의 형태가 있고, 생명의 기를 자연스럽게 유행시키려는 고자의 형태가 있으며, 도덕심의 주도하에 도덕가치를 발산하려는 맹자의 형태가 있다. 이러한 세 가지 형태에 대한 분명한 이해가 있은 후에 비로소 맹자가 제시한 양기 공부를 논의할 수 있다.

46. 양기지언(養氣知言) 3

"이미 '志가 드러나면 氣는 그 다음에 따라간다'고 하였고, 또 '그 志를 올바르게 잡고, 그 氣를 포악하게 자극하지 말라'고 한 이유는 무엇입니까?" (맹자

242

가) 말하기를, "지가 한결같으면 기가 (그것에 따라) 움직이고, 기가 모이면 지가 움직인다. 지금 넘어지고 달리는 것은 기다.[72] 그렇게 되면 오히려 마음을 동요시킨다."

"旣曰 : '志至焉, 氣次焉.' 又曰 : '持其志, 無暴其氣'者, 何也?" 曰 : "志壹①, 則動氣, 氣壹②則動志也. 今夫蹶③者, 趨者, 是氣也. 而反動其心."〈公孫丑 上2〉

◁ 주 해 ▷

① 壹 : 전일(專一), 즉 '순수함이 한결같다'는 의미이다.
② 壹 : 모이다.
③ 蹶 : '넘어지다' 혹은 '뛰어 일어나다'로 해석할 수 있지만 모두 급하게 달리는 의미이다.

◀ 해 설 ▶

이곳에서는 먼저 심과 기가 서로가 서로를 배양할 수 있다는 점에 관하여 토론하고 있다. 비록 심이 본이고, 기가 말이라고 하였지만, 본말은 원래 서로 상통하는 것이지 서로 대립하는 것이 아니다. 심과 기가 하나로 통하기 때문에 왕선산은 "근본이 크면 그 끝 역시 작지 않다"[73]고 하였다. 도덕심은 생명을 주도할 수 있는 역량을 가지고 있음이 분명하지만, 생명 역시 심지에 영향을 줄 수 있는 역량을 가지고 있다. 이곳에서 우리가 주의해서 보아야 할 것은 맹자가 기의 가치를 결코 폄하하지 않고 있다는 점이다. 이 점은 후세의 유학자들이 심을 존귀한 것으로, 기를 천한 것으로 생각한 것과 크게 다르다. 후세의 유학자들은 대부분 기가 심에 영향을 끼쳐 무명(無明)을 조장하고, 인욕의 협잡(挾雜)을 일으킨다고 생각하였다. 그들은 기를 모든 죄악의 근원으로 간주하였다. 맹자는 공자의 도를 상하 혹은 좌우 한 방향으로만 열지 않고 상하좌우로 열었다. 이는 맹자가 도덕심의 창조역량뿐만 아니라 기의 역량 역시 도덕실천의 동력으로 간주하고 있음을 의미한다. 따라서 맹자는 이곳에서 심

---

72) 氣가 심의 주재에 따라 움직이지 않고 홀로 맹동하는 것을 비유한 것이다. ─옮긴이 주.
73) "本大末亦不小."

지가 한결같으면 기를 움직일 수 있고, 기가 모이면 역시 심지를 움직일 수 있다고 한 것이다. 심지는 당연히 순수해야 하고, 그 순수함이 한결같아야 한다. 그래야만 실천의 방향을 확정할 수 있다. 기 역시 그 방향이 한결같아야만 그 역량이 모일 수 있다. 때문에 기가 한결같고, 그 역량이 모이는 것 자체가 결코 나쁜 것은 아니다. 단지 심지와 기가 각기 다른 방향으로 모여 서로가 배합(配合)되지 않는 것이 문제일 뿐이다. 맹자는 '넘어지고 빨리 달리는 기의 활동'을 예로 들어 기가 심지를 동요시킬 수 있음을 설명하였다. 넘어지고 빨리 달리는 것은 심지와 서로 배합되지 않은 기의 움직임일 뿐이다. 심지와 기가 서로 배합되지 않은 상태에서 오로지 기만을 움직인다면 이는 가치를 지향하지 않는 활동이기 때문에 '근본 없는 움직임이다'라고 할 수 있다. 즉, 맹자가 말한 '暴其氣'가 바로 이것이다. 이러한 기의 맹동은 심지에 영향을 주기에 충분하다. 따라서 진정으로 부동심하려면 도덕심의 존재를 스스로 증명하는 것 외에 반드시 도덕심의 역량을 기에 관통시켜 기를 올바르게 배양해야 한다. 이렇게 될 때 비로소 본과 말이 서로 배양하여 도덕가치를 창출할 수 있다. 이것이 바로 다음에 논의할 양기공부이다.

47. 양기지언(養氣知言) 4

(공손추가 말하기를), "감히 묻겠습니다. 선생께서는 어떤 방면에 능통하십니까?" (맹자가) 말하기를, "나는 남의 말을 잘 이해하고, 나는 내 호연지기를 잘 배양할 줄 안다." (공손추가 말하기를), "감히 묻겠습니다. 무엇을 호연지기라 합니까?" (맹자가) 말하기를, "말로 설명하기가 어렵다. 그와 같은 氣는 지극히 크고 지극히 강하니 올바름으로써 기르고 해됨이 없게 하면 천지 사이에 꽉 차게 된다. 그와 같은 氣는 義와 道에 함께 어울린다. 호연지기가 없으면 위축된다. 이러한 호연지기는 義가 축적되어서 생긴 것이지, 義가 갑자기 엄습해 와서 갖추게 된 것이 아니다. 行하여 마음에 만족감을 느끼지 못하면 위축된다. 그러므로 나는 '고자는 義를 알지 못하였다'고 했던 것이니, 그 이유는 (고자가) 義를 외적인 것으로 여겼기 때문이었다. 반드시 (의로움을 집적할 수 있는 것과 관련된) 일이 있다면 그만두지 말고, 망령된 마음을 갖지 말 것이

며, 자라는 것(벼)을 억지로 돕지 말아야 한다. 송나라 사람처럼 하지 않아야 한다. 송나라 사람 중에 자기가 심은 곡식의 싹이 빨리 자라나지 않는 것을 안타깝게 여겨 싹을 뽑아 올린 사람이 있었다. 매우 피곤한 채 (집으로) 돌아와 그 집안 사람들에게 말하기를, '오늘 너무 피곤하다. 나는 곡식의 싹이 자라나도록 도와주었다.' 그 사람의 아들이 뛰어 달려가 보니 싹이 말라버렸다. 천하에 곡식의 싹이 자라나는 것을 도와주지 않는 사람은 적다. 아무런 이익이 없다고 생각한 사람은 김매어 주지 않는다. 억지로 자라게 하려고 하는 사람은 그 싹을 뽑아 올려 준다. 아무런 이익이 없을 뿐만 아니라 도리어 (그 사람을) 해치게 된다.”

“敢問夫子惡[74]乎長?” 曰 : “我知言①, 我善養吾浩然之氣.” “敢問何爲浩然之氣?” 曰 : “難言也. 其爲氣也, 至大至剛, 以直②養而無害, 則塞於天地之間. 其爲氣也, 配義與道. 無是[75], 餒③也. 是集義所生者, 非義襲而取之④也. 行有不慊於心, 則餒矣. 我故曰告子未嘗知義, 以其外之⑤也. 必有事焉而勿正, 心勿忘, 勿助長⑥也. 無若宋人然. 宋人有閔⑦其苗之不長而揠⑧之者, 芒芒⑨然歸, 謂其人⑩曰 : ‘今日病⑪矣! 予助苗長矣!’ 其子趨而往視之, 苗則槁矣! 天下之不助苗長者寡矣. 以爲無益而舍之者, 不耘苗者也. 助之長者, 揠苗者也. 非徒無益, 而又害之.”〈公孫丑 上2〉

◁ 주 해 ▷

① 知言 : 타인의 언어 중에 포함되어 있는 의미를 이해하다.

② 直 : 올바른 도리.[76]

③ 餒 : 위축되다.

④ 義襲而取之 : 어떤 외적인 도리를 습득한 후에 그것을 모든 행동의 표준으로 삼고서 실천해 나간다. 즉, '외적인 것을 행동의 표준으로 삼는다'는 의미이다.

---

74) 오(惡)는 하(何), 즉 '어떤', '어느'와 같은 뜻으로 쓰이는 의문대명사이다. — 옮긴이 주.

75) 무시(無是)에서 是는 대명사이다. 호연지기로도 해석 가능하고, 道義로도 해석 가능하지만, 앞뒤 문맥을 고려할 때 호연지기로 해석하는 것이 자연스럽다. — 옮긴이 주.

76) 맹자에 있어서 올바른 도리란 바로 본심을 표준으로 한 것이기 때문에 이곳에서 직(直)은 義, 즉 합리적인 방법을 의미한다. — 옮긴이 주.

⑤ 外之 : 고자가 주장한 의외설(義外說)을 의미한다.
⑥ 必有事焉而勿正, 心勿忘, 勿助長 : 의로움을 집적할 수 있는 것과 관련된 일이 있으면 중단하지 말고 꾸준히 해 나가고, 망령된 마음을 갖지 말 것이며, 억지로 조장하려고 하지 말라.
⑦ 閔 : '근심하다'의 민(憫)과 같은 의미이다.
⑧ 揠 : 곡식의 싹을 뽑아 올리다.
⑨ 芒芒 : 피곤하고 지친 모양.
⑩ 其人 : 싹을 뽑아 올린 사람의 식구.
⑪ 病 : 피로함.

◀해 설▶

이 단락의 주요 내용은 다음 네 가지로 귀약시킬 수 있다.
첫째, '호연지기는 지극히 크고 지극히 강하다(至大至剛).'
둘째, '호연지기는 올바름으로써 기르고, 해됨이 없게 한다(直養無害).'
셋째, '호연지기는 義와 도에 함께 어울린다(配義與道).'
넷째, '호연지기는 義가 축적되어서 생긴 것이다(集義所生).'
이 네 가지 명제에는 '생명에 충만되어 있는 기의 활동은 결코 맹목적이고 근원 없는 충동이 아니다'라는 의미가 포함되어 있다. 그렇다면 북궁유와 맹시사가 중시하는 기는 근본을 상실한 기에 해당된다. 또 생명은 아무런 내용이 없는 공허함이 아니며, 어디에도 집착함 없이 자연스럽게 유행만 하는 것도 아니다. 고자와 도가에서 도덕을 긍정하지 않는 양기설도 근본이 있는 것 같지만 사실은 근본을 상실한 것이다.
맹자는 생명에 충만되어 있는 기는 본래 실질적인 내용을 갖고 있는 것이기 때문에 반드시 크고 강하게 배양하여 천지와 함께 유행할 수 있도록 해야 한다고 생각하였다. 만일 소극적인 태도로서 기를 공허한 곳에 올려 놓고 현실과 함께 하지도 않고, 떨어지지도 않게 한다면 이는 실제로 천지의 실체와 격리시켜 소통하지 않게 하는 것이다. 문제는 '생명의 기를 고무시키려면 어떠한 방법을 사용해야 하는가'이다. 북궁유와 맹시사는 유한성의 기를 억지로 강하게 잡고서 물아(物我)와 자타(自他)의 대립 형국으로 몰아갔다. 이럴진대 어찌 위축되지 않겠는가? 진실한 고무는 천지의 올바른 도리에 따라서 천지와 함께 어울릴 수 있는 위대한 기를 배양하는 것이다. 비록 기의 발동이 나에게서 비롯되지만 일단 고무되어 나타나면 천지와 함께 유행할 수 있게 된다. 때문에 올바름으로써 배양하면 천지와 격리되지 않는다. 왜냐하면 천지와 동일한 기이기 때문이다. 위축되지 않는 이유가 바로 여기에 있다. 천지의 도리는 바로 도덕의 질서이다. 천지의 강한 기는 바로 도덕의 실체이다. 천지의 실체로서 천지의 진리에 따라 행하니 스스로 호연지기를 배양하여 천지에 꽉 채울 수 있다. 이것이 바로 진정한 의미의 무한이며, 어느 곳에도 막힘이 없는 자연스러운 유행이다. 북궁유나 맹시사는 억지로 기를 고무시키려고 하였지만 근본이 없기 때문에 도리어 기를 해치고 말았다. 고자도 비록 기의 흐름을 어디에도 막히지 않게 하려는 방법을 발견한 것 같지만 사실은 무엇으로도 그것을 채울 수 없었고, 관철할 수 없었으니, 결국은 허무한 자유 경계만을 표현하였을 뿐이다. 맹자는 "호연지기는 지극히 크고 지극히 강하니 올바름으로써 기르고 해됨이 없게 하면 천지 사이에 꽉 차게 된다"고 하였다. 맹자가 이렇게 할 수 있었던 것은 생명에 충만되어 있는 기를 도의와 어울리게 하였고, 또 심과 기로 하여금 서로가 서로를 배양하게 하여 하나로 하였기 때문이다.

그러나 기의 지대지강(至大至剛)한 경지는 일순간에 이룰 수는 없다. 왜냐하면 인생의 삶과 관련된 도덕은 실천이 전제되지 않고 어느날 갑자기 이룰 수 없기 때문이다. 도덕실천은 心과 관련 있을 뿐만 아니라 기와도 관련 있다. 때문에 心에만 의지할 수 없고, 기에만 의지할 수도 없다. 고자와 도가의 무리들이 무엇에도 억매이지 않고 자유로울 수 있는 것은 우주 인생의 기와 관련된 마음을 잃어버릴 수 있었기 때문이다. 도가는 마음의 존재를 부정하지는 않지만, 사실 그들은 마음을 망각한다. 마음에 집착하지 않기 때문에 사물의 현상이 지나가면 마음도 그것과 함께 사라지고, 단지 사물의 현상과 대립되지 않고 자연스럽게 흘러갈 뿐이다. 다시 말하면 도가에서는 공부를 心에서만 할 뿐 기에서는 하지 않는다. 心에서 이루어지는 공부 역시 소극적으로 자연과 함께 유행하는 것일 뿐 적극적으로 자연과 만물을 배양하는 것이 아니다. 때문에 만물과 절연하고, 마음을 망각하여 자연스러움으로 돌아가려고 하는 것이다.

그러나 유가철학의 입장에서 보면 만물과의 단절이야말로 맹점의 소재이다. 즉, 인생의 정면적인 가치를 대면하지 못하고 은둔하려는 소극적인 자세이다. 이 때문에 도가철학에서는 크고 강한 기상을 드러내지 못한다. 반드시 스스로의 자기 위축이 있을 수밖에 없기 때문에 오래 지속할 수 없다. 맹자가 비록 고자가 먼저 얻은 부동심의 효과에 대해서 분명히 이해하고 있었지만 고자의 방법에 따르지 않고 도의와 함께 어울린 호연지기를 적극적으로 배양하려고 한 까닭이 바로 여기에 있다. 호연지기를 배양할 수 있는 적극적인 방법이 바로 집의(集義)이다. 집의는 시시각각 자신의 생명 중에 있는 기의 활동을 천지의 도리와 합치시켜 발현하려는 공부이다. 다시 말하면 소아적이고 유한적인 기를 타파하여 천지의 위대한 기와 함께 할 수 있는 통로를 잡으려는 공부인 것이다. 이러한 공부가 날로 축적되면 義도 나날이 정묘해지고, 仁 역시 나날이 숙성된다. 그렇게 되면 생명의 모든 활동은 천지의 대도와 교통할 수 있는 통로가 되어 진정한 의미의 천인합일을 이룰 수 있게 된다. 이것이 바로 유한적인 생명으로서 무한적인 도의 세계로 진입하는 것이다. 따라서 무한한 도의 세계로 진입하려고 하는 사람은 유한적인 생명의 기를 희생시키지 않는다. 유한적인 생명의 기가 희생되지 않아야만 비로소 무한의 경지가 허무하지 않을 수 있다.

그렇다면 왜 유한성을 희생하면서 무한으로 진입하려고 하는가? 가장 근본적인 원인은 바로 마음의 조급함이다. 유한적인 의식에 속박되어 있으면 조급하게 유한성을 탈피하여 무한의 경계에 들어가려고 한다. 그러다 보니 어느 한쪽면에만 집착하여 다른 한쪽을 상실하게 된다. 즉, 한쪽을 이루기 위하여 다른 쪽을 희생시키는 것은 이미 인생의 전체와 격리된 것이다. 맹자는 이처럼 한쪽만을 억지로 추구하려는 태도를 "義가 갑자기 엄습해 와서 갖추게 된 것(義襲而取之)"이라고 하였다. 북궁유와 맹시사는 오로지 생명의 기를 고무시켜야 한다는 측면만을 알았을 뿐 도의와 함께 어울려 배양해야 함을 알지 못했기 때문에 물아 혹은 자타의 대립을 초래한 것이다.

고자는 오로지 생명의 자연스러운 유행만을 알아 心에서만 공부를 했을 뿐 기에서는 공부를 하지 않았기 때문에 아무런 도덕가치도 이룰 수 없었다. 人心의 전체적인 측면에서 볼 때 하나만을 고집하고 다른 것을 모두 버리는 태도는 부족함의 표현이다. 따라서 행동으로 표현되어 원만한 결과를 얻지 못할 때, 비록 자신은 그 원인을 알지만 사태를 정시(正視)할 수 없어 결국 천지의 정리(正理)와 단절되게 된다. 이것이 바로 위축(餒)이다. 때문에 맹자는 고자의 태도를 가리켜 "고자가 義를 알지 못하였다고 한 것은 그가 義를 외적인 것으로 여겼기 때문이다"라고 평하였다. 고자만 그런 것이 아니라 북궁유와 맹시사도 마찬가지이다. 心의 역할을 말살하고, 존재가치를 망각하는 것이 바로 義를 안에서 찾지 않고 밖에 놓은 태도이다. 이러한 태도를 견지하면서 부동심을 추구하니 당연히 그를 수밖에 없는 것이다. 그 원인은 모두 마음의 조급함에 있다.

이 때문에 맹자는 양기 방법의 요결(要訣)을 제시하였는데, 그것이 바로 "반드시 의로움을 집적할 수 있는 것과 관련된 일이 있다면 중단하지 말고, 헛된 생각을 갖지 말 것이며, 자라는 것(벼)을 억지로 돕지 말아야 한다"는 것이다. 항상 도의에 합치하는 일에 종사하면, 그 시간이 오래 될수록 그 공적이 심화되어 결국 호연지기를 배양할 수 있을 것이다. 단지 마음을 조급하게 먹고 억지로 싹을 뽑아 올리려는 마음을 갖지 않을까 두려울 뿐이다. 올바르게 호연지기를 배양하지 않으면 도리어 생명의 기를 해치게 될 뿐만 아니라 마음마저 상하게 한다. 북궁유와 맹시사, 그리고 고자 모두 싹을 뽑아서 빨리 자라게 하려는 자들에 불과하다.

양기 문제에 대한 토론은 이곳에서 결론을 맺고자 한다. 다음에는 지언(知言)에 관하여 논의하겠다.

48. 양기지언(養氣知言) 5

(공손추가 묻기를), "무엇을 가리켜 타인의 말을 이해한다고 합니까?" (맹자가) 말하기를, "편파적인 말을 들으면 그 사람 마음의 막힌 바를 안다. 방탕한 말을 들으면 그 사람이 무엇에 빠져 있는지를 안다. 부정한 말을 들으면 그 사람이 정도에서 멀어졌음을 안다. (책임을) 회피하는 말을 들으면 그가 궁지에 몰려 있음을 안다. 마음에 (악한 생각이) 생겨나면 정사를 해치고, (그러한 생각이) 정치에 나타나면 일을 해치게 된다. 성인이 다시 태어나도 반드시 나의 말을 따를 것이다."

"何謂知言?" 曰 : "詖辭①, 知其所蔽. 淫辭②, 知其所陷③. 邪辭④, 知其所離⑤. 遁辭⑥, 知其所窮⑦. 生於其心, 害於其政, 發於其政, 害於其事. 聖人復起, 必從吾言矣."〈公孫丑 上2〉

◁ 주 해 ▷

① 詖辭 : 피(詖)는 '치우치다', 즉 '편파적이다'의 뜻이다. 피사(詖辭)는 한쪽에 치우친 편파적인 말.
② 淫辭 : 방탕한 말, 즉 도가 지나친 말.
③ 陷 : 마음이 어떤 것에 빠지다.
④ 邪辭 : 사악하고 이치에 맞지 않는 말.
⑤ 離 : 정도에서 멀어져 가다.
⑥ 遁辭 : 자기의 과오를 솔직하게 승인하지 않고 책임을 회피하려는 말.
⑦ 窮 : 궁지에 몰리다.

◀ 해 설 ▶

고자는 사물의 현상을 묘사하는 언어는 그 사물의 현상이 지나가면 그것과 함께 사라지는 것이기 때문에 언어에 대하여 객관적인 가치를 부여하지 않았다. 그러나 맹자철학에서는 마음도 실재적인 것이고, 기 역시 실재적인 것이다. 따라서 마음과 사물의 현상을 드러내는 기를 연결하는 언어 역시 실재적인 것이고, 객관적인 의의를 갖추고 있는 것이다.

맹자에 의하면, 마음이 한쪽에 치우쳐 있으면, 마음으로부터 드러난 언어 역시 사물의 현상에 편파적인 태도를 취하게 된다. 이러한 편파적인 언어는 인생의 참모습을 왜곡한다. 그러나 자신은 도리어 그 점을 잘 알 수 없기 때문에 결국 정치를 해치게 되고, 일을 그르치게 된다. 그러나 인생의 진리를 꿰뚫고 있는 사람은 스스로 막혀 어디에 빠져 있는 사람의 마음을 마치 폐와 간을 들여다보는 것처럼 분명하게 간파하기 때문에 안타까운 마음을 금할 수 없는 것이다. 사실 언어는 모두 객관적인 의의를 갖고 있다. 어디에도 치우치지 않은 정직한 언어는 적극적인 객관적 의의를 갖고 있는 반면, 편파적인 언어 역시 부분적으로 객관적인 상황을 반영하기 때문에 소극적인 의의를 갖추고 있다고 할 수 있다. 그런데 우리가 어떻게 세간의 언어를 단지 그림자처럼 취급

할 수 있으며, 또 임기응변만 하고 함부로 버릴 수 있겠는가?

우리는 이상의 장문을 통하여 맹자가 본말을 모두 중시하고 있음을 알 수 있다. 맹자는 마음을 중시하였고, 양기와 지언도 함께 강조하였다. 맹자는 돈(頓)에 대해서도 이해하였으며, 점(漸)의 수양에 대해서도 그 중요성을 잘 알고 있다. 또한 생명의 각종 형태와 人心의 여러 가지 편집에 대해서도 확실하게 이해하고 있었기 때문에 사람의 마음을 잘 헤아려 선으로 인도할 수 있었다. 맹자는 자신이 추구하는 도덕기상을 거침없이 웅변하였기 때문에 그곳에 감추어져 있는 여러 의미들이 드러나지 않을 수도 있다. 바로 이 점 때문에 나는 맹자의 문장을 자세히 검토하여 해설하였다.

이 단락 다음에 맹자는 백이(伯夷)와 이윤(伊尹) 그리고 공자의 생명 경계에 대해서도 언급하였다. 그러나 양기지언 장과 무관하기 때문에 해설하지 않겠다. 맹자 수양론에 관한 해설은 이 단락을 마지막으로 끝내고자 한다.

제3부 정치문화론

제3부 정치문화론

　'인간과 금수의 차이(人禽之辨)'와 '의로움과 사사로운 이익의 차별(義理之別)' 그리고 '왕도와 패도의 구분(王覇之分)'은 맹자철학 심성론과 가치론 및 정치론의 핵심 논변이다. 어린아이가 우물에 빠지려고 하는 상황을 목격하면 내 마음은 순간적으로 측은과 불안의 도덕정감을 표출한다. 측은하고 불안해하는 정감이 바로 내 마음 양지가 표현하는 선의 단서이다. 이러한 도덕정감은 선천적인 것이고, 자연스럽게 드러나는 것이지 학습이나 경험을 통하여 축적한 것이 아니다. 맹자는 바로 수시로 드러나는 도덕심을 인성의 실질 내용으로 삼았다. 이것이 바로 맹자 성선론의 주지(主旨)이다.

　그러나 비록 본심의 선은 마땅히 드러나야 할 때 반드시 드러나는 것이지만, 우리는 물욕과 물리적 현상에 이끌려 타락하기도 하고, 본심의 선성을 잃어버리기도 한다. 따라서 본성이 선하다는 것은 하나의 생명체의 입장에서 볼 때 선을 실현함에 있어 절대적이고 필연적인 보증이 될 수 없다. 수양론이 필요한 이유가 바로 여기에 있다.

　맹자는 수양론을 두 방면으로 나누어 설명하였다. 하나는 대체(大體)를 확립하는 것으로, 이는 정면적인 입장에 해당한다. 다른 하나는 잃어버린 본심의 작용을 회복하는 것으로, 이는 반면적인 입장에 해당한다. 마음의 대체를 확립하고서, 양기지언(養氣知言)을 해야 한다. 양기는 생명력을 안으로 충실하게 하는 것이고, 지언은 심지를 밖으로 확장하는 것이다. 지언은 합리성의 판단이고, 양기는 합리성을 담당하려는 용기이다. 이처럼 마음을 간직하여 본성을 배양하고, 마음을 실천하여 본성의 의미를 깨닫는다. 인성의 선은 바로

254

마음의 자각을 통하여 인증(認證)할 수 있고, 또 마음의 자각을 통하여 선성을 드러낼 수 있다. 이상에 관한 학문을 내성학(內聖學)이라고 통칭한다.

심성론의 성선설은 수양론의 존양(存養)공부를 통하여 증명한 것이다. 仁心은 생명 속에서 일단 확립되면 자신의 요구를 끝없이 밖으로 실현하려고 한다. 생명은 존양공부를 통하여 확충되고, 그 대상은 가정과 국가 및 천하, 그리고 문화전통으로 확장된다. 이것이 바로 외왕사업의 원만한 완성이다.

외왕사업 전개의 근원은 의리지별의 가치론에 있고, 왕패지분의 정치문화에서 구체적으로 발용된다. 의리지별의 근원은 인금지변에 있고, 왕패지분의 가치판단 표준은 의리지별에 있기 때문에 인금지변과 의리지별 및 왕패지분은 서로 분리할 수 없는 일체관계를 형성하고 있다. 사람이 사람일 수 있는 까닭은 가치를 자각할 수 있기 때문이다. 모든 사람은 도덕생명과 문화이상을 전개할 수 있다. 따라서 정치는 인문의 교화로써 이루는 것이지 결코 권력으로써 통치하는 것이 아니다. 생명은 평면적인 것이 아니라 입체적인 것이다. 따라서 성현의 인격을 수양하는 것이지 협객처럼 열혈의 기상을 발산하는 것이 아니다. 적극적으로 도덕가치를 긍정하여 빛나고 힘찬 이상을 실현해야 한다. 모든 가치를 취소하여 은거하거나 억지로 고행하여 차가운 어둠 속으로 들어가는 것이 아니다. 묵가의 협객과 양주의 은자, 그리고 허행(許行)의 고행 등은 자연생명의 직접적인 유행이라고 할 수는 있지만, 인문예악의 교화 영역으로 생명을 끌어올리지 않았기 때문에 가치를 긍정하기 어렵다. 춘추전국시대에는 제자백가 사상이 출현하였고, 유능한 재사(才士)들이 많이 배출되었다. 그러나 춘추전국시대는 이상이 은몰(隱沒)하고 가치가 유실된 시기라고 할 수 있다. 양혜왕(梁惠王)과 제선왕(齊宣王) 그리고 병가(兵家)와 종횡가(縱橫家) 등은 춘추전국시대에 눈부신 활약을 하였지만, 그들의 활동은 재성(才性)과 혈기의 방탕에 불과한 것이었다. 오로지 들판에 시체를 가득 채워 금수의 먹이로 하였다고 평가하면 될 것이다.

맹자는 당시의 제자백가와 달랐다. 그는 먼저 인성의 존엄성을 다시 확립하려고 하였으며, 도덕가치를 긍정하여 문화의 이상을 개발하려고 하였다. 평면적인 생명은 단지 공리만을 추구하며, 권력 통치는 단지 전제주의적 독재만을 추구한다. 마음은 외물에 이끌리게 되고, 생명은 공리 추구의 도구로 변질되며, 백성은 공리의 희생품으로 전락한다. 어찌 백성뿐이겠는가? 모든 시대적

생명이 단지 공리 추구의 도구에 불과하다. 패주(霸主)인 양혜왕과 제선왕, 그리고 종횡가인 소진(蘇秦)과 장의(張儀), 병가와 법가인 이극(李克)과 오기(吳起) 및 상군(商君) 등은 뛰어난 심지와 재능을 소유한 사람들이지만, 모든 생명을 도구로 삼아 자신과 민중을 희생시켰을 뿐이다. 묵가의 협객과 양주의 은자, 그리고 허행 등의 고행가(苦行家)는 모두 시대의 유랑자였으며, 자아를 스스로 내버린 사람들이다. 이들은 가치 밖의 영역에서 유랑하였으며, 삶을 이상세계 밖으로 내몰았다. 이로써 보면 의리지별에서 가치를 긍정하고, 왕패지분에서 이상을 개발하는 맹자의 정치문화 사업이야말로 시대의 문제와 역사의 전통에 대한 대한 분투라고 할 수 있다.

시대의 문제에 분투하는 삶은 두 방면으로 나누어 설명할 수 있다. 하나는 양혜왕과 제선왕 등의 패주를 인정왕도의 정치로 회귀시켜 난국을 종결하는 것이다. 다른 하나는 양주와 묵자 그리고 허행 등의 사상을 물리쳐 공자의 도를 세상에 실현하는 것이다. 전자는 정치사업이고, 후자는 문화사업이다. 이 양자를 통합하여 정치문화의 외왕학이라고 한다. 맹자 정치문화의 가치 이상은 인성론을 근본으로 한다. 또 맹자는 역사문화의 진행에서 요·순·우·탕·문·무·주공(堯·舜·禹·湯·文·武·周公)의 성왕(聖王) 전통을 하나의 맥으로 꿰뚫었다. 요순의 선양, 탕왕과 무왕의 혁명, 문왕의 왕도정치, 우임금의 치수사업, 주공의 이민족 통합 등을 인정왕도 정치의 전범으로 삼았다. 성왕 전통은 주공에 이르러 끝나고 인격의 성(聖)과 지위의 왕(王)이 서로 분리되었다. 그러나 공자는 춘추(春秋)를 지어 안으로는 내성인격을 세우고, 밖으로는 외왕의 문화사업을 실현하였다. 맹자는 이러한 공자의 가치이상을 근거로 양묵(楊墨)과 허행의 이단사설(異端邪說)에 대하여 적극적으로 대항하였다.

1. 천하에 적용시켜 나가다[1](達之天下)

맹자가 말하기를, "사람이 배우지 않고서도 할 수 있는 것은 양능이 있기 때문이고, 생각하지 않고서도 알 수 있는 것은 양지가 있기 때문이다. 어린아이도 그 부모를 사랑해야 함을 모르지 않고, 자라서는 그 형을 공경해야 함을 모르지 않는다. 부모를 사랑하는 것은 仁이다. 웃어른을 공경하는 것은 義이다. 그것 외에 다른 것이 없고, 그것을 천하에 적용시켜 나아가는 것이다."

孟子曰 : "人之所不學而能者, 其良能也. 所不慮而知者, 其良知也. 孩提之童①, 無不知愛其親也. 及其長也, 無不知敬其兄也. 親親, 仁也. 敬長, 義也. 無他②, 達③之天下也."〈盡心 上15〉

◁ 주 해 ▷

① 孩提之童 : 2~3세 정도의 어린아이.
② 無他 : 다른 방법이 없다.
③ 達 : 확충하여 적용시켜 나간다. 즉, 부모를 사랑하는 친친(親親)의 정감을 천하의 모든 사람에 확충하여 적용시킨다.

◀ 해 설 ▶

이곳의 '人'은 일반적인 사람을 지칭한다. '배우지 않고서도 할 수 있는 것'은 양능의 작용이고, '생각하지 않고서도 알 수 있는 것'은 양지의 작용이다. 양(良)은 선천적, 즉 본래적으로 갖추고 있는(本具) 선성을 의미한다. 양지는 본심의 선천적인 판단(知) 능력이고, 양능은 본심의 선천적인 실천(能) 능력이다. 양지와 양능은 모두 도덕적인 의미의 知와 能이다. 양지는 이성의 인지능력이 아니고, 양능 역시 감성 혹은 기성(氣性)의 생리적 본능이 아니다. 이성은 지식이성과 도덕이성으로 나눌 수 있는데, 맹자가 말한 知와 能은 도덕

---

[1] 이 장은 1부 심성론에도 해설이 있다. 그러나 1부에서는 양지양능의 선천성에 초점을 두었고, 이곳에서는 도덕정감을 천하에 확충하는 외왕사업의 시작에 초점을 두고 있다. ― 옮긴이 주.

이성의 知와 能이고, 이러한 작용을 갖춘 맹자의 心은 도덕심이다. 반면 순자가 말한 知와 能은 지식이성의 知와 能이고, 이러한 작용을 갖춘 순자의 心은 인지심이다.

양지와 양능은 우리에게 선천적으로 갖추어져 있는 것이다. 즉, 후천적인 학습과 경험을 통하여 배양한 능력이 아니다. 이곳에서 2~3세 된 어린아이를 예로 든 것은 바로 양지양능의 선천성을 강조하기 위함이다. 해제(孩提)는 아직 학습과 사고를 할 수 있는 단계에 진입하지 않은 어린아이이다. 그런데도 자기 부모를 사랑해야 함을 모르는 아이가 없다. 이는 부모를 사랑해야 함을 알고, 사랑하는 활동이 선천적인 능력에 의한 것이지 결코 후천적인 학습을 통하여 배양된 작용이 아님을 의미한다. 성년이 되어서는 자기의 형을 공경할 줄 모르는 사람이 없다. '급기장(及其長)'에 대하여 종종 불필요한 오해가 발생하는데, 그럴 필요는 없다. 맹자가 말한 '급기장'에는 교육과 훈련의 의미가 포함되어 있지 않다. 우리의 인생은 모든 단계마다 그 단계에서 필요한 문제가 있다. 어린아이 시기의 인간관계는 대부분 부모에 한정된다. 따라서 양지양능의 작용은 부모를 사랑하는 곳에 발현된다. 점점 성장하면서 인간관계가 비교적 복잡하게 전개되는데, 이 때 형과의 관계가 부각되기 시작한다. 따라서 그 때 양지양능의 작용은 형을 공경하는 곳에 발현된다. 우리는 이 단락을 해석하면서 어린아이의 시기와 성년 시기의 차이에 지나치게 초점을 둘 필요가 없다. 다시 말하면 부모를 사랑하는 仁과 형을 공경하는 義가 모든 사람에게 본래 갖추어져 있다는 것이지, 결코 어린아이 시절에는 부모에 대한 사랑만 알 수 있고, 성장해야만 비로소 형을 공경해야 함을 알 수 있다는 것이 아니다. 맹자가 이렇게 말한 의도는 단지 양지양능의 드러나는 상황을 다른 각도에서 조명한 것에 불과하다. 따라서 다음 단락에서 '부모를 사랑하는 것은 사단지심의 仁이고, 웃어른을 공경하는 것은 사단지심의 義이다'라고 말한 것이다. 양지양능과 인의의 마음을 예로 든 것은 도덕실천 능력이 모든 사람에게 보편적으로 갖추어져 있다는 것을 의미하기 때문에 어린아이와 성년이라는 서로 다른 단계와 특별한 관련성이 없다.

사람은 세상에 살면서 군자가 되어야 하고, 대장부가 되어야 하는데, 이를 성취하기 위한 특별한 방법은 없다. 단지 본심의 仁과 본심의 義인 양지와 양능의 작용을 천하의 모든 사람에게 확충하여 적용시키면 그만이다. 그 과정에 특별한 곡절은 없다. 외왕사업이라는 것도 부모를 사랑하고 웃어른을 공경해야 하는 도리를 확장하여 완성하는 것에 불과하다. 때문에 맹자는 "사람에게 차마 하지 못하는 마음이 있기 때문에 사람에게 차마 하지 못하는 정치가 있다"[2]고 하였다. '무타(無他)'는 '다른 방법이 없다'는 의미이다. 이상적인 정치의 가능 근거는 바로 도덕본심의 양지양능이다. 양지와 양능의 작용을 개인의 입장에서 보면 도덕심의 존양이고, 천하국가의 입장에서 보면 도덕심의 확충이다. 정치는 존양으로부터 확충에 이르는 것이다. 이 때 경제와 사회복지 등의 문제는 이로부터 발생되는 부차적인 것이다. 근본은 부모를 사랑하는 仁과 웃어른을 공경하는 義에 있다. 근본이 확립되어야만 올바른 방법이 있을 수 있다. 이는 수원(水源)이 마르지 않아야만 물이 모일 수 있는 것과 같은 이치이다. 근원의 입장에서는 많은 경험과학 지식이 필요하지 않다. 하나의 원칙에 의거하여 천하에 다양하게 적용시켜 갈 뿐이다.

2. 의로움과 사사로운 이익의 분별(義利之別)

맹자가 양혜왕을 만났다. 왕이 말하기를, "노인장께서는 천릿길을 멀다 하지 않고 오셨는데, (선생께서도) 우리 나라를 이롭게 할 만한 것이 있습니까?" 맹자가 대답하여 말하기를, "왕께서는 하필 이익을 말하십니까? 오직 인의만이 있을 뿐입니다. 왕이 '어떻게 하면 내 나라를 이롭게 할 것인가' 하고 말하면, 대부는 '어떻게 하면 내 집안을 이롭게 할 것인가'를 말할 것이고, 지식인 계급과 일반사람들은 '어떻게 하면 나를 이롭게 할 것인가'를 말할 것입니다. (이처럼) 위아래 사람이 모두 (자기의) 이익만을 취하려고 하면 나라는 위태롭게 될 것입니다. 만승의 나라에서 그 군주를 시해하는 자는 틀림없이 천승을 가진 사람일 것입니다. 천승의 나라에서 그 군주를 시해하는 사람은 틀림없이 백승을 가진 사람일 것입니다. 만승의 (제후국)에서 (경대부가 이미) 천승을 취하였고, 천승의 (제후국)에서 (경대부가 이미) 백승을 취한 것이 (결코) 많지 않은 것이 아니지만, (그러나) 의로움을 뒤로 하고서 이익을 먼저 내세운다면

---

2) "有不忍人之心, 斯有不忍人之政矣."〈公孫丑 上 6〉

(그보다 많은 것을 소유한 사람의 것을) 빼앗지 않고서는 만족하지 않을 것입니다. 仁하면서 그 부모를 버린 자는 없었습니다. 의로우면서 그 군주를 뒤로 하는 자는 없습니다. 왕은 오직 인의만을 말해야지 왜 하필 이익을 말하십니까?"

　　孟子見梁惠王. 王曰："叟①! 不遠②千里而來, 亦將有以利吾國乎?"孟子對曰："王何必曰利, 亦③有仁義而已矣. 王曰：'何以④利吾國?' 大夫曰：'何以利吾家?' 士庶人曰：'何以利吾身?' 上下交征⑤利而國危矣. 萬乘之國, 弒⑥其君者, 必千乘之家. 千乘之國, 弒其君者, 必百乘之家⑦. 萬取千焉, 千取百焉, 不爲不多矣, 苟爲後義而先利, 不奪不饜⑧. 未有仁而遺其親者也. 未有義而後其君者也. 王亦曰：仁義而已矣, 何必曰利."〈梁惠王 上1〉

◁ 주 해 ▷

① 叟 : 노인장. 노인에 대한 존칭.
② 不遠 : 동사로 사용된다. 즉, '천리라는 먼길을 오는 수고를 마다하지 않다'의 뜻이다.
③ 亦 : 오로지.
④ 何以 : 이하(以何)의 도치문이다. '어떤 방법을 사용하여'의 뜻이다. 혹자는 '왜'로 해석하는데, 옳지 않다.
⑤ 征 : 취하다.
⑥ 弒 : 지위가 낮은 사람이 그보다 높은 지위의 사람을 죽이는 것을 시(弒)라고 한다.
⑦ 萬乘之國·千乘之家·百乘之家 : 병차 한 대가 일승(一乘)이다. 제후는 국(國)으로 칭하고, 경대부(卿大夫)는 가(家)라고 칭하였다. 당시에는 병차의 숫자로 대국과 소국을 분별하였다. 대국은 병차 만대를 보유할 수 있었기 때문에 만승지국(萬乘之國)이라고 칭하였다. 소국은 병차 천대를 보유할 수 있었기 때문에 천승지국(千乘之國)이라고 하였다. 경대부들 중에서도 봉지를 소유한 자들이 있었는데, 이들을 家라고 칭하였다. 대가(大家)는 천대의 병차를 보유할 수 있었기 때문에 천승지가라고 칭하였으며, 소가(小家)는 백승의 병차를 보유할 수 있었기 때문에 백승지가라고 칭한 것이다.
⑧ 饜 : 만족하다.

◀해 설▶

맹자는 양혜왕·제선왕과 같은 시기인 전국시대에 활동했다. 이 때는 전쟁의 피해가 극심했을 뿐만 아니라, 정권 쟁탈도 심하여 상하의 질서가 매우 문란한 시기였다. 당시에 삼가(三家)³⁾가 진(晉)나라를 세 나라로 분할하였고, 전씨(田氏)⁴⁾가 제나라의 왕위를 찬탈하기도 하였다. 따라서 제의 환공과 진의 문공이 내걸었던 존왕양이(存王攘夷)의 가치관이 사라졌고, 주대의 문화인 예악을 이념으로 한 공동체 역시 해체되었으며, 천자와 제후간의 법도 역시 무너졌다. 그후로 열국들은 대통일의 이념을 갖지 않았으며 점차 군국주의로 치달았다.

주 왕조 시기에 천하는 주대의 예문(禮文)을 기본체제로 다스려졌으나, 예문이 붕괴되자 예문을 중심으로 지탱해 온 천하 역시 함께 붕괴되었다. 상하의 질서가 혼동되었고, 역사문화 전통이 단절되었으며, 생명 역시 입체적인 존재에서 평면적인 존재로 전락되었다. 정신적인 이상과 도덕문화의 가치 역시 모두 긍정받지 못한 시기가 바로 전국시대였다. 모든 생명활동은 현실적인 공리로써 결정되었고, 원시생명의 작용인 물욕의 표현에는 규범도 없었고 곡절도 없었다. 오로지 방탕한 물욕의 정감만이 넘쳐났을 뿐이다. 이 시대에 활약한 사람은 대부분 병가와 종횡가 그리고 협객들이었다. 맹자는 이러한 시대에 살면서 시대의 광풍(狂風)에 대항하고자 하였다. 먼저 올바른 가치관을 다시 세워 도덕생명과 문화이상을 확립하려고 하였다. 때문에 첫부분에 의리지별의 가치관을 확립하여 자연생명의 활동을 도덕생명으로 귀속시키려고 하였고, 공리주의 관념을 인의의 도덕가치로 전환시키려고 하였으며, 전국의 패도정치 이념을 왕도정치로 바로잡고자 하였다.

당시의 공리주의 풍조는 맹자가 양혜왕을 만났을 때, 두 사람의 대화 내용

---

3) 진(晉)나라는 춘추 말기에 한(韓)과 조(趙) 및 위(魏)나라로 분할되었다. 한씨와 조씨 및 위씨를 진의 삼가라고 칭하기도 하고, 삼진(三晉)이라고도 한다. 이 세 나라 중 위나라의 세력이 가장 강하였다. 위나라 혜왕 때 수도가 대량(大梁)이었기 때문에 양혜왕이라고 부른 것이다. ― 옮긴이 주.

4) 전성자(田成子)를 가리킨다. 제환공 이후 제나라는 쇠락하였고, 호족들의 내분이 심하였다. 전성자는 당시의 호족 세력을 누르고, 제나라 군주를 국외로 추방하고서 제나라의 실질적인 군주가 되었다. ― 옮긴이 주.

을 보면 명확하게 알 수 있다. 양혜왕은 맹자를 보자마자 '당신은 천릿길을 멀다 하지 않고 이곳(魏)에 오셨는데, 우리 나라를 어떤 방법으로 이롭게 하시겠습니까'하고 물었다. 양혜왕의 이러한 물음은 당시의 시대정신을 대표하는 가치관이었다. 맹자가 '천릿길을 멀다 하지 않고 위나라에 온' 행위에는 생명의 진지함과 이상이 포함되어 있다. 그런데도 양혜왕은 모든 것을 제쳐 놓고 '우리 나라를 어떤 방법으로 이롭게 할 것입니까'하고 물으니 맹자가 낙담한 것은 당연하다. 맹자는 이러한 양혜왕의 질문에 얼굴색 하나 변하지 않고 '왕께서는 하필 이익만을 말하십니까? 인간사 모든 것은 반드시 인의의 도덕을 표준으로 해야 합니다' 하고 대답하였다. 왜냐하면 이익을 표준으로 삼으면 사람과 사람 사이에는 오로지 이해관계의 고려와 충돌만이 있을 것이다. 제후가 '어떻게 하면 자기 나라에 유리할 것인가'만을 생각하면, 경대부는 '어떻게 하면 자기 집안에 유리할 것인가'만을 생각할 것이고, 지식인과 일반백성들은 '어떻게 하면 자신에게 유리할 것인가'만을 생각할 것이다. 이처럼 모든 사람이 이익만을 내세운다면 반드시 상하간에 이익을 놓고 다투는 상황을 초래할 것이다. 이런 상황이 닥치면 제후국에 어떤 이로움이 있겠는가? 그것이 바로 그 나라의 위태로움이 아니고 무엇인가?

만승의 병차를 소유한 제후국에서 그 군주의 자리를 넘볼 수 있는 사람은 틀림없이 천승을 소유한 경대부일 것이고, 천승의 병차를 소유한 제후국에서 군주의 자리를 탐내어 군주를 시해하려고 하는 사람은 틀림없이 백승을 소유한 경대부일 것이다. 만승의 병차를 가진 제후국에서 이미 천승의 병차를 소유한 집안이 되었고, 천승의 병차를 가진 제후국에서 이미 백승의 병차를 소유한 집안이 되었기·때문에 그들이 소유한 것은 결코 적은 것이 아니다. 그러나 이익을 먼저 내세우고 의로움을 뒤로 한다면 천승을 소유한 경대부와 백승을 소유한 경대부는 제후국의 병차를 통채로 다 차지하기 전에는 결코 만족하지 않을 것이다. 이것이 바로 이익만을 고려할 때 그 나라에서 발생할 수밖에 없는 필연적인 결과이다.

군주는 정치를 하면서 먼저 이익을 말해서는 안 되고 반드시 인의의 도덕을 먼저 주장해야 한다. 仁은 부자간의 사랑이고, 義는 군신간의 질서이다. 仁心을 표현할 수 있으면 부모를 버리는 사람이 없을 것이고, 의로움을 담당할 수 있으면 군주를 공경하지 않는 사람이 없을 것이다. 군주가 나라의 안위를 고려한다면 마땅히 인의의 도덕을 강조해야 만 비로소 상하가 안정된다. 그런데 이익만을 말하니 어찌 상하간에 이익의 다툼이 발생하지 않겠는가?

맹자가 이 장에서 양혜왕에게 한 말은 제후국의 평안 측면에서 한 것이고, 또 그 말의 초점은 가치론 측면의 의리지별이다. 맹자는 의리지별을 통하여 義와 利가 전도된 시대의 풍조를 바꾸어 보려고 하였던 것이다. 모든 사람들이 오로지 공리만을 내세우던 당시의 풍조에 오로지 맹자 홀로 그들과 다르게 '왜 하필 이익만을 강조하는가? 오로지 인의의 도덕만이 유일한 표준일 뿐이다'라고 대갈일성하였다. 이러한 맹자의 태도는 성왕의 생명에 대한 호응이고, 시대의 양심을 대표한 것이며, 역사의 나침반인 것이다. 공자 이후에 양주와 묵자의 사상이 천하의 언론을 양분하였다. 맹자의 출현으로 말미암아 유가사상이 다시 흥기하여 중국 사상의 주류로 형성되었고, 인의도덕의 가치관을 모든 사람의 생명에 깊게 뿌리박을 수 있었다.

3. 하필 이익을 말하십니까?(何必曰利)

송경[5]이 초나라로 향하던 길에 석구라는 곳에서 맹자와 우연히 만났다. (맹자가) 말하기를, "선생[6]께서는 어디로 가시는 길입니까?" (송경이) 말하기를, "나는 진나라와 초나라가 전쟁을 일으켰다는 소문을 듣고서 초나라 왕을 만나 그를 설득시켜 (전쟁을) 그만두게 하려고 한다. 초나라 왕이 불쾌하게 생각하면 나는 진나라 왕을 만나서 그를 설득시켜 (전쟁을) 그만두게 하려고 한다. 두 명의 왕 중에서 나는 아마 (나의 뜻과) 맞는 사람을 갖게 될 것이다."[7] (맹자가) 말하기를, "나는 상세한 방법에 관해서는 묻지 않겠습니다만, 원하건대 (설득의) 요지를 듣고자 하는데, 장차 어떻게 설득시키려고 합니까?" (송경이)

---

5) 송경은 당시의 평화주의자였던 송견(宋牼)과 동일인인 것 같다. 그는 당시 제후들이 전쟁을 일으키면 목숨을 걸고서 전쟁을 막으려고 노력했던 사람으로 전해진다. ─옮긴이 주.

6) 맹자가 송경을 선생이라고 칭한 것을 보면 송경이 맹자보다 나이가 많음을 알 수 있고, 당시에 송경의 역할이 상당했음을 짐작할 수 있다. ─옮긴이 주.

7) 아마 진나라 왕과 초나라 왕 중에서 나의 뜻과 맞는 사람이 있을 것이라는 기대감의 표시이다. 즉, 자신의 평화주의 관점에 동조하는 왕이 나올 것이다. ─옮긴이 주.

말하기를, "나는 장차 (두 나라의 전쟁이 서로에게) 불리함을 강조하고자 한다." (맹자가) 말하기를, "선생의 뜻은 위대하지만 그 명분은 안 되겠습니다. 선생께서 이익으로써 진과 초의 왕을 설득시켜 진과 초의 왕이 그 이익에 만족하여 삼군을 해산시킨다면 그것은 삼군의 군사들이 (군대의) 해산을 즐거워하는데 이익에 기뻐하는 것입니다. 남의 신하된 사람으로서 이익을 생각하면서 그 군주를 섬기고, 자식된 자로서 이익을 생각하면서 부모를 섬기며, 동생된 자로서 이익을 생각하면서 형을 섬긴다면, 이것은 군신·부자·형제가 마침내 인의를 버리고 이익을 생각해서 서로 접촉하는 것인데, (그렇게 하면서) 망하지 않은 사람은 지금까지 없었습니다. 선생께서 인의로써 진과 초의 왕을 설득시켜, 진과 초의 왕이 인의에 만족하여 삼군을 해산시킨다면 이것은 삼군의 군사가 (군대의) 해산을 즐거워하는데 인의에 기뻐하는 것입니다. 남의 신하된 사람으로서 인의를 생각하면서 그 군주를 섬기고, 자식된 자로서 인의를 생각하면서 부모를 섬기며, 동생된 자로서 인의를 생각하면서 형을 섬긴다면, 이것은 군신·부자·형제가 이익을 버리고서 인의를 생각하면서 서로 접촉하는 것입니다. (그렇게 하면서도) 천하의 왕이 되지 않은 사람은 아직까지 없었습니다. (그런데) 하필 이익을 말하십니까?"

宋牼將之①楚, 孟子遇於石丘. 曰: "先生將何之?" 曰: "吾聞秦楚構兵②, 我將見楚王, 說而罷之. 楚王不悅, 我將見秦王, 說③而罷之. 二王我將有所遇焉." 曰: "軻也, 請無問其詳, 願聞其指④, 說之將如何?" 曰: "我將言其不利也." 曰: "先生之志則大矣, 先生之號⑤則不可. 先生以利說秦楚之王, 秦楚之王悅於利, 以罷三軍之師, 是三軍之士樂罷而悅於利也. 爲人臣者, 懷⑥利以事其君, 爲人子者, 懷利以事其父, 爲人弟者, 懷利以事其兄, 是君臣父子兄弟, 終去⑦仁義, 懷利以相接, 然而不亡者, 未之有也. 先生以仁義說秦楚之王, 秦楚之王悅於仁義, 而罷三軍之師, 是三軍之士樂罷而悅於仁義也. 爲人臣者, 懷仁義以事其君, 爲人子者, 懷仁義以事其父, 爲人弟者, 懷仁義以事其兄, 是君臣父子兄弟, 去利懷仁義以相接也, 然而不王者, 未之有也. 何必曰利?" 〈告子 下4〉

◁주 해▷

① 之 : 이곳에서는 동사로 쓰인다. 즉, '초나라로 향하다'의 의미이다.
② 構兵 : 구(構)는 '교전하다'이다. 구병(構兵)은 '군사를 일으켜 전쟁하다'의 뜻이다.
③ 說 : 설복시키다. '說而罷之'는 '초왕과 진왕을 설득시켜 전쟁을 그만두게 하다'의 뜻이다.
④ 指 : 요지. 상세한 절목인 상(詳)과 대립된 의미로 큰 요지를 뜻한다.
⑤ 號 : 명분의 의미이다. 즉, 전쟁 중지를 설득시키는 데 있어 내세우고자 하는 명분.
⑥ 懷 : 생각. 회리(懷利)는 공리를 생각하는 관점이다.
⑦ 終去 : 종(終)에 대하여 고유(高誘)는 '다하다'의 진(盡)으로 주석하였다. 거(去)는 '위배되어 멀어지다'의 뜻이다.

◀해 설▶

이른바 외왕이라는 것은 부모를 사랑하고 형을 공경하는 도리를 천하에 확장시켜 적용시키는 것이다. 외왕은 정치와 문화 두 측면으로 나누어 설명할 수 있다. 정치는 국가와 천하를 다스리는 치도(治道)이고, 문화는 역사문화의 계승이다. 그러나 그 근원은 모두 부모를 사랑하고 형을 공경하는 도리에 있다. 이러한 도리를 밖으로 실현하는 것이 외왕인데, 이 외왕의 가치관이 바로 의리지별이다.

송경은 초나라로 향하던 도중에 우연히 맹자와 마주쳤다. 송경이 바쁘게 초나라와 진나라로 가는 것은 초왕과 진왕을 설득시켜 전쟁을 중지시키고자 함이다. 맹자는 송경에게 초왕과 진왕을 설득시키려는 이유를 물었다. 이에 대한 송경의 대답은 바로 공리주의에 입각한 쌍방의 불이익이었다. 송경의 논조는 이익으로써 義를 규정하는 묵가의 가치관과 일치한다.

맹자는 한편으로는 송경의 고심을 긍정하면서도, 다른 한편으로는 송경이 취한 가치관에 대하여 엄한 질책을 가하였다. 만일 전쟁을 중지시키고자 하는 근본적인 이유가 이익에 있다고 가정해 보자. 그렇다면 어느 한편에 전쟁이 이익을 증가시켜 줄 수 있는 경우라면, 그 사람에게 있어 전쟁은 합리적인 행위가 될 것이다. 다시 말하면 이해관계는 상대적인 것으로, 상대방에 불리하면 나에게 유리할 것이고, 나에게 불리하면 상대방에게는 유리할 것이다. 그렇다면 전쟁은 부분적으로 합리성을 갖게 되기 때문에 전쟁 중지는 영원히 불가능하게 된다. 또한 사람 행위의 합리성을 공리주의의 관점에서 규정한다면 부자와 형제 그리고 군신간의 인륜 역시 이해의 요소가 혼잡되어 부자간의 사랑과 형제간 우애의 정감도 본래의 가치를 상실하게 될 것이다. 인간관계가 서로의 이익을 생각하고서 전개된다면 인의의 도덕가치는 상실될 것이고, 결국 가정과 국가의 혼란이라는 결과를 수반할 것이다. 그러나 인간관계가 인의의 도덕가치를 생각하고서 전개된다면 이해의 충돌로 말미암아 서로 쟁탈하는 악순환을 일으키지 않기 때문에 천하의 왕자가 될 것이다.

맹자의 사상에는 세 개의 강령이 있다. 첫째는 인간과 금수의 차이를 규정하는 인금지변이고, 둘째는 義와 利를 구별하는 가치관이며, 셋째는 왕도와 패도를 구분하는 정치론이다. 인금지변은 인성론이고, 의리지별은 가치론이며, 왕패지변은 치도론이다. 가치 측면에서 말하자면 義와 利이고, 치도 측면에서 말하자면 왕도와 패도이다. 義를 기초로 하는 치도가 바로 왕도정치이고, 利를 기초로 하는 치도가 바로 패도정치이다. 또 병사들이 군대를 해산하는 것에 대하여 기뻐하는 것도 그 행위에서 보면 동일한 것이지만 행위의 동기에서 보면 서로 다른 기쁨이다. 하나는 이익에 기뻐하는 것이고, 다른 하나는 인의의 도덕에 기뻐하는 것이다. 이익은 외적인 요소에 의해 결정되고, 인의의 도덕은 내적인 의지에 의해 결정된다. 내적인 생명의 반성을 통하여 결정하면 그렇게 결정하는 근거가 생명 속에 갖추어져 있지만, 외적인 것에 의하여 결정되면 생명은 결정의 근거를 확보할 수 없기 때문에 흩어지고 말 것이다.

회(懷)는 '간직하다'의 뜻이다. 인간관계는 무엇을 간직하고서 진행하느냐에 따라서 그 결과는 완전히 다른 모습으로 나타난다. 공리를 생각하고서 인간관계를 유지하면 그 결과는 바로 가정의 파탄과 국가의 멸망이다. 인의의 도덕가치를 생각하고서 인간관계를 유지하면 천하의 왕자가 되지 않은 사람이 없다. 천하의 왕자가 되는 것이야말로 가장 큰 이익이 아닌가? 그런데 하필 이익을 말하는 이유는 무엇인가? 공리주의에 입각한 인간관계는 오래 지속될 수 없다. 언젠가는 변할 수 있다. 왜냐하면 우리가 처한 상황은 시간과 공간에 따라 다를 수 있기 때문이다. 그러나 인의의 도덕가치는 자아 스스로의 요구이기 때문에 서로 다른 시공의 배경에 따라 움직이지 않을 수 있다.

이 장과 앞장에서는 모두 이익으로써 가치를 규정하면 필연적으로 상하간에 이익 쟁탈이 발생하게 되어 가정과 국가의 멸망을 초래할 것이라는 점을 강조하고 있다. 가정과 국가의 몰락이야말로 가장 큰 불이익이다. 그러나 義로써 가치를 규정하면 부모를 버리는 자식이 있을 수 없고, 자기의 군주를 자기보다 뒤로 하는 신하가 없기 때문에 도리어 천하의 이익을 증진할 수 있다. 그러므로 이 두 장에서는 모두 '왜 하필이면 이익을 말하십니까'로 결론을 맺고 있다.

4. 가족간의 사랑과 타인에 대한 사랑 및 만물에 대한 사랑(親親仁民愛物)

맹자가 말하기를, "군자는 동식물과 같은 것은 아껴 주지만 仁하게 대하지는 않는다. (가족이 아닌) 다른 사람에게는 仁하게 대하지만 친근하게 대하지는 않는다. 부모와 형제자매에게는 친근하게 대해 주고, 백성에게는 仁하게 대하며, 백성에게는 仁하게 대하고 사물은 아껴 준다."

孟子曰 : "君子之於物①也, 愛之而弗仁②. 於民也, 仁之而弗親③. 親親而仁民, 仁民而愛物."〈盡心 上 45〉

◁ 주 해 ▷

① 物 : 초목 · 금수 등의 사물.
② 愛之而弗仁 : 사물을 사랑하지만 仁하게 대하지는 않는다.[8]
③ 仁之而弗親 : 仁하게는 대하지만 친근하게는 대하지 않는다.[9]

---

[8] 왜냐하면 초목과 금수는 아껴 주지만 필요한 경우에는 그것을 희생시킬 수 있기 때문이다. 또한 사람은 나와 같은 본성을 소유하고 있기 때문에 자신과 동일한 인격의 존재이다. 따라서 仁하게 대한다. ― 옮긴이 주.
[9] 유가철학에서는 부모자식간에는 선으로 질책할 수 없다는 점을 강조한다. 이는 도덕적인 이유 때문에 서로 떨어질 수 없다는 의미이다. 그러나 부모와 형제를 제외한 일반사람들은 도덕적인 이유로 헤어질 수 있다. 仁과 親의 차이가 바로 이것이다. ― 옮긴이 주.

268

◀해 설▶

외왕사업은 부모를 사랑하고 웃어른을 공경하는 것에서부서 시작된다. 다시 말하면 仁義의 마음을 견지하고서 다른 사람과 서로 교류하는 것이다. 그러나 인륜관계에서 모두 인의의 마음을 견지하고서 서로 교류하지만 그것을 실천함에 있어 차별이 있다. 부자형제간의 친정(親情)은 선천적인 천륜(天倫)이다. 즉, 태어나면서부터 한몸인 부모와 형제자매는 불가분리의 관계이다. 따라서 부모에 대한 사랑과 형제에 대한 우애는 仁을 실천함에 있어 근본이 되는 것이다. 효(孝)는 상하관계의 사랑이고, 제(弟)는 수평관계의 사랑이다. 이러한 효제의 친정을 밖으로 실천하면서 기타 인륜이 성립한다. 孝라는 상하관계의 사랑으로부터 군신간의 義가 성립하고, 弟라는 수평관계의 사랑으로부터 붕우(朋友)의 信이 성립한다. 군신과 붕우관계는 선천적으로 한몸이 아니라 후천적으로 맺어진 관계이기 때문에 조건이 있을 수밖에 없다. 즉, 서로 합할 수도 있고, 서로 떨어질 수도 있다. 맹자는 부모형제를 친(親)[10]으로 규정하였고, 기타 나머지 타인을 민(民)으로 규정하였다. 부모형제에게는 마땅히 친(親)[11]이라는 사랑을 표현하는데, 이것이 바로 친친(親親)이다. 일반사람에게는 마땅히 仁이라는 사랑을 표현하는데, 이것이 바로 인민(仁民)이다. 부모형제와 일반사람들 사이에는 원근(遠近)의 차별이기 있기 때문에 그 사랑에도 친소(親疎)의 차이가 있을 수밖에 없다. 비록 모두 仁心의 사랑으로부터 발현된 것이지만 부모형제를 사랑하는 仁心과 타인을 사랑하는 仁心에는 차별이 있을 수밖에 없다. 이것은 본래부터 한몸인 것과 후천적으로 한몸인 것에 대한 사랑의 차별이다. 전자는 무조건적이고 서로 분리할 수 없는 관계이고, 후자는 조건적이고 떨어질 수도 있는 관계이다. 때문에 맹자는 "가족이 아닌 다른 사람에게는 仁하게 대하지만 친근하게 대하지는 않는다"고 한 것이다.

또 사람은 이 세상에 살면서 사람끼리만 접촉하는 것이 아니라 사물과도 접촉하면서 살아간다. 仁者는 어느 것도 사랑하지 않음이 없기(仁者無不愛) 때문에 사람뿐만 아니라 사물에게도 사랑의 마음을 가진다. 사람은 서로 같은 인류이기 때문에 서로의 마음을 교감하여 알 수 있지만, 사물과 사람은 같은

---

10) 이 때의 親은 명사이다. 즉 '부모형제'를 가리킨다. ― 옮긴이 주.
11) 이 때의 親은 동사이다. 즉 '사랑하다'의 의미이다. ― 옮긴이 주.

종류의 생명이 아니기 때문에 사람과 사물에 대한 사랑의 표현이 모두 仁心으로부터 발현된다고 할지라도 그들 사이에는 깊음(深)과 얕음(淺)의 차별이 있을 수밖에 없다. 심(深)이기 때문에 인민(仁民)이라고 말했으며, 천(淺)이기 때문에 애물(愛物)이라고 말한 것이다. 맹자가 "군자는 동식물과 같은 것은 아껴주지만 仁하게 대하지는 않는다"고 한 것은 바로 이 때문이다.

　사람을 사랑하는 것과 사물을 사랑하는 것은 모두 인의예지의 본심양지를 근원으로 한 표현이지만 밖으로 발용되었을 때는 친친과 인민 그리고 애물이라는 실천 차서가 있다. 군자는 자신의 덕성을 실천하고 외왕사업을 전개하면서 덕성의 실천은 애심을 근본으로 하고, 외왕사업의 전개는 사랑의 마음을 완성하는 것을 목표로 삼는다. 애심이라는 근원은 같지만 외왕사업의 완성에는 하나의 순서가 있다. 그것은 바로 친친에서 인민으로, 다시 인민에서 애물로 진입하는 것이다. 仁心의 사랑을 천하에 적용시켜 나가는 이상이 의리지별이라는 가치관에서 나왔지만, 그 가치관은 친친에서 인민으로, 다시 애물로 확장되는 순서를 통하여 구체적으로 완성되는 것이다.

5. 현자를 먼저 등용하는 데 힘을 쓴다(親賢急務)

　맹자가 말하기를, "지혜로운 사람은 모르는 도리가 없을 것이지만, 마땅히 힘을 써야 할 일을 급하게 서두른다. 仁者는 사랑하지 않는 사람이 없지만, 능력 있는 사람을 급하게 등용하는 데 힘을 쓴다. 요순이 지혜롭다고 하는 것은 모든 사물의 도리를 다 알아서가 아니라, 마땅히 먼저 처리해야 할 일을 급하게 하였기 때문이다. 요순의 仁은 모든 사람을 다 사랑해서가 아니라 능력 있는 사람을 급하게 등용하였기 때문이다."

　　孟子曰：＂知①者無不知也, 當務②之爲急. 仁者無不愛也, 急③親賢之爲務. 堯舜之知, 而不徧物, 急先務也, 堯舜之仁, 不徧愛人, 急親賢也.＂〈盡心上46〉

◁주 해▷

① 知 : 이곳에서는 지(智), 즉 지혜로 해석해야 한다. 지혜로운 사람은 모르는
   도리가 없다.
② 當務 : 마땅히 전심전력을 기울여 해야 할 일.
③ 急 : 동사로 사용된다. '긴급하게 처리하다'의 의미이다.

◀해 설▶

공자는 총체적인 입장에서 仁을 제시한 반면 맹자는 분석적인 입장에서 공
자의 仁을 인의예지의 사단(四端)으로 나누어 설명하였다. 그러나 인의예지는
공자가 제시한 仁에 본래 갖추어진 덕성이다. 仁者가 사랑하지 않는 사람이
없는 것은 仁者의 仁心이 모든 사람에게 사랑의 마음을 비추기 때문이다. 智
者는 모르는 바가 없는데, 이는 덕성에 갖추어진 지혜의 합리적인 판단 작용
때문이다.

근원에서 말하자면 仁心은 사랑하지 않음이 없고, 모르는 바가 없다. 그러
나 仁心이 발용할 때는 마땅히 먼저 해야 할 것에 힘을 쓴다. 우리의 본심은
본래 무한적인 것이어서 모르는 도리가 없고, 사랑하지 않은 사람이 없다. 그
러나 한 사람의 존재는 유한적일 수밖에 없다. 비록 성인인 요순일지라도 현
실적인 존재 측면에서 보면 동시에 모든 사물을 사랑할 수 없고, 모든 사물의
도리를 동시에 알 수 없다. 외왕사업은 매우 복잡한 절차를 거쳐야 하기 때문
에 내 마음은 당시의 상황에 따라 마땅히 먼저 힘을 써야 할 곳을 파악하여 그
순서에 따라 완급과 선후를 조절하여 처리한다. 마땅히 먼저 해야 할 것이라
고 판단하면 비록 동시에 다른 것을 완성할 수 없을지라도 비교적 급박하게
처리해야 할 일에 힘을 쓴다. '무엇을 먼저 급박하게 처리해야 할 것인가'는 양
심이 결정한다.

다음, 외왕의 대상은 '사람'과 '사업'이다. 사업 측면에서는 마땅히 먼저 힘
을 써야 할 일을 서둘러 처리한다. 사람 측면에서 먼저 급하게 해야 할 일은
능력 있는 사람을 등용하는 것이다(親賢). 이곳에서 말하는 친(親)은 일반적인
의미로서의 '사랑하다' 혹은 '관심을 보인다'의 뜻이지 앞장에서 말한 '仁하게
는 대하지만 친근하게는 하지 않는다'의 親이 아니다. 한 나라를 다스리고 천

하를 평정하려면 모든 사람을 다 사랑해야 하지만, 존재의 제한으로 말미암아 동시에 사랑할 수 없다면 우리에게 갖추어진 지혜는 마땅히 능력 있는 사람을 먼저 배려하는 것을 우선으로 삼는다.

종합적으로 말하자면, 모르는 도리가 없고, 사랑하지 않음이 없는 것이 仁이지만, 마땅히 먼저 능력 있는 사람을 배려하는 것이 仁心의 지혜이다. 仁心이라는 생명 자체에서 보면 모르는 도리가 없고, 사랑하지 않음이 없지만, 한 존재의 유한성 측면에서 보면 모든 사람을 한꺼번에 동시에 사랑할 수 없고, 모든 도리를 동시에 알 수 없다. 따라서 마땅히 먼저 해야 할 일에 힘을 쓰고, 마땅히 능력 있는 사람을 배려하는 데 힘을 쓰는 것이다. 이것이 바로 외왕사업의 지혜이다. 우리 인간 사회에서는 모든 일을 동시에 완전하게 처리할 수 없는 경우가 빈번하게 발생한다. 이러한 경우에 우리는 하나의 합리적인 선택을 할 수밖에 없다. 이 때 우리는 자신의 양심에 의거하여 마땅히 먼저 해야 할 일의 가치를 고려하여 결정하고, 또한 마땅히 먼저 해야 할 일 중에서 능력 있는 사람을 먼저 배려하는 것을 기점으로 삼는다.

6. 왕자와 패자의 차이(王覇之分)

맹자가 말하기를, "힘으로써 仁을 가장하는 자는 패자인데, 패자라고 칭하려면 반드시 큰 나라를 가지고 있어야 한다. 덕으로써 仁을 행하는 자는 왕자인데, 왕자는 나라가 크기를 기다리지 않고 (왕도정치를 펼친다). 탕왕은 70리의 (작은 나라인데도 왕도정치를 펼쳤고), 문왕은 100리의 (작은 나라인데도 왕도정치를 펼쳤다). 힘으로써 남을 복종시킨다면, (이는 복종하는 사람의) 마음이 복종하는 것이 아니고, 힘이 부족하기 때문에 (그럴 수밖에 없는 것이다). 덕으로써 남을 복종시킨다면 (이는 복종하는 사람의) 마음이 기뻐서 진심으로 복종하는 것이다. 공자의 70명의 제자가 공자에 복종한 것이 바로 그것이다.《시경》에서는 '서쪽으로부터 동쪽으로부터, 남쪽으로부터 북쪽으로부터 복종하지 않은 사람이 없다'고 하였는데, 바로 이것을 두고 한 말이다."

孟子曰 : "以力假①仁者覇, 覇必有大國. 以德行仁者王, 王不待②大. 湯以七十里, 文王以百里. 以力服人者, 非心服也, 力不瞻③也. 以德服人者, 中心悅而誠服也. 如七十子之服孔子也. 詩云：'自西自東, 自南自北, 無思④不服.' 此之謂也."〈公孫丑 上3〉

◁주 해▷

① 假 : '차용하다' 혹은 '빌리다'의 뜻이다.
② 待 : '기다리다'의 의미이다.
③ 不瞻 : 부족하다.
④ 思 : 어조사로서 아무 의미가 없다. '無思不服'은 '無不服'과 같다. 즉, '복종하지 않은 사람이 없다'는 뜻이다.

◀해 설▶

맹자 치도론은 왕자와 패자를 구분하는 것으로부터 시작된다. 왕자와 패자를 결정하는 근거는 의리지별의 가치론에 있고, 가치론의 근거는 인금지변의 인성론에 있다. 사람이 사람일 수 있는 근거는 사람마다 갖추고 있는 본심의 양지이다. 본심의 양지가 발용되면 義와 利를 구별하고, 이러한 의리지별은 외왕의 치도에 적용되어 왕자와 패자의 정치를 결정한다. 인의의 도덕심으로서 결정된 가치판단이 바로 왕도정치의 시작이고, 공리의 마음으로서 결정된 가치판단이 바로 패도정치의 시작이다.

왕도와 패도에 관한 구분은 《논어》에도 있다. 공자는 "법령으로써 (백성을) 인도하고, 형벌로써 (질서를) 바로잡으면 백성들이 형벌은 면할 수 있지만 (자신의 행위에 대하여) 수치심을 갖지 않을 것이다. 덕으로써 (백성을) 인도하고, 예로써 (질서를) 바로잡으면 (백성들이 자신의 잘못된 행위에 대하여) 부끄러움을 가져 바르게 될 것이다"[12]라고 하였다. 법령과 형벌로써 백성을 다스리면 백성은 그 군주의 힘이 두려워 복종하지만, 그러한 복종은 마음에서 우러나오는 기쁨의 복종이 아니다. 그들이 반항하지 않는 것은 일시적인 힘이 부족하기 때문이다. 때문에 공자는 "백성들이 형벌을 면할 수는 있지만 자신의 행위에 대하여 수치심을 갖지 않을 것이다"라고 한 것이다. 그러나 덕으로써 백성을

12) "道之以政, 齊之以刑, 民免而無恥. 道之以德, 齊之以禮, 有恥且格."《論語》〈爲政 3〉

교화하고, 예의로써 백성을 가르치면 천하의 모든 사람들이 마음속으로 희열을 느껴 진정으로 따르게 될 것이다. 공자를 따르던 70명 제자들의 공자에 대한 복종이 바로 대표적인 예이다. 때문에 공자는 "덕으로써 백성을 인도하고, 예로써 질서를 바로잡으면 백성들이 자신의 행위에 대하여 부끄러움을 가져 바르게 될 것이다"라고 한 것이다. 힘으로써 백성을 제압하는 것은 패도정치인데, 패도정치는 반드시 큰 나라라는 역량을 가진 후에야 가능하다. 덕으로써 백성을 교화하는 것은 왕도정치인데, 왕도정치는 큰 나라라는 힘이 불필요하다. 은나라의 탕왕은 70리라는 작은 토지를 가지고서도 왕도정치를 실천할 수 있었고, 문왕은 100리의 작은 토지를 소유하고 있었지만 왕도정치를 시행하여 천하의 왕자가 된 것이다. 하나라가 망하고 탕왕이 그 위치를 대신할 수 있었고, 문왕이 은나라를 대신하여 천하의 왕자가 될 수 있었던 것은 바로 덕으로써 백성을 감복시켰기 때문이다. 이것이야말로 왕도정치를 실행함에 있어 큰 나라가 불필요하다는 가장 좋은 예증이 아니겠는가?

맹자는 이중인격자인 향원(鄕愿)을 공자가 비평한 것처럼 패도정치에 대하여 엄한 비평을 가하였다. 이는 힘으로써 仁을 가장하는 것이 마치 향원이 군자를 가장하는 것과 다를 바 없다고 생각하였기 때문이다. 다시 말하면 패자가 왕자를 가장하고, 향원이 군자를 가장하면 시비선악의 표준이 혼란하게 된다는 것이다. 전국시대에는 춘추시대처럼 존왕양이와 같은 통일된 이념이 존재하지 않았다. 따라서 춘추시대에 활동하였던 공자는 패업을 이룬 관중에 대하여 예로써 공경하였지만, 맹자는 오히려 패자들의 가치를 폄하하였다. 이는 두 사람이 처한 시대적 상황의 배경이 서로 달랐기 때문일 것이다. 그러나 義와 利에 대한 공자와 맹자의 기본입장은 서로 일치한다. 공자는 "군자는 義에 밝고 소인은 利에 밝다"[13]는 말로써 군자와 소인을 분별하였으며, 맹자는 의리지별로써 왕자와 패자를 구분하였다. 또 공자의 예악을 통한 예치(禮治)는 맹자의 왕도정치와 일맥상통한다. 따라서 관중에 대한 공자와 맹자의 서로 다른 평가는 왕도와 패도정치의 가치표준 혹은 가치근거에 대한 견해의 충돌이 아니다. 단지 처해진 시대적 배경이 달랐기 때문에 왕도와 패도정치에 대하여 서로 다른 해석을 하였을 뿐이다.

---

13) "君子喩於義, 小人喩於利."《論語》〈里仁 16〉

덕으로써 仁을 실행하는 것이 왕도이고, 힘으로써 仁을 가장하는 것은 패도이다. 이 양자 사이에는 분명한 가치의 차이가 있다. 왕도는 주왕실의 대통일 이념이고, 패도는 제환공(齊桓公)과 진문공(晉文公) 등이 일으킨 춘추시대의 패업이다. 주왕실은 부모를 사랑하는 마음을 근거로 현자를 존중하는 정치체제를 확립하였고, 예로써 서로 공경하였으며, 음악으로써 조화를 이루려고 하였다. 예는 상하를 구분하는 것이고, 음악은 상하를 서로 통하게 하는 것이다. 천하 대통일 이념은 이러한 예치와 덕화로써 확립되었다. 이것이 바로 덕으로써 仁을 실행하는 왕도정치이다. 제환공과 진문공 등은 존왕양이의 구호를 내걸고 천하의 질서를 유지하려고 하였지만, 사실 천자를 명분으로 내세워 다른 제후들을 부리고자 함에 불과하였다. 비록 일시적인 질서의 안정은 유지하였지만 예악과 정벌이 천자에 의하여 결정되지 않았기 때문에 천하 사람들이 마음속으로 복종하지 않았다. 이것이 힘으로써 仁을 가장하는 패도정치이다. 물론 공자와 맹자가 비록 주왕실을 비호하려는 목적에서 왕도정치를 주장한 것은 절대 아니다. 단지 천하 대통일과 분열 사이에서 통일 이념을 근본으로 한 왕도정치를 선택했을 뿐이다. 공자는 예로써 관중을 공경하였다. 이는 관중이 군사를 동원하지 않고서 존왕양이의 이념을 실행하였기 때문이다. 즉, 공자는 관중의 패업을 仁을 실현한 실제적인 과업이라고 평가한 것이다. 반면 맹자는 관중이 이룩한 패업의 가치를 비난하였다. 그 이유는 당시에 주왕실은 단지 이름만 남은 상태여서 맹자가 또다시 제환공과 진문공의 패업을 긍정하게 되면 힘으로써 仁을 가장하는 정치를 긍정한다는 혐의를 받을 수 있기 때문이다.

이상을 종합하면, 왕도와 패도정치 모두 민중이 복종한다는 실제적인 결과는 있지만, 왕도는 덕을 근본으로 한 결과이고, 패도는 힘을 근본으로 한 결과이다. 따라서 왕도는 仁의 실현이고, 패도는 仁을 가장한 것이다. 정치도덕에서 왕도와 패도의 가치는 결코 말살할 수 없다. 왕패지변이 중요한 이유가 바로 여기에 있다.

7. 좋은 가르침은 민중의 마음을 얻을 수 있다(善敎得民心)

맹자가 말하기를, "인자한 말은 仁하다는 평판이 사람들의 (마음에) 깊게 간직되어 있는 것만 못하다. 좋은 정치는 좋은 가르침으로써 백성을 얻는 것만 못하다.[14] 좋은 정치는 백성들이 두려워한다. 좋은 가르침은 백성들이 사랑한다. 좋은 정치를 하면 백성의 재물을 얻을 수 있다. 좋은 가르침은 백성의 마음을 얻을 수 있다."

　孟子曰："仁言, 不如仁聲①之入人深也. 善政, 不如善敎之得民②也. 善政, 民畏之. 善敎, 民愛之. 善政, 得民財. 善敎, 得民心."〈盡心 上 14〉

◁ 주 해 ▷

　① 仁聲 : 仁을 실천함으로써 긍정적인 평가를 받는다는 의미이다. 仁은 실(實)이고, 仁하다는 평가는 명(名)이다. 실과 명이 서로 부합하였을 때 비로소 인성(仁聲)이 있게 된다.
　② 得民 : 민심의 지지를 얻는다. 즉, 뒷구절의 '得民心'과 같은 의미이다.

◀ 해 설 ▶

일반적으로 왕도와 패도는 당시 제후국의 정치형태를 구별하는 표준으로 사용되었다. 즉, 덕으로써 仁을 실행하는 제후국의 정치형태를 왕도라고 하였고, 힘으로써 仁을 가장하는 정치형태를 패도라고 하였다. 그러나 왕도와 패도는 외적으로 드러난 정치형태뿐만 아니라 내정(內政)에서도 하나의 표준으로 적용되는데, 그것이 바로 좋은 정치(善政)와 좋은 가르침(善敎)이다.

동일한 仁이지만, 맹자는 '인자한 말(仁言)은 仁하다는 평가(仁聲)만 못하다'고 하였다. 말은 마음의 소리이기 때문에 인자한 말은 仁心으로부터 나온

---

14) 이곳에서 맹자는 정치와 교육을 대비시켜 교육의 우선성을 강조하고 있다. 좋은 정치(善政)일지라도 정치는 법령과 형벌로써 백성을 제재하는 것이다. 반면 좋은 가르침(善敎)은 예악으로써 백성의 마음을 교화시키는 것이다. 따라서 교화가 형벌의 정치보다 앞서야 함을 강조한 것이다. ─옮긴이 주.

것이다. 인자한 말은 자신과 상대방 두 사람 마음의 측은한 마음의 교통이다. 그렇지만 인자한 말이 仁心의 발용일지라도 사람을 감동시킴에 있어 '인자한 정치라는 평가가 사람들의 마음에 깊게 자리잡고 있는 것만 못하다'고 맹자는 주장하였다. 인자한 말은 수시로 나왔다가 사라지기도 하기 때문에 군자의 도덕사업과 문화이상의 완성이라는 측면에서 보면 어딘지 부족하다는 느낌을 지울 수 없다. 그렇기 때문에 인자한 말로써 사람을 감동시키는 것이 仁하다는 평판이 사람들의 마음에 깊게 간직되어 있는 것만 못한 것이다. 수양론 측면에서 보면 내성이 최고의 경계이지만, 왕자의 사업 측면에서 보면 외왕의 완성이 궁극적인 목표이다. 내성은 덕(德)이고, 외왕은 복(福)이다. 복과 덕이 일치해야만 원만하다고 평가할 수 있다. 그렇기 때문에 맹자는 수양론 외에 외왕사업의 가치에 대해서도 적극적인 입장을 보인 것이다.

인자한 말은 내성수양의 표현이고, '仁하다는 평가'는 외왕사업의 성취를 통하여 얻은 명성이다. '仁하다는 평가'는 또 두 측면으로 나누어 설명할 수 있다. 하나는 선정이고, 다른 하나는 선교이다. 동일한 선이지만 "법령으로써 백성을 인도하고, 형벌로써 질서를 바로잡으면 백성들이 형벌은 면할 수 있지만 자신의 잘못된 행위에 대하여 수치심을 갖지는 않을 것이다"가 선정에 해당하고, "덕으로써 백성을 인도하고, 예로써 질서를 바로잡으면 백성들이 자신의 잘못된 행위에 대하여 부끄러움을 가져 바르게 될 것이다"가 선교에 해당한다. 맹자는 '선정은 선교만 못하다'고 하였다. 왜냐하면 선정은 백성들이 두려워한다는 효과만을 수반하고, 선교는 민중이 마음으로 사랑한다는 효과를 수반하기 때문이다. 선정은 법가의 치도이고, 선정을 통하여 민중의 재화를 얻을 수는 있다. 반면 선교는 유가의 치도이며, 민중의 마음을 얻을 수 있다. 민중의 재화를 얻을 수 있으면 국가를 부강하게 할 수 있다. 민중의 마음을 얻으면 천하를 평정할 수 있다. 때문에 "좋은 정치는 좋은 가르침으로써 백성을 얻는 것만 못하다"고 한 것이다. '백성을 얻는다'는 '백성의 마음을 얻는다'는 의미이다. 백성의 마음을 얻는 정치가 바로 덕으로써 백성을 복종시키는 왕도정치이다. 백성의 마음을 얻지 못하면 비록 부국강병을 이룬다고 할지라도 패도정치에 불과한 것이다.

8. 仁者는 적이 없다(仁者無敵)

양혜왕이 말하기를, "천하에 진나라[15]보다 더 강한 상대가 없었음은 노인장께서도 아시는 바입니다. 과인의 대에 이르러 동쪽으로는 제나라에게 패하여 그곳에서 맏아들이 죽었습니다. 서쪽에서는 진나라에게 7백리의 땅을 잃어버렸고, 남쪽에서는 초나라에게 욕을 당하였습니다. 과인은 이 점을 부끄럽게 여기고 있으니 (전쟁에서) 죽은 사람을 위하여 치욕을 씻고자 하는데, 어떻게 하면 좋겠습니까?" 맹자가 대답하여 말하기를, "사방 백리의 땅을 가지고 있더라도 왕자가 될 수 있습니다. 왕께서 백성들에게 인정을 베풀고, 형벌을 줄이며, 세금을 가볍게 하고, (백성들로 하여금) 밭을 깊게 갈고 김매기에 힘쓰도록 하며, 젊은이들이 한가한 날에 효제충신의 도리를 배워 익히고, 집에 들어가서는 부모님과 형님을 섬기며, 밖에 나와서는 웃어른을 섬기도록 하면, (그들로 하여금) 몽둥이를 만들어 진나라와 초나라의 견고한 갑옷과 예리한 무기를 치도록 할 수 있습니다. 저들이[16] 자기네 백성들의 농번기 시기를 빼앗아버려 (그들 백성들로 하여금) 밭을 갈고 김을 매어 부모를 봉양할 수 없도록 하면 그들의 부모는 추위에 떨거나 굶주리고, 형제와 처자는 서로 뿔뿔이 흩어지게 됩니다. 저들이 자기의 백성들을 곤경에 빠뜨릴 때 왕이 나가서 저들을 정벌한다면 누가 왕께 대적하겠습니까? 그러므로 '인자는 적이 없다'고 한 것이니 왕께서는 이 말에 대하여 의심을 갖지 마십시요."

梁惠王曰: "晉國天下莫强焉①, 叟之所知也. 及寡人之身, 東敗於齊, 長子死焉. 西喪地於秦七百里, 南辱於楚. 寡人恥之, 願比②死者一洒③之, 如之何則可?" 孟子對曰: "地方百里而可以王. 王如施仁政於民, 省刑罰, 薄稅斂, 深耕易耨④, 壯者以暇日修其孝悌忠信, 入以事其父兄, 出以事其長上, 可使制梃⑤以撻秦楚之堅甲利兵矣. 彼奪其民時, 使不得耕耨以養其父母, 父母凍餓, 兄弟妻子離散. 彼陷溺其民, 王往而征之, 夫誰與王敵? 故曰: '仁

---

15) 양혜왕의 위나라는 본래 진나라에 속하였다. 후에 위씨와 한씨 및 조씨가 진을 삼분하여 각자 왕을 칭하였다. 위나라가 가장 강성하였기 때문에 양혜왕은 자신이 진나라를 대표한다는 생각으로 과거의 진나라 명칭을 그대로 사용한 것이다. — 옮긴이 주.

16) 초나라와 진나라의 군주. — 옮긴이 주.

者無敵', 王請勿疑."〈梁惠王 上 5〉

◁주 해▷

① 莫强焉 : 막(莫)은 '없다'의 뜻이고, 언(焉)은 어시(於是)와 동일하다.[17] 이 때 시(是)는 진나라를 지칭한다. 진나라는 춘추시대의 패자로서 이름을 날렸으나 후에 한·조·위(韓趙魏) 세 나라로 분할되었다. 그 중에서 위나라는 진나라의 패업을 계승하였다. 위나라는 혜왕 때에 이르러 수도를 대량(大梁)으로 천도하였기 때문에 양나라로 칭하기도 한다. 혜왕은 자신의 시대에 옛날 진나라의 찬란한 패업을 부활시키지 못함을 매우 유감으로 생각하고 있었기 때문에 맹자에게 도움을 청한 것이다. '천하막강언(天下莫强焉)'은 '천하에 진나라보다 강한 나라는 없다'는 뜻이다.

② 比 : 개사로서 '대신하다'의 뜻이다.

③ 洒 : 세(洗)와 뜻이 동일하다. 즉 '치욕을 씻다'는 뜻이다.

④ 易耨 : 누(耨)는 '김을 매다'는 뜻이고, 이(易)에 대해서는 두 가지 견해가 있다. 하나는 치(治)이고, 다른 하나는 '힘쓰다'의 질(疾)이다. 앞의 '깊게 갈다(深耕)'와 병열시켜 볼 때 疾로 해석하는 것이 적당하다.

⑤ 制梃 : 정(梃)은 몽둥이다. 그러나 이곳에서는 병기의 의미로 쓰인다. 제(制)에 대해서는 두 가지 견해가 있다. 하나는 '제작하다'이고, 다른 하나는 '때리다'이다.

◀해 설▶

전국시대의 모든 제후들은 정치의 최대 역점을 군사와 외교 방면에 두었다. 양혜왕은 동쪽에서는 제나라에게 패하였고, 서쪽에서는 진나라에게 패하여 땅을 잃었으며, 남쪽에서는 초나라에게 모욕을 당하였다. 양혜왕은 바로 이 점을 국가의 최대 치욕으로 여겼다. 이 때문에 양혜왕은 맹자에게 치욕을 씻을 수 있는 방법을 구하고자 한 것이다.

맹자는 어떻게 하면 국가를 부강하게 할 수 있는가의 측면에서 해답을 구하지 않고 인정으로부터 해답을 찾았다. 다시 말하면 선정과 함께 선교를 병행

---

17) 이곳에서 어시(於是)는 '그리하여' 혹은 '그러므로'의 의미가 아니라 시(是)가 진(晉)나라를 지칭하기 때문에 '진나라보다'로 해석해야 한다. ─옮긴이 주.

해야 한다는 것이다. 형벌을 줄이고, 세금을 가볍게 하며, 백성들로 하여금 제때에 농사를 짓게 한다면 이것이 바로 백성들의 재화를 얻는 선정이다. 또한 젊은이들로 하여금 한가한 때는 효제충신의 도리를 배워 익히게 하고, 가정에서는 부모에게 효도하고 형을 공경하게 하며, 밖에서는 웃어른을 공경할 수 있도록 가르치는 것이 바로 백성의 마음을 얻는 선교이다. 선정과 선교를 병행하면 비록 사방 백리의 땅을 소유하고 있는 조그마한 나라일지라도 천하의 왕자가 될 수 있다. 백성의 마음을 얻은 국가에서는 적군이 쳐들어오면 백성들은 자원하여 군대에 입대할 것이고, 스스로 몽둥이를 만들어 적군의 두터운 갑옷과 예리한 병장기에 맞서면서 자신의 국가를 보호하려고 할 것이다.

맹자의 관찰에 의하면 초나라와 진나라의 군주는 그들 백성의 농사 시기를 빼앗아 전쟁을 일으켰기 때문에, 그들 군사의 부모는 추위에 동사하거나 굶주림을 당할 것이고, 형제와 처자는 뿔뿔이 흩어져버렸을 것이다. 이처럼 초나라와 진나라의 백성들이 고난에 처해 있을 때 정의의 기치를 내걸고서 그들의 포악한 군주를 토벌하려고 한다면 누가 그 왕과 대적하겠는가? 맹자는 이로부터 '仁者는 적이 없다'라는 결론을 도출한다.

'仁者는 적이 없다'는 '仁者는 천하의 사람과 적대관계를 형성하지 않는다'는 의미이다. 하늘의 이치에 순종하고, 민심에 따르기 때문에 천하 민중의 지지를 받는 것은 당연하다. 천하에 仁者와 적대관계를 형성하고 있는 사람이 없다면 仁者가 바로 천하 무적이 아닌가? 이처럼 덕으로써 仁을 행하고, 마음으로써 기뻐하기 때문에 강대한 무력도 불필요한 것이다. 인의는 비록 밖으로 드러난 형체는 없지만, 사람을 감화시킴에 있어 이보다 강한 역량은 없다. 아쉬운 것은 춘추오패들은 仁을 가장하였을 뿐 직접 몸으로 실천하려고 하지는 않았다는 점이다. 때문에 오직 힘으로써만 백성들을 제압하려고 한 것이다.

9. 오랫동안 仁義의 명분은 빌리고서도 仁義로 회귀하지 않는다(久假而不歸)

맹자가 말하기를, "요임금과 순임금은 본성에 따라 (仁義를) 실현하였고, 탕임금과 무왕은 몸소 노력하여 실천한 후에 (仁義를) 실현하였으며, 오패는 (仁義를) 빌렸을 뿐이다. 오랫동안 (仁義의 명분을) 빌리고서도 (仁義로) 회귀하지 않았으니 어찌 자기가 가지고 있지 않음을 알 수 있겠는가?"

    孟子曰："堯舜性之①也, 湯武身之②也, 五覇假之③也. 久假而不歸④, 惡
知其非有也."〈盡心 上 30〉

◁ 주 해 ▷

① 性之 : '之'는 仁義를 가리킨다. 性은 동사로 사용된다. 즉, '요순의 仁義는
   본성의 자연스러운 표현이다'의 의미이다.
② 身之 : 이곳에서의 '之' 역시 仁義를 가리킨다. 身도 역시 동사로 사용된다.
   즉, '탕무의 仁義는 몸소 실천한 후에 이룬 결과이다'의 의미이다.
③ 假之 : 仁義라는 명분을 빌렸지만 실제로는 패도정치를 실행하다.
④ 久假而不歸 : 오랫동안 仁義라는 명분을 빌리고서도 仁義의 진실함으로 회
   귀할 줄 모른다.

◀ 해 설 ▶

   군주는 정치를 함에 있어 반드시 仁義의 실현을 최고 이상으로 삼아야 한
다. 그러나 仁心에 의한 仁政이라는 외왕사업을 펼침에 있어 혹자는 본성의
자연스러움에 의거하기도 하고, 혹자는 후천적으로 노력하여 실천한 후에 왕
도정치의 결과를 얻기도 하며, 혹자는 단지 仁政이라는 명분만 빌릴 뿐 사실
은 패도정치를 실행한 경우도 있다.
   순임금에게 왕위를 선양한 요임금의 행위는 人性의 자연스러운 유출이고,
중도의 표현이다. 그 마음이 仁心을 위배하지 않고 자연스럽게 표현된 것이니
제1등급의 성왕이라고 할 수 있다. 때문에 '본성에 따라 인의를 실행한다(性
之)'고 한 것이다. 탕왕과 무왕은 혁명을 통하여 천하 대통일의 위업을 이루었
는데, 이것은 천도와 민심을 실현한 노력의 결과이다. 즉, 천하를 근본으로 한
새로운 운명을 개척하였기 때문에 제2등급의 성군이라고 할 수 있다. 때문에
'몸소 노력하여 실천한 후에 仁義를 실현하였다(身之)'고 한 것이다. 그러나
제환공과 진문공 등은 존왕양이라는 명분은 내걸었지만 실제로는 천하의 일
을 사사롭게 좌지우지한 패자에 불과하다. 때문에 제3등급의 패왕으로 평가
하였고, 그들의 업적으로 '仁義를 빌렸을 뿐이다(假之)'라고 한 것이다.

사실 패자들이 仁義의 명분을 내건 것은 왕도정치 구현을 위한 일시적인 방편으로 이해할 수도 있다. 그러나 그 위급한 상황이 지나가면 반드시 왕도정치의 전형으로 회귀를 해야만 한다. 만일 무력 동원이라는 방편에 오래 머물면서 권력과 명예만을 탐한다면 그것은 바로 '오랫동안 仁義의 명분을 빌리고서도 仁義로 회귀할 줄 모르는 것'으로, 천자의 지위를 찬탈한 것과 다름이 없을 것이다. 이러한 망집(妄執)이 오래 되면 오래 될수록 양심은 미실(迷失)될 것이니 왕도정치로 회귀하지 않은 잘못마저도 깨닫지 못할 것이다. 혹시 천하가 혼란스러울 때는 무력으로써 천하를 평정할 수도 있지만 천하가 태평해졌다면 다시는 무력으로써 천하를 위협해서는 안 된다. 만일 무력만을 계속 고집한다면 그것이 바로 '인의의 명분만을 빌릴 뿐 인의로 회귀하지 않는 것'이다.

맹자는 당시의 패자에 대하여 "오패는 삼왕의 죄인이다"[18]라고 평하였다. 삼왕은 하나라의 우(禹)와 은(殷)나라의 탕(湯) 및 주나라의 무(武)왕을 가리킨다. 맹자가 '오패를 삼왕의 죄인이다'라고 평한 것은 오패가 제후들의 혼란을 평정하였다는 사실은 삼왕과 같지만, 오패는 무력을 통한 정벌만을 계속하였을 뿐 정도로 회귀하지 않았고, 이로 말미암아 삼왕의 천하 대통일이라는 업적마저도 후대의 사람들로 하여금 회의를 들게 하였기 때문이다. 삼왕의 업적은 오제(五帝)만 못하다. 그 원인은 오제는 선양을 하였고, 삼왕은 정벌을 통하여 천하를 평정하였기 때문이다. 그러나 삼왕은 비록 정벌을 하였지만 천하가 안정된 후에 바로 왕도정치로 회귀하였다. 이 점이 오패와 다른 점이다.

오패가 오랫동안 인의의 명분을 빌리고서도 인의로 회귀하지 않은 원인은 바로 정치의 근본이 올바르게 확립되지 않았기 때문이다. 맹자는 "선왕은 사람에게 차마 하지 못하는 마음을 갖고 있었기 때문에 사람에게 차마 하지 못하는 정치가 있을 수 있었다"[19]고 하였다. 탕왕과 무왕도 천하를 평정하였지만, 맹자는 "한번 노하여 천하의 백성을 안정시켰다"[20]고 하였다. 천하의 백성을 안정시켰다는 것은 바로 사람에게 차마 하지 못하는 정치를 실행하였다는 의미이다. 그 근원이 천하 백성들의 수난을 차마 바라보지 못하는 仁心이

18) "五覇者, 三王之罪人也."〈告子 下7〉
19) "先王有不忍人之心, 斯有不忍人之政矣."〈公孫丑 上6〉
20) "一怒而安天下之民."〈梁惠王 下3〉

282

고, 이 仁心이 있었기 때문에 仁政이 있게 된 것이다. 제환공과 진문공 등은 인의의 명분을 빌렸지만 실제로 인의의 왕도정치를 실행하지 않고, 오랫동안 패도정치를 지속한 것은 바로 왕도정치의 근원인 仁心이 아직 확립되지 않았기 때문이다. 이로써 보면 치도의 근원은 덕성의 수양에 있고, 수양의 근본은 본심을 잘 간직하고 있음에 있다는 것을 알 수 있다.

10. 요순의 선양(堯舜禪讓)

만장이 말하기를, "요임금이 천하를 순에게 주었다는 것이 사실입니까?" 맹자가 말하기를, "아니다. 천자는 천하를 남에게 주지 못한다." (만장이 묻기를), "그렇다면 순은 천하를 얻었는데, 누가 (순에게) 준 것입니까?" (맹자가) 말하기를, "하늘이 준 것이다." (만장이 묻기를), "하늘이 천하를 주었다는 것은 자세히 훈계하면서 명령하였다는 것입니까?" (맹자가) 말하기를, "아니다. 하늘은 말을 하지 않고, 행위와 그 일을 가지고서 (그 뜻을) 보여 줄 뿐이다." (만장이) 말하기를, "행위와 그 일을 가지고서 (그 뜻을) 보여 준다는 것은 어떻게 하는 것입니까?" (맹자가) 말하기를, "천자는 하늘에 사람을 천거할 수 있으나 하늘로 하여금 (천거한 사람에게) 천하를 주도록 하지는 못한다. 제후는 천자에게 사람을 천거할 수는 있지만 천자로 하여금 (천거한 사람을) 제후로 임명할 수 있게 하지는 못한다. 대부는 제후에게 사람을 천거할 수 있지만 제후로 하여금 (천거한 사람을) 대부로 임명할 수 있게 하지는 못한다. 옛날에 요임금이 순을 하늘에 천거하였는데, 하늘이 받아들였다. (순을) 백성들 앞에 드러내자 백성들이 받아들였다. 그렇기 때문에 '하늘은 말을 하지 않고 행위와 일로써 (그 뜻을) 보여 줄 뿐이다'라고 한 것이다." (만장이) 말하기를, "감히 묻겠습니다. '하늘에 천거하여, 하늘이 받아들였다. 백성들 앞에 드러내자 백성들이 받아들였다'는 것은 어떻게 한 것입니까?" (맹자가) 말하기를, "(순에게) 제사를 주관하게 하였는데, 모든 신이 흠향[21]하였으니 이것은 하늘이 받아들였다는 것이다. (순에게) 나라일을 시켰는데, 나라일이 제대로 되었으니 이것은

---

21) 순이 제사를 올리자 모든 신들에게서 영험이 나타났다는 의미이다. ― 옮긴이 주.

백성들이 받아들였다는 것이다. 하늘이 (천하를) 주었고, 백성들이 (천하를) 주었기 때문에 '천자는 남에게 천하를 주지 못한다'고 한 것이다. 순은 요임금을 28년 동안이나 도왔으니 (이는) 사람이 해낼 수 있는 일이 아니고 하늘이 그렇게 시킨 것이다. 요임금이 죽고, 삼년상을 마치자 순은 요임금의 아들을 피해 남하의 남쪽으로 갔는데, 천하의 제후들이 천자를 배알하려 오면 요임금의 아들에게 가지 않고 순에게로 갔다. 옥사를 송사하려는 사람들은 요임금의 아들에게 가지 않고 순에게 갔다. 덕을 찬양하는 사람은 요임금의 아들을 찬양하지 않고 순을 찬양하였다. 그렇기 때문에 '하늘이 시킨 것이다'라고 한 것이다. 그런 후에 수도에 나아가 천자의 지위에 올랐다. 만일 요임금이 살았던 궁전에 살면서 요임금의 아들을 핍박하였다면, 그것은 찬탈이지 하늘이 준 것이 아니다. 〈태서〉에서는 '하늘이 보는 것은 백성들을 통해서 보고, 하늘이 듣는 것은 백성들을 통해서 듣는다'고 하였는데, 이것을 말한 것이다."

萬章曰："堯以天下與舜, 有諸?" 孟子曰："否. 天子不能以天下與人." "然則舜有天下也, 孰與之?" 曰："天與之." "天與之者, 諄諄①然命之乎?" 曰 "否. 天不言, 以行與事, 示之而已矣." 曰 "以行與事, 示之者, 如之何?" 曰："天子能薦人於天, 不能使天與之天下. 諸侯能薦人於天子, 不能使天子與之諸侯. 大夫能薦人於諸侯, 不能使諸侯與之大夫. 昔者堯薦舜於天, 而天受之. 暴②之於民, 而民受之. 故曰：'天不言, 以行與事示之而已矣.'" 曰："敢問 '薦之於天, 而天受之. 暴之於民, 而民受之.' 如何?" 曰："使之主祭, 而百神享之, 是天受之. 使之主事, 而事治 百姓安之, 是民受之也. 天與之, 人與之. 故曰：'天子不能以天下與人.' 舜相堯, 二十有八載, 非人之所能爲也, 天也. 堯崩, 三年之喪畢, 舜避堯之子於南河之南, 天下諸侯朝覲③者, 不之④堯之子而之舜. 訟獄者, 不之堯之子而之舜. 謳歌者不謳歌堯之子而謳歌舜. 故曰：'天也.' 夫然後之中國, 踐天子位焉. 而⑤居堯之宮, 逼堯之子, 是簒也, 非天與也. 太誓曰：'天視自我民視, 天聽自我民聽.' 此之謂也."〈萬章上5〉

◁ 주 해 ▷

① 諄諄 : 극진하게 타이르다.

② 暴 : '드러나다'의 현(顯)과 같은 의미이다.

③ 朝覲 : 본래는 제후가 일정한 기일에 맞추어 천자를 배알하는 예법이지만, 이곳에서는 동사로 사용된다. 즉, '찾아뵙다'의 의미이다.

④ 之 : '가다'의 왕(往)과 같은 의미이다.

⑤ 而 : '만일'의 여(如)와 같은 의미이다.

◀해 설▶

유가의 정치사상은 정치의 본질을 도덕층으로 끌어올려 도덕정치를 구현하는 것을 목표로 삼는다. 정치의 이상은 덕으로써 백성을 감화시키고, 예로써 백성을 다스리는 데 있지 결코 법령이나 형벌로써 백성을 억압하는 데 있지 않다. 유가철학에서 정치는 문화와 같은 것이다. 정치의 본질을 도덕으로 규정하는 것은 도덕규범을 권력으로 삼아 권력을 함부로 사용하지 못하게 하고자 함이다. 그러나 권력규범 외에 권력의 전이(轉移) 문제는 정치에서 매우 중요한 위치를 차지하고 있다.

도덕규범으로써 권력을 사용하는 것은 정치의 현실을 문화의 이상으로 바꿀 수 있지만, 도덕수양과 문화이상은 오로지 권력을 소유한 자의 가치자각에 의지해야 하기 때문에 정치현실의 권력 운용에서 그 약속이 필연성을 갖기 어렵다. 때문에 《중용》20장에서는 "그러한 사람이 있으면 그러한 정치가 있게 되고, 그러한 사람이 없으면 그러한 정치도 종식된다"[22]고 한 것이다. 다시 말하면 성군(聖君)과 현신(賢臣)의 구조에서 비로소 유가의 문화이상과 정치이상이 실현될 수 있다.

이러한 이유 때문에 군왕은 통치자의 위치에 있을 때 인정(仁政)과 덕화예치(德化禮治) 외에 미래의 이상을 실현할 수 있는 영도자를 찾아 자신의 외왕사업을 계승할 수 있도록 해야 한다. 다시 말하면 권력 이동의 합리적인 길을 찾아야 한다. 이러한 문제에 관하여 유가철학에서는 아버지로부터 아들로 이어지는 세습제로서는 이상적인 권력 전이가 어렵다고 생각하였다. 왜냐하면 부자간의 세습에서는 왕자의 현명을 보장하기 어렵기 때문이다. 유가철학에서 선양을 강조하는 이유가 바로 여기에 있다. 선양제도의 장점은 크게 세 가

---

22) "其人存, 則其政擧; 其人亡." 《中庸》20장

지로 설명할 수 있다. 첫째, 천하의 권력투쟁을 막을 수 있다. 둘째, 덕성을 겸비한 사람이 천자의 지위에 있을 때 천하의 태평성대를 보장할 수 있다. 셋째, 현재의 군주가 미래의 군주를 선택하여 그의 그릇과 재능을 배양시킨 후에 천하의 백성들로 하여금 새로운 군주를 거부감 없이 받아들이게 할 수 있다.

요임금이 제위를 순에게 선양함에 있어 어떤 사사로움이 개입되었는가? 만장이 맹자에게 질문한 의도가 바로 이것이다. 맹자는 '아니다'라고 부정하면서, 비록 '천자일지라도 천하를 자기 마음대로 어떤 한 사람에게 물려 줄 수 없다'고 대답하였다. 이에 대하여 만장은 '순은 확실히 천하를 얻었는데, 누가 순에게 천하를 준 것입니까'하고 재차 물었다. 맹자는 초점을 하늘로 돌려 '하늘이 순에게 천하를 주었다'고 대답하였다. 그러나 하늘은 무형적인 것이기 때문에 하늘이 천하를 전달하는 방식은 사람과 다를 것이다. 즉, 사람처럼 자세하게 훈계하면서 명령하듯이 전달한 것이 아니라 그 사람의 행위와 일을 보고서 예시하였을 뿐이다.

그렇다면 하늘의 예시는 어떻게 표현되는가? 맹자는 사람들의 구체적인 일을 통하여 나타난다고 하였다. 이를 설명하기 위하여 맹자는 먼저 '하늘이 주었다'의 문제를 '하늘이 받아들였다'로 돌렸다. 사람의 일은 '요임금이 순을 하늘에 천거한 것'이다. 삼대 이래의 문화 전통에 의하면 인간 제왕의 권위는 하늘이 수여한 것이다. 이것이 바로 천명이다. 천명은 하늘의 권위와 의지에서 온 것이지만, 하늘의 의지는 선을 드러낼 뿐 권위를 강조하지 않는다. 천명이 누구에게 귀속되는가의 표준은 바로 선에 있다. 선은 도리일 뿐 권위가 아니다. 이러한 성격 때문에 중국철학에서 인격천의 상제는 형이상의 천도로 바뀌게 된 것이다. '천명은 영원하지 않다'는 결코 하늘의 희노애락이 자주 변화한다는 의미가 아니라 천명이 어느 한 사람 혹은 어느 한 집안에 영원히 머물러 있지 않는다는 의미이다. 이것이 바로 왕실에서 그 후손에게 일상적으로 훈계하는 교훈이다. 오로지 덕성을 갖춘 자만이 천명을 얻을 수 있다. 천명의 지지를 얻었다는 것은 바로 하늘이 받아들였다는 것이다. 요임금이 순을 하늘에 천거한 것은 순의 미덕과 선행을 천거한 것이다. '하늘이 주었다'는 사실은 '하늘이 받아들였다'는 것이다. 그렇다면 '하늘이 받아들였다'는 무엇을 통하여 드러나는가? 맹자는 '백성이 받아들였다'로 해석하였다. 이로써 보면 요임금이 순을 천거하였지만 그 결정은 바로 백성에 있음을 알 수 있다. 그렇기 때문에 '천자는 하늘에 사람을 천거할 수 있을 뿐 하늘을 대신하여 자신이 천거한 사람에게 천하를 물려 줄 수 없다'고 한 것이다.

요임금이 순을 하늘에 천거한 방식은 바로 백성 앞에 순을 드러내는 것이다. 만일 백성들이 받아들이면 그것은 하늘이 받아들였다는 것을 의미한다. 하늘은 본래 천하 백성들의 반응을 자신의 귀와 눈으로 삼는다. 천도의 유행은 바로 백성에 있기 때문에 민심의 소재가 바로 천명의 소재인 것이다. "하늘이 보는 것은 백성들을 통해서 보고, 하늘이 듣는 것은 백성들을 통해서 듣는다"가 바로 그것이다. 순이 요임금을 도왔다는 것은 요임금이 순을 백성들에게 보이는 것이다. 순이 요임금을 28년 동안 보좌하였고, 그 치적은 매우 빼어났다. 이는 인간이 할 수 있는 것이 아니라 하늘이 그렇게 시킨 것이다. 요임금이 죽고 삼년의 상례를 마치자 순은 천하를 요임금의 아들에게 양위하고 남하(南河)의 남쪽으로 피하였다. 그러나 천하의 제후들이 천자를 알현하고자 할 때는 요임금의 아들에게 가지 않고 순에게 갔다. 백성들은 분쟁이 발생하면 요임금의 아들에게 호소하지 않고 순에게 찾아가 호소하였다. 덕을 칭송하는 사람들도 요임금 아들의 덕을 칭송하지 않고 순의 덕망을 칭송하였다. 이렇기 때문에 하늘의 뜻이 바로 순에게 있다고 한 것이다.

이처럼 몇 차례의 곡절이 있은 후에 순은 수도로 돌아와 천자의 지위에 올랐다. 만일 요임금이 죽자마자 왕궁에 머물면서 요임금의 아들을 핍박하였다면 그것은 왕위의 찬탈이지 결코 선양이 아니다. 그렇기 때문에 맹자는 "천하를 남에게 주기는 쉽지만 천하를 위하여 인재를 얻는 일은 어렵다"[23]고 한 것이다. 선양의 정신은 천하를 어떤 한 사람에게 물려 주는 것에 있는 것이 아니라 천하를 가장 현명하고 덕망 있는 사람에게 물려 주는 것에 있다. 그렇다면 어떤 사람이 가장 현명하고 덕망 있는 사람인가? 반드시 하늘에 천거하고 백성에게 소개해야 한다. 재상의 지위에 오래 있으면서 민심의 지지를 얻으면 하늘도 그 사람을 받아들인 것이다. 하늘이 받아들였다면 하늘이 천하를 그 사람에게 준 것이다. 하늘은 가장 높은 진리와 절대적인 표준을 대표하기 때문에 함부로 예설(豫設)할 수 없다. 하늘이 준 것이 아니라면 그것은 바로 찬탈이다. 그 후에 순임금이 우에게 선양한 것도 바로 하늘이 받아들이고 백성

---

23) "以天下與人易, 爲天下得人難."〈冀文公 上 4〉

이 받아들이는 것에 있다. 우임금은 익(益)을 하늘에 천거하였지만 제후와 송사를 하고자 하는 사람 및 덕을 칭송하는 사람들은 익을 찾아가지 않고 우의 아들인 계(啓)를 찾아갔다. 그 이유는 계가 익보다 현명하였기 때문이다. 그렇기 때문에 맹자는 "하늘이 현자에게 주고자 하면 현자에게 주고, 아들에게 주고자 하면 아들에게 준다"[24]고 하였다. 이 모두 백성이 받아들임을 하늘의 받아들임과 하늘이 줌의 결정 근거로 삼은 것이다. 맹자의 철학사상에는 선양의 의미가 명확하게 규정되어 있다. 때문에 漢의 왕망(王莽)과 조비의 전위(傳位)는 단지 찬탈에 불과할 뿐 결코 선양이라고 할 수 없다.

이러한 선양정신은 지금의 민주정치에는 부합하지 않지만, 현명하고 능력 있는 사람을 민중의 의사에 따라 선발한다는 원칙만은 서로 동일하다. 때문에 유가의 정치사상을 반민주적이라고 주장하는 것은 유가 정치사상의 근본 입장을 이해하지 못한 것이다.

11. 탕왕과 무왕의 혁명(湯武革命)

제선왕이 묻기를, "탕왕이 걸왕을 추방하였고, 무왕이 주왕을 정벌하였다는데 그런 일이 있었습니까?" 맹자가 대답하여 말하기를, "사적에 기록되어 있습니다." (제선왕이) 말하기를, "신하가 그 군주를 시해해도 됩니까?" (맹자가) 말하기를, "仁을 해치는 자는 흉포하다고 하고, 義를 해치는 자는 잔혹하다고 합니다. 흉포하고 잔혹한 사람은 필부라고 합니다. 한 필부인 주를 주살하였다는 말은 들었어도, 군주를 시해하였다는 말은 듣지 못하였습니다."

齊宣王問曰 : "湯放①桀, 武王伐紂, 有諸?" 孟子對曰 : "於傳②有之."
曰 : "臣弑③其君可乎?" 曰 : "賊④仁者, 謂之賊. 賊義者, 謂之殘. 殘賊之人, 謂之一夫⑤. 聞誅⑥一夫紂矣, 未聞弑君也."〈梁惠王 下8〉

◁ 주 해 ▷

① 放 : 추방하다. 탕 임금은 폭군인 걸을 남쪽으로 추방하였다.

---
24) "天與賢, 則與賢. 天與子, 則與子."〈萬章 上6〉

② 傳 : 사적(史籍)에 기록되어 있다.

③ 弑 : 아랫사람이 윗사람을 죽이는 것을 시(弑)라고 한다.

④ 賊 : 해치다.

⑤ 一夫 : '민심을 얻지 못한 폭군은 필부와 동일하다'는 뜻이다.

⑥ 誅 : '죽이다'의 뜻이다. 임금을 죽인 것이므로 시(弑)라고 해야 되지만 이미 군주의 자격을 상실한 사람이기 때문에 주살이라고 한 것이다.

◀해 설▶

권력의 규범은 오로지 도덕의 자각에 있기 때문에 필연적인 약속을 보장하기 어렵다. 권력의 전이에서 비록 현자에게 선양하는 것을 최고의 전범(典範)으로 삼고 있지만 법제화되지 않은 것이기 때문에 그 약속의 보장에는 한계가 있을 수밖에 없다. 때문에 다음과 같은 문제가 대두될 수밖에 없다. 만일 군주가 군주답지 못할 때 천하의 태평은 어떻게 보장할 수 있는가? 군주가 성군이 아니고, 신하가 현명하지 못할 때 정치의 앞날은 아무런 희망도 없게 된다. 유가철학에서 선양이라는 이상적인 방법 외에 탕왕과 무왕이 행한 혁명의 가치와 필요성을 긍정한 이유가 바로 여기에 있다. 다시 말하면 절망적인 정치의 현실을 타개할 수 있는 새로운 통로를 제시한 것이다.

제선왕은 탕왕이 걸왕을 추방하고, 무왕은 주왕을 주살하였다는 사실을 가지고 맹자에게 '신하는 군주를 시해할 수 있는 것인가'하고 물었다. 이러한 제선왕의 질문은 두 측면으로 나누어 해석할 수 있다. 하나는 정치 질서에 대한 유가의 기본 입장을 묻는 것이다. 다른 하나는 유가철학에서 긍정하고 있는 '군주는 군주다워야 하고, 신하는 신하다워야 한다'로부터 '신하는 신하의 도리를 다해야 한다'를 강조하고, 이로부터 군주의 기득권을 보장받으려고 한 것이다.

제선왕은 유가철학에서 긍정하고 있는 탕왕의 걸왕 추방과 무왕의 주왕 주살이라는 사실에서 일종의 위협을 느꼈던 것 같다. 제선왕은 '탕왕과 무왕의 혁명과 신하가 군주를 시해하는 일에는 서로 모순이 있지 않느냐'고 물으면서, 탕왕과 무왕의 행위를 긍정하는 유가철학을 질책하고 있다.

맹자의 대답은 '군주는 군주다워야 하고, 신하는 신하다워야 한다'는 기본 입장을 흔들지 않고 있다. '신하가 신하다워야 한다'는 '군주가 군주다워야 한다'와 서로 병립하는 명제이다. 군주가 군주답저 못하면 신하 역시 신하답지 못할 수도 있다. 그렇기 때문에 걸왕과 주왕이 군주답지 못하였을 때는 탕왕과 무왕의 신하답지 못함을 질책할 수 없는 것이다. 걸왕과 주왕이 군주답지 못하였다는 것은 이미 걸왕과 주왕이 군주의 자격을 상실하였음을 의미한다. 따라서 걸주와 탕무 사이에는 군신의 관계가 성립하지 않는다.

맹자는 인의의 가치를 해치는 사람은 흉포하고 잔혹한 사람이며, 흉포하고 잔혹한 사람은 인의의 가치에 반한 사람이기 때문에 천하의 보편적 가치인 人性을 위반한 사람이다. 보편적인 인성을 위반한 사람은 천하 사람을 배반한 필부에 불과하다. 그렇기 때문에 '단지 천하 사람과 격리된 필부를 주살하였다는 말은 들었어도 신하가 군주를 시해하였다는 말은 듣지 못하였다'고 한 것이다.

맹자의 주장은 결코 궤변이 아니라 군신간의 정치 문제에 대한 유가철학의 기본 입장이 바로 도덕가치에 있음을 밝힌 것이다. 유가철학에서 탕왕과 무왕이 행한 혁명의 가치를 긍정한 것은 막힌 정치의 현실에 하나의 생기를 주고자 함이다. 선양이 이상적이지만 이는 군주와 신하가 모두 현자이어야 한다는 전제가 있다. 걸주 같은 폭군이 정치를 하면 탕왕과 무왕은 하늘과 민심을 받들어 그들을 정벌하고 천하를 평정해야 한다. 혹자는 유가철학에서 전제군주제를 옹호하였다고 주장하는데, 이는 유가의 정치철학에 대한 오해이다.

12. 정벌의 원칙(征伐之道)

제나라가 연나라를 쳐서 이겼다. 선왕이 물어 말하기를, "혹자는 과인에게 (연나라를) 취하지 말라고 하고, 혹자는 (연나라를) 취하라고 합니다. 만승의 나라가 만승의 나라를 쳐서 50일[25]만에 굴복시켰으니 사람의 힘만으로는 이렇게 되지 않을 것이다. (연나라를) 취하지 않으면 반드시 하늘의 재앙이 있을 것 같은데, 취하는 것이 어떻겠습니까?" 맹자가 대답하여 말하기를, "(연나라를) 취하려고 하는데, 연나라 백성들이 기뻐한다면 취하십시요. 옛 사람 중에

---

25) 순(旬)은 10일이다. — 옮긴이 주.

그렇게 한 사람이 있었는데, 무왕이 바로 그랬습니다. 취하려고 하는데 연나라 백성이 기뻐하지 않는다면 취하지 마십시요. 옛 사람 중에 그렇게 한 사람이 있었는데, 문왕이 바로 그랬습니다. 만승의 나라가 만승의 나라를 치는데, (적국의 백성이) 대나무 그릇에 밥을 담고 주전자에 국을 담아 왕의 군대를 환영한 것에 어찌 다른 이유가 있겠습니까? 물과 불의 재난[26]을 피하고자 함입니다. 만일 물의 재난이 더욱 깊어지고, 불의 재난이 더욱 뜨거워진다면 역시 다른 데로 돌아갈 따름입니다."

齊人伐燕勝之. 宣王問曰: "或謂寡人勿取, 或謂寡人取之. 以萬乘之國, 伐萬乘之國, 五旬而舉之, 人力不至於此. 不取必有天殃①, 取之何如?" 孟子對曰: "取之而燕民悅則取之. 古之人有行之者, 武王是也. 取之而燕民不悅, 則勿取. 古之人. 有行之者 文王是也. 以萬乘之國, 伐萬乘之國, 簞食壺漿以迎王師, 豈有他②哉? 避水火也. 如水益深, 如火益熱, 亦運③而已矣."〈梁惠王 上 10〉

◁주 해▷

① 天殃 : 하늘이 내리는 재앙.
② 他 : 다른 원인.
③ 運 : 바꾸다.

◀해 설▶

탕왕과 무왕이 걸왕과 주왕을 정벌한 원인은 걸과 주의 실정에 있다. 맹자가 탕왕과 무왕의 정벌에 대하여 가치를 긍정한 근거가 바로 그것이다. 그러나 탕무와 오패의 차이는 혼동하기 쉽다. 때문에 맹자는 탕무의 혁명과 오패의 차이를 '몸소 노력하여 실천한 것(身之)'과 '仁義의 가치를 빌린 것(假之)'으로 구별하였다. 탕무와 오패 사이에는 반드시 분명한 분계가 있어야 하고, 그것을 결정할 수 있는 표준이 있어야 한다. 그렇다면 분계와 표준은 무엇인가?

---

26) 물과 불의 재난은 폭정을 의미한다. ― 옮긴이 주.

요임금이 순에게 선양한 표준은 '하늘이 내리고', '하늘이 받아들임'에 있지만, '하늘의 받아들임'은 '백성의 받아들임'으로 결정한다. 다시 말하면 탕무혁명의 표준은 바로 민심의 수용 여부에 달려 있다. 그렇지 않다면 탕무의 정벌과 오패의 정벌 사이에 아무런 차별이 없게 된다.

제선왕은 연나라에 내분이 발생하자, 그 틈을 이용하여 공격을 감행하여 연나라 군대를 대파시켰다. 제선왕은 맹자에게 '혹자는 이 기회에 연나라를 아예 제나라의 영토에 병합시키라고 주장하기도 하고, 혹자는 연나라를 빼앗지 말라고 하기도 합니다. 그러나 내가 생각하기에 연나라와 제나라는 모두 만승의 대국인데, 50일 만에 연나라 군대를 격파하였으니 인력만으로는 이렇게 할 수 없었을 것입니다. 아마 하늘이 그렇게 안배한 것 같은데, 만일 하늘의 뜻이 제나라로 하여금 연나라를 통치하는 것에 있다면, 우리가 하늘의 명령을 받들어 이행하지 않을 때 아마 하늘은 필시 우리에게 재앙을 내릴 것입니다. 그렇다면 연나라를 병합시키는 것이 어떻습니까'하고 물었다.

맹자는 '하늘이 주고'·'하늘이 받아들임'을 '사람이 주고'·'사람이 받아들임'으로 전환하여 대답하였다. 연나라를 취할 것인가? 아니면 취하지 않을 것인가? 그 결정권은 바로 연나라 백성에 달려 있다. 만일 제나라가 연나라를 병합시키려고 할 때 연나라 백성이 기뻐하면 빼앗고, 연나라 백성이 기뻐하지 않으면 빼앗지 말라. 연나라를 병합시키려고 할 때 연나라 백성들이 진심으로 기뻐하는 것은 바로 병합시키려고 하는 목적이 연나라 백성을 폭정으로부터 구제하려는 데 있기 때문이다. 이것이 바로 덕으로써 仁을 실천하는 것이다. 만일 연나라 백성들이 자신의 왕이 행한 폭정으로부터 탈출하고 싶으면 자발적으로 침략군에 밥과 국을 내어 주면서 환영할 것이다. 이것이 바로 '仁者는 적이 없다'는 말의 진정한 의미이다. 그렇지 않다면 연나라를 빼앗으려고 할 때 연나라 백성들이 결코 좋아하지 않을 것이다. 왜냐하면 상대방 행동의 목적이 폭정으로부터 자신들을 구제하려는 것이 아니라 단지 영토의 확장에 있기 때문이라고 생각하기 때문이다. 이것이 바로 仁義를 가장한 패도의 행태이다. 이러한 패자의 정책은 연나라 백성들에게 틀림없이 간파되어 그들의 저항을 불러올 것이다.

이러한 역사적 사실을 볼 때 상대방 백성들이 기뻐하면 빼앗은 무왕의 혁명과 상대방 백성들이 기뻐하지 않으면 빼앗지 않은 문왕의 태도는 분명 仁政이라고 할 수 있다. 백성이 기뻐하는 것은 백성이 받아들였음을 의미하고, 백성이 기뻐하지 않는 것은 백성이 받아들이지 않음을 의미한다. 백성이 받아들이지 않으면 하늘도 받아들이지 않는다. 맹자는 이러한 논리로써 연나라 백성들이 기뻐하지 않는데도 연나라를 병합하려고 하는 제선왕의 야심을 질책하고 있다. 즉, 연나라를 병합하지 않는 행동에 하늘의 재앙이 따르는 것이 아니라, 연나라 백성들이 기뻐하지 않는데도 병합하려고 하는 제선왕의 행동에 하늘의 재앙이 따른다는 것이다. 이로써 보면 하늘의 뜻은 군주가 결정하는 것이 아니라 백성의 마음이 결정함을 알 수 있다.

13. 어찌 싸울 필요가 있겠는가?(焉用戰)

맹자가 말하기를, "어떤 사람이 '나는 진법에 능하고, 나는 전쟁을 잘한다'고 말한다면 큰 죄를 짓는 것이다. 국가의 군주가 仁을 좋아하면 천하에 대적할 사람이 없다. 남쪽을 정벌하려고 하면 북쪽의 이민족이 원망한다. 동쪽을 정벌하려고 하면 서쪽의 이민족이 원망하면서 '왜 우리를 뒤로 놓는가'라고 한다. 무왕이 은을 정벌할 때 혁차 3백량과 용맹한 군사가 3천명이었다. 왕은 '두려워 말라. 너희를 안정시키려고 하는 것이지 백성들과 대적하려는 것이 아니다'라고 말하였다. (그러자 백성들은) 무너지는 것처럼 머리를 조아렸다. 정(征)은 바로잡는다는 뜻이다. 각자가 바로잡으려고 하는데 전쟁을 동원할 필요가 있겠는가?"

孟子曰 : "有人曰 : '我善爲陳①, 我善爲戰,' 大罪也. 國君好仁, 天下無敵焉. 南面而征, 北狄怨. 東面而征, 西夷怨, 曰 : '奚爲後我②?' 武王之伐殷也, 革車三百兩③, 虎賁④三千人. 王曰 : '無畏, 寧爾⑤也, 非敵百姓也.' 若崩厥角⑥稽首. 征之爲言正也. 各欲正己也, 焉用戰."〈盡心 下 4〉

◁ 주 해 ▷

① 陳 : 진(陣)과 동일하다. 즉, 진을 치다.
② 奚爲後我 : 해(奚)는 '어찌'의 뜻이고, 후(後)는 동사로 사용된다. 즉 '왜 우

리를 먼저 폭정으로부터 구해 주지 않고 후에 구해 주는가?'

③ 兩 : 량(輛)과 동일하다. 전차 수를 세는 양사.

④ 虎賁 : 용맹한 무사.

⑤ 寧爾 : 영(寧)은 동사로서 '안정시키다'로 해석해야 한다.

⑥ 厥角 : 이곳에서 궐(厥)은 '조아리다'로 해석해야 한다. 궐각(厥角)은 '머리를 조아리다'의 뜻이다.

◀해 설▶

전국시대는 무력을 경쟁하는 시기였기 때문에 진법에 능하고 작전을 잘 짜는 병가학자들이 새로운 영웅으로 떠올랐으며, 시대의 총아로 대접받았다. 그러나 맹자는 전쟁의 작전에 능하고 살육을 일삼는 병가 무리들의 행위를 대죄악이라고 비평하였다.

맹자가 이처럼 병가의 무리들을 혹독하게 비평한 것은 이들이 당시의 군주들로 하여금 오로지 무력만을 맹신케 하여 인의로써 천하를 다스리는 왕도정치 이념을 혼란스럽게 하였기 때문이다. 사실 군주가 인의를 좋아하면 천하에는 대적할 만한 사람이 없다. 왜 仁者는 적이 없는가? 그것은 仁者가 영원히 인의라는 도덕 편에 서 있고, 또 백성들 편에 서 있기 때문이다. 무왕이 주왕을 정벌할 때 병차 3백량과 용맹한 무사 3천명을 동원하였을 뿐이다. 그러나 은의 주왕을 정벌할 수 있었던 것은 무력이 아니라 바로 '두려워하지 말아라. 나는 너희들의 가정을 안정시키려고 군대를 동원한 것이지 너희들과 대적하기 위하여 전쟁을 일으킨 것이 아니다'라는 백성에 대한 선포이다. 백성과 대적하지 않는 것이 바로 '仁者에게 적이 없다'의 실질적인 의미이다. '仁者는 적이 없다'는 천하의 제후에 대한 말이 아니라 천하의 백성에 대한 말이다. 적이 없게 하는 역량은 바로 인의의 도덕에 있지 결코 무력에 있지 않다. 이것이 바로 덕으로써 백성을 감화시키는 것이다. 인의의 기치를 내걸었기 때문에 무왕의 군대가 은에 도착하자마자 은의 백성들이 몰려 나와 머리를 조아리면서 무왕의 군대를 환영한 것이다.

맹자는 이곳에서 정벌의 의미를 도덕으로 해석한다. 정(征)은 '천하를 올바르게 잡는다'의 의미이다. 모든 사람이 각자 자기를 바로잡으려고 하면 그 생명은 장엄한 가치를 갖게 되기 때문에 정의를 내건 군대가 도착하면 마음속으로부터 기쁨이 우러나와 싸울 필요가 없다는 것이다.

이처럼 정의로운 군대가 남쪽을 정벌하려고 하면 북쪽의 이민족이 '왜 우리를 그들보다 뒤에 구해 주는가' 하고 원망하고, 동쪽을 정벌하려고 하면 서쪽의 이민족이 마찬가지로 원망한다. 불합리한 상황에 처한 백성들에게 仁을 좋아하는 군대가 도착하여 그들의 가정과 국가를 안정시키려고 하기 때문에 마음속으로 정의로운 군대가 빨리 도착하기를 간절히 바라는 것이다. 천하의 군주가 항상 백성들의 편에 서 있으면 전쟁을 동원하여 싸울 필요가 없을 것이다. 비록 무왕이 병차 3백량과 용맹한 무사 3천명을 동원하였지만 무왕은 무력으로써 주왕의 군대를 무너뜨리려고 하지 않고 인의의 도덕으로써 천하 백성들의 민심을 얻으려고 하였기 때문에 백성들의 열렬한 환영을 받은 것이다. '仁者에게는 적이 없다'는 바로 仁者가 백성들과 적대관계를 형성하려고 하지 않기 때문이다.

14. 다른 나라와 교류하는 원칙과 방법(交隣國有道)

제선왕이 물어 말하기를, "이웃나라와 교류하는 데 원칙이 있습니까?" 맹자가 대답하여 말하기를, "있습니다. 오로지 仁者만이 큰 나라로써 작은 나라를 섬길 수 있으니, 탕왕은 갈나라를 섬겼고, 문왕은 혼이를 섬겼습니다. 오로지 지혜로운 자만이 작은 나라로써 큰 나라를 섬길 수 있으니, 태왕[27]은 훈육을 섬겼고, 구천은 오나라를 섬겼습니다. 큰 나라로써 작은 나라를 섬기는 자는 하늘의 뜻을 즐기는 사람입니다. 작은 나라로써 큰 나라를 섬기는 것은 하늘의 뜻을 두려워하는 사람입니다. 하늘의 뜻을 즐기면 천하를 보존할 수 있습니다. 하늘의 뜻을 두려워하는 자는 그 나라를 보존할 수 있습니다. 《시경》에서는 '하늘의 위엄을 두려워해야 한다. 그렇게 해야만 나라를 보존할 수 있다'고 하였습니다." 왕이 말하기를, "훌륭한 말씀입니다! 과인은 한 가지 결점을 가지고 있는데, 과인은 용맹을 좋아합니다." (맹자가) 대답하여 말하기를, "왕께서는 자그마한 용맹를 좋아하지 말아야 합니다. 칼을 잡고서 사나운 눈

---

27) 고공 단보(亶父)를 지칭한다. — 옮긴이 주.

초리로 (상대방을) 노려보면서 '저 자가 어찌 나를 당해낼 수 있겠는가' 하고 (스스로) 말한다면 그것은 필부의 용기이며, 단지 한 사람을 대적하는 것에 불과합니다. 왕께서는 (용맹을) 크게 부리시기 바랍니다.《시경》에는 '왕께서 크게 성을 내고서 군대를 정돈하여 거나라로 가는 (밀나라 군대를) 막았으며, 주나라의 복지를 두텁게 하여 천하 만민의 바람에 보답하였다'고 하였습니다. 이것이 문왕의 용맹함입니다. 문왕은 한번 성을 내어 천하의 백성들을 편안하게 해 주었습니다.《서경》에는 '하늘이 사람들을 땅에다 내려 놓고, 그들을 위하여 군주를 세웠고, 그들을 위하여 스승을 세웠으며, (군주이면서 스승인) 그가 하늘을 도와 (하늘이 내려 놓은 백성을) 교화하고 보살핀다. 사방에 죄가 있고 죄가 없는 것은 오로지 내(군주)가 결정하니 천하 사람들이 어떻게 자신의 본심에 위배되는 일을 할 수 있겠는가'라고 하였습니다. 한 사람이 천하에 함부로 행동하는 것을 무왕은 싫어하였으니, 이것이 무왕의 용맹입니다. 무왕도 한번 성을 내어 천하 백성을 편안하게 하였습니다. 이제 왕께서도 한번 성을 내어 천하 백성을 편안하게 해 준다면 백성들은 왕께서 용맹함을 좋아하지 않을까봐 걱정할 것입니다."

齊宣王問曰:"交隣國有道乎?"孟子對曰:"有. 惟仁者爲能以大事小, 是故湯事葛, 文王事昆夷①. 惟智者爲能以小事大, 故大王事獯鬻②, 句踐事吳. 以大事小者, 樂天者也. 以小事大者, 畏天者也. 樂天者, 保天下. 畏天者, 保其國. 詩云:'畏天之威, 于時③保之.'"王曰:"大哉言矣! 寡人有疾, 寡人好勇."對曰:"王請無好小勇. 夫撫劍疾視④, 曰:'彼惡敢當我哉!'此匹夫之勇, 敵一人者也. 王請大之. 詩云:'王赫斯⑤怒, 爰整其旅⑥, 以遏徂莒⑦, 以篤周祜⑧, 以對于天下⑨.'此文王之勇也. 文王一怒而安天下之民. 書曰: '天降下民, 作之君, 作之師⑩, 惟曰其助上帝, 寵之⑪. 四方有罪無罪惟我在⑫, 天下曷敢有越厥志⑬?'一人衡行⑭於天下, 武王恥之, 此武王之勇也. 而武王亦一怒而安天下之民. 今王亦一怒而安天下之民, 民惟恐王之不好勇也."〈梁惠王 下 3〉

◁ 주 해 ▷

① 昆夷 : 혼이(混夷)라고도 한다. 중국 고대 서부의 변경 민족이다.

② 獫鬻 : 훈육(薰育)이라고도 한다. 당시 북쪽의 이민족이다.

③ 于時 : 시(時)는 시(是)와 같은 의미이다. 어시(于時)는 '이리하여'의 뜻이다.

④ 疾視 : 눈을 부릅뜨고서 사나운 논초리로 노려본다.

⑤ 赫斯 : 성난 얼굴.

⑥ 爰整其旅 : 원(爰)은 어조사로서 '그래서'의 뜻이기 때문에 '그리하여 군대를 정돈하다'로 해석해야 한다.

⑦ 以遏徂莒 : 알(遏)은 '멈추다' 혹은 '막다'이고, 조(徂)는 '나아가다'(往)의 뜻이다. 즉, 거나라로 향하는 군대를 막다.[28]

⑧ 以篤周祜 : 독(篤)은 '두텁다'이고, 호(祜)는 복지를 의미하기 때문에 '주나라 복지를 더욱 두텁게 하다'로 해석해야 한다.

⑨ 以對于天下 : 천하 사람이 바라는 마음에 답하였다.

⑩ 作之君, 作之師 : 지(之)는 '하늘이 땅에 내려 놓은 사람' 즉 앞 구절의 하민(下民)을 가리킨다. 즉, 하늘이 사람을 땅에 내려 놓고 그들을 위하여 군주를 세워 그들을 다스리게 하였고, 스승을 세워 그들을 가르치게 하였다. 작(作)은 동사로 사용되고, 앞 구절의 강(降)처럼 창생의 의미를 갖고 있다.

⑪ 其助上帝, 寵之 : 기(其)는 군주와 스승을 가리킨다. 군주와 스승은 하늘의 대변인이다. 총지(寵之)는 '군주와 스승이 하늘을 대신하여 하늘이 내려 놓은 백성을 교화하고, 보실핀다'는 뜻이다..

⑫ 四方有罪無罪惟我在 : 당시는 정교일치(政敎一致) 시대였다. 따라서 사방에 죄가 있어 토벌해야 할 자와 죄가 없어 보호해야 할 사람은 모두 내가 관찰하여 결정한다. 나(我)는 군주이면서 스승인 자이다.

⑬ 天下曷敢有越厥志 : 갈(曷)은 '어떻게'이고, 월(越)은 '벗어나다'의 뜻이다. 궐(厥)은 기(其)와 같은 뜻으로 천하 사람을 지칭한다. 즉, 천하에 어찌 자신의 뜻에 벗어나는 일이 생기겠는가?

⑭ 衡行 : 횡행(橫行)과 같은 뜻으로, '사사로운 욕망을 채우기 위하여 함부로 행동하다'라는 의미이다.

◀ 해 설 ▶

제선왕은 맹자에게 다른 나라와의 외교 원칙과 방법에 관하여 물었다. 맹자의 정치사상은 내외 두 방면으로 나누어 설명할 수 있다. 안으로는 仁政이고,

---

28) 문왕이 군대를 파견하여 밀(密)나라의 군대가 거(莒)나라로 전진하는 것을 막다. ─ 옮긴이 주.

밖으로는 왕도정치이다. 그러나 양자의 내용은 동일하다. 왕도정치는 반드시 仁政으로부터 발현되기 때문에 '仁者에게는 적이 없다'는 '왕도정치를 시행하는 사람에게는 적이 없다'와 동일하다. 맹자의 말을 듣고서 제선왕은 틀림없이 곤혹스러웠을 것이다. 안으로 인의를 강조하면 아마 상하 모두 평안할 수 있겠지만, 밖으로도 인의를 내세우면 어떻게 천하의 패자가 될 수 있으며, 자신의 욕망을 달성할 수 있겠는가? 이것이 바로 제선왕을 곤혹스럽게 만든 문제의 핵심이다. 맹자는 제선왕의 질문에 대하여 외교술로 대답하지 않았고, 또 부국강병을 이룰 수 있는 내정 측면으로도 대답하지 않았다. 맹자는 仁과 智로부터 제선왕의 질문에 대답하였다. 제후국들 간에는 국토가 큰 나라도 있고 작은 나라도 있으며, 또 백성이 많은 나라도 있고, 백성이 적은 나라도 있으며, 군대가 강한 나라도 있고 군대가 약한 나라도 있다. 국토가 넓고 백성이 많으며 군대가 강하면 대국이고, 그렇지 않으면 소국이다. 따라서 외교에는 큰 나라와 교류하는 방법과 원칙이 있고, 작은 나라와 교류하는 원칙과 방법이 있다. 이것이 바로 맹자가 말한 '큰 나라로써 작은 나라를 섬기는 것이고, 작은 나라로써 큰 나라를 섬기는 것'이다. 만일 큰 나라로써 작은 나라를 괴롭히고, 작은 나라로써 큰 나라에 대적하면 반드시 전쟁이 발생할 수밖에 없는데, 이는 국가를 보존하는 방법도 아니고, 천하를 보존하는 방법도 아니다.

　대국의 입장에서 소국과 평화로운 관계를 유지하려면 仁者의 마음으로써 작은 나라를 감싸 주어야 한다. 작은 나라로써 큰 나라와 큰탈 없이 교류하려면 지혜로운 방법으로써 그 나라를 보존해야 한다. 이는 역사에 기록되어 있는 사실이다. 은나라의 탕왕은 갈나라를 감싸 주었고, 문왕은 혼이를 감싸 주었는데, 이 모두 큰 나라로써 작은 나라를 섬긴 원칙과 방법이다. 또 태왕은 훈육과 지혜롭게 지냈으며, 월의 구천 역시 오의 부차와 지혜롭게 교류하였다. 이것이 바로 작은 나로써 큰 나라를 섬기는 원칙과 방법이다. 큰 나라로써 작은 나라를 섬기는 것은 仁者의 태도이다. 이들은 천도를 즐긴다. 작은 나라로써 큰 나라를 섬기는 것은 智者의 태도이다. 이들은 천도를 두려워한다. 천도를 즐기는 사람은 덕으로써 仁을 실천하는 사람이다. 즉, 힘으로써 타인을 굴복시키려고 하지 않고 작은 나라를 존중함으로써 그들로 하여금 의혹이 들지 않게 한다. 이것이 바로 천하를 보존하는 방법이다. 천도를 두려워하는 사람은 큰 나라와 적대관계를 형성하지 않는다. 이것이 바로 그 나라를 보존할 수 있는 방법이다. 맹자는 《시경》〈주송(周訟) 아장(我將)〉의 "하늘의 위엄을 두려워해야 한다. 그렇게 해야만 나라를 보존할 수 있다"를 인용하여 '천도의 권위를 존중해야만 너 자신을 올바르게 보존할 수 있음'을 강조하였다.

'큰 나라로써 작은 나라를 섬기고, 작은 나라로써 큰 나라를 섬긴다'에서 사(事)는 '상대방을 존중한다'는 의미이다. 다시 말하면 작은 나라를 괴롭혀 그들의 비분(悲憤)을 일으키지 않고, 큰 나라의 의심을 일으켜 그들을 불안하게 하지 않는다는 것이다. 이러한 원칙이 큰 나라와 작은 나라에 관계 없이 서로 평안한 생활을 유지할 수 있는 유일한 길이다. 평화를 유지하는 것은 仁의 실현이다. 仁者는 자연스럽게 仁에 안주하고, 智者는 지혜를 이용하여 仁을 이롭게 한다. 이 두 가지는 모두 仁으로 실현되는데, 이것이 바로 이웃나라와 교류하는 원칙이며 방법이다. 만일 전쟁이라는 방법을 이용하여 상호간에 쟁탈한다면 이는 원칙도 아니고 방법이라고도 할 수 없다. 원칙과 방법은 仁과 智를 근거로 수립된다.

제선왕은 맹자의 대답을 듣고서 크게 실망했을 것이다. 본래는 맹자에게서 부국강병을 이루어 천하의 패자가 될 수 있는 방법을 듣고자 했는데, 뜻밖에도 큰 나라인 제나라가 작은 나라를 섬기라는 대답을 들으니 궁색하게 '당신의 말은 참으로 훌륭하다. 그러나 나는 용맹을 좋아하는 결점이 있기 때문에 당신이 제시한 방법을 따르기 어려울 것 같다'고 반문하였다.

맹자는 제선왕의 의도를 이미 간파하고 있었기 때문에 바로 그 자리에서 '용맹을 좋아하는 원칙'을 들어 제선왕을 깨우쳐 주었다. 맹자는 생명을 대체와 소체로 분류하였다. 본심양지는 대체에 속하고, 이목구비의 감각기관은 소체에 해당한다. 사람은 이 세상에 태어나 마땅히 대체를 먼저 올바르게 세우고서 본심양지를 배양해야 한다. 그 다음 대체로써 소체를 배양해야 하는데, 이것이 바로 양기(養氣)공부이다. 마음으로써 氣를 배양하고, 대체로써 소체를 배양해야 하며, 도덕으로써 혈기생명을 배양하는 것이 바로 큰 용기이며, 도덕적인 용기이다. 만일 생명이 혈기로부터 직접 발산되어 칼을 잡고 상대방을 무섭게 노려보면서 '네가 감히 나를 대적할 수 있는냐' 하고 소리친다면 이는 작은 용기에 불과하다. 맹자는 제선왕의 용맹을 작은 용맹으로 폄하하였다. 때문에 제선왕에게 용맹을 크게 사용하라고 권고한 것이다.

문왕과 무왕처럼 한번 노하여 천하를 안정시키는 것이 바로 큰 용맹이다.

성냄은 큰 용맹의 표현이고, 천하의 안정은 큰 용맹을 표현하는 목적이다. 만일 개인의 입신양명만을 노린 것이라면 이는 필부의 용맹이다. 필부는 오로지 자기의 욕망만을 알 뿐 천하 백성의 소망을 알지 못한다. 그렇기 때문에 오로지 한 사람만 대적할 수 있을 뿐 천하 백성은 안정시킬 수 없다고 한 것이다. 문왕은 작은 나라를 보호하기 위하여 군대를 파견하여 다른 나라의 군대를 막았으며, 주왕실의 복지를 굳건히 함으로써 천하 백성들의 요구에 보답하였다. 무왕은 은의 주왕이 천하의 질서를 어지럽히자 이를 매우 부끄럽게 생각하여 군대를 일으켜 주왕을 토벌하였다. 문왕과 무왕은 모두 한번 노하여 천하를 안정시켰는데, 이것이 바로 큰 용맹의 표현이다. 즉, 천하 백성의 화복(禍福)과 안위(安危)를 자신의 책임으로 삼은 것이다. 이렇게 된다면 천하 백성들은 당신의 용맹을 반대하지 않을 것이며, 오히려 당신이 용맹함을 표현하지 않을까봐 걱정할 것이다.

　仁者는 仁을 편하게 여기기 때문에 큰 나라로써 작은 나라를 섬길 수 있고, 智者는 仁을 이롭게 하기 때문에 작은 나라로써 큰 나라를 섬길 수 있다. 이 모두 평화라는 이상을 실현하기 위함이다. 부득이하게 용맹을 표현하려면 한번 노하여 천하 백성을 편안하게 해야 한다. 그리고 반드시 仁政과 왕도정치로 회귀해야 한다.

　이 장에서는 이웃나라와 교류하는 원칙과 방법을 설명하면서 먼저 仁을, 다음에 智를, 마지막으로 勇을 제시하였다. 이로부터 삼자 중에서 어느 하나라도 부족해서는 안 된다.

15. 백성들을 편안하게 해 주어야 진정한 왕자가 될 수 있다(保民而王)

　제선왕이 말하기를, "제환공과 진문공의 일에 관하여 들어 볼 수 있겠습니까?" 맹자가 대답하여 말하기를, "중니의 제자들 중에는 환공과 문공의 일에 관하여 말하는 사람이 없었기 때문에 후세에 (환공과 문공에 관한 일이) 전해지지 않았고, 저도 아직 들어 보지 못했습니다. (저와의 대화를) 그만두지 않으시려거든 진정한 왕자의 도에 관하여 논의하는 것이 어떻겠습니까?" (제선왕이) 말하기를, "덕이 어떠해야만 왕자라고 할 수 있습니까?" (맹자가) 말하기를,

"백성을 편안하게 해 주고서 왕노릇을 하면 무엇으로도 제지할 수 없습니다." (제선왕이) 말하기를, "과인 같은 사람도 백성을 편안하게 해 줄 수 있습니까?" (맹자가) 말하기를, "할 수 있습니다." (제선왕이) 말하기를, "무엇을 근거로 내가 할 수 있다는 것을 압니까?" (맹자가) 말하기를, "내가 호흘에게 이런 말을 들었습니다. '왕께서 대청에 앉아 있을 때 소를 끌고 대청 아래로 지나가는 사람이 있었는데, 왕께서 보고서 소는 어디로 가느냐고 묻자 (소를 끌고 가던 사람) 종에다 피를 바르는 제사에 쓰려고 한다고 대답하자, 왕께서 그 소를 죽이지 마라. 나는 (소가) 두려워하는 모습이 마치 아무 죄 없이 사지로 끌려가는 것 같아 차마 보지 못하겠다고 말하자, (소를 끌고 가던 사람) 그렇다면 종에 피를 바르는 의식을 그만둡니까 하고 묻자, 왕께서는 어떻게 없앨 수 있겠는가? 양으로 대체하라고 하셨다'는데, 그런 일이 있었습니까?" (제선왕이) 말하기를, "있었습니다." (맹자가 말하기를), "그러한 마음이면 진정한 왕자가 되기에 충분합니다. 백성들은 모두 왕께서 소가 아까워서 (양으로 대체하라고 하였다고) 생각하지만 나는 왕께서 (그 모습을) 차마 볼 수 없었기 때문에 (양으로 대체하도록 한 것으로) 알고 있습니다." 제선왕이 말하기를, "그렇습니다. 정말로 백성들 중에 (나를) 비난한 사람이 있었습니다. 제나라가 비록 작은 나라이지만 내 어찌 소 한 마리를 아까워하겠습니까? 나는 두려워하는 모습이 마치 아무 죄없이 사지로 끌려가는 것 같아 차마 볼 수 없었기 때문에 양으로 바꾸라고 한 것입니다." (맹자가) 말하기를, "왕께서는 백성들이 왕이 소를 아까워하였다고 (비난한 것을) 이상하게 생각하지 마십시오. 작은 것으로써 큰 것을 바꾸었으니 저들이 어찌 (왕의 진심을) 알 수 있겠습니까? 왕께서 아무 죄 없이 사지로 끌려가는 모습을 측은하게 여겼다면 소와 양에 어떤 차별이 있겠습니까?" 왕이 웃으면서 말하기를, "그 마음은 도대체 어떤 마음이었겠습니까? 나는 그 재물을 아까워한 것이 아니었는데도 양으로 바꾸라고 하였습니다. 백성들이 나보고 아까워하였다는 비평이 마땅합니다." (맹자가) 말하기를, "마음 상할 것 없습니다. 이것이 바로 仁을 펼치는 방법입니다. 소는 보았고, 양은 보지 않았기 때문입니다. 군자는 금수에 대해서도 그것이 살아 있는 모습을 보고서는 그것들이 죽는 것을 차마 보지 못합니다. (짐승들이 죽을 때 지르는) 소리를 듣고서는 차마 그 고기를 먹지 못합니다. 그렇기 때문에 군자는 푸줏간을 멀리합니다." 왕이 기뻐하면서 말하기를, "《시경》에서 '다른 사람 마음속의 생각을 나는 헤아려 안다'고 하였는데, 선생을 두고 한 말 같습니다. 내가 그렇게 해놓고서 (왜 그렇게 하였는가)하고 돌이켜보았는데도 내 마음을 알지 못하였는데, 선생께서 말을 하자 내 마음에 느낌이 옵니다. 이러한 마음이 왕자가 되는 데 합당한 까닭은 무엇입니까?" (맹자가) 말하기를, "어떤 사람이 왕께 '내 힘은 백균의 무게를 들기에는 충분하지만 새털 하나를 들기에는 부족하고, 가느다란 짐승의 털끝을 살피기에는 충분하지만 수레에 실은 땔나무는 보이지 않는다'고 말하면 왕께서는 믿으시겠습니까?" 왕이 말하기를, "안 믿습니다." (맹자가 말하기를), "이제 (군주의) 은혜가 금수에게까지 족히 미쳤는데, 그 공이 백성에 이르지 않는 것은 무엇 때문입니까? 새털 하나를 들 수 없는 것은 힘을 쓰지 않았기 때문입니다. 수레에 실려진 땔나무가 보이지 않은 것은 그 밝은 시력을 쓰지 않았기 때문입니다. 백성들이 편안함을 받지 못한 것은 (군주가) 은혜를 베풀지 않았기 때문입니다. 그러므로 왕께서 진정한 왕자의 노릇을 하지 못하는 것은 하지 않는 것이지 할 수 없어서가 아닙니다." (제선왕이) 말하기를, "하지 않는 것과 할 수 없는 것의 내용은 어떻게 다릅니까?" (맹자가) 말하기를, "태산을 끼고서 북해를 뛰어넘는 일을 사람들에게 '나는 할 수 없다'고 말한다면 그것은 정말로 할 수 없는 일입니다. 어른을 위하여 팔다리를 주물러 주는 일을 사람들에게 '나는 할 수 없다'고 말한다면 이는 하지 않는 것이지 할 수 없어서가 아닙니다. 그러므로 왕께서 진정한 왕자 노릇을 하지 못하는 것은 태산을 끼고서 북해를 뛰어넘는 일과 같은 것이 아닙니다. 왕께서 진정한 왕자노릇을 하지 않는 것은 팔다리를 주무르는 일과 같이 (할 수 있는) 일입니다. 내 노인을 공경하여 그 공경의 마음을 다른 노인에게까지 미치게 하고, 내 아이를 사랑하여 그 사랑의 마음을 다른 아이에게까지 미치게 하면 천하를 손바닥에 올려 놓고 움직이는 것처럼 쉽게 다스릴 수 있습니다. 《시경》에서는 '처에게 올바르게 대해 주고, (그 마음을) 형제에게까지 미치게 하며 가정과 국가를 다스린다'고 하였습니다. (이는) 이 마음을 들어 저들에게 적용한 것에 불과합니다. 그러므로 은혜를 널리 펼쳐 나가면 사해를 족히 보존할 수 있습니다. 은혜를 널리 펼치지 못하면 처자마저도 보호할 수 없습니다. 옛 사람[29]들이 남보다 뛰어난 까닭은 다른 것이 아

---

29) 옛 성현을 지칭한다. ― 옮긴이 주.

니라 하고자 하는 바를 잘 펼쳐 나갔을 뿐입니다. 이제 은혜가 금수에게까지 족히 미쳤는데도 그 공이 백성에게까지 이르지 않는 것은 어찌된 까닭입니까? (저울로 무게를) 달아 본 후에야 경중을 알 수 있습니다. (길이를) 재어 본 후에야 장단을 알 수 있습니다. 모든 사물이 그렇지만, (그 중에서도 사람의) 마음은 더욱 그렇습니다. 왕께서도 (마음을) 살펴보십시요. 그런데 왕께서 군대를 일으켜 군사와 신하를 위태롭게 하고, 다른 제후들과 원한을 맺은 후에야 비로소 마음이 통쾌하시겠습니까?" 왕이 말하기를, "아닙니다. 내가 어떻게 그런 것을 통쾌하게 여기겠습니까? 단지 그것으로써 나의 소망을 추구하는 것일 뿐입니다." (맹자가) 말하기를, "왕의 소망을 들어 볼 수 있겠습니까?" 왕이 웃으면서 대답하지 않았다. (맹자가) 말하기를, "살지고 맛있는 음식이 입을 만족시켜 주지 않아서입니까? 가볍고 따뜻한 옷이 몸을 만족시켜 주지 않아서입니까? 아니면 (아름다운) 채색이 눈을 만족시켜 주지 않아서입니까? (아름다운) 소리가 귀를 만족시켜 주지 않아서입니까? 총애하는 측근을 만족스럽게 부릴 수 없어서입니까? 왕의 여러 신하들이 (그런 것들은) 만족스럽게 제공할 수 있으니, 왕께서 어찌 그런 것 때문에 그러시겠습니까?" 왕이 말하기를, "아닙니다. 나는 그런 것들 때문이 아닙니다." (맹자가) 말하기를, "그렇다면 왕께서 소망하는 바를 알 수 있을 것 같습니다. 영토를 넓히고, 진나라와 초나라를 (굴복시켜) 조회를 받고, 중국의 통치자로 군림하면서 사방의 이민족을 다스리고자 함입니다. 이와 같은 방법으로써 이와 같은 소망을 이루고자 함은 마치 나무에 올라가 물고기를 구하는 것과 같습니다." 왕이 말하기를, "그처럼 심하게 황당합니까?" (맹자가) 말하기를, "아마 그보다 더욱 심할 것 같습니다. 나무에 올라가 물고기를 구하면 비록 물고기를 얻지 못할지라도 뒤에 따르는 재앙은 없습니다. 이와 같은 방법으로 이와 같은 소망을 이루고자 함은 마음과 힘을 다하여 하여도 반드시 뒤에 재앙이 따릅니다." (제선왕이) 말하기를, "그 까닭을 들어 볼 수 있습니까?" (맹자가) 말하기를, "추나라와 초나라가 전쟁을 하면 왕께서는 누가 이긴다고 생각하십니까?" (제선왕이) 말하기를, "초나라가 이깁니다." (맹자가) 말하기를, "그렇다면 작은 나라는 근본적으로 큰 나라를 대적할 수 없고, 소수의 병력은 근본적으로 다수의 병력을 대적할 수 없으며, 약한 나라는 강한 나라를 근본적으로 대적할 수 없습니다. 사해 안의 땅에 사방 천리가 되는 나라가 아홉인데, 제나라는

(모든 땅을) 모아야 그 중의 하나일 뿐입니다. 하나로 여덟을 굴복시킨다는 것이 어찌 추나라가 초나라에 대적하는 것과 다르겠습니까? 왜 근본으로 돌아가지 않습니까? 지금 왕께서 仁의 정치를 시작하여 천하의 벼슬하는 사람들로 하여금 모두 왕의 조정에서 일하기를 원하게 하고, 농사짓는 사람들로 하여금 모두 왕의 들판에서 농사짓기를 원하게 하며, 장사하는 사람들로 하여금 모두 왕의 시장에서 (물건을 유통시키기를) 원하게 하고, 여행하는 사람들로 하여금 모두 왕의 길에 가고자 원하게 하며, 자기의 군주를 원망하는 사람들로 하여금 모두 왕에게 달려와 호소하게 만드십시오. 만일 그렇게 된다면 누가 (왕의 소망을) 막을 수 있겠습니까?" 왕이 말하기를, "나는 혼미하여 그 경지까지는 이르지 못합니다. 원하건대 선생께서 나의 뜻을 도와 분명하게 나를 가르쳐 주십시오. 내가 비록 불민하지만 한번 해보도록 노력하겠습니다." (맹자가) 말하기를, "일정한 생활 근거가 없이도 일정한 마음을 가질 수 있는 사람은 오로지 지식인뿐입니다. 일반사람들은 일정한 생활 근거가 없으면, 그로 말미암아 일정한 마음을 가질 수 없게 됩니다. 진실로 일정한 마음이 없게 되면 방탕·편벽·사악·사치 등 못하는 일이 없습니다. 죄악에 빠진 후에 (그들을) 형벌로 다스린다면 그것은 그물을 쳐 놓고 백성들을 잡는 것입니다. 어찌 仁한 사람이 군주의 자리에 있으면서 백성들을 그물로 잡는 일을 할 수 있습니까? 그러므로 현명한 군주는 백성들의 생산활동을 마련해 주어 반드시 그들로 하여금 위로는 넉넉히 부모를 섬길 수 있게 하고, 아래로는 넉넉히 처자를 먹여 살릴 수 있게 합니다. 풍년에는 오랫동안 배불리 먹고, 흉년에는 죽음을 면합니다. 그런 연후에 그들을 선으로 몰아가게 하기 때문에 백성들이 (군주의 인도에) 따르기가 쉽습니다. 지금 백성들의 생산활동을 마련한다는 것이 위로는 부모를 넉넉하게 섬길 수 없고, 아래로는 처자를 넉넉히 먹여 살릴 수 없습니다. 풍년에는 줄곧 몸이 괴롭고, 흉년에는 죽음을 면하지 못합니다. 이렇게 해서는 죽음을 모면하기도 아마 힘이 충분하지 않을텐데, 어찌 한가한 틈이 있어 예의를 수양하겠습니까? 왕께서 (仁政을) 펼쳐 보고자 하면서 왜 근본으로 돌아가지 않습니까? 5묘의 택지에 뽕나무를 심으면 50대 사람들이 비단옷을 입을 수 있습니다. 닭과 새끼돼지 그리고 개와 큰돼지 등의 가축의 번식 시기를 놓치지 않으면 70대 사람들이 고기를 먹을 수 있습니다. 100묘의 밭을 짓는 데 농사지을 시기를 빼앗지 않는다면 8명의 식구가 굶주리지 않을

것입니다. 학교의 가르침을 엄격하게 실시하고, 효도와 우애의 도리를 반복하여 가리친다면 노인이 길에서 (물건을) 이고 지고 다니는 일이 없습니다. 늙은이가 비단옷을 입고 고기를 먹으며, 젊은이들은 굶주리지 않고 추위에 떨지 않으면, 그러고서도 진정한 왕자가 되지 못한 사람은 본 적이 없습니다."

齊宣王問曰: "齊桓晉文之事, 可得聞乎?" 孟子對曰: "仲尼之徒, 無道桓文之事者, 是以後世 無傳焉, 臣未之聞也. 無以①, 則王乎!" 曰: "德何如, 則可以王矣?" 曰: "保②民而王, 莫之能禦也." 曰: "若寡人者, 可以保民乎哉?" 曰: "可." 曰: "何由③知吾可也?" 曰: "臣聞之胡齕[30]曰: '王坐於堂上, 有牽牛而過堂下者. 王見之, 曰: 牛何之④, 對曰: 將以釁鐘⑤, 王曰: 舍之, 吾不忍其觳觫⑥, 若無罪而就死地! 對曰: 然則廢釁鐘與? 曰: 何可廢也? 以羊易⑦之.' 不識有諸⑧?" 曰: "有之." 曰: "是心足以王矣. 百姓皆以王爲愛⑨也, 臣固知王之不忍也." 王曰: "然! 誠有百姓者. 齊國雖褊⑩小, 吾何愛一牛? 卽不忍其觳觫, 若無罪而就死地, 故以羊易之也!" 曰: "王無異⑪於百姓之以王爲愛也. 以小易大, 彼惡知之? 王若隱⑫其無罪而就死地, 則牛羊何擇⑬焉?" 王笑曰: "是誠何心哉? 我非愛其財, 而易之以羊也. 宜乎百姓之謂我愛也!" 曰: "無傷也, 是乃仁術也. 見牛未見羊也. 君子之於禽獸也, 見其生, 不忍見其死. 聞其聲, 不忍食其肉. 是以君子遠⑭庖廚也." 王說曰: "詩⑮云, '他人有心, 予忖度⑯之,' 夫子之謂也. 夫我乃行之, 反而求之, 不得吾心, 夫子言之, 於我心有戚戚焉⑰. 此心之所以合於主者, 何也?" 曰: "有復⑱於王者曰: '吾力足以擧百鈞⑲, 而不足以擧一羽. 明足以察秋毫之末⑳, 而不見輿薪,' 則王許㉑之乎?" 曰: "否!" "今恩足以及禽獸, 而功不至於百姓者, 獨何與? 然則一羽之不擧, 爲不用力焉. 輿薪之不見, 爲不用明焉. 百姓之不見保[31], 爲不用恩焉. 故王之不王, 不爲也, 非不能也." 曰: "不爲者與不能者之形㉒, 何以異?" 曰: "挾太山以超北海, 語人曰: '我不能', 是誠不能也. 爲長者折枝㉓, 語人曰: '我不能', 是不爲也, 非不能也. 故王之不王, 非挾太山以超北海之類也. 王之不王, 是折枝之類也. 老吾老, 以及人之老,

---

30) 제선왕의 측근으로서 맹자와 관계가 돈독했던 사람이다. ─ 옮긴이 주.

31) 견(見)은 피동사로 쓰이기 때문에 견보(見保)는 '편안함을 받다'로 해석해야 한다. ─ 옮긴이 주.

幼吾幼, 以及人之幼, 天下可運於掌㉔. 詩㉕云: '刑㉖于寡妻³²⁾, 至于兄弟,
以御㉗于家邦.' 言擧斯心, 加諸彼而已. 故推恩, 足以保四海. 不推恩, 無以
保妻子. 古之人所以大過人者, 無他焉, 善推其所爲而已矣. 今恩足以及禽獸,
而功不至於百姓者, 獨何與? 權, 然後知輕重. 度, 然後知長短. 物皆然, 心爲
甚. 王請度之! 抑㉘王興甲兵, 危士臣, 構㉙怨於諸侯, 然後快於心與?" 王
曰: "否, 吾何快於是! 將以求吾所大欲㉚也." 曰: "王之所大欲, 可得聞
與?" 王笑而不言. 曰: "爲肥甘不足於口與? 輕煖不足於體與? 抑爲采色不
足視於目與? 聲音不足聽於耳與? 便嬖㉛不足使令於前與? 王之諸臣, 皆足
以供之, 而王豈爲是哉?" 曰: "否, 吾不爲是也!" 曰: "然則王之所大欲, 可
知已. 欲辟土地, 朝㉜秦楚, 莅㉝中國, 而撫四夷也. 以若所爲, 求若所欲, 猶
緣木而求魚㉞也." 王曰: "若是其甚與!" 曰: "殆有甚焉! 緣木求魚, 雖不得
魚, 無後災. 以若所爲, 求若所欲, 盡心力而爲之, 後必有災." 曰: "可得聞
與?" 曰: "鄒人與楚人戰, 則王以爲孰勝?" 曰: "楚人勝." 曰: "然則小固不
可以敵大, 寡固不可以敵衆, 弱固不可以敵强. 海內之地, 方千里者九, 齊集
有其一㉟. 以一服八, 何以異於鄒敵楚哉? 蓋亦反其本㊱矣. 今王發政施仁,
使天下仕者皆欲立於王之朝, 耕者皆欲耕於王之野, 商賈皆欲藏於王之市, 行
旅皆欲出於王之塗, 天下之欲疾㊲其君者, 皆欲赴愬㊳於王. 其如是, 孰能禦
之?" 王曰: "吾惛, 不能進於是矣. 願夫子輔吾志, 明以敎我. 我雖不敏, 請
嘗試之." 曰: "無恒産㊴而有恒心者, 惟士爲能. 若㊵民, 則㊶無恒産, 因無
恒心. 苟無恒心, 放辟邪侈, 無不爲已. 及陷於罪, 然後從而刑之, 是罔民㊷
也. 焉有仁人在位, 罔民而可爲也? 是故明君制㊸民之産, 必使仰足以事父
母, 俯足以畜妻子. 樂歲終身飽, 凶年免於死亡. 然後驅而之善, 故民之從之
也輕㊹. 今也, 制民之産, 仰不足以事父母, 俯不足以畜妻子. 樂歲終身苦, 凶
年不免於死亡. 此惟救死而恐不贍㊺, 奚暇㊻治禮義哉? 王欲行之, 則盍㊼反
其本矣. 五畝之宅, 樹之以桑, 五十者可以衣帛矣. 雞豚狗彘之畜, 無失其時,
七十者可以食肉矣. 百畝之田, 勿奪其時, 八口之家, 可以無飢矣. 謹庠序之
敎, 申㊽之以孝悌之義, 頒白者㊾不負戴於道路矣. 老者衣帛食肉, 黎民㊿不
飢不寒, 然而不王者, 未之有也."〈梁惠王 上 7〉

---

32) 과처(寡妻)는 '덕이 없는 처'라는 뜻이지만, 이곳에서는 자기의 처를 겸손하게 표현한 말
이다. ―옮긴이 주.

◁주 해▷

① 無以 : 이(以)는 '그만두다'의 이(已)와 같은 의미이다. 따라서 무이(無以)는 '그만둘 수 없다'로 해석해야 한다.

② 保 : '편안하다'의 뜻이다.

③ 何由 : '무엇을 근거로'의 뜻으로, 유하(由何)의 도치문이다.

④ 之 : '나아가다'의 왕(往)과 같은 의미이다.

⑤ 釁鐘 : 낙성식 때 올리는 제사를 흔(釁)이라고 한다. 국가에서 중요한 기물을 제작하여 종묘에 안치하고 처음 사용하려고 할 때 소를 잡아 제물로 바친다.

⑥ 觳觫 : 소가 도살장으로 끌려갈 때 두려워하는 모습.

⑦ 易 : 대체하다.

⑧ 有諸 : 저(諸)는 지호(之乎)가 합해진 말이기 때문에 유저(有諸)는 '있었습니까'로 해석해야 한다.

⑨ 愛 : 아까워하다.

⑩ 褊 : 작다.

⑪ 異 : '이상하게 여기다' 혹은 '뜻밖으로 여기다'의 뜻이다.

⑫ 隱 : 측은하게 여기다.

⑬ 何擇 : 무슨 차별이 있겠습니까?

⑭ 遠 : 동사로 사용되어 '멀리하다'의 의미이다.

⑮ 詩 : 《시경》〈소아(小雅) 교언(巧言)〉편.

⑯ 忖度 : 남의 마음을 헤아려 알다.

⑰ 戚戚焉 : '감동을 받다' 혹은 '동일한 느낌을 받다'의 뜻이다.

⑱ 復 : 아뢰다.

⑲ 鈞 : 1균은 30근이다.

⑳ 秋毫之末 : 가을이 되면 짐승의 털끝이 가늘고 예리하게 변한다. 이는 '너무 미소하여 보기 어렵다'는 의미이다.

㉑ 許 : 믿다.

㉒ 形 : 사정 혹은 내용.

㉓ 折枝 : 주자는 '어른의 명령을 받아 초목의 가지를 꺾는 것으로 어렵지 않음을 말한 것'[33]이라고 주석하였다.[34]

---

33) "以長者之命, 折草木之枝, 言不難也."

34) 주자는 절지를 '어렵지 않음'으로 해석하였고, 조기는 절지를 팔다리를 주무르는 안마로 해석하였다. 문장의 앞뒤를 고려할 때 조기의 해석이 적절하다. 비록 저자는 주자의 해석

㉔ 運於掌 : '손바닥에 올려 놓고 움직인다'는 것으로 매우 쉽다는 의미이다.

㉕ 詩 : 《시경》〈대아(大雅) 사제(思齊)〉편.

㉖ 刑 : 표준 혹은 모범의 의미이다.

㉗ 御 : 미루어 나가다.

㉘ 抑 : 그렇지만.

㉙ 構 : 원한 등을 맺다.

㉚ 大欲 : 가장 큰 바람.

㉛ 便嬖 : 총애하는 측근.

㉜ 朝 : 타동사로 쓰인다. 즉, (초나라와 진나라의) 조회를 받다.

㉝ 莅 : 통치자로 군림하다.

㉞ 緣木而求魚 : 나무에 올라가 물고기를 구하다. 즉, 목적과 방법이 서로 일치하지 않음을 의미한다.

㉟ 齊集有其一 : 제나라가 여러 작은 나라를 병합하여도 그 면적이 천리(千里)로서 천하의 9분의 1에 불과하다.

㊱ 蓋亦反其本 : 개(蓋)는 합(盍), 즉, '어찌 하지 않는가'의 뜻이다. 즉, 어찌 근본으로 돌아가지 않는가?

㊲ 疾 : '미워하다' 혹은 '원망하다'의 뜻이다.

㊳ 愬 : '알리다' 혹은 '하소연하다'의 의미이다.

㊴ 恒産 : 일정한 생활 근거, 혹은 직업.

㊵ 若 : 문장을 바꿀 때 사용하는 전어사로 쓰인다.

㊶ 則 : 만일.

㊷ 罔民 : 망(罔)은 그물(網)과 같은 의미로 쓰인다. 망민(罔民)은 '사람들이 보지 못하는 곳에 그물을 쳐놓고 잡는다'로 해석해야 한다.

㊸ 制 : '제도를 정립하다' 혹은 '마련해 주다'의 의미이다.

㊹ 輕 : 쉽다.

㊺ 贍 : '충분하다' 혹은 '넉넉하다'의 의미이다.

㊻ 奚暇 : '어디 틈이 있어서' 혹은 '어디 한가한 시간이 있어서'의 의미이다.

㊼ 盍 : 하불(何不), 즉 '어찌 ……하지 않는가?'

㊽ 申 : 반복하여 가르치다.

㊾ 頒白者 : 흰머리가 반이나 섞인 사람, 즉 노인을 가리킨다.

㊿ 黎民 : 머리가 검은 사람으로서, 노인을 제외한 젊은이를 가리킨다.

을 취하였지만 옮긴이는 조기의 해석에 따라 이 문장을 번역하였다. — 옮긴이 주.

◀ 해 설 ▶

양혜왕은 맹자를 만나자마자 자기 나라를 이롭게 할 수 있는 방법에 관하여 물었다. 제선왕 역시 맹자를 보자마자 바로 '제환공과 진문공의 패업에 관한 것을 말해 줄 수 있느냐'고 물었는데, 그 의도는 양혜왕과 같다. 맹자는 양혜왕에 대해서는 의리지변으로써 대답하였고, 제선왕에게는 왕패지변으로 대답하였다. 제선왕은 비록 웃으면서 자신의 최대 소망을 밝히지는 않았지만, 그의 최대 소망이 천하의 패자가 되는 것이라는 점은 불문가지(不問可知)이다. 사실 공리를 중시하는 사람은 반드시 힘으로써 타인을 굴복시키려는 패도를 내세운다. 양혜왕과 제선왕은 맹자 당시의 패도주의에 속하는 대표적인 인물이다. 그러나 당시에는 모든 사람이 공리만을 추구하였기 때문에 그 시대를 패도의 천하라고 할 수 있다. 때문에 맹자는 仁義로써 왕도주의를 적극 펼치려고 한 것이다.

제선왕이 패업을 극력 주장하려고 하자 맹자는 '공자의 제자들 중에는 어느 누구도 제환공과 진문공의 패업에 관하여 논의한 적이 없다. 때문에 그들에 관한 기록이 전해지지 않고 있으며, 나 역시 들어 본 적이 없다. 만일 당신이 나와의 대화를 계속하고 싶다면 천하의 왕도주의를 논의하자'고 하면서 패도주의에 대한 반대 입장을 분명히 하였다. 제선왕 역시 패도는 힘을 근거로 하고, 왕도는 덕을 근거로 함을 알고 있기 때문에 맹자의 왕도주의에 대하여 새로운 문제를 제기하였다. 즉, '어떻게 도덕수양을 해야만 천하의 왕자가 될 수 있습니까?' 이에 맹자는 '천하 백성들의 생명을 보호하고, 그들의 생활을 안정시켜 주면 천하에 어떤 사람도 당신의 사업을 저지하지 않을 것이다'라고 대답하였다. 그러자 제선왕이 '나 같은 사람도 백성을 편안하게 해줄 수 있습니까'하고 묻자 맹자는 '할 수 있다'고 대답하였다. 제선왕은 바로 '어떻게 내가 할 수 있음을 긍정하는가'라고 반문하였다.

맹자철학에서 치도관(治道觀)은 왕패지변이고, 가치관은 의리지별이다. 맹자의 치도관이 왕도를 존중하고 패도를 천시하는 이유는 왕도가 仁義를 실현하고, 패도가 공리만을 고려하기 때문이다. 제선왕은 맹자에게 '무엇을 근거로 나도 할 수 있음을 긍정하느냐'고 물었다. 이는 보편성에 관한 문제로서 모든 사람이 자신에게 스스로 물어 볼 수 있다. 덕행은 천하를 통일할 수 있는 왕도정치를 완성할 수 있지만, 문제는 어떻게 자신이 덕행으로써 그것을 완성할 수 있음을 알 수 있느냐는 것이다. 이는 덕행의 가능성 문제와 아울러 그 근본이 어디에 있느냐에 관한 문제이다. 유가에 의하면 덕행의 근원은 덕성에 있기 때문에 근본 문제는 인성론에 속한다. 맹자의 인성론은 인금지변에 나타나 있다. 어떻게 나는 가능한가? 그 이유는 내가 짐승이 아니고 사람이라는 데 있다. 나에게는 양지와 양능이 있기 때문에 선과 악을 판별할 수 있다. '사람의 본성이 선하다'는 것은 선행과 덕행의 가능성에 대한 확신이다. 인성은 선행과 덕행의 내적인 근원이다. 이러한 선은 내 마음의 측은지심을 통하여 드러나고, 또 불안하고 차마 할 수 없는 마음을 통하여 나타난다. 이러한 마음은 현실의 상황에 따라 좌우되지 않고 모든 명리도 움직일 수 없으니 덕행의 초월적인 근거라고 할 수 있다. 덕행은 외적인 것이고, 마음 즉 덕성은 내적인 것이다. 덕성은 덕행의 내적인 근원이다. 덕성의 마음은 자신이 주재자이기 때문에 시간과 공간을 초월하여 모든 생명의 활동을 결정한다. 또 현실의 모든 명리에 초월해 있으면서 이를 주재한다. 때문에 덕성을 덕행의 초월적 근거라고 하는 것이다.

성선의 性은 바로 사람이 진정한 사람으로 존재할 수 있는 근거이다. 성선의 性은 시간과 공간을 초월하여 발현하기 때문에 발현하는 그곳에서 인성의 가치를 자각하여 간직해야 한다. 만일 수시로 드러나는 본심을 간직하지 못하고 그냥 사라지게 하면 도덕심은 생명의 주재자로 군림할 수 없다. 때문에 유가철학에서는 한편으로는 인문예악의 교양과 도야를 통하여 본심양지를 수시로 자연스럽게 드러나게 하며, 다른 한편으로는 본심양지가 드러나는 그 순간에 본심양지의 가치를 긍정하고 정립한다. 이것이 자신을 돌이켜보고 반성하여 증명하는 역각체증(逆覺體證)이고, 또 먼저 그 대체를 올바르게 세우는 선립기대(先立其大)이며, 도덕심을 배양하는 양심(養心)이다. 왜 역각체증이라고 하는가? 이른바 역각이라는 말에는 두 가지 의미가 포함되어 있다. 양지의 드러남은 일종의 자각이다. 내 마음이 이 양지의 드러남을 자각한다. 이는 자신이 자신을 뒤돌아보고 자각하는 것이기 때문에 역각이라고 한다. 또 내 마음은 외물과 교접하면서 외물에 이끌려 잃어버릴 수도 있다. 이것이 바로 방심(放心)이라는 것이다. 방심은 다가오는 외물에 이끌려 외물과 함께 가버리는 것이다. 이 때 역각은 자신의 마음이 외물과 수평관계를 이루지 않고 외물의 위에서 외물의 가치를 판단하고 주재하는 것을 의미한다. 역각에 포함되어 있는 의미는 개념의 분석을 통하여 얻을 수 있는 지식이 아니라 구체적인 생명의 수양을 통하여 깨달을 수 있는 것이다. 때문에 체증(體證)이라고 한 것이다.

제선왕이 '무엇을 근거로 내가 가능하다는 것을 압니까' 하고 묻자 맹자는 제선왕의 생명으로부터 솟아 나오는 양심의 발현을 예로 들어 제선왕 역시 가능성을 충분히 갖고 있음을 깨우쳐 주고 있다. 맹자는 제선왕의 다음과 같은 이야기를 들은 적이 있다고 하였다. 제선왕이 예전에 대청에 앉아 있을 때 어떤 사람이 소를 끌고 대청 아래로 가는 상황을 목격했다. 제선왕은 그 소가 새로 만든 종에 피를 바르는 제사에 쓰이는 것이라는 것을 알고서 그 사람에게 '그 소를 놓아 주어라. 나는 그 소가 아무 죄 없이 사지로 끌려가면서 두려움에 떠는 모습을 눈 뜨고는 볼 수 없다'고 하였다. 그러나 문제는 새로 만든 종에 피를 바르는 의식을 없앨 수 없다는 점이다. 제선왕은 다른 양 한 마리로 대체하게 하였다.

맹자는 이러한 제선왕의 불인불안(不忍不安)의 마음으로부터 덕행으로써 천하 통일을 할 수 있는 가능성을 확인하였다. 소가 죽는 모습을 차마 보지 못하는 마음은 분명히 측은한 仁心의 유출이다. 그러나 양으로 소를 대체한 것에 대하여 오해할 수 있다. 즉, 제선왕이 인색하여 작은 양으로 큰 소를 대체했다는 것이다. 왜냐하면 소가 아무 죄 없이 끌려가는 모습을 보고 마음이 아팠다면 아무 죄 없이 죽어야 하는 양에 대해서도 측은한 마음을 느껴야 하기 때문이다. 제선왕은 순간적으로 '왜 자신이 그런 마음을 표현하였는가' 또 '그 때의 마음은 어떤 마음이었는가'에 관해서 알 수 없었다. 그러나 자신이 인색하여 그런 것이 아니라는 것만은 분명한 사실이다.

맹자는 제선왕을 감싸고 있는 이욕의 마음이 제거되면 자신 스스로 仁心의 존재와 그 가치를 파악할 수 있을 것이라고 확신하였다. 즉, 양으로써 소를 대체한 것은 소의 죽어가는 모습을 차마 볼 수 없었기 때문이고, 또 종에 피를 바르는 의식을 없앨 수 없었기 때문이었다. 때문에 백성들이 오해해도 크게 신경을 쓸 필요가 없다. 仁心의 발용은 본래 당시의 상황에 따라 다르게 나타난다. 양으로써 소를 바꾼 것은 소가 비싸고 양이 값싸기 때문이 아니라 소는 보았고 양은 아직 보지 못했기 때문이다. 즉, 제선왕의 양지의 감응 대상은 눈앞의 소이지 멀리 있는 양이 아니다. 소의 살아 있는 모습을 보았기 때문에 소의 죽는 모습을 차마 볼 수 없었던 것이다. 마찬가지로 슬피 우는 소리를 듣고서는 그 짐승의 고기를 차마 먹을 수 없다. 이것이 바로 군자가 푸줏간을 멀리하는 까닭이다.

맹자가 제선왕의 행위에 대하여 적극 동정하고, 제선왕의 仁術을 긍정하자, 제선왕은 감동한 나머지 자기도 모르게 맹자와 같은 느낌을 갖게 되었다. 맹자는 제선왕의 仁心과 仁術을 긍정한 후에 다시 말을 돌려 제선왕의 행위 중의 부족한 면을 깨우쳐 주었다. 제선왕의 부족은 바로 '금수에게는 측은한 마음을 느끼는데, 그 마음을 백성에게 미루어 실현하지 않는 것'이다. 유가에서는 친친인민애물(親親仁民愛物)을 강조한다. 실천의 순서를 보면 친친이 먼저이고, 그 다음이 인민이며, 마지막이 애물이다. 이 순서로 보면 천하만민을 편안하게 해 주지 못하는 것은 '할 수 없음'이 아니라 '하지 않음'임을 알 수 있다. 왜냐하면 애물도 실현하였는데, 인민을 실현하지 못한다는 것은 이해하기 어렵다. 부모형제를 사랑하는 마음을 미루어 다른 사람을 사랑하는 것이고, 다른 사람을 사랑하는 마음을 미루어 만물을 사랑하는 것이다. 이처럼 부모형제를 사랑하는 仁心을 미루어 仁政을 펼치면 천하 백성들은 모두 당신의 국가에 모여 당신의 교화를 받으려고 할 것이다. 이 때 사해를 편안하게 할 수 있고, 천하 백성을 안정시킬 수 있다.

인정을 실천하는 길은 둘이다. 하나는 가르치는 것이고, 다른 하나는 생업에 편안하게 종사하게 해 주는 것이다. 그러나 중요성을 말하자면 가르침이 근본이지만, 실천의 순서는 먼저 편안하게 생업에 종사하도록 해 주어야 한다. 왜 그런가? 일정한 생활 근거 없이도 마음이 변하지 않을 수 있는 사람은 인생의 진정한 도를 추구하는 지식인뿐이다. 일반백성들은 일정한 생활 근거가 없으면 한결같은 마음을 유지할 수 없다. 마음이 불안하면 어떤 나쁜 일도 거침없이 하게 된다. 그들이 범죄를 저지른 후에 그들을 잡아 형벌로 다스린다면 이는 그물을 미리 쳐 놓고 백성을 잡는 것과 마찬가지이다. 때문에 백성을 편안하게 해 주려는 군주는 먼저 백성들을 위하여 산업을 진흥하고, 그들로 하여금 부모 봉양과 처자 부양을 충분하게 하여, 풍년이 들면 항상 배가 부르고, 흉년에는 굶어 죽지 않고, 추위에 떨지 않게 한 후에 예악으로써 그들을 유혹한다면 당신의 인도에 잘 따를 것이다.

맹자의 지적에 의하면 많은 군주들이 백성을 위하여 산업을 계획하지만 그들의 농번기를 빼앗아 부모 봉양과 처자 부양을 충분치 못하게 하여, 풍년이 들면 어렵게 생활하고, 흉년이 들면 굶어 죽게 한다. 이렇게 된다면 자신의 생명마저도 유지하기 힘드는데, 무슨 여유가 있어 예악을 배운단 말인가?

그러므로 맹자는 인정과 교화는 백성을 부양하는 기본으로부터 시작해야 함을 강조하였다. 집안마다 5묘의 택지에 뽕나무를 심으면 50대의 사람들이 비단옷을 입을 수 있고, 그들로 하여금 닭이나 돼지, 개 등을 기르게 하여 번식시키면 70대가 되어서도 고기를 먹을 수 있다. 집안마다 100묘가 되는 땅에 씨앗을 파종하여 경작하게 하면 한 집안 8명의 식구가 배고픔을 걱정하지 않게 된다.

그리고 맹자는 부양으로부터 교육의 중요성을 강조한다. 백성들을 배부르게 한 후 학교를 세우고 사람의 도리를 반복하여 가르치면 길에서 물건을 이고 지고 다니는 노인이 없게 된다. 노인들은 배부르게 먹고, 가볍고 따뜻한 옷을 입으며, 아이들은 배를 굶주리지 않고, 추위에 떨지 않는다. 이러한 仁政을 펼치는데, 천하 사람들이 그 사람에게로 돌아가지 않는 경우는 아직 들어 보지 못했다.

맹자의 인정과 왕도 원칙은 '먼저 배부르게 하고 교육하는' 공자의 교화론을 계승한 것이다. 의식주를 풍족하게 한 후에 신뢰를 갖게 하는 치도의 원칙은 결코 이상세계의 일이 아니다. 단지 전국시대와 같이 혼란한 시대의 백성들에게만 마치 무릉도원처럼 아득하게 보이는 세계일 것이다. 맹자는 양혜왕과 제선왕에게 그가 추구하는 이상적인 농촌 건설을 강조하였으나 양혜왕과 제선왕은 패업에 빠져 단지 공리만을 추구하였기 때문에 유가의 인정 왕도정치 사상은 세상에 전해지지 않게 되었다.

16. 왕도정치의 시작(王道之始)

양혜왕이 말하기를, "과인은 나라를 (다스림에 있어) 온 마음을 다할 뿐입니다. 하내에 흉년이 들면 (하내의) 젊은이들을 하동으로 옮기고, (하동의) 곡식을 (하내의 노인들을 먹여 살리기 위해) 하내로 옮겼습니다. 하동에 흉년이 들면 같은 방법으로 (하동 사람들을) 구제하였습니다. 이웃 나라의 정치를 살펴보면 과인처럼 마음을 쓰는 사람이 없는데도 이웃 나라 백성들은 줄어들지 않고, 과인의 나라 백성은 더 늘어나지 않는데, 왜 그런가요?" 맹자가 대답하여 말하기를, "왕께서 전쟁을 좋아하시니까 전쟁을 비유로 삼아 (대답)하겠습니다. 둥둥 북을 울리고, 병장기의 칼날이 서로 부딪치자 갑옷을 버리고 병장기를 끌고서 도망을 가는데, 어떤 사람은 백 걸음을 도망치다가 멈추고, 어떤 사람은 오십 걸음을 도망치다가 멈추었습니다. 오십 걸음 도망치다가 멈춘 사람이 백 걸음 도망친 사람을 (겁쟁이라고) 비웃는다면 어떻겠습니까?" (양혜왕이) 말하기를, "안 되지요. 단지 백 걸음을 도망치지 않았을 뿐 그것 역시 도망친 것입니다." (맹자가) 말하기를, "왕께서 그러한 도리를 아신다면 이웃 나라보다 백성이 많아지기를 바라지 마십시요." (맹자가 말하기를) "농사철을 놓치지 않으면 곡식은 이루 다 먹을 수 없게 됩니다. 빽빽하게 짠 그물을 연못과 웅덩이에 넣지 않으면 물고기와 자라를 이루 다 먹을 수 없게 됩니다. 도끼를 제때에 산림에 넣는다면 재목을 이루 다 사용할 수 없게 됩니다. 곡식과 물고기 · 자라를 이루 다 먹을 수 없게 되고, 재목을 이루 다 사용할 수 없게 되면 산 사람을 부양하고 죽은 사람을 장사지내는 데 불만이 없습니다. 산 사람을 부양하고 죽은 사람을 장사지내는 데 불만이 없게 하는 것이 바로 왕도의 시작입니다." (맹자가 말하기를), "5묘의 택지에 뽕나무를 심으면 50대 사람들이 비단옷을 입을 수 있습니다. 닭과 새끼돼지 그리고 개와 큰돼지 등의 가축의 번식시기를 놓치지 않으면 70대 사람들이 고기를 먹을 수 있습니다. 100묘의 밭을 짓는데 농사지을 시기를 빼앗지 않는다면 여러 명의 식구가 굶주리지 않을 것입니다. 학교의 가르침을 엄격하게 실시하고, 효도와 우애의 도리를 반복하여 가리친다면 노인이 길에서 (물건을) 이고 지고 다니는 일이 없습니다. 70대의 늙은이가 비단옷을 입고 고기를 먹으며, 젊은이들은 굶주리지 않고 추위에 떨지 않게 하고서도 진정한 왕자가 되지 못한 사람은 본 적이 없습니다." (맹자가 말하기를), "(권문세가의) 개와 돼지가 백성들이 먹을 곡식을 먹어도 제재하지 못하고,[35] 길에 굶어 죽은 시체가 있어도 (창고를 열어 비축해 두었던 곡식

---

35) 이 구절에 대하여 다른 해석도 있다. 검(檢)을 '제재하다'로 해석하지 않고 '조절하다'로 해석하는 경우이다. 만일 '조절하다'로 해석하면 다음과 같은 의미를 가질 것이다. 즉 '풍년이 들어 곡식이 너무 흔해져 개나 돼지도 사람이 먹는 곡식을 먹게 된다. 곡식 사용을

을) 방출할 줄 모르면서, 사람이 죽어나면 '내가 (정치를 잘못)한 것이 아니라 흉년 때문이다'라고 말한다면 이는 사람을 찔러 죽이고서도 '내가 한 것이 아니라 무기가 그렇게 한 것이다'라고 한 것과 무엇이 다릅니까? 왕께서 (왕의 잘못을) 흉년 때문이라고 탓하지 않으시면 천하의 백성들이 몰려들게 될 것입니다."

梁惠王曰: "寡人之於國也, 盡心焉耳矣! 河內凶①, 則移其民於河東, 移其粟於河內. 河東凶, 亦然. 察隣國之政, 無如寡人之用心者, 隣國之民不加少②, 寡人之民不加多, 何也?" 孟子對曰: "王好戰, 請以戰喻. 塡然③鼓之, 兵刃旣接, 棄甲曳兵④而走⑤, 或百步而後止, 或五十步而後止. 以五十步笑百步, 則何如?" 曰: "不可. 直⑥不百步耳, 是亦走也." 曰: "王如知此, 則無望民之多於隣國也." "不違農時, 穀不可勝⑦食也. 數罟⑧不入洿池⑨, 魚鼈不可勝食也. 斧斤⑩以時⑪入山林, 材木不可勝用也. 穀與魚鼈不可勝食, 材木不可勝用, 是使民養生喪死無憾⑫也. 養生喪死無憾, 王道之始也." "五畝之宅, 樹之以桑, 五十者可以衣帛矣. 鷄豚狗彘之畜, 無失其時, 七十者可以食肉矣. 百畝之田, 勿奪其時, 數口之家可以無飢矣. 謹庠序之敎, 申之以孝悌之義, 頒白者不負戴於道路矣. 七十者衣帛食肉, 黎民不飢不寒, 然而不王者, 未之有也." "狗彘食人食而不知檢⑬, 塗有餓莩⑭而不知發⑮, 人死則曰: '非我也, 歲也,' 是何異於刺人而殺之, 曰: '非我也, 兵也.' 王無⑯罪歲, 斯天下之民至焉."〈梁惠王 上3〉

◁ 주 해 ▷

① 凶 : 작황이 좋지 않다. 즉, 흉년이 들다.
② 加少 : 감소하다.
③ 塡然 : 둥둥 울리는 북소리.
④ 兵 : 병장기.
⑤ 走 : 도망가다.

조절할 줄 모르면 농민은 마찬가지로 고생을 하게 된다. 이 때 흉년에 대비하여 국가에서 일정 양을 사들여 비축하여야만 곡식 가격이 안정되어 농민이 그 혜택을 누릴 수 있다.' 그러나 뒷구절을 보면 굶어 죽는 비유가 나오는데, 앞구절은 풍요로움을 나타내는 것이기 때문에 앞뒤가 서로 어울리지 않는다. ─옮긴이 주.

⑥ 直 : 단지.

⑦ 勝 : 다하다.

⑧ 數罟 : 촉(數)은 '빽빽하다'의 뜻이고, 고(罟)는 그물이다. 촉고는 빽빽하게
   짠 그물을 가리킨다.

⑨ 洿池 : 오(洿)는 '깊다'의 의미이다. 오지는 깊은 연못과 웅덩이를 가리킨다.

⑩ 斧斤 : 부(斧)와 근(斤)은 모두 벌목할 때 쓰는 도구이다.[36]

⑪ 時 : 《예기》〈왕제(王制)〉편에 "초목의 잎이 떨어진 후에 산림에 들어가야 한
   다(草木零落, 然後入山林)"고 기록되어 있다. 이는 나무의 벌목에는 일정한 시
   기가 있음을 뜻한다.

⑫ 憾 : 불만.

⑬ 檢 : 제재하다.

⑭ 莩 : 굶어 죽은 시체.

⑮ 發 : 창고를 열어 비축해 두었던 곡식을 방출하다.

⑯ 無 : '하지 마라'의 毋와 동일한 의미이다.

◀해 설▶

당시는 사회의 가치가 해체되고 붕괴되는 시대였다. 맹자는 천하를 구제한
다는 생각으로 먼저 의리지별을 제시하여 가치론을 확립하였고, 다음에 왕패
지분을 제시하여 정치론을 확립하고자 하였다. 의리지별은 인의의 도덕가치
를 기초로 한다. 왕패지분은 인의의 도덕으로써 왕도질서를 다시 세우는 것이
다. 당시에 패자는 제나라와 위나라였다. 위나라의 군주인 양혜왕은 본래 진
(晉)나라에서 분리된 한나라와 조나라를 통일하여 패업을 이루고자 하였으나,
한과 조를 어찌할 수 없었다. 이 때 제나라가 그 배후를 공격하여 두 차례나
위나라를 패퇴시켰다. 한번은 계릉(桂陵)의 전투이고, 또 한번은 마릉(馬陵)의
전투이다. 또 진(秦)나라가 그 틈새를 노리고 하서(河西) 지방을 차지하였다.
이처럼 제나라와 진나라에게 패했기 때문에 양혜왕은 맹자를 만나자마자 어
떻게 하면 제와 진으로부터 당한 패배를 설욕할 수 있을 것인가에 관하여 물
었던 것이다. 양혜왕의 패업이 좌절되고 제나라와 자웅을 겨루게 되었다. 제
나라는 선왕 때 이르러 세력이 더욱 강해져 위나라를 대신하여 패업을 도모하

---

36) 그 중에서 斧는 날이 세로인 도끼이고, 斤은 날이 가로인 도끼이다. ─ 옮긴이 주.

였다. 북쪽으로 연(燕)나라를 멸망시키자 각국들이 불안해하였지만 제나라는 감히 연나라를 제나라 땅으로 병합시키지는 못하였다. 때문에 제선왕이 맹자에게 '연나라를 취하는 것이 어떻겠습니까' 하고 물었던 것이다. 맹자는 당시에 가장 강한 힘을 소유한 두 패왕을 대면하고서 그들에게 오로지 인의만을 강조하였을 뿐 결코 공리에 대해서는 논의하지 않았고, 또 왕도만을 강조하였을 뿐 패도에 대해서는 언급하지 않았다. 양혜왕에 대해서는 '왕도정치의 시작(王道之始)'을 강조하였고, 제선왕에 대해서는 '백성들을 편안하게 해 주어야 진정한 왕자가 될 수 있음(保民而王)'을 강조하였다. 또 두 사람에 대해서 모두 농촌 건설을 통하여 백성을 부양하고, 백성을 가르치는 仁政을 펼 것을 주장하였다. 왜냐하면 제나라와 위나라가 계속 자웅을 겨룰 경우 천하는 편안한 날이 없을 것이기 때문에 인정과 왕도정치의 도리를 줄곧 강조한 것이다.

양혜왕은 맹자의 주장에 대하여 매우 깊은 의구심을 갖고 있었다. 그는 '나는 내 나라의 백성을 위하여 진심진력하여 정치를 한다고 생각한다. 만일 하내 지방이 흉년이 들면 하내 지방의 젊은이들을 하동으로 옮겨와 살게 하고, 하동 지방의 양식을 하내 지방으로 보내 그곳의 노인들을 부양한다. 또 하동 지방에 기근이 들면 마찬가지 방법으로 구제한다. 그러나 주변국을 살펴보면 어떤 나라도 나처럼 주도면밀하게 백성을 위한 정치를 하지 않는데, 그들의 백성이 줄어들지 않고, 내 나라 백성들이 증가하지 않는 이유가 무엇인가?'

이는 양혜왕이 '인정을 펼치면 천하의 백성이 몰려든다'는 맹자의 주장에 대하여 반박한 것이다. 그의 생각대로라면 그는 진심진력하여 백성을 돌보았기 때문에 자기 나라의 백성은 증가되고, 다른 나라의 백성은 줄어들어야 한다. 그런데 왜 자기 나라의 백성은 증가하지 않고, 다른 나라의 백성은 감소하지 않는가? 맹자는 제후가 보배로 삼아야 할 것으로 토지와 백성 그리고 정치를 들었다.[37] 당시는 "덕이 있으면 곧 사람이 있고, 사람이 있으면 국토가 있으며, 국토가 있으면 곧 재화가 있고, 재화가 있으면 곧 국가를 운영하는 데 경비로 사용할 수 있는"[38] 시대였다. 백성은 농부이기 때문에 땅을 경작할 수 있고, 전시에는 군사로 쓸 수 있다. 이것이 바로 국토를 보존할 수 있는 방법

---

37) "諸侯之寶三, 土地·人民·政事."〈盡心 下 28〉
38) "有德此有人, 有人此有土, 有土此有財, 有財此有用."《大學》전문 10장

이다. 또 생산을 조절하고 학교를 지어 엄격한 교육을 실시하는 것이 바로 정치로써 인정을 펼치는 것이다. 맹자는 인정이 바로 인구를 증가시킬 수 있는 유일한 방법이고, 또 인정의 실제적인 운용을 통하여 부국강병을 이룰 수 있음을 강조하였다. 다시 말하면 맹자는 인구증가와 부국강병의 대안으로서 공리를 선택하지 않았다.

양혜왕의 질문에 대하여 맹자는 전쟁을 비유로 들어 대답하였다. 둥둥 북소리가 나자 병사들이 날카로운 창끝을 서로 부딪치기 시작하자 갑옷과 병기를 버리고 도망치는 자들이 있었다. 어떤 자는 오십 걸음 도망치다가 멈추었고, 어떤 자는 백 걸음 도망치다가 멈추었다. 그런데 오십 걸음 도망치다가 멈춘 사람이 백 걸음 도망치다가 멈춘 사람을 보고서 겁쟁이라고 비웃는 것에 대하여 왕께서는 어떻게 생각하느냐고 물었다. 양혜왕은 단호하게 안 된다고 말하였다. 단지 백 걸음을 도망치지 않았을 뿐 도망친 사실은 동일하기 때문이다. 맹자는 이 비유를 통하여 양혜왕을 깨우쳐 주었다. 양혜왕이 비록 다른 나라의 군주와 비교하면 백성을 구제하는 정책을 많이 펼쳤다고 할 수 있다. 그러나 양혜왕의 정치는 근본적으로 인정과 왕도정치가 아니기 때문에 양혜왕이 다른 나라 군주를 비평하는 것은 오십 걸음 도망친 사람이 백 걸음 도망친 사람을 비웃는 것과 다를 바 없다는 것이다. 즉, 백성이 증가하지 않는 이유는 인정을 시행하지 않았기 때문이지 덕을 근본으로 한 정치가 백성들의 마음을 감복시키지 못하기 때문이 아니다. 맹자는 인정을 시행해야 한다는 측면에서 왕도정치의 시작을 제시하였다. 백성들의 생활을 보살피면서 그들의 농사철을 빼앗아 전쟁을 벌이지 않는다면 곡식은 다 먹을 수 없을 정도로 풍족할 것이고, 너무 빽빽하게 짜여진 그물을 사용하지 않는다면 물고기도 풍족하게 오랫동안 먹을 수 있으며, 적절한 시기에 따라서 벌목을 한다면 목재도 풍족하게 사용할 수 있다. 곡식과 물고기가 이루 다 먹을 수 없을 정도로 풍족하고, 목재 역시 다 사용할 수 없을 정도로 남아돈다면 백성들은 산 사람을 부양하고 죽은 사람을 장사지냄에 있어 어떤 불만도 갖지 않는다. 이것이 바로 왕도정치의 시작이다. 양혜왕은 백성이 증가하지 않는 근본 원인을 仁心에 의한 보살핌에서 찾지 않고 재난을 구제하는 공리주의 관점에서 찾고 있다. 양혜왕의 견해에 따라 백성을 증가시켜 부국강병을 이룰 수도 있지만, 이는 백성을 부국강병의 도구로 사용한 것에 불과하다. 맹자는 이러한 공리주의적 관점을 민본주의로 전환시켜 정치는 백성을 근본으로 삼아야 하고, 백성을 보호하는 것을 목적으로 삼아야 함을 강조한다. 이러한 공리주의에서 인의로의 전환은 바로 패도정치에서 왕도정치로 전환하는 것이고, 정치와 도덕을 결합시켜 정치를 도덕의 세계로 끌어올리는 것이다.

맹자는 이러한 전환을 이룬 후에 자신의 仁政을 제시한다. 먼저 백성을 부양한 후에 백성을 가르쳐야 한다. 즉, 백성들의 생활을 안정시킨 후에 그들의 품덕을 교화한다. 이러한 국가야말로 당시의 인간정토라고 할 수 있다. 천하대통일의 도리 역시 인정을 실천하는 과정에서 완성될 것이다. 그러나 당시 정치의 현실은 어떤가? 권문세가의 가축들이 백성들의 양식을 먹더라도 제재하지 못하고, 길가에 굶어 죽은 시체가 있는데도 창고를 열어 비축한 곡식을 방출하지 않았다. 백성들이 굶어 죽으면 '내 잘못이 아니다. 단지 흉년이 들었을 뿐이다'라고 말한다면, 이는 창으로 사람을 찔러 죽이고서도 '내가 죽인 것이 아니라 창이 죽였다'라고 말한 것과 무엇이 다른가?

이상의 맹자의 말은 모두 책임정치의 중요성을 강조한 것이다. 즉, 치자의 위치에 있는 사람은 백성을 부양하고 가르쳐야 하는 책임의식을 가져야 한다. 흉년이 들어 백성이 아사(餓死)하였다는 것은 식량준비에 소홀하였음을 의미한다. 즉, 복지정책이 미비된 것이다. 정부가 책임감을 보이지 않으면 백성들도 정부를 신뢰하지 않는다. 재난의 책임을 흉년이나 홍수 등의 외적인 요인으로 돌리지 않고 자신의 책임으로 인식하였을 때 백성들이 비로소 당신에게 돌아오게 될 것이다. 이 때는 왕도정치의 시작이 아니라 왕도정치의 완성이라고 해야 할 것이다.

17. 짐승을 끌어다가 사람을 잡아먹게 하다(率獸食人)

양혜왕이 말하기를, "과인은 즐거운 마음으로 (선생의) 가르침을 받고자 합니다." 맹자가 대답하여 말하기를, "사람을 몽둥이로 죽이는 것과 칼로 죽이는 것에 무슨 차이가 있습니까?" (양혜왕이) 말하기를, "다른 점이 없습니다." (맹자가 말하기를), "칼로 죽이는 것과 정치로 죽이는 것에 다른 점이 있습니까?" (양혜왕이) 말하기를, "다른 점이 없습니다." (맹자가) 말하기를, "주방에

는 기름진 고기가 있고, 마굿간에는 살찐 말이 있는데, 백성들은 굶주린 기색
이 있고, 들판에는 굶어 죽은 시체가 있다면, 이는 짐승을 끌어다가 사람을 잡
아먹이는 것입니다. 짐승들끼리 서로 잡아먹는 것조차도 사람들은 싫어하는
데, 백성의 부모가 되어가지고 짐승을 끌어다가 사람을 잡아먹게 하는 것을
없앨 수 없다면 백성의 부모라고 할 만한 점이 어디 있습니까? 공자가 말하기
를, '처음 나무 인형을 만든 사람은 후손이 없을 것이다!' (공자가 그렇게 말한
까닭은) 그 사람이 사람의 형상을 만들어서 사용하였기 때문인데, 어떻게 사
람들을 굶어 죽게 할 수 있습니까?"

梁惠王曰："寡人願安①承敎." 孟子對曰："殺人以梃與刃, 有以②異乎？"
曰："無以異也." "以刃與政, 有以異乎？" 曰："無以異也." 曰："庖有肥肉,
廏③有肥馬, 民有飢色, 野有餓莩, 此率獸而食人也! 獸相食, 且人惡之④, 爲
民父母行政, 不免於率獸而食人, 惡在⑤其爲民父母也？ 仲尼曰：'始作俑⑥
者, 其無後乎!' 爲其象人而用之也, 如之何其使斯民飢而死也."〈梁惠王 上4〉

◁ 주 해 ▷

① 願安：즐거운 마음으로 원하다.
② 有以：'무엇이 있습니까?'
③ 廏：마굿간.
④ 且人惡之：마땅히 '人且惡之'로 해야 한다. 차(且)는 '그것만 가지고서도'의
　　뜻이다. 즉, '사람들은 그 정도만 해도 싫어한다.'
⑤ 惡在：어디에 있습니까?
⑥ 俑：죽은 사람과 함께 매장하는 나무로 만든 인형.[39]

◀ 해 설 ▶

이 장에서 맹자는 양혜왕에게 하나의 가설을 제기한다. 맹자는 먼저 '몽둥
이로 사람을 죽이는 것과 칼로 사람을 죽이는 것에 어떤 차이가 있습니까'라
고 묻고서, 다음 '칼로 사람을 죽이는 것과 정치로 사람을 죽인 것에 어떤 차

---

[39] 공자는 이러한 관습은 인간의 존엄성을 해치는 것이라고 생각하였기 때문에 '최초에 그러
　　한 관습을 만든 사람은 후손이 없을 것이다'라는 극언을 서슴지 않았다. ― 옮긴이 주.

이가 있습니까'라고 물었다. 답은 맹자의 가설 중에 이미 포함되어 있다. 즉, 삼자 사이에는 아무런 차이가 없다. 맹자는 이로부터 다시 짐승을 끌어다가 사람을 죽이게 되는 무지와 죄과를 일깨워 주려고 한다.

왕궁의 주방에는 기름진 고기가 가득하고, 마굿간에는 살찐 말이 많지만, 백성들의 얼굴에는 굶은 기색이 있고, 들판에는 굶어 죽은 시체가 널려 있는 까닭은 짐승을 끌어다가 백성들의 곡물을 먹게 하였기 때문이다. 이는 군주가 백성들의 곡물을 가지고서 자신들의 가축을 살찌웠기 때문에 군주가 짐승을 끌어다가 백성을 잡아먹게 한 것과 다름이 없다는 것이다. 짐승들이 서로 싸우면서 잡아먹는 광경도 차마 보지 못하는데, 하물며 백성의 부모가 되는 군주의 자리에 있으면서 정치로써 짐승들이 백성을 잡아먹게 하는 상황을 연출한다면 어떻게 백성들의 부모라고 할 수 있겠는가?

군주를 비롯한 관리는 백성의 부모와 같다. 그들은 백성들을 사랑하고 부양하는 것을 자신의 책임으로 삼아야 한다. 백성들을 자신들의 자녀처럼 생각한다면 어떻게 진심진력하여 그들을 보호하지 않겠는가? 그런데도 오히려 그들을 해치는 일을 하니 그 죄과가 너무나 크다. 설사 고의로 하지 않았다고 할지라도 무지이거나 잘못된 정책으로 말미암아 발생된 것이기 때문에 그 책임을 면할 수 없다. 하물며 개인의 만족을 추구하기 위하여 백성들이 기아 속에서 고통받는 상황을 좌시하였다면 그 죄과는 크고도 크다.

맹자는 이 장에서 정치의 실책에 대하여 '짐승을 끌어다가 사람을 잡아먹게 한다'는 비유로 엄중한 질책을 가하고 있다. 실책이 무지에서 비롯되었거나 아니면 사사로운 욕망을 만족시키기 위함이건 관계 없이 실정에 대하여 응분의 책임을 지어야 한다. 이곳에서 맹자는 공자의 말을 인용하였다. '처음에 나무로 사람 모양을 만들어 죽은 자와 함께 매장한 풍습을 만든 사람은 마땅히 그 후대 자손을 끊어야 한다'는 것이다. 공자가 이처럼 극단적인 질책을 한 것은 그 나무 조각이 사람의 형상과 유사하기 때문에 차마 그 광경을 눈으로 볼 수 없었기 때문이다. 이처럼 나무로 만든 사람을 죽은 자와 함께 순장하는 광경도 차마 볼 수 없는데, 어떻게 백성들을 굶어 죽게 할 수 있는가?

유가철학에서는 정치의 도리를 권력 측면에서 논의하지 않고 덕성 측면에서 논의한다. 또 권력의 구조나 분배 등의 문제보다는 권력의 규범 문제를 중시한다. 정치의 규범은 도덕에 있고, 도덕은 스스로의 가치에 대한 자각을 통하여 수립된다. 문제는 '어떠한 인문 상황 속에서 비교적 쉽게 도덕가치에 대한 자각을 불러일으킬 수 있는가'이다. 유가철학의 도덕 근거는 본심의 양지에 있다. 본심의 양지는 먼저 부자지간의 친정으로부터 드러난다. 때문에 관리를 부모로 삼고, 백성을 자녀로 삼아 정치권력관계의 충돌을 윤리관계의 친화로 전환시키려고 한다. 또 정치의 우연적 발생관계를 필연적 관계로 진입시키려고 한다. 그러나 군신관계와 부자관계를 동일시하여 부모와 자녀의 무조건적인 관계처럼 군신관계도 무조건적으로 복종해야 한다는 비이성적인 태도는 유가의 본의가 아님을 미리 밝혀 둔다. 다시 말하면 관리를 부모로 삼는 것은 관리의 도덕적 사명의 자각과 책임을 강조하려는 것이지 결코 정치권력의 전제(專制)와 독단을 긍정하는 것이 아니다. 만일 정치권력의 사심 때문에 백성을 굶주리게 한다면 이런 사람은 짐승들을 끌어다가 백성을 잡아먹게 하는 자라는 비평에 그치지 않고 근본적으로 사람이 아닌 금수라고 해야 할 것이다.

18. 전쟁을 자주 일으키는 사람은 극형에 처해야 한다(善戰者服上刑)

맹자가 말하기를, "(공자의 제자인) 염구는 계씨의 가신으로 있으면서 (계씨의) 부덕함을 올바르게 교정해 주지 못하고서 오히려 (계씨를 위하여) 세금을 그전보다 두 배로 거두어 주었다. 공자가 말하기를, '염구는 내 제자가 아니다. 너희들은 북을 울려가며 (염구를) 비난해도 된다.' 이로써 보면 군주가 인정을 펼치지 않은데, 그러한 군주를 부유하게 해 주는 사람은 모두 공자에게 버림받았음을 알 수 있다. 그런데 하물며 그러한 군주를 위하여 무리하게 전쟁을 일으키는 사람에 대해서는 (공자가) 어떻게 평가하겠는가? 땅을 쟁탈하느라고 싸우면서 사람을 들판에 가득히 죽이고, 성을 빼앗느라 싸우면서 사람을 성에 가득히 죽이는 것은 토지를 끌어다가 사람의 고기를 먹게 하는 것이니, 그 죄는 죽음으로도 모자란다. 그러므로 자주 전쟁을 일으키는 자[40]는 가장 무거운 형벌에 처하고, 제후들을 연합시키는 자[41]는 그 다음의 형벌을 받

---

40) 손빈(孫臏)과 방연(龐涓) 그리고 오기(吳起) 등이 이에 해당한다. ─옮긴이 주.
41) 당시의 소진(蘇秦)과 장의(張儀) 등의 종횡가들을 지칭한다. 그들은 연횡설과 합종설을

게 하며, 황무지를 개간하고 토지를 나누어 주어 (세금을 잘 거두어들이는) 자[42]
는 또 그 다음의 형벌에 처해야 한다."

孟子曰：“求也, 爲季氏宰①, 無能改於其德, 而賦②粟倍他日. 孔子曰：
‘求, 非我徒也! 小子鳴鼓而攻③之, 可也.’ 由此觀之, 君不行仁政而富之, 皆
棄於孔子者也. 況於爲之强戰? 爭地以戰, 殺人盈野, 爭城以戰, 殺人盈城,
此所謂率土地而食人肉, 罪不容於死④. 故善戰者服上刑⑤, 連諸侯者次之,
辟草萊, 任土地⑥者次之.”〈離婁 上 14〉

◁ 주 해 ▷

① 宰 : 가신이다. 계씨(季氏)는 노나라의 경대부였다. 경대부의 봉읍(封邑)을
　 가(家)라고 칭하였기 때문에 계씨의 신하인 염구(冉求)는 가신이다.
② 賦 : ‘거두어들이다’, 즉 취(取)와 유사한 의미이다.
③ 鳴鼓而攻 : 공개적으로 성토하다.
④ 罪不容於死 : 죽음으로도 그 죄를 씻을 수 없다.
⑤ 服上刑 : 가장 무거운 형벌로 다스리다. 즉, 극형에 처하다. 복(服)은 ‘마땅히
　 처벌해야 한다’의 의미이다.
⑥ 辟草萊, 任土地 : 벽(辟)은 ‘땅을 개간하다’이고, 초래(草萊)는 황무지를 뜻한
　 다. 임토지(任土地)는 ‘개간한 땅을 백성에 나누어 주고 그 책임, 즉 조세를
　 바치게 한다’의 뜻이다.

◀ 해 설 ▶

　염구는 노나라 경대부인 계씨의 가신으로 있으면서 계씨의 부당한 시정(施
政) 원칙을 교정하기는커녕 오히려 계씨를 위하여 토지세를 그전보다 갑절 징
수하였다. 공자는 이러한 염구의 작태에 대하여 ‘염구는 더 이상 내 제자가 아
니다. 너희들은 공개적으로 그를 성토해도 괜찮다’고 비난하였다.
　맹자는 공자의 말을 당시의 풍운인물(風雲人物)의 존재가치를 평가하는 표
준으로 삼았다. 용맹하고 전쟁을 잘하는 장군과 합종연횡의 외교술수에 능한

모사(謀士) 그리고 부국강병책에 능한 정객은 모두 시대의 혼란과 백성들의 재난에 대하여 일정한 책임을 지어야 한다.

맹자는 군주가 仁政을 시행하지 않는데도 신하되는 사람이 세금을 더 많이 거두어들여 군주의 재산을 늘려 주는 행위는 옳지 않다고 생각하였다. 이러한 사람이 바로 염구인데, 공자에 의해 버림받았다. 이러한 사람도 공자에 의해 버림받는데, 하물며 군주를 조종하여 무리하게 전쟁을 일으키는 사람에 대해서는 어떻게 평가하겠는가? 군주의 야심은 다름 아닌 자신의 세력을 확장하는 것이다. 세력을 확장하려면 반드시 다른 나라의 성을 점령하거나 토지를 빼앗아야 한다. 이러한 야심을 충족시키기 위해서는 반드시 전쟁을 일으켜야 하고, 전쟁을 하다 보면 살인이 반드시 뒤따르게 된다. 땅을 빼앗기 위하여 전쟁을 일으키면 온 산야에 시체가 가득할 것이고, 성을 빼앗기 위하여 전쟁을 일으키면 성 안에 시체가 가득 차게 될 것이다. 이러한 행위는 토지를 끌고와서 사람을 죽이는 것과 다를 바 없다. 토지는 백성의 생존 근거이다. 황무지를 개발하여 생산을 증대시키는 목적은 백성들이 노약자와 어린이를 부양하고 그들의 생활을 안락하게 하고자 함이다. 즉, 근본은 백성들의 생존이지 토지가 아니다.

때문에 맹자는 당시의 영웅에 비유되는 인물들에 대하여 다음과 같은 평가를 하였다. 먼저 지모와 용맹을 겸비한 장군, 예를 들면 손빈과 오기 등의 병가 인물에 대해서는 가장 엄한 형벌에 처해야 한다고 주장한다. 그들의 야심으로 말미암아 수많은 백성들이 죽음을 당하였다. 따라서 그들의 죄는 '죽음도 모자란다'는 것이 맹자의 입장이다. 한 사람의 죽음을 어떻게 수많은 백성들의 희생과 비교할 수 있다는 말인가?

다음은 열국간에 모순의 형세를 조장하여 자신의 공명(功名)을 성취하려는 종횡가, 예를 들면 소진과 장의 같은 사람에 대해서는 두 번째의 중형을 처해야 한다고 주장한다. 다음으로는 황무지를 개간하여 생산 증대에 능한 정치가, 예를 들면 이리와 상앙 등은 황무지를 개간하여 국고를 늘린 다음, 거두어들인 세금으로 전쟁에 소요되는 물자를 조달하는 데 사용하였다. 황무지 개간의 목적이 민중 생활의 안정과 풍요가 아니라 전쟁의 지원이기 때문에 이는 전쟁을 조장하는 행위와 같다. 따라서 제3등급에 해당하는 중형에 처해야 한다고 주장한다.

염구는 계씨를 대신하여 더 많은 세금을 징수하였다. 즉, 그는 재정의 전문가였다. 이러한 염구의 특수한 행정 능력은 계씨가 仁政을 행하는 데 사용되지 않고 오히려 계씨의 재산 증식에 이용되었기 때문에 염구를 '황무지를 개간하고 토지를 나누어 주어 세금을 잘 거두어들이는 자'에 비유하였다. 맹자에 따르면 염구는 제3등급에 해당하는 중형에 처해져야 한다.

전쟁을 잘하는 사람과 제후들의 회맹을 잘 주선하는 자 그리고 황무지 개간과 세금 징수의 전문가 등은 외왕사업에 없어서는 안 되는 사람이다. 즉, 군사와 외교 및 재정에 반드시 필요한 전문가이다. 그런데 왜 맹자는 이러한 전문가들에 대해서 이처럼 가혹한 비평을 하는가? 그들의 가치를 긍정할 수는 없는가? 맹자는 이러한 전문 능력은 오로지 인정과 왕도정치 시행에 운용되었을 때 의미를 갖는다고 생각하였다. 왜냐하면 이러한 능력이 패도정치에 운용되었을 때는 정반대의 역효과를 조장하기 때문이다. 공문사과(孔門四科)의 정사(政事)를 대표하는 인물로 염유(冉有―염구)와 계로(季路)가 있다. 염유는 계씨의 가신이 되어 '계씨의 부덕함을 올바르게 교정해 주지 못하고 오히려 계씨를 위하여 세금을 그전보다 두 배로 늘려 주었다'. 다시 말하면 덕성이 올바르지 못하면 모든 재능과 전문지식은 그 본래의 가치와 의미를 상실할 뿐만 아니라 오히려 악을 조장하기도 한다. 당시에 외왕을 강조하는 사람들은 맹자와 같은 반성을 하지 않았다. 때문에 당시의 영웅이라고 불려졌던 인물들은 형제와 처자가 서로 이별한 백성들의 입장에서 보면 모두 죄인이다. 정치에 도덕질서를 부여하려는 유가철학이야말로 당시 시대의 정신을 대표하는 사상임이 분명하다.

19. 군주의 자리는 바꿀 수 있다(君可易位)[43]

제선왕이 경에 (지위에 있는 사람의 역할에) 관하여 물었다. 맹자가 말하기를, "왕께서는 어떤 경에 관해서 물은 것입니까?" 왕이 말하기를, "경에도 차

---

43) 이 장에 관한 해설은 제2부 33장에도 있다. 그러나 제2부에서는 예법의 권형이라는 측면에서 논한 것이기 때문에 정치론의 설명과 내용이 약간 다르다. ―옮긴이 주.

별이 있습니까?" (맹자가) 말하기를, "차별이 있습니다. (왕과 성이 같은) 귀척의 경이 있고, 왕과 성이 다른 경도 있습니다." 왕이 말하기를, "귀척의 경에 관하여 묻고 싶습니다." (맹자가) 말하기를, "군주에게 큰 과오가 있으면 간권하고, 되풀이하여 간권해도 들어 주지 않으면 군주의 자리를 바꾸어버립니다." 왕이 발끈하면서 얼굴색이 변했다. (맹자가) 말하기를, "왕께서는 이상하게 생각하지 마십시오. 왕께서 묻는데, 신하로서 어떻게 진실한 마음으로 대답하지 않을 수 있겠습니까?" 왕이 얼굴색을 안정시킨 후에 왕과 성이 다른 경에 관하여 물었다. (맹자가) 말하기를, "군주에게 과오가 있으면 간권하고, 반복하여 간권하다가 들어 주지 않으면 (그 나라를) 떠나버립니다."

齊宣王問卿. 孟子曰:"王何卿之問也?"王曰:"卿不同乎?"曰:"不同, 有貴戚之卿①, 有異姓之卿."王曰:"請問貴戚之卿?"曰:"君有大過則諫, 反覆之而不聽則易位②."王勃然變乎色③. 曰:"王勿異也! 王問臣, 臣不敢不以正④對."王色定, 然後請問異姓之卿. 曰:"君有過則諫. 反覆之而不聽則去⑤."〈萬章 下9〉

◁ **주 해** ▷

① 貴戚之卿 : 왕과 성(姓)이 같은 경대부를 말한다. 즉, 군왕과 친척인 왕실의 가족. 맹자는 이곳에서 귀척지경과 이성지경(異姓之卿)을 대립시켜 그 역할과 태도를 논의하고 있다.
② 易位 : 왕실 중에 현명한 자를 대신 내세워 군왕으로 옹립한다.
③ 勃然變乎色 : 발연(勃然)은 얼굴색이 변한 모양을 형용한 것이다. 즉, 발끈하면서 화가 난 표정을 짓다.
④ 正 : 정현(鄭玄)은 성(誠)으로 해석하였다. 《논어》〈술이〉편에 "正唯弟子不能學也"라는 구절의 '正'자에 대하여 '誠'으로 주석하였다. 이곳의 正 역시 誠, 즉 '진실'의 의미로 해석해야 한다.
⑤ 去 : 떠나다.

◀ **해 설** ▶

제선왕은 맹자에게 공경대부는 마땅히 어떤 태도로써 군주를 섬겨야 하는

지에 관하여 물었다. 맹자는 군주와의 관계를 근거로 공경대부를 두 종류로 나누어 설명하였다. 하나는 군주와 성이 같은 경대부이고, 다른 하나는 군주와 성이 다른 경대부이다. 전자는 혈연관계로 맺어진 것이고, 후자는 정치구조로 맺어진 군신관계이다. 혈연관계에는 사랑의 친정(親情)이 본질이기 때문에 설령 군주와 뜻이 합치하지 않더라도 왕실을 버리고 다른 나라로 떠날 수 없다. 군신관계는 후천적·발생적 관계이기 때문에 군주와 뜻이 합치되면 그 나라에 머물면서 신하의 도리를 다해야 하고, 군주와 뜻이 합치되지 않으면 그 나라를 떠날 수도 있다.

문제는 귀척의 경은 군주와 친정 외에 군신간의 義라는 의무를 갖고 있다는 데 있다. 이러한 군신간의 義 때문에 군주에게 과오가 있으면 마땅히 그 잘못된 점을 지적하여 간권해야 한다. 그렇지 않으면 군신간의 義를 저버리게 된다. 그러나 잘못이 있어 간권하게 되면 군신간의 대립이라는 형국을 초래하여 왕실의 친화를 해칠 수도 있다. 때문에 귀척의 경은 군주가 아주 큰 잘못을 범하기 전에는 함부로 나서 군주의 잘못을 지적하지 않는다. 왜냐하면 자칫 왕실의 근본을 흔들 수가 있기 때문이다.

군주의 잘못은 수시로 발생할 수 있다. 군주가 잘못을 범했을 때 수시로 나서 그 잘못을 지적하고 교정하기를 권해야 하는 직무는 왕과 성이 다른 경대부가 맡아야 한다. 왜냐하면 왕과 성이 다른 경대부에게는 '부자지간에는 선으로 책망해서는 안 된다'는 등의 도덕원칙을 고려할 필요가 없기 때문이다. 당시는 군주의 권력을 어떤 객관적인 법으로써 제한할 수 없었던 시대였다. 때문에 군주가 잘못을 범할 때 신하가 직간하여 군주가 즐거운 마음으로 받아들이면 서로 편안한 관계를 유지한다. 만일 군주가 아량이 부족하면 신하의 직간을 무시할 수도 있다. 신하가 반복해서 간권(諫勸)을 하는데도 군주가 신하의 의견을 수용하려는 태도를 보이지 않을 때 신하는 자신이 담당하고 있는 직책의 존엄을 유지하기 위하여 군주 곁을 떠날 수밖에 없다. 그렇지 않고 그곳에 남아 있으면 책무를 다하지 못하는 신하가 되든가, 아니면 군주에게 아첨하면서 살아가는 식객으로 전락할 것이다.

이곳에서 군주와 성이 다른 경대부의 역할과 태도를 말할 때는 '군주에게 과오(過)가 있으면 간한다'로 표현하였고, 군주와 성이 같은 귀척의 경대부의 역할과 태도를 말할 때는 '군주에게 큰 과오(大過)가 있으면 간한다'라고 표현하였다. 이곳에서 過는 작은 잘못, 즉 국가의 근본을 흔들지 않는 사소한 잘못이다. 이러한 사소한 잘못이 누적되어 大過가 된다. 작은 잘못을 범할 때 바로 교정하지 않으면 누적되어 대과로 된다. 때문에 이성의 경대부와 귀척의 경대부 사이에 군왕에게 간권하는 중책은 이성의 경대부가 담당할 수밖에 없다. 혹자는 '군주에게 큰 과오가 있을 때 이성의 경대부는 간권하지 않는가'라고 물을 수 있다. 그러나 군주에게 큰 잘못이 있을 때 이성의 경대부는 간권하지 않는 것이 아니라 자신의 직분을 다하려는 이성의 경대부는 군주에게 잘못이 있으면 바로 간권하고, 반복하여 간권하여도 듣지 않으면 바로 떠나버려 그곳에 없기 때문에 군주에게 큰 과오가 있을 때에는 이성의 경대부 역할을 언급하지 않은 것이다. 군왕 권력의 범람을 저지하는 첫 번째 방어선은 이성의 경대부이고, 귀척의 경대부는 취후의 방어선이다. 군주가 사소한 잘못을 범하면 귀척의 경대부는 왕실의 화목을 유지하기 위하여 바로 간권하지 않는다. 군주에게 큰 과오가 있으면 귀척의 경대부는 군신간의 義를 다하고, 왕실의 운명을 보존하기 위하여 직접 나서지 않을 수 없게 된다. 또한 반복하여 간권하였는데도 군주가 받아들이지 않으면 국가의 사직이 더욱 중요하기 때문에 왕실 중에서 새로운 현자를 내세워 군주로 삼는다. 이것이 바로 역위(易位)라는 것이다.

이곳에서 맹자는 요순의 선양, 그리고 탕무의 혁명 외에 권력을 합리적으로 전이하는 방법으로 제3의 방식을 제시하였다. 옛 군주를 폐하고, 새로운 군주를 옹립하는 것, 즉 현자로서 불초자를 대체하는 방식은 한편으로는 요순의 선양 정신을 보존하고, 다른 한편으로는 무력 동원이라는 혼란을 피할 수 있는 방법이다. 때문에 당시의 정치 현실에 비춰 볼 때 곤경을 돌파할 수 있는 적극적인 방법이라고 할 수 있다. 맹자가 이렇게 말한 목적은 각국의 군왕들에게 경각심을 주어 함부로 권력을 남용하지 말고 항상 근신하여 귀척의 경대부에게 군주의 지위를 박탈당하는 비극을 피하기 위함이다.

제선왕은 맹자의 역위설을 듣자마자 바로 얼굴색을 변하면서 노기를 띠었다. 내심의 충격이 대단하였음을 어렵지 않게 짐작할 수 있다. 맹자는 제선왕의 노기 띤 얼굴에 '왕께서 신하에게 물으니 신하로서 진실되게 대답하지 않을 수 없다'고 응답하였다. 이러한 진지함은 이성의 경대부나 귀척의 경대부 모두 마땅히 가져야 할 태도이다. 맹자는 객경(客卿)의 위치였기 때문에 군주가 가르침을 청할 때는 진지한 마음으로 대답해야 한다. 맹자는 각국의 정치적 현실을 직시하고서 초연한 태도를 유지할 수 있었기 때문에 독창적인 발상을 할 수 있었던 것이다.

맹자는 군신간에는 마땅히 義가 우선되어야 한다고 주장하였다. 군주는 현자를 존중하는 데 힘을 써야 한다. 현자는 군주로 하여금 인정과 왕도를 시행할 수 있도록 도와 그 혜택이 백성에게 미칠 수 있도록 해야 한다. 군주가 잘못을 범하면 바로 간권하고, 반복하여 간권하였는데도 듣지 않으면 바로 떠나버린다. 그 이유는 군주의 잘못을 교정하지도 못하면서, 그 군주를 위하여 전쟁을 일으키고 다른 제후들과의 연합을 주선하거나 황무지를 개간하여 토지세를 거두어들여 전쟁 물자를 조달하는 등의 일을 하지 않기 위함이다. 또 귀척의 경대부는 군주의 지위를 바꾸어야 할 상황에서 절대로 자신의 권력 유지를 고려해서는 안 된다. 만일 자신의 권력 때문에 군주를 바꾸려고 한다면 이는 군신간의 義를 저버리는 것이다.

20. 백성이 귀중하고 군주는 가볍다(民貴君輕)

맹자가 말하기를, "백성이 귀중하고, 사직이 다음이며, 군주는 가볍다. 때문에 일반 대중의 마음을 얻으면 천자가 되고, 천자의 마음을 얻으면 제후가 되며, 제후의 마음을 얻으면 대부가 된다. 제후가 사직을 위태롭게 하면 군주를 교체한다. (사직의 제물로 쓰여질) 짐승이 이미 준비되었고, (제물로 쓰여질) 곡식이 정결하게 마련되었으며, 제때에 제사를 올렸는데도 가뭄과 홍수가 들면 사직을 교체한다."

　　孟子曰 : "民爲貴, 社稷①次之, 君爲輕. 是故, 得乎丘民②而爲天子, 得乎天子爲諸侯, 得乎諸侯爲大夫. 諸侯危社稷, 則變置③. 犧牲旣成, 粢盛④旣潔, 祭祀以時. 然而旱乾水溢, 則變置社稷."〈盡心 下 14〉

◁ 주 해 ▷

　① 社稷 : 사(社)는 토신(土神)이고, 직(稷)은 곡신(穀神)이다. 민중은 식(食)을

하늘로 삼고, 국가는 민중을 근본으로 삼는다. 건국시에 먼저 민중을 위하여 토신과 곡신을 세운다. 따라서 사직은 국가의 대명사이다.

② 丘民 : 밭일하는 백성이라고 해석하기도 하고, 혹자는 일반 대중으로 해석하기도 한다. 이곳에서는 일반 대중으로 해석하겠다.

③ 變置 : 바꾸어 모신다. 즉, 군주를 교체한다.

④ 粢盛 : 제기에 담기 전의 곡물을 자(粢)라 하고, 이미 담겨진 곡물을 성(盛)이라고 한다.

◀ 해 설 ▶

맹자는 제후에게는 토지와 백성 그리고 정치라는 세 가지 보배가 있다고 하였다. 제후의 국가에서 정치는 백성을 가르치고 부양하기 위함이고, 백성을 가르치고 부양함에 있어서 첫 번째 해야 할 일은 백성이 안정적으로 생산활동에 종사할 수 있도록 제도를 만드는 것이다. 때문에 맹자는 "인정은 반드시 경계를 바로잡는 일에서부터 시작된다"[44]고 하였다. 토지와 백성 그리고 정치에서 주체는 백성이다. 정치는 백성을 부양하고 가르치는 것이기 때문에 군주를 세워 그 임무를 다하게 한다. 토지는 백성을 부양하는 자원이기 때문에 사직이라는 신을 세워 백성들의 안위를 수호하게 한다.

생명의 가치 측면에서 보면 모든 사람은 본심의 양지를 선천적으로 갖추고 있기 때문에 모두 고귀한 존재이다. 이것을 일러 천작(天爵)이라고 한다. 맹자는 "仁은 하늘이 내려 준 작위이고, 사람이 마땅히 거처해야 할 편안한 집이다"[45]라고 하였고, "공경대부는 사람들이 만들어낸 작위이다"[46]라고 하였으며, "고귀함을 얻고자 하는 것은 사람마다 같은 마음이다. 사람들은 자기 안에 고귀한 것을 갖고 있음에도 불구하고 그것을 자각하지 못할 뿐이다. 사람들이 고귀하다고 여기는 것은 사실 가장 고귀한 것이 아니다. 조맹이 고귀하게 만들어 주는 것은 조맹이 천하게 할 수도 있다"[47]고 하였다. 공경대부는 사

---

44) "仁政必自經界始."〈滕文公 上3〉

45) "夫仁, 天之尊爵也, 人之安宅也."〈滕文公 上7〉

46) "公卿大夫, 此人爵也."〈告子 上16〉

47) "欲貴者, 人之同心也. 人人有貴於己者, 弗思耳. 人之所貴者, 非良貴也. 趙孟之所貴, 趙孟能賤之."〈告子 上17〉

람들이 만들어낸 후천적인 작위이다. 공경대부와 같은 작위와 봉읍은 제후의 마음을 얻으면 받을 수 있고, 제후라는 작위는 천자의 마음을 얻으면 받을 수 있다. 인작에서 가장 높은 지위는 천자인데, 이 천자의 지위는 백성의 마음을 얻어야만 그 권위를 인정받을 수 있다. 무릇 공경대부와 제후 그리고 천자 등의 인작은 외적인 것이다. 즉, 선천적인 본성에 갖추어진 천작이 아니다. 외적인 요인에 의하여 결정되기 때문에 내적인 덕성의 존귀함과 비교할 수 없다. 맹자가 '백성이 귀중하고, 군주는 가볍다'고 한 것은 바로 이 때문이다.

정치의 구조에서 보면 군주는 한 나라의 중심이고, 최고 권력을 소유한 사람이다. 그러나 사직은 귀족과 왕실을 대표하는 기틀이며, 천하 백성들이 의지하는 곳이다. 따라서 '백성이 귀하다'는 원칙하에서 사직의 위치를 민중 다음에 놓고, 마지막으로 군주를 놓은 것이다. 제후가 실정(失政)하여 국가의 존망이 위태로우면 당연히 군주를 폐하고 새로운 현자를 군주로 옹립해야 한다. 이것이 바로 앞장에서 말한 '군주에게 큰 과오가 있으면 간권하고, 반복하여 간권하였는데 듣지 않으면 군주를 바꾼다'는 것이다.

사직에 대한 제사를 보면, 사직의 신은 토지와 곡물의 수호신이다. 백성들이 사직에 제사를 올리면서 제물로 쓰여질 짐승을 잘 준비하였고, 곡물도 정결하게 차렸으며, 제때에 제사를 올렸는데도 가뭄과 홍수가 들어 흉년이었다면 사직이 수호신의 역할을 제대로 하지 못한 것이기 때문에 사직의 신을 바꾸어야 한다. 이곳에서 우리는 인간과 신의 관계를 엿볼 수 있고, 인문주의적 색채를 발견할 수 있다. 사람은 신에게 제사를 지내고, 신은 제사라는 공경의 의식을 받은 만큼 자신의 직무를 다해야 한다. 그런데 인간은 마땅히 해야 할 일을 다했는데, 신이 아직 직분을 다하지 못했기 때문에 사직을 바꾼다. 이것이 바로 인문주의적 민속 신앙이다. 즉, 사람이 주체이고, 신은 자연신이며 만물 중의 한 존재이다. 인간은 신에게 인간의 성격과 정감을 부여하였기 때문에 신은 절대자가 아니다. 아무 때나 홍수와 가뭄은 올 수 있고, 신은 이것에 대하여 책임을 지어야 한다. 신도 이러할진대 하물며 사람인 군주는 어찌하겠는가?

군왕의 실정은 덕의 부족 때문이다. 권력은 천명과 민심을 반영하여 전이해야 한다. 이러한 천명과 민심 반영의 정면적인 태도가 선양이고, 반면적인 태도가 혁명이다. 혁명은 천명을 바꾸는 것이다. 즉, 천명을 전이시키는 것이다.

탕왕이 걸왕을 추방한 것은 천명이 하나라에서 은나라로 전이되었음을 의미
하고, 무왕이 주왕을 토벌한 것도 천명이 은나라에서 주나라로 전이되었음을
의미한다. 이것이 바로 '천명은 영원하지 않다'는 말의 진의이다. 천명은 전이
될 수 있다. 즉, 천명은 어느 일가와 어떤 한 사람에게 영원토록 비추는 것이
아니다. 이것이 바로 현실정치에서 어쩔 수 없이 발생할 수밖에 없는 부분에
대하여 고민하여 내놓은 유가철학의 정권 전이에 대한 지혜이다. 권력의 규범
과 권력의 전이는 함께 연결되어 운용되어야 한다. 그러나 후대에 선양과 찬
탈의 분계가 모호하게 되었고, 혁명과 천하의 군림이 결합되어 그 차이가 분
명하지 않게 되었다. 가장 이상적인 정치 구상도 야심가들에 의해서 그 본의
가 왜곡될 수 있다. 즉, 아무리 좋은 이상이라고 할지라도 제도화되지 못한다
면 실현 가능성이 낮을 수밖에 없다. 군주를 바꿀 때 어떻게 해야만 사심이 아
닌 공정의 마음을 보장할 수 있을까? 사직을 교체할 때 어떻게 해야만 헛된
미망에 빠지지 않고 진실함을 표현할 수 있을까? 이러한 문제는 누구에게서
도 발생할 수 있다. 오로지 도덕수양과 제도의 확립이라는 두 방법을 통하여
해결할 수 있다.

　당대의 어떤 학자는 공자와 맹자의 유가사상에 이미 민주사상이 포함되어
있다고 주장한다. 이러한 주장은 중국 5·4운동 전후에 유가의 사상은 민주제
도에 수용될 수 없다는 주장과 마찬가지로 유가의 정치사상을 잘못 이해한 것
이다. 유가에서 주장하는 민본(民本)과 민귀(民貴)사상은 가치론적인 입장에
서 말한 것이다. 지금의 민주제도는 정치체제에서 말한 것이기 때문에 양자는
서로 다르다. 민본과 민귀사상이 민주체제의 기초라고는 할 수 있다. 때문에
유가사상이 지금의 민주제도에 수용될 수 없다는 주장은 긍정하기 어렵다. 마
찬가지로 민본과 민귀를 기초로 공자와 맹자의 유가철학이 민주제도를 긍정
하는 사상이라고 주장하는 것도 역사의 사실에 부합하지 않는다. 만일 민의에
의한 헌법이 없고, 삼권분립의 민주제도가 없다면 민주라는 것도 아무런 내용
없는 공론(公論)이 되기 쉽다. 유가의 민귀사상에서 가장 가치를 긍정할 수 있
는 부분은 바로 '모든 사람은 선한 본성을 소유하고 있기 때문에 그들의 판단
은 고귀한 것이고, 그들이 선택한 한 표는 가장 올바른 판단이다'라는 점에 있
다. 이러한 인성의 기초에서 대부분 표결로 결정하는 민주제도가 혼란으로 빠
지지 않을 수 있다. 유가의 정치사상은 당대의 민주제도의 실현에 도움을 줄

수 있는데, 그것은 바로 인성의 존엄성을 적극 긍정하는 점에 있다. 이러한 긍정 속에서 정부는 백성을 위하여 존재하는 것이고, 국가 역시 백성을 위하여 존재하는 것이며, 백성이 국가의 주체라는 의식이 올바르게 정립될 수 있다. 정부는 국가의 안전을 위협할 수 없고, 민중의 이익을 해치는 일은 더더욱 할 수 없다. 이것이 바로 '백성이 가장 귀중하고, 국가의 운명이 그 다음이며, 군주의 지위는 그리 귀중하지 않다'는 말의 현대적 의미이다.

21. 중간만을 잡고서 임기응변이 없다(執中無權)

맹자가 말하기를, "양자[48]는 오로지 자기만을 위하여 한 오라기의 털을 뽑으면 천하가 이롭게 될지라도 (털을) 뽑지 않는다. 묵자는 겸애를 주장하여 발뒤꿈치가 다 닳아 없어질지라도 천하를 이롭게 하는 일이라면 한다. 자막은 (양자와 묵자의) 중간을 취하였는데, 그 중간을 택한 것이 도리에 가깝다고는 할 수 있지만, 중간만을 잡고서 응변이 없으면 (그것 역시) 한 가지를 고집하는 것과 같다.[49] 한 가지 것만을 고집함을 싫어하는 것은 그것이 정도를 해치고, 오로지 하나만을 들고서 백 가지를 없애버리기 때문이다."

孟子曰: "楊子取①爲我, 拔一毛利而天下, 不爲也. 墨子兼②愛, 摩頂放踵③利天下, 爲之. 子莫執中, 執中爲近之, 執中無權④, 猶執一也. 所惡執一者, 爲其賊⑤道也, 擧一而廢百也."〈盡心 上26〉

◁ 주 해 ▷

① 取 : 주자는 "취라는 것은 겨우 만족함을 의미한다. 오로지 자기만의 위함을 취하는 것은 겨우 자기만을 위하는 데 만족하고, 다른 사람에게까지 미치지 않는 것이다"[50]라고 주석하였다. 혹자는 취(取)을 치(治)로 해석하는데, 지금의 '주장하다'와 같은 의미이다.

---

48) 위아설을 주장한 양주(楊朱). ─옮긴이 주.

49) 양주와 묵자를 절충한 것 같지만 임기응변할 수 있는 방편이 없으면 양주·묵자와 다른 또 하나의 주장에 불과하다는 의미이다. ─옮긴이 주.

50) "取者, 僅足之意. 取爲我者, 僅足於爲我而已, 不及爲人也."《孟子集註》

② 兼 : 겸(兼)은 별(別)과 상대적인 말이다. 別은 차별이고, 兼은 무차별이다. 겸애는 차별이 없는 사랑이다. 즉, 먼저 부모형제를 사랑하고, 그 사랑을 백성에게까지 미치게 하고, 다시 만물에 대한 사랑으로 확장한다는 친친인민애물(親親仁民愛物)의 차서를 부정한 사랑이다.

③ 摩頂放踵 : 주자는 "마정은 꼭대기가 튀어나올 때까지 가는 것이다. 방은 '이르다'의 뜻이다"[51]라고 주석하였다. 즉, 발뒤꿈치가 다 닳아 뼈가 드러날 정도로 천하를 부지런히 돌아다녔다는 의미이다.

④ 權 : 경중을 살피다.

⑤ 賊 : 해치다.

◀해 설▶

맹자의 외왕사상에는 정치적 구조에 대한 반성 외에 당시의 사상에 대한 분투 정신과 문화의 전승에 대한 의무감이 포함되어 있다. 사상에 대한 분투 정신은 시대의 횡적인 측면에서 말한 것이고, 문화의 전승에 대한 의무감은 시대의 종적인 측면에서 말한 것이다.

전국시대는 열국들이 전쟁을 일으켜 서로간에 살상을 초래하였을 뿐만 아니라 사상이 혼란하여 가치의 표준마저 상실된 시기였다. 맹자는 사상의 혼란으로 말미암아 가치 표준의 상실이 바로 전쟁 발생의 근본적인 원인이라고 생각하였다. 왕도와 패도정치에 대한 혼란이 발생한 것은 義와 利에 대한 분별의식의 부재 때문이다. 때문에 맹자는 유학의 근본정신을 더욱 발양시키는 것 외에 양주와 묵자의 학설에 대하여 극력 비판하였다. 즉, 맹자는 정치와 사상문제를 함께 치유하려고 하였다.

당시에 크게 유행한 학설은 양주의 위아주의(爲我主義)와 묵자의 겸애주의(兼愛主義)였다. 위아주의자들은 오로지 자신의 이익만을 고려할 뿐 천하의 이익에 대해서는 관심을 보이지 않았다. 반면 겸애주의자들은 자신의 이익은 돌보지 않고 오로지 천하의 이익만을 고려한다. 천하의 일에 대하여 관심이 없는 위아주의는 냉혹한 이기주의고, 자기를 돌보지 않고 천하의 이익만을 추구하는 것은 자신에 대한 학대라고 할 수 있다. 맹자는 '한 오라기의 털을 뽑

---

51) "摩頂, 是摩突其頂. 放, 至也."《孟子集註》

으면 천하가 이롭게 된다고 할지라도 털을 뽑지 않는다'는 표현으로써 양주의 가치 방향을 설명하였다. 또 '발뒤꿈치가 다 닳아 없어질지라도 천하를 이롭게 하는 일이라면 한다'는 표현으로써 묵자의 가치 방향을 묘사하였다. 이 두 학설은 극단에 치우친 형태를 취한다. 그러나 이 두 가지 형태에는 하나의 공통적인 요소가 있다. 그것은 바로 이익이다. 양주는 자기에게 불리한 일은 반드시 하지 않고, 묵자는 천하에 이로운 일이라면 반드시 한다. '하느냐'와 '하지 않느냐'의 고려 기준은 이익의 有無에 있다. 즉, 양주와 묵자의 행위 원칙은 모두 공리이다. 유가의 행위 원칙도 둘이 있다. 자신의 뜻을 펼칠 수 없는 상황(窮)에 처하면 홀로 안빈낙도하면서 자신을 수양한다. 공리의 성격만을 제거하면 양주의 위아주의와 유사하다. 자신의 뜻을 펼칠 수 있는 상황(達)에 처하면 천하에 선을 실현한다. 마찬가지로 공리의 성격만을 제거하면 묵자의 겸애주의와 유사하다. 한편으로는 하지 않는 바가 있고, 다른 한편으로는 그것이 불가한 줄 알면서도 그것을 완성하려고 노력한다. 처해진 환경에 따라서 홀로 자신을 수양할 수도 있고, 또 천하의 백성과 함께 선을 실천할 수도 있다. 그러나 이처럼 서로 다른 태도는 이익의 유무에 따라 결정되지 않는다. 오로지 義와 不義라는 도덕가치에 따라 결정될 뿐이다. 공자는 "군자는 천하의 일을 처리함에 있어서 반드시 하려고 하는 일도 없고, 반드시 하지 않으려고 하는 일도 없다. 오로지 義에 따라 처리할 뿐이다"[52]라고 하였다. 바꾸어 말하면 유가는 천하의 일에 대하여 반드시 홀로 선을 수양하려고 하지도 않고, 또 반드시 천하 사람과 함께 선을 실천하려고도 하지 않는다. 마땅히 홀로 선을 실천해야 할 때면 홀로 실천하고, 함께 실천해야 할 때면 함께 실천할 뿐이다. 모든 결정은 仁心의 가치판단에 따라서 결정한다. 이로써 보면 양주와 묵자의 극단적 편집은 가치의 방향이 내적인 심령에 의하여 결정되지 않고 외적인 공리에 의한 것임을 알 수 있다.

자막은 양주의 부족함과 묵자의 지나침이라는 극단적인 편향을 본보기로 삼아 양자의 중간 노선을 취하여 절충적인 노선을 선택하였다. 즉, 위아주의도 아니고 겸애주의도 아닌 상태를 취하려고 하였다. 이러한 절충적인 노선이 사실적으로 가능할 것인가? 또 하나의 가치를 드러낼 수 있을까? 맹자는 설

---

52) "君子之於天下也, 無適也, 無莫也, 義之與比."《論語》〈里仁〉

령 사실적으로 실현 가능하고, 가치를 드러낼 수 있다고 할 수 있을지라도 반드시 절충이라는 고정적인 형식에 사로잡히고 말 것이라고 생각하였다. 만일 窮한 상황에서는 홀로 선을 실천하고, 達한 상황에서는 함께 선을 실천한다는 응변의 도리를 잃어버린다면 비록 절충의 입장을 취한다고 할지라도 이는 절충에 집착한 것이기 때문에 도에 근사하지만 실제로는 도가 없는 것과 마찬가지이다. 권형과 응변의 목적은 도를 소통시키기 위함이다. 때문에 한 곳에 집착하여 도를 소통시킬 수 없다면 무슨 도를 실현한다고 할 수 있겠는가? 도를 소통시키지 못할 뿐만 아니라 오히려 절충이라는 편집에 사로잡혀 도의 소통을 막을 것이다.

이로써 본다면 中에 집착하는 것은 양주의 위아주의 그리고 묵자의 겸애주의의 편집과 다를 바 없는 또 다른 형태의 편집에 불과하다. 즉, 모두 하나의 특정한 입장과 시각에 정체된 형태이다. 절충주의에 대한 자막의 집착은 양주가 위아주의에 집착하고, 묵자가 겸애주의에 집착한 것처럼 중간에 집착한 형태이다. 이들의 공통적인 결함은 어떤 하나의 형태에 고정적인 입장만을 취할 뿐 권형의 도를 모른다는 것이다. 유가가 이들보다 우월한 점은 어느 하나의 형태에 집착하지 않고 임기응변의 권법(權法)을 중시함에 있다. 그러나 비록 권법을 중시하지만 반드시 하나의 원칙만은 고수한다. 그것은 바로 인의의 도덕가치만은 지킨다는 것이다. 양주와 묵적은 공리를 내세워 인의의 도덕가치를 해치고, 자막은 절충의 중간에 집착하여 시중(時中)의 권도(權道)를 해친 것이다.

맹자는 "우와 직 그리고 안자가 처한 상황을 바꾸어 놓으면 모두 동일하게 했을 것이다"[53]라고 하였다. 안회는 누추한 곳에서 살면서도 자신의 안빈낙도의 생활을 버리지 않았다. 이는 양주의 위아주의와 모습이 유사하다. 우와 직은 자신의 집 앞을 지니치면서도 집안에 들르지 않고 공무를 처리하였다. 이는 묵자의 겸애주의와 모습이 유사하다. 그러나 양주는 위아주의에 고정되었고, 묵자는 겸애주의에 고정되었다. 반면 안회가 우직과 같은 환경에 처해 있었다면 우와 직처럼 하였을 것이다. 마찬가지로 우직이 안회와 같은 상황에 처했다면 안회처럼 안빈낙도의 생활을 하였을 것이다. '입장이 바뀌었다면 동

---

53) "禹稷顔回, 易地則皆然."〈離婁 下29〉

일하게 하였을 것'이라는 권도는 서로 다른 상황에서도 중도(中道)를 실현하기 위한 방편이다. 유가에서는 근본을 세우고 방편도 세웠기 때문에 시중의 도를 실현할 수 있다. 반면 양주와 묵자 및 자막은 근본은 세운 것 같지만 외적인 형식에 집착하고 있기 때문에 사실 근본도 제대로 세우지 못한 것이다. 즉, 근본도 없고 방편도 없는 해도(害道)에 불과하다. 비록 하나는 세울 수 있지만 나머지 백을 없앤 것이기 때문에 하나의 원칙을 고수하면서 나머지 백의 가치도 완성하려는 유가와 큰 차이가 있다.

22. 양주와 묵자의 학설을 물리치는 데 전력하다(力闢楊墨)

공도자가 말하기를, "선생님을 잘 모르는 사람[54]들은 선생님께서 논변을 좋아한다고 하는데, 왜 그렇게 말하는지 감히 여쭙겠습니다?" 맹자가 말하기를, "내가 어찌 논변하기를 좋아하겠는가? 나는 부득이해서 그런 것이다! 천하에 사람이 태어난 지는 오래 되었고, 치세가 한 차례 오고나면 난세가 한 차례 왔다. 요임금 때에는 물이 역류하여 중국에 (물이) 범람하자, 뱀과 용이 사람 사는 곳에 우글거렸고, 백성들은 정착할 곳이 없어 아래쪽에 있는 사람은 (새처럼) 둥지를 틀어 살았고, 위쪽에 있는 사람은 굴을 뚫어 살았다." 《서경》에 이르기를, '홍수가 나의 경각심을 불러일으킨다.' 홍수(洚水)는 곧 홍수(洪水)이다. 우로 하여금 치수를 하게 하였다. 우는 땅을 파서 홍수를 바다로 흐르게 하였고, 뱀과 용을 몰아다가 늪으로 쫓아냈다. 물이 양 언덕 사이로 흐르게 되었는데, 장강과 회수 그리고 황하와 한수가 바로 그것이다. 홍수의 범람으로부터 멀리 빠져 나왔고, 새와 짐승이 사람을 해치는 일이 없어진 후에 사람들은 평지로 내려와 살게 되었다." "요임금과 순임금이 죽자 성인의 도는 쇠퇴하였고, 폭군이 연이어 출현하자 민가를 헐어 연못을 만들었기 때문에 백성들은 편히 쉴 수 없었다. (백성들의) 밭을 갈아엎어 (임금의) 사냥터를 만들어 백성들로 하여금 옷과 음식을 얻지 못하게 하였다. 사사로운 학설과 포학한 행

---

54) 外人을 외부 사람이라고 번역할 수 있으나, 실제로 맹자를 잘 이해하지 못한 사람이기 때문에 '선생님을 모르는 사람'이라고 번역하였다. ─옮긴이 주.

동이 또 있어났고, 사냥터와 연못 그리고 늪이 많아지자 새와 짐승이 몰려왔다. 주왕의 시대가 이르자 천하는 또 크게 혼란해졌다. 주공이 무왕을 도와 주를 죽이고, 엄나라를 정벌하여 3년 만에 그 임금을 죽이고, 비렴을 바다 끝으로 몰아내어 죽였다. 멸망시킨 나라가 50국에 달했고, 호랑이와 표범 그리고 외뿔소와 코끼리를 멀리 몰아내자 천하가 크게 기뻐하였다. 《서경》에 이르기를, '위대하게 드러나는구나! 문왕의 계책은 (하늘의 뜻을) 올바르게 계승한 것이구나! 무왕의 빛나는 업적은 우리들 후인을 도와 길을 열어 주어 모두 올바른 길을 가게 하고 모자람이 없게 해 주었다.'" "세상이 쇠하고 정도가 희미해지자 사사로운 학설과 폭행이 또 일어났다. 임금을 시해한 신하가 나타나고, 아버지를 죽이는 아들이 생겨났다. 공자는 (이러한 사태를) 걱정하여 춘추를 지었다. 춘추는 천자가 해야 할 일을 다룬 책이다. 때문에 공자는 '나를 알려면 오로지 춘추를 통해서 알 수 있다. 나를 죄 주는 것도 오로지 춘추일 것이다'[55]라고 하였다. 성왕이 다시 출현하지 않으니 제후들이 방자하고 처사들이 함부로 의론을 내세워 천하에 양주와 묵적의 언론이 가득 차게 되었다. 천하의 언론은 양주에게 돌아가지 않으면 묵자에게 돌아갔다. 양주는 위아주의만을 내세우니, 이는 군주를 부정하는 것이다.[56] 묵자는 겸애주의만을 내세우니, 이는 부모를 부정하는 것이다.[57] 부모를 부정하고 군주를 부정하니 이는 금수와 같다. 공명의는 '주방에는 기름진 고기가 있고, 마굿간에는 살찐 말이 있는데, 백성들은 굶주린 기색이 있고, 들판에는 굶어 죽은 시체가 있다면, 이는 짐승을 끌어다가 사람을 잡아먹이는 것이다'라고 하였다. 양주와 묵자의 의론이 없어지지 않으면 공자의 도는 드러나지 않을 것이다. 이는 사사로운 학설이 백성을 속이고, 인의를 막아버렸기 때문이다. 인의가 꽉 막히게 되면 짐승을 몰아다가 사람을 잡아먹게 하다가 (나중에는) 사람들끼리 서로 잡아먹게 될 것이다. 나는 이 점을 두려워하여 선왕의 도를 굳게 지키고 양주와 묵자

---

55) 공자가 춘추에 왕자가 마땅히 해야 할 일을 기록하였기 때문에 천하에 대한 공자의 사상을 이해하려면 춘추를 통해야만 하고, 또 공자의 공과(功過)도 춘추에 의거하여 판단해야 한다는 의미이다. ― 옮긴이 주.

56) 공동체를 부정한다는 의미이다. ― 옮긴이 주.

57) 타인의 부모를 나의 부모와 같이 여기니 부모의 차별성이 드러나지 않는다. 이는 유가의 親親仁民의 차서에 위배되기 때문에 부모를 부정한 것이라고 비평한 것이다. ― 옮긴이 주.

의 학설을 배척하며, 방탕한 말을 추방하고 사사로운 학설이 다시 나오지 못하게 하려고 한다. (사사로운 학설이) 마음에 작용하면 일을 해치게 된다. 일에 작용하면 정치를 해치게 된다. (때문에) 성인이 다시 나타난다고 할지라도 내 말을 고치지 않을 것이다." "옛날에 우는 홍수를 다스려 천하가 평안해졌다. 주공은 이적의 무리를 회유하여 귀순시키고, 맹수를 몰아내자 백성들이 편안한 생활을 하였다. 공자가 춘추를 짓자 난신적자들이 두려워하게 되었다. 《시경》에 이르기를, '이적을 치고, 형서를 징계하자 나를 감히 대적할 자가 없다.' 부모를 부정하고 군주를 부정하는 사람은 주공의 정벌 대상이었다. 나도 백성의 마음을 올바르게 잡고 사사로운 학설을 잠재우며, 한쪽으로 치우친 행동을 막고, 방탕한 말을 추방함으로써 위 세 명의 성인 정신을 계승하려고 한다. 내가 어찌 논쟁을 좋아해서 그렇겠는가? 나는 부득이 그럴 수밖에 없었기 때문이다. 말로 양주와 묵적을 막아낼 수 있는 사람은 성인을 따르는 사람이다."

公都子曰：“外人皆稱夫子好辯, 敢問何也？”孟子曰：“予豈好辯哉？予不得已也！天下之生①久矣, 一治一亂. 當堯之時, 水逆行, 氾濫於中國, 蛇龍居之, 民無所定, 下者爲巢, 上者爲營窟②.”“書③曰：'洚水警余', 洚水者, 洪水也. 使禹治之. 禹掘地而注之海, 驅蛇龍而放之菹④. 水由地中行, 江·淮·河·漢是也. 險阻⑤旣遠, 鳥獸之害人者消, 然後人得平土而居之.”“堯舜旣沒, 聖人之道衰, 暴君代作⑥, 壞宮室⑦以爲汚池, 民無所安息. 棄田以爲園囿, 使民不得衣食. 邪說暴行又作, 園囿·汚池·沛⑧澤多而禽獸至. 及紂之身, 天下又大亂. 周公相武王誅紂, 伐奄⑨三年討其君, 驅飛廉⑩於海隅而戮之. 滅國者五十, 驅虎豹犀象而遠之, 天下大悅. 書⑪曰：'丕顯⑫哉！文王謨⑬！丕承⑭哉！武王烈⑮, 佑啓⑯我後人, 咸以正無缺⑰.'”“世衰道微, 邪說暴行有⑱作. 臣弑其君者有之, 子弑其父者有之. 孔子懼, 作春秋. 春秋, 天子之事也. 是故孔子曰：'知我者, 其惟春秋乎！罪我者, 其惟春秋乎！'”“聖王不作, 諸侯放恣⑲, 處士橫議⑳, 楊朱·墨翟之言盈天下. 天下之言, 不歸楊則歸墨. 楊氏爲我, 是無君也. 墨氏兼愛, 是無父也. 無父無君, 是禽獸也！公明儀曰：'庖有肥肉, 廐有肥馬. 民有飢色, 野有餓莩. 此率獸而食人也！'楊墨之道不息, 孔子之道不著. 是邪說誣民, 充塞㉑仁義也. 仁義充塞, 則率獸食人人將相食. 吾爲此懼, 閑㉒先聖之道, 距㉓楊墨, 放㉔淫辭, 邪說者不得作㉕. 作於其心, 害於其事. 作於其事, 害於其政. 聖人復起, 不易吾言矣."
"昔者禹抑㉖洪水, 而天下平. 周公兼㉗夷狄, 驅猛獸, 而百姓寧. 孔子成春秋,
而亂臣賊子懼. 詩㉘云: '戎狄是膺㉙, 荊舒是懲㉚, 則莫我敢承㉛.' 無父無
君, 是周公所膺也. 我亦欲正人心, 息邪說, 距詖㉜行, 放淫㉝辭, 以承三聖
者. 豈好辯哉? 予不得已也. 能言距楊墨者, 聖人之徒也."〈滕文公 下9〉

◁주 해▷

① 生 : '백성이 태어나다(生民)'의 뜻이다. '天下之生久矣'는 '천하에 사람이 태
어난 지 오래 되었다' 혹은 '사람이 태어난 이래로'의 의미이다.

② 營窟 : 흙을 쌓아 만든 혈거, 혹은 벽에 굴을 뚫어 만든 혈거.

③ 書 :《위고문상서(僞古文尙書)》〈대우모(大禹謨)〉편.

④ 菹 : 풀이 나 있는 늪.

⑤ 險阻 : 홍수의 범람을 의미한다.

⑥ 代作 : 한 명의 폭군이 출현했다가 죽으면 또 다른 폭군이 나타난다.

⑦ 宮室 : 맹자 당시에는 평민이 사는 곳도 궁실이라고 불렀다. 이곳에서 궁실
은 민간이 거주하는 곳을 가리킨다.

⑧ 沛 : 물가에 풀이 나 있는 곳.

⑨ 奄 : 은대에 중국 동북부에 있었던 나라이다. 은 주왕의 폭정을 부추겼다.

⑩ 飛廉 : 주왕이 총애하였던 아첨배.

⑪ 書 :《위고문상서》〈주서(周書) 군아(君牙)〉편.

⑫ 丕顯 : 비(丕)는 '크다'이고, 현(顯)은 '분명하다'의 뜻이다. 혹자는 조는 아무
의미 없는 발어사라고도 한다.

⑬ 謨 : 꾸미다.

⑭ 承 : 계승하다.

⑮ 烈 : 빛나다.[58]

⑯ 佑啓 : 우(佑)는 '돕다'이고, 계(啓)는 '열다'의 뜻이다. 즉, 도와서 갈 길을 열
어 주다.

⑰ 缺 : 결함.

⑱ 有 : 우(又), 즉 '또'와 같다.

⑲ 放恣 : 함부로 행동하다. 당시의 제후들이 제멋대로 왕이라고 칭하였기 때문

---

58) 은의 주왕을 토벌하여 폭정을 종식시킨 공적을 가리킨다. ― 옮긴이 주.

에 방자하다는 말을 쓴 것이다.

⑳ 處士橫議 : 처사(處士)는 관직에 오르지 않은 지식인이고, 횡의(橫議)는 도리
　에 맞지 않은 주장을 거침없이 내놓음을 의미한다. 당시의 제자백가와 그 학
　설을 가리킨다.

㉑ 充塞 : 꽉 막아버려 소통하지 않게 한다.

㉒ 閑 : 지키다, 혹은 수호하다.

㉓ 距 : 막다, 혹은 배척하다.

㉔ 放 : 멀리 추방하다.

㉕ 作 : 발생하다, 혹은 일어나다.

㉖ 抑 : 다스리다.

㉗ 兼 : 회유하여 귀순시키다.[59]

㉘ 詩 :《시경》, 인용한 구절은 〈노송(魯頌) 비궁(閟宮)〉편.

㉙ 膺 : 격퇴하다, 혹은 치다.

㉚ 懲 : 징계하다.

㉛ 承 : 막다.

㉜ 詖 : 치우치다.

㉝ 淫 : 방탕하다.

◀해 설▶

　맹자를 잘 모르는 사람들이 맹자를 가리켜 논변을 좋아하는 사람이라고 하
자 공도자가 맹자에게 무엇 때문에 논변을 좋아하느냐고 물었다. 이에 대하여
맹자는 논변을 벌이지 않을 수 없는 당시의 상황을 설명하였다. 맹자가 말한
'부득이한 이유'는 다름 아닌 역사문화에 대한 계승 의식이고, 시대의 사상에
대한 대항 의식이다.

　맹자는 천하에 백성이 태어난 이후 역사의 진행과정을 한 구절로 개괄하였
다. 그것은 바로 '치세와 난세가 교대로 나타난다'는 일치일난(一治一亂)이다.
이는 역사의 연변(演變)에 대한 숙명론적인 사고가 아니라, 단지 이미 존재하
였던 사실에 대한 종합적 서술에 불과하다.

---

59) 저자는 주자의 해석에 따라 겸병(兼幷)으로 해석하였으나, 이적의 무리에 대한 주공의
　행적을 보면 교화시켜 귀순시킨다고 해석하는 것이 자연스럽다. ― 옮긴이 주.

요와 순의 시대에는 홍수가 범람하였고, 또 맹수의 피해가 심하여 백성들이 안정된 생활을 할 수 없었다. 우가 홍수를 잘 관리하자 짐승의 피해가 줄어들었고, 백성들도 안정된 생활을 할 수 있게 되었다. 이것이 바로 첫 번째 일치일난이다. 요순 이후 선양이라는 이상적인 정권 이양 방법이 자취를 감추었고, 세습이라는 새로운 제도가 등장하자 폭군이 연이어 출현하였다. 殷의 주왕 시대에 이르자 폭정이 극악하여 백성들이 도저히 삶을 영유할 수 없게 되었다. 이 때 주공이 무왕과 함께 주왕을 토벌하고, 엄나라를 정벌하자 천하는 태평해졌다. 이것이 두 번째 일치일난이다. 서주의 봉건시대가 지나고 동주의 춘추전국시대가 이르자 대국이 소국을 병합하였고, 또 제후국에서는 상하의 질서가 혼란하여 왕위를 빼앗는 찬탈이 발생하였다. 이 때 공자가 올바른 정치와 인생의 도리를 세우고자 춘추를 지었는데, 이것이 세 번째 일치일난이다.

맹자의 자각 반성은 제4단계의 일치일난이다. 주공 이후로 성왕이 출현하지 않자 천하 대통일의 세계관이 붕괴되어버렸고 가치의식마저 없어져버렸다. 제후국들은 천하 대통일이라는 궤도를 이탈하여 각국의 이익만을 고려하는 극단적인 입장을 취하였다. 사상계도 공전(空前)의 혼란에 빠져 초야의 지식인들이 너도 나도 자신의 학술을 발표하였다. 당시에 양주와 묵자의 언론은 도처에 유포되어 천하의 사상계를 양분하였다. 그러나 양주와 묵자의 사상은 편향되었을 뿐만 아니라 인생의 대도에 위배된다는 점이 문제였다. 인생의 올바른 대도를 세우지 못하고 자신의 입장만을 고집스럽게 견지하기 때문에 그들의 학설을 횡의(橫議)라고 한 것이다.

양주는 위아주의를 내세웠다. 양주 위아주의의 극단이 바로 '한 오라기의 털을 뽑으면 천하가 이롭게 될지라도 털을 뽑지 않는다'는 것이다. 단지 자신의 조그마한 희생만 있으면 천하의 모든 사람이 이익을 공유할 수 있는데도 하지 않으려고 하는 태도가 바로 위아주의이다. 이 얼마나 극단적인 이기주의인가? 이러한 사람은 천하에 대한 관심과 배려의 마음이 근본적으로 없다. 즉, 천하라는 공동체 의식이 없기 때문에 맹자는 그들을 가리켜 '군주를 부정하는 무리(無君)'라고 하였다. 묵자는 겸애주의를 주장하였다. 겸애주의의 극단은 '발뒤꿈치가 다 닳아 없어질지라도 천하를 이롭게 하는 일이라면 한다'는 것이다. 단지 천하에 이익이 되는 일이라면 어떤 일이라도 불사한다는 입장이다. 이처럼 자신의 모든 생명을 천하를 위하여 봉헌하니 이 얼마나 장열한가?

그러나 문제는 천하에 있는 것이 아니라 '천하에서 자신의 부모에게 어떤 지위를 부여하고 있는가'라는 점이다.

유가의 윤리 가치관에 비춰 보면, 군신간에는 義가 있어야 하고, 부자간에는 仁이 있어야 진정한 군신 그리고 부자관계가 성립한다. 양주는 군신의 도리를 부정하고, 묵자는 부자의 도리를 부정하니 이는 불인불의(不仁不義)이다. 또 사람이 사람일 수 있는 근거는 인의예지의 사단지심을 발현하는 것인데, 양주와 묵자는 사단의 마음을 발현하지 못하니, 어찌 금수와 다르다고 할 수 있겠는가? 맹자의 비평을 보면, 양주와 묵자는 인륜의 도리를 저버렸으니, 이는 인간사회의 문화를 부정하는 것과 같다. 인간사회 문화의 부정은 원시상태로의 회귀를 의미한다. 이러한 인생은 산림과 들판의 조수와 다를 바 없는 삶이다. 부자간의 도리를 모르고, 군신간의 도리를 부정하니, 맹자는 '짐승을 끌어다가 사람을 잡아먹이는 것이다'라고 비평하였다. 금수간의 도리를 인간의 사회에 적용하는 것은 인간의 도리를 근본적으로 부정하는 것이다. 그 결과가 바로 사람끼리 서로 해치고, 아랫사람이 윗사람의 지위를 찬탈하며, 큰 나라가 작은 나라를 병합하는 것이다. 이 얼마나 참혹한 결과인가? 이로써 보면 시대의 혼란과 인간의 비극은 사상의 오도로 말미암아 비롯된 것임을 알 수 있다. 양주와 묵자 학설이 만연하게 되면 공자의 仁義 도덕의 가치를 막게 된다. 이러한 양주와 묵자의 학설이 마음에 영향을 끼치면 일이 어그러지고, 일에 영향을 끼치면 정치가 어그러진다. 이 때문에 맹자는 분연히 일어나 유학의 정도를 홍양(弘揚)하고 양묵의 이단을 물리치려고 한 것이다.

맹자의 사상에는 세움(立)도 있고 물리침(破)도 있다. 세움의 대상은 유학이고, 물리침의 대상은 양주와 묵자의 학설이다. 맹자의 논변을 세움의 방면에서 보면 파도가 밀려오는 것처럼 장엄하여 천고의 세월을 비출 수 있지만, 물리침의 방면에서 보면 어딘지 모르게 義理의 엄정함이 부족하고, 다른 학설에 대한 동정심도 부족한 것 같다. 사실 양주가 주장한 위아주의의 문제점은 자신의 이익만을 고려하는 이기주의에 있는 것이 아니라 군주의 존재를 간과한다는 점에 있다. 다시 말하면 공동체의 가치를 중시하지 않는 것이다. 위아주의의 我는 자아로서 위아주의는 《논어》에 출현하는 은자들이 추구하는 생명 노선이다. 모든 사람이 자신의 진실한 생명의 본래 모습을 회복하여 타인의 생활을 간섭하지 않으면 천하가 혼란스럽지 않게 된다는 것이 양주의 입장이다. 묵자 겸애주의의 문제점 역시 마음속에 부모의 존재가 없다는 것이 아니라 부모와 타인의 부모를 동일하게 취급하여 천하 사람 모두를 부모처럼 사랑한다는 점에 있다. 당시 주왕조의 천하에서 천자와 제후 그리고 공경대부들은 거의 모두 한 가족의 구성원이었다. 묵자는 유가에서 강조하는 친친인민애물의 사랑은 주 왕실과 귀족의 한 가족만을 보호하는 편애라고 생각하였다. 윗자리에 있는 사람들이 모두 자신의 가족만을 사랑(親親)한다면 누가 천하 만민을 사랑(仁民)한다는 말인가? 얼마나 많은 시간을 기다려야 그 사랑이 백성들에게까지 미칠 수 있다는 말인가? 묵자는 이 점에 관하여 매우 회의적이었다. 때문에 무차등의 겸애 정치를 실현해야만 고난에 처해 있는 백성들에게 실질적인 복지가 이루어질 수 있다고 생각한 것이다.

한비자는 〈현학(顯學)〉편에서 "천하의 큰 이익으로써 정강이 털 한 오라기와 바꾸지 않는다"[60]는 구절이 있다. 이 구절의 의미는 당시의 은자인 양주의 도가주의자들의 행태와 일치한다. 도가주의자들의 관심은 오로지 자신의 진실한 생명을 온전히 보전하는 것이다. 어떤 외적인 것, 즉 천하의 이익을 위해서 자신 생명의 진실함을 잃어버리지 않으려고 한다. 때문에 노자는 "과분한 명리에 대한 집착은 반드시 큰 대가를 치를 것이고, 풍부한 재화를 축적하면 반드시 큰 손실이 있을 것이다"[61]라고 하였다. 지나치게 명리에 대하여 집착하고, 많은 재산을 축적하려고 하면 반드시 자신의 생명을 보존하지 못할 것이라는 것이 노자의 입장이다. 이로써 보면 맹자가 말한 '오로지 자기만을 위하여 한오라기의 털을 뽑으면 천하가 이롭게 될지라도 털을 뽑지 않는다'는 아마 사실을 묘사한 말이 아니라 가치론적인 판단일 것이다. 때문에 양주가 군주의 존재와 가치를 부정한다는 무군(無君)의 표현은 도가 계통 이외의 것으로서 양주의 생명정신과 상응하지 않을 수도 있다. 묵자와 양주는 정반대이다. 맹자는 묵자의 겸애주의를 '발뒤꿈치가 다 닳아 없어질지라도 천하를 이롭게 하는 일이라면 한다'로 표현하였다. 즉, 오로지 천하에 이익이 되는 일이라면 자신의 생명이 희생하더라도 기꺼이 한다. 다시 말하면 묵자의 겸애주의는 타인을 자신처럼 여기는 것이고, 또 타인의 가정을 마치 자신의 가정처럼

---

60) "不以天下大利, 易其脛一毛."
61) "甚愛必大費, 多藏必厚亡."《도덕경》44장

344

여기는 것이다. 그러나 비록 타인의 가정을 자신의 가정처럼 여긴다고 할지라
도 출발점은 여전히 자신의 가정에 있다. 만일 자신의 가정을 근본으로 삼지
않는다면 타인의 가정을 자신의 가정처럼 여긴다는 주장도 의미가 없다. 따라
서 맹자가 묵자의 겸애주의를 부모의 존재를 부정하는 무부(無父)라고 평가한
것은 사실과 약간 동떨어진 판단이라고 할 수 있다.

맹자는 일치일난이라는 역사적 사실에 대한 고찰에서 우와 주공 그리고 공
자 도덕사업의 가치를 긍정하였다. 우가 홍수를 잘 다스리자 천하가 편안해졌
고, 주공이 이적(夷狄)을 평정하자 백성들의 생활이 안정되었으며, 공자가
《춘추》를 짓자 난신적자들이 두려워하였다. 부모의 존재와 군주의 존재를 부
정하는 이적들은 주공의 평정 대상이었으며, 부모와 군주의 존재를 부정하는
난신적자들은 공자가 엄하게 질책한 사람이었다. 예악의 제정과 정벌의 권한
은 본래 천자에게 있다. 때문에 천하 제후들이 윗사람의 지위를 찬탈하고, 강
대국이 약소국을 병합하여 예악의 질서를 어지럽히면 천자는 이러한 제후들
을 정벌하여 본래의 상태로 회복시켜 주어야 한다. 이것이 바로 천자의 책무
이다. 공자는 《춘추》를 지어 선을 장려하고 악을 질책하였다. 이것이 이른바
"한 자의 칭찬이 화려한 곤룡포보다 빛나고, 한 자의 질책은 부월보다도 엄하
다"[62]는 것이다. 공자는 이러한 문자의 기능으로써 천자가 해야 하는 정벌의
직책을 대신하려고 하였다. 그렇기 때문에 "춘추는 곧 천자가 해야 할 일을
기록한 책이다"라고 한 것이다. 공자는 《춘추》를 지어 칭찬과 질책으로써 정
벌을 삼았고, 함축적인 말로써 大義를 드러냈다. 이것 역시 당시의 상황에서
공자가 취할 수 있는 유일한 방법이었다. 때문에 "나를 알려면 오로지 춘추를
통해서 알 수 있다. 나를 죄 주는 것도 오로지 춘추일 것이다"라고 한 것이다.
부모와 군주의 존재를 부정하는 양주와 묵자의 학설은 맹자가 비평해야 할 대
상이었다. 맹자가 부득이 그들의 학설을 비평한 것 역시 위 세 명의 성인이 내
세운 문화적 사명을 계승하고, 잘못된 시대의 광풍(狂風)을 교정하려는 중대
한 사상적 책무를 다하려는 것이다. 양주와 묵자의 학설이 세상에서 하루라도
없어지지 않으면 공자가 내세운 도는 그만큼 세상에 드러나지 않을 것이다.
이러한 문화적 사명감에서 맹자는 人心을 올바르게 하고, 사사로운 학설을 잠

62) "一字之褒, 榮於華袞. 一字之貶, 嚴於斧鉞."

재우며 유학을 널리 알리기 위하여 양주와 묵자의 학설을 극력 비판하면서 성인의 후계자가 되려고 한 것이다. 때문에 맹자는 '바람이 있다면 공자를 배우는 것이다'라고 하였다.

23. 즐겁게 살면서 천하의 일을 잊다(樂忘天下)

도응이 묻기를, "순이 천자의 지위에 있고, 고요가 (법을 집행하는) 옥관으로 있는데, (순의 아버지인) 고수가 살인을 하였다면, (고요는) 어떻게 처리하였을까요?" 맹자가 말하기를, "(고요는 법대로 고수를) 체포하였을 것이다." (도응이 묻기를), "그렇다면 순이 (고요의 법 집행을) 막지 않았을까요?" (맹자가) 말하기를, "순이 어떻게 (고요의 법 집행을) 막을 수 있겠는가? (고요가) 집행한 법은 객관적인 표준을 갖고 있다." (도응이 묻기를), "그렇다면 순은 어떻게 하였을까요?" (맹자가) 말하기를, "순은 천하를 버리는 것을 마치 헌신짝 버리듯이 할 것이다. (아마) 몰래 (고수를) 업고 달아나 바다 끝에서 살면서 종신토록 기쁜 마음으로 즐겁게 살면서 천하의 일을 잊을 것이다."

桃應①問曰："舜爲天子, 皐陶爲士②, 瞽瞍殺人, 則如之何?" 孟子曰："執之而已矣!" "然則舜不禁與?" 曰："夫舜惡得而禁之? 夫有所受之③也." "然則舜如之何?" 曰："舜視棄天下猶棄敝蹝④也. 竊負而逃, 遵⑤海濱而處, 終身訴⑥然, 樂而忘天下." 〈盡心 上35〉

◁ 주 해 ▷

① 桃應 : 맹자의 제자.

② 士 : 감옥을 관리하는 관리로서 지금의 사법 일을 관장하는 직책이다. 순이 통치할 때 이 기관의 수장은 고요(皐陶)였다.

③ 有所受之 : 고요가 집행하는 법 질서 체계에는 객관적인 표준이 있기 때문에 천자라고 할지라도 고요의 법 집행을 막을 수 없다.

④ 蹝 : 해진 짚신을 가리킨다. 즉 '아무 미련 없이 버린다'는 의미이다.

⑤ 遵 : 주자는 '따르다'의 순(循)으로 해석하였다.

⑥ 訴 : 기뻐하는 모양. 즉 흔(欣)과 동일한 의미이다.

◀ 해 설 ▶

맹자의 제자인 도응이 맹자에게 매우 난처한 질문을 하였다. '순이 천자의 지위에 있고, 고요가 법관으로 재직하고 있을 때, 포악한 성품을 가진 순의 아버지 고수가 살인을 하였다면 고요는 마땅히 어떻게 처리하였을까요?' 이 질문은 맹자를 진퇴양난의 입장에 처하게 할 것 같지만 맹자는 오히려 '고요는 법대로 고수를 체포하면 될 것이다'라고 매우 단호하고 분명하게 대답하였다.

법을 집행하는 고요의 입장에서 보면, 고요는 단지 법규에만 충실할 뿐 사사로운 인정에 얽매여서는 안 된다. 즉, 사건의 진상을 보아야지 대상이 누구인지를 살펴서는 안 된다. 고수가 살인한 것이 사실이라면 당연히 법규에 따라 체포하여 형벌로 다스리면 그만이다. 이것 외에 다른 선택은 있을 수 없다.

진퇴양난에 처한 것은 고요가 아니라 순이다. 순은 비록 천자의 지위에 있다고 할지라도 고요가 살인범인 자기의 아버지를 처벌하려고 할 때 권력을 남용하여 고요의 법 집행을 방해할 수 없다. 그러나 다른 측면에서 보면, 순은 고수의 아들이다. 아버지가 사형을 당할 수 있는 곤경에 처해 있는 상황에서 수수방관할 수만은 없을 것이다. 더욱이 대의멸친(大義滅親)이라는 화두를 내세워 자신뿐만 아니라 백성들을 속일 수도 없을 것이다. 멸친이 바로 불인(不仁)인데, 불인한 사람이 어떻게 대의라는 구호를 내세울 수 있겠는가? 일찍이 법가사상가들은 유가윤리와 법가윤리가 충돌할 수 있음을 간파하였는데, 그것은 바로 충과 효가 충돌할 때 양자 모두를 만족시켜 줄 수 없기 때문이다. 맹자는 군신간의 義가 인륜의 양대 기둥인 점은 긍정하였지만, 義의 근본은 부자간의 仁에 있음을 강조하였다. 때문에 충과 효가 서로 충돌할 때 유가철학에서는 먼저 부자간의 仁에 중점을 두었다. 법가의 정치윤리는 군신간의 義를 수호하기 위하여 부자간의 仁보다 忠에 중점을 둔다. 이는 법가에서 가족윤리보다 정치윤리를 우선시하기 때문이다. 특별한 경우가 아닌 일반적인 상황에서 대의멸친은 유가의 윤리에 어긋난다.[63]

천자는 마땅히 법 질서를 수호해야 하고, 또 부자간의 인륜에도 충실해야

---

63) 명말(明末) 정성공(鄭成功)은 부친이 청에 귀순하자 대의멸친이라는 구호를 내걸고 대만으로 건너와 청과 대립하였다. 중국인들은 정성공의 대의멸친에 대해서는 그 가치를 긍정하고 있다. ―옮긴이 주.

한다. 공자는 합리성의 직(直)을 "아버지는 자식을 위하여 숨겨 주고, 아들은 아버지를 위하여 숨겨 준다. 그 속에 정직이 있다"[64]고 하였다. 아버지가 자식의 잘못을 숨겨 주고, 자식이 아버지의 잘못을 숨겨 주는 것을 정직으로 규정하는 것은 가족윤리를 중시하는 유가의 반성에 따른 결론이다. 정치윤리를 우선시한다면 부자간에 서로의 잘못을 숨겨 주는 행위는 사건의 진상을 감추는 것이므로 범법행위에 해당한다. 이 점은 현대의 법치주의 관점에서 본다면 비평의 소지가 있다. 그러나 현대의 법치주의에서도 친족간의 인정을 간과하지는 않는다. 즉, 법리를 인정과 균형 있게 조화시키면서 적용하고 있다. 국법이라고 할지라도 결코 부자간의 친정을 해쳐서는 안 된다. 만일 국법으로 부자간에 서로 밀고할 것을 권장하고, 서로를 법정에 세워 자식이 아버지의 죄상을 밝히고, 아버지가 자식의 범죄행위를 증언하도록 강권한다면, 부자간의 친정도 보호해 주지 못한 국법이 무슨 정의를 논할 수 있겠는가? 이 때문에 현대의 법치주의에서도 친족간에는 증언을 거절할 자유를 인정하고 있다. 맹자는 순이 처한 상황에서 순이 선택할 수 있는 방법은 오로지 하나라고 생각하였다. 즉, 부자간의 친정을 수호하는 것이다. 이를 위해서는 먼저 천자의 지위를 버리고 평민의 신분으로 돌아가야 한다. 왜냐하면 천자의 지위를 차지하고 있으면서 법의 공정함을 알면서도 법을 위반하는 것은 직무에 충실하지 못한 것이기 때문이다. 다음 단계에서는 한 사람의 아들로서의 역할에 충실하면 된다. 몰래 고수를 업고 국법이 미치지 않는 해변가로 달아나 숨어 살면서 종신토록 천하의 일을 잊고서 살아가는 것이다.

충과 효가 물고기와 웅장(熊掌) 중에서 반드시 하나만을 취해야 하는 것처럼 반드시 서로 충돌하는 것만은 아니다. 충과 효를 모두 만족시키기 위해서는 권도(權道)가 필요하다. 만일 이미 양자를 만족시킬 수 없는 형편에 놓여져 있다면 당연히 원칙에 따라 부자간의 친정을 우선시해야 한다. 만일 부자간의 仁道를 올바르게 세우지 못한 상황에서 대의멸친이라는 권도를 내세운다면 이는 내용 없는 허망한 가상에 불과하다. 반드시 근본을 세운 후에 비로소 권도가 의미를 갖게 된다. 근본을 확립하지 못하면 권도가 의지할 수 있는 근거가 없기 때문에 권도는 단지 권술(權術)에 불과할 것이다.

---

64) "父爲子隱, 子爲父隱, 直在其中."《論語》〈子路 18〉

24. 문화로써 미개인을 변화시키다(用夏變夷)

　신농의 가르침을 연구하고 실천하는 허행이라는 사람이 있었는데, (그가) 초나라에서 등나라로 왔다. (등나라 군주가 살고 있는 궁궐의) 문에 도착하여 문공에게 말하기를, "먼 곳에 사는 사람이 (이곳의) 군주께서 仁政을 행한다는 말을 들었습니다. 원컨대 거처할 만한 집 한 채를 받아 (등나라의) 백성이 되고자 합니다." 문공이 그에게 거처할 집을 주었다. (허행을) 따르는 수십 명이 모두 거친 옷을 입고 짚신을 만들며 자리를 짜는 것을 주업으로 삼고 살았다. 진량의 제자인 진상이 그의 동생 신과 함께 농기구를 짊어지고 송나라에서 등나라로 왔다. (진상이) 말하기를, "군주께서 성인의 정치를 행한다고 들었는데, 그렇게 하는 사람도 성인이다. 원컨대 성인의 백성이 되기를 청합니다." 진상이 허행을 보고서 매우 기뻐하여 자기가 배운 학설을 모두 내버리고 (허행의 학설을) 배웠다. 진상이 맹자를 만나 허행의 말을 전하며 말하기를, "등나라 군주는 참으로 현명한 군주이지만 아직 도를 깨우치지는 못한 것 같습니다. 현명한 사람은 백성들과 함께 농사지으면서 먹고, 아침과 저녁을 손수 지어 먹으면서 나라를 다스립니다. (그런데) 지금 등나라에는 양곡 창고와 재물 창고가 있는데, 이는 (세금으로써) 백성들을 괴롭혀 자기를 봉양하는 것이니 어찌 현명하다고 할 수 있겠습니까?" 맹자가 말하기를, "허자는 반드시 손수 농사를 지어서 밥을 먹습니까?" (진상이) 말하기를, "그렇습니다." (맹자가 말하기를), "허자는 반드시 손수 천을 짜서 옷을 입습니까?" (진상이) 말하기를, "아닙니다. 허자는 거친 옷을 입습니다." (맹자가 말하기를), "허자는 관을 씁니까?" (진상이) 말하기를, "관을 씁니다." (맹자가) 말하기를, "무슨 관을 씁니까?" (진상이) 말하기를, "흰 관을 씁니다." (맹자가) 말하기를, "손수 그것을 짭니까?" (진상이) 말하기를, "아닙니다. 곡식과 바꾸어 씁니다." (맹자가) 말하기를, "허자는 왜 손수 그것을 짜지 않습니까?" (진상이) 말하기를, "농사짓는 데 방해가 되기 때문입니다." (맹자가) 말하기를, "허자는 솥과 시루로 취사를 하고, 쇠로 만든 쟁기로 농사를 짓습니까?" (진상이) 말하기를, "그렇습니다." (맹자가 말하기를), "손수 그것을 만듭니까?" (진상이) 말하기를, "아닙니다. 곡식과 바꾸어 씁니다." (맹자가 말하기를), "곡식으로써 기구를 바꾸어 쓰는 것은 그릇 만드는 사람과 농기구 만드는 사람을 괴롭히는 것이 아니다. 그릇 만드는 사람과 농기구 만드는 사람도 (자기가 만든) 기구로써 곡식을 바꾸어 먹는 것인데, 어찌 농부를 괴롭히는 것이 되겠는가? 또 왜 허자는 그릇 만드는 일과 농기구 만드는 일을 하지 않는가? 모든 것을 자기 집안에서 내어 쓰지 않고 왜 그리 귀찮게 여러 장인들과 교역을 하는가? 왜 허자는 귀찮은 일을 마다 하지 않습니까?" (진상이) 말하기를, "여러 장인들이 하는 일은 본래 농사지으면서 할 수 있는 일이 아니기 때문입니다." (맹자가 말하기를), "그렇다면 천하를 다스리는 일만은 농사를 지으면서 함께 할 수 있다는 말인가? 관직을 가진 사람이 할 일이 있고, 농공상인이 할 일이 있다. 또한 한 사람의 몸에 모든 장인이 할 수 있는 기능을 다 갖추고 있어 (모든 물건을) 반드시 스스로 만든 후에야 쓴다면 이는 천하의 사람을 끌어다가 지치게 하는 것이다. 때문에 어떤 사람은 마음이 수고롭고, 어떤 사람은 몸이 수고롭다. 마음이 수고로운 사람은 다른 사람을 다스리고, 몸이 수고로운 사람은 남에게 다스림을 받는다. 남에게 다스림을 받는 사람은 남을 먹여 주고, 남을 다스리는 사람은 남에게 봉양을 받는다. 이것이 천하에 통용되는 원칙이다." "요임금 때에는 천하가 아직 안정되지 않았다. 큰 물이 마구 흘러 천하에 범람하였다. 초목이 너무 무성하여 금수가 (천하에 가득) 번식하였다. 오곡이 여물지 않고, 금수가 사람을 해쳤으며, 짐승의 발자국과 새의 발자국 흔적이 나라 안에 어지럽게 교차하였다. 요임금이 혼자서 그것을 걱정하다가 순을 등용하여 두루 정리하게 하였다. 순은 익에게 불을 관장하게 하였는데, 익이 산과 호수에 자란 (초목에) 불을 질러 태우자 금수가 도망가 숨었다. 우는 아홉 강물을 뚫어 제수와 탑수를 바다로 소통시켜 흐르게 하였다. 여수와 한수를 뚫고, 회수와 사수의 (물을) 밀어내어 장강으로 흐르게 하였다. 그런 연후에 나라 안의 (사람들이 농사를 지어) 먹고 살 수 있었다. 당시 우는 밖에서 8년이나 살았고, 세 차례나 자기 집 문 앞을 지나가면서도 들르지 않았으니 그가 비록 농사를 짓고 싶어도 지을 수가 있었겠는가?" "후직은 백성들에게 농사짓는 법을 가르쳐 오곡을 심고 가꾸게 하였다. 오곡이 여물자 백성들이 (그것을 먹고) 살 수 있게 되었다. 사람들이 살아가는 방도는 배불리 먹고 따뜻하게 입으며, 편안하게 거주하는 것이지만 교육이 없으면 금수와 가까워지게 된다. 성인은 (그 점을) 걱정하여 설을 사도로 삼아 인륜의 도리를 가르치게 하였다. 부자간에는 사랑이 있어야 하고, 군신간에는 의로움이 있어야 하며, 부부간에는 분별이 있어야 하고, 연장자와 연소자 사이에는 서열이 있어야 하며, 친구 사이에는 신뢰가 있어야 한다. 방훈이 말하기를, '(백성들의 노고를) 위로해 주고 따라오게 하며, 바로잡아 주고 정직하게 해 주며, 도와주고 부축해 주어 그들로 하여금 스스로 (선한 본성을) 일깨울 수 있도록 하고, 또 그들로 하여금 은혜를 베풀도록 진작시켜 주어야 한다.' 백성에 대한 성인의 걱정이 이와 같은데, 어느 겨를에 농사지을 틈이 있겠는가?" "요임금은 순과 같은 인재를 얻지 못하는 것을 가지고 자신의 근심으로 삼았고, 순임금은 우와 고요를 얻지 못하는 것을 가지고 자기의 근심으로 삼았다. 무릇 백묘의 논밭 곡식이 잘 가꾸어지지 않는 것을 가지고 자기의 근심으로 삼는 사람은 농부이다. 남에게 재물을 나누어 주는 것을 일러 惠라고 하고, 남에게 선을 가르쳐 주는 것을 忠이라고 한다. 천하를 위하여 인재를 얻는 것을 仁이라고 한다. 그러므로 천하를 남에게 주는 것은 쉽지만, 천하를 위하여 인재를 얻는 것은 어렵다. 공자가 말하기를, '위대하도다! 요의 임금됨이여! 오로지 하늘만이 크다고 하는데, 요는 그 하늘을 본받았다. 끝없이 넓으니 백성들이 무엇이라고 이름을 붙이지 못한다. 군주답도다! 순이여! 위대하여 천하를 차지하고도 (관리들의 일에) 관여하지 않았다.' 요와 순이 천하를 다스림에 있어 어찌 마음을 쓰지 않았겠는가만은 단지 몸소 농사짓는 일에 관해서는 마음을 쓰지 않았을 따름이다." "나는 문화민족의 것을 가지고 미개인을 변화시킨다는 말을 들었어도 미개인의 것에 변화된다는 말을 듣지 못했다. 진량은 초나라에서 태어났지만 주공과 중니의 도를 좋아하여 북쪽으로 와서 중국에서 배웠는데, 북방의 학자가 그보다 뛰어나지 못했다. 이런 사람을 일러 호걸지사라고 한다. 당신의 형제가 십수 년간 (진량을) 따르다가, 스승이 죽자 바로 스승을 배반하였다. 옛날에 공자가 죽고, 3년이 지나자 제자들이 짐을 꾸려 집으로 돌아가려고 자공에게 읍을 하고서 서로 마주보고 울었는데, 모두 목이 쉬도록 울고서 돌아갔다. 자공은 돌아와 무덤이 있는 곳에 집을 짓고 혼자서 삼년 동안 지내고서 돌아갔다. 훗날 자하와 자장 및 자유가 유약이 성인(공자)을 닮았다고 하여 공자를 섬겼던 것처럼 (유약을) 섬기려고 하면서 증자에게 (유약을) 섬길 것을 강요하였다. 증자가 말하기를, '그렇게 해서는 안 된다. (공자의 인품은) 장강과 한수의 물을 다 사용하여 세탁한 것 같고, 가을 햇빛을 쐬어 말린 것 같으며, 희고 또 희어서 더 이상 보탤

수가 없다.' 이제 남방 미개인의 때까치처럼 떠벌리는 사람이 선왕의 도를 비난하는데, 당신은 당신의 스승을 배반하고서 (허행에게) 배우니 그것 역시 증자와 다르다. 나는 깊고 어두운 골짜기에서 나와 높은 곳으로 옮겨간 사람의 이야기는 들었어도, 높은 곳에서 내려와 깊고 어두운 골짜기로 들어간 사람의 이야기는 듣지 못했다. 노송에 이르기를, '융적은 치고, 형서는 징계하자.' 주공은 이들을 응징하려고 하였는데, 당신은 (주공이 응징한 사람의 것을) 배우니 올바르게 변화한 것 같지 않다." "허행의 학설에 따르면 시장의 물가는 서로 다르지 않고, 나라 안에는 거짓이 없어 설사 5척밖에 안 되는 어린아이를 시장에 보내도 그 아이를 속이는 사람이 없다. 마포와 견포는 길이가 같으면 가격이 동일하다. 삼실과 명주솜은 무게가 같으면 가격이 동일하다. 오곡은 양이 같으면 가격이 동일하다. 신은 크기가 같으면 가격이 동일하다." 맹자가 말하기를, "대체로 물건의 품질이 서로 똑같지 않는 것은 물건의 본래 실정이다. 서로 두 배 다섯 배 혹은 열 배, 백 배, 혹은 천 배의 차이가 나기도 한다. 당신은 (그러한 차이를 무시하고 외적인 것만 같으면) 가격을 동일하게 하려고 하는데, 그것은 천하를 어지럽게 하는 것이다! 거칠게 만든 신과 조밀하게 만든 신의 가격이 같다면 사람들이 어찌 (조밀한 신을) 만들겠는가? 허자의 도에 따르면 서로 끌고 나가서 거짓말을 할 것이니 어찌 나라가 잘 다스려질 수 있겠는가?"

有爲①神農之言②者許行, 自楚之滕. 踵③門而告文公曰："遠方之人, 聞君行仁政. 願受一廛④而爲氓⑤." 文公與之處. 其徒數十人, 皆衣褐, 捆⑥屨織席以爲食. 陳良之徒陳相, 與其弟辛, 負耒耜而自宋之滕. 曰："聞君行聖人之政, 是亦聖人也. 願爲聖人氓." 陳相見許行而大悅, 盡棄其學而學焉. 陳相見孟子, 道許行之言曰："滕君則誠賢君也, 雖然未聞道也. 賢者與民並耕而食, 饔飧⑦而治. 今也滕有倉廩府庫, 則是厲⑧民而以自養也, 惡得賢？" 孟子曰："許子必種粟而後食乎？" 曰："然." "許子必織布而後衣乎？" 曰："否. 許子衣褐." "許子冠乎？" 曰："冠." 曰："奚冠？" 曰："冠素." 曰："自織之與？" 曰："否. 以粟易之." 曰："許子奚爲不自織？" 曰："害於耕." 曰："許子以釜甑⑨爨, 以鐵耕乎？" 曰："然." "自爲之與？" 曰："否. 以粟易之." "以粟易械器者, 不爲厲陶冶. 陶冶亦以其械器易粟者, 豈爲厲農夫哉？ 且許子何不爲陶冶, 舍⑩皆取諸其宮⑪中而用之, 何爲紛紛然與百工交易？ 何許子之不憚煩?"曰:"百工之事, 固不可耕且爲也.""然則治天下獨可耕且爲與? 有大人⑫之事, 有小人⑬之事. 且一人之身, 而百工之所爲備⑭, 如必自爲而後用之, 是率天下而路⑮也. 故曰:或勞心, 或勞力. 勞心者治人, 勞力者治於人⑯. 治於人者食人, 治人者食於人⑰. 天下之通義也.""當堯之時, 天下猶未平. 洪水橫流, 氾濫於天下. 草木暢茂, 禽獸繁殖. 五穀不登⑱, 禽獸偪人, 獸蹄鳥跡之道, 交於中國. 堯獨憂之, 舉舜而敷治⑲焉. 舜使益掌火, 益烈⑳山澤而焚之, 禽獸逃匿. 禹疏九河. 瀹㉑濟而注諸海. 決汝漢, 排淮泗, 而注之江. 然後中國可得而食也. 當是時也, 禹八年於外, 三過其門而不入, 雖欲, 耕得乎?""后稷㉒教民稼穡, 樹藝五穀. 五穀熟, 而民人育. 人之有道也㉓, 飽食煖衣, 逸居而無教, 則近於禽獸. 聖人有憂之, 使契㉔爲司徒, 教以人倫. 父子有親, 君臣有義, 夫婦有別, 長幼有序, 朋友有信. 放勳㉕曰:'勞之, 來之, 匡之, 直之, 輔之, 翼之, 使自得之, 又從而振德之㉖.'聖人之憂民如此, 而暇耕乎?""堯以不得舜爲己憂, 舜以不得禹皋陶爲己憂. 夫以百畝之不易㉗爲己憂者, 農夫也. 分人以財謂之惠, 教人以善謂之忠. 爲天下得人者謂之仁. 是故以天下與人易, 爲天下得人難. 孔子曰:'大哉! 堯之爲君! 惟天爲大, 惟堯則之. 蕩蕩乎民無能名焉. 君哉! 舜也! 巍巍乎有天下而不與㉘焉!'堯舜之治天下, 豈無所用心哉? 亦㉙不用於耕耳!""吾聞用夏變夷者, 未聞變於夷者也. 陳良, 楚産㉚也, 悅周公仲尼之道, 北學於中國, 北方之學者, 未能或之先㉛也. 彼所謂豪傑之士也. 子之兄弟, 事之數十年, 師死而遂倍㉜之. 昔者孔子沒, 三年之外, 門人治任㉝將歸, 入揖於子貢, 相嚮而哭, 皆失聲, 然後歸. 子貢反, 築室於場㉞, 獨居三年, 然後歸. 他日子夏·子張·子游, 以有若似聖人, 欲以所事孔子事之, 彊曾子. 曾子曰:'不可. 江漢以濯之, 秋陽以暴㉟之, 皜皜㊱乎不可尙㊲已.'今也南蠻鴃舌之人, 非先王之道, 子倍子之師而學之, 亦異於曾子矣. 吾聞出於幽谷㊳, 遷于喬木㊴者, 未聞下喬木, 而入於幽谷者. 魯頌曰:'戎狄是膺, 荆舒是懲.'周公方且膺之, 子是之學㊵, 亦爲不善變矣.""從許子之道, 則市賈不貳, 國中無僞, 雖使五尺之童適市, 莫之或欺. 布帛長短同, 則賈相若. 麻縷絲絮輕重同, 則賈相若. 五穀多寡同, 則賈相若. 屨大小同, 則賈相若."曰:"夫物之不齊, 物之情㊶也. 或相倍蓰㊷, 或相什伯, 或相千萬. 子比㊸而同之, 是亂天下也! 巨屨小屨同賈, 人豈爲之哉? 從許子之道, 相率而爲僞者也, 惡能治國家?"〈滕文公 上4〉

◁ 주 해 ▷

① 爲 : '배우고 연구하다'의 치(治)와 같은 의미이다.

② 神農之言 : 염제(炎帝) 신농씨이다. 신농은 백성들에게 씨를 파종하고 수확하는 방법을 가르쳤다. '신농의 말(言)'은 후인들이 신농의 말에 의탁하여 세운 학설을 가리킨다. 이른바 제자백가의 농가(農家)가 바로 이것이다.

③ 踵 : '이르다(至)' 혹은 '가다'의 의미이다.

④ 廛 : 거처할 집 한 채.

⑤ 氓 : 다른 곳에서 이주한 백성. 즉, 지금의 이민(移民)과 유사하다.[65]

⑥ 捆 : 짚신을 만들 때 두드리고 조여 견고하게 만든다는 의미이다.[66]

⑦ 饔飧 : 따뜻한 밥이다. 아침밥을 옹(饔)이라고 하고, 저녁밥을 손(飧)이라고 한다. 이 두 글자는 자주 동사로 사용되어 '스스로 밥을 짓다'로 해석된다.

⑧ 厲 : '병들다' 혹은 '해치다'의 의미이다.[67]

⑨ 釜甑 : 부(釜)는 철로 만든 솥이고, 증(甑)은 흙으로 만든 도기이다.

⑩ 舍 : 사(啥)와 동일한 의미이다. 즉, 지금의 '뭐'와 같은 의미이다. 혹자는 '그만두다' 혹은 '하지 않는다'로 해석한다.[68]

⑪ 宮 : 진한(秦漢) 이전에는 신분의 귀천에 관계없이 주택을 궁(宮)이라고 불렀다. 진한 이후에 왕이 거처하는 곳을 궁이라고 칭하기 시작하였다.

⑫ 大人 : 관직이 있는 사람. 즉, 나라 다스리는 일에 종사하고 있는 사람을 가리킨다.

⑬ 小人 : 관직이 없는 농공상인을 가리킨다.

⑭ 備 : 마땅히 동사로 사용해야 한다. '한 사람의 몸에 갖추다'의 의미이다.

⑮ 路 : 주자는 '길을 분주하게 달린다'로 해석하였다.[69]

⑯ 治於人 : 다른 사람에게 통치를 받다. 피동을 나타내는 어투이다.

⑰ 食於人 : 사(食)는 공양의 의미이다. 사어인(食於人)은 '타인에게 공양을 받는다'의 뜻이다.

⑱ 登 : 잘 익어 여물다.

---

65) 이주해 온 백성을 토착민과 구별하여 맹(氓)이라고 한다. ― 옮긴이 주.

66) '짚신을 만들다'로 해석하는 것이 자연스럽다. ― 옮긴이 주.

67) '조세를 거두어들여 백성들을 괴롭힌다'는 의미이다. ― 옮긴이 주.

68) 옮긴이는 '그만두다' 혹은 '하지 않는다'로 번역하겠다. ― 옮긴이 주.

69) '길을 바삐 달려 쉴 틈이 없다'보다는 '지치게 한다'로 해석하는 것이 자연스럽다. 저자는 주자의 해석을 따랐지만 옮긴이는 '지치게 한다'로 해석하겠다. ― 옮긴이 주.

⑲ 敷治 : 부(敷)는 '잘 다스리다'의 치(治)로 해석하기도 하고, 두루의 편(徧)으로 해석하여 부치를 '두루 잘 다스리다'로 번역하기도 한다.

⑳ 烈 : 훨훨 타오르도록 불을 지르다.

㉑ 瀹 : 소통시키다.

㉒ 后稷 : 농사를 관장하는 직명이다. 주(周)민족의 시조인 기(棄)가 요임금 때 후직이었다.

㉓ 人之有道也 : 유(有)는 위(爲)와 유사하다. 즉, 사람이 살아가는 생활 방도.

㉔ 契 : 순임금 때 교육을 관장하던 장관이다. 은(殷)의 시조라고 전해진다.

㉕ 放勳 : 요임금의 호(號).

㉖ 振德之 : 덕은 은덕 혹은 은혜이고, 지(之)는 백성을 가리킨다. 즉, 백성들에게 더욱 많은 은혜를 베풀 수 있도록 진작시키다.

㉗ 易 : 농사가 제대로 되다.

㉘ 與 : 여(與)는 두 가지 의미를 가지고 있다. 하나는 '관여하다'이다. 그렇다면 불여(不與)는 사사로운 마음이 없다는 의미이다. 다른 하나는 '증가하다'이다. 그렇다면 불여는 '더 보탬이 없다'는 의미이다.[70]

㉙ 亦 : '단지' 혹은 '오로지'의 의미이다.

㉚ 產 : 자라다. 초산(楚產)은 '초나라에서 자랐다'의 의미이다.

㉛ 先 : '앞서다' 혹은 '뛰어나다'의 의미이다.

㉜ 倍 : '배반하다(背)'와 같은 뜻이다.

㉝ 治任 : 떠날 짐을 꾸리다.

㉞ 場 : 묘소가 있는 곳.

㉟ 暴 : 햇빛에 말리다. 폭(曝)과 같은 뜻이다.

㊱ 皜皜 : 깨끗한 모양.

㊲ 尙 : 더 이상.

㊳ 幽谷 : 깊고 어두운 골짜기.[71]

㊴ 喬木 : 높은 곳을 비유한 것이다.[72]

㊵ 子是之學 : 지(之)는 기(其)와 같다. 즉, 자시지학(子是之學)은 '그대는 허행의 학설을 배우다'로 해석해야 한다.

㊶ 情 : 실정의 실(實)과 같다.

---

70) 옮긴이는 '관여하다'로 번역하겠다. ─ 옮긴이 주.

71) 진상이 허행의 도를 따르는 것을 어두운 골짜기로 비유하였다. ─ 옮긴이 주.

72) 높고 광명한 곳을 비유하는 것으로, 허행의 도에서 빠져나와 진정한 인생의 도를 깨우칠 것을 의미하고 있다. ─ 옮긴이 주.

㊷ 倍蓰 : 배(倍)는 두 배이고, 사(蓰)는 다섯 배이다.
㊸ 比 : 나란히 하다.

◀해 설▶

당시 유행하였던 사상에 대한 맹자의 비판은 양주의 위아주의와 묵자의 겸 애주의에 그치지 않는다. 맹자는 군주와 백성이 똑같이 손수 농사를 지어 밥 을 먹어야 한다는 허행의 주장도 교정하려고 하였다. 당시에 신농의 가르침에 의탁하여 농가의 학설을 주장한 허행이 자신의 제자를 거느리고 초나라에서 등나라로 건너왔다. 등나라 군주가 거처하는 궁궐에 도착하여 '듣자 하니 등 나라 군주께서는 인정을 행한다고 하는데, 저에게 거처할 만한 집을 내려 주 시면 당신의 백성이 되겠습니다'라고 하였다. 등나라 군주인 문공이 그에게 집을 한 채 하사하자, 허행과 제자들은 거친 옷을 입고 신발과 초석을 짜는 일 을 주업으로 삼으며 생활하였다. 이 때 진량의 학설을 따르던 진상이 그의 동 생인 진신과 함께 농기구를 메고서 송나라에서 등나라로 건너와서 '듣자 하니 등나라 군주가 성인의 정치를 행한다고 하는데, 그러한 정치를 실시하는 사람 도 성인이다. 우리들은 당신의 백성이 되고자 합니다'하고 말하였다.

허행의 무리와 진상의 무리가 등나라에서 만났다. 진상은 허행을 만나 보고 서 허행의 학설에 매료되어 자신의 학설을 버리고 허행의 학설을 배우고 따랐 다. 진상이 맹자를 만나자 허행의 말을 대신 전하였다. '등나라 문공은 비록 현군이라고 할 수는 있으나 아쉽게도 대도의 이상과는 약간 거리가 있습니다. 현자라면 마땅히 백성들과 함께 손수 농사를 지으면서 자신을 부양하고, 손수 밥을 지어 먹으면서 백성을 다스려야 합니다. 그런데 지금 등나라에는 곡식을 저장하는 창고가 있고, 재물을 보관하는 창고가 있습니다. 이는 틀림없이 백 성들로부터 세금을 거두어들여 자기를 봉양하는 것이니 어찌 성군이라고 할 수 있겠습니까?'

허행은 신농의 말에 의탁하여 학설을 세운 사람이다. 즉, 《한서예문지》에 기록된 농가(農家)의 무리이다. 그들의 주요 사상은 만민평등이다. 때문에 군 주도 백성들과 함께 손수 농사를 지어 생활해야 한다는 입장을 취한다. 은자 에 관한 이야기는 《논어》에도 나온다. "자로가 공자를 따라가다가 뒤에 처졌

356

는데, 지팡이로 대바구니를 멘 노인을 만났다. 자로가 물어 말하기를, '노인
장께서는 우리 선생님을 보았습니까?' 노인이 말하기를, '사지를 부지런히 놀
리지 않고, 오곡을 분별할 줄도 모르면서 누구를 선생이라고 하는가?'(하면
서) 지팡이를 땅에 꽂아두고 김을 매었다."[73] 이처럼 은자들은 산림에 거주하
면서 손수 농사를 지으면서 사는 사람이다. 허행의 농가 학설은 이로부터 진
일보하여 군주와 백성이 동일하게 농사를 지으면서 살 것을 주장하였다. 만일
군주가 정치만 하고 농사를 짓지 않으면 이는 곧 백성들에게 세금을 거두어들
여 자신을 봉양하는 것이라고 판단하였다.

이러한 허행의 입장에 대하여 맹자는 진상에게 다음과 같은 질문을 계속적
으로 하였다. 허행은 손수 곡식을 파종하여 먹는가? 스스로 직물을 짜서 모자
를 쓰는가? 농기구를 스스로 만들어 쓰는가? 진상의 대답은 모두 '그렇지 않
다'였다. 허행은 모두 곡식과 교환하여 사용하였다. 그러자 맹자는 다시 물었
다. 왜 손수 직물을 짜지 않는가? 왜 농기구는 스스로 제작하지 않는가? 이에
대해 진상은 '농사에 방해가 되기 때문이다'라고 대답하였다. 맹자는 진상의
대답에서 해답을 찾아내어 다시 물었다. 곡식과 농기구를 바꾸는 것은 농기구
를 만드는 장인을 해치지 않는 것이다. 또 농기구를 만드는 장인도 자신이 만
든 농기구와 곡식을 바꾸어 생활하는데, 그렇다면 장인이 농부를 해친 것인
가? 허행은 왜 직접 농기구와 시루를 제작하여 사용하지 않는가? 만일 모든
것을 스스로 제작하여 사용한다면 왜 번잡스럽게 자신들의 생산물을 서로 교
환하여 사용하는가? 이에 대하여 진상은 '본래 장인들이 하는 일과 농사짓는
일을 병행할 수 없기 때문이다'라고 대답하였다.

맹자는 또 진상의 대답에서 해답을 찾아내어 다시 질문하였다. 다른 일은
농사짓는 일과 병행할 수 없고, 오로지 천하를 다스리는 일만 농사짓는 일과
병행하여 진행할 수 있는가? 만일 모든 장인들의 기능을 배워 스스로 연마한
후에 자신이 필요한 모든 물건을 손수 제작하여 사용해야 한다면 이는 천하
사람들을 각종 물건 제작하는 일에만 몰두하게 하여 결국 천하 사람들을 지치
게 할 것이다. 또 한 가지 전문적인 기술도 익히지 못하게 되어 작업의 능률뿐

73) "子路從而後. 遇丈人以杖荷蓧. 子路問曰：'子見夫子乎?' 丈人曰：'四體不勤, 五穀不分,
孰爲夫子?' 植其杖而芸."《論語》〈微子 7〉

만 아니라 품질 향상도 기대하지 못할 것이다. 각자의 역할을 분담하여 전문 기술을 연마할 때 비로소 일의 효율뿐만 아니라 품질의 향상도 기대할 수 있을 것이다. 또 서로 일을 나누어 각자의 일에 종사하고, 필요한 경우에는 서로 협력하고 교류하여야만 서로간의 부족한 부분을 해결할 수 있다. 이처럼 각자의 능력과 소질 및 취향에 따라서 일을 하고, 서로 필요한 것을 취할 뿐인데 누가 누구에게 피해를 주고 무엇을 착취한다는 말인가? 사회는 이처럼 일을 나누어 하기도 하고, 서로 합작도 한다. 그러나 일을 합리적으로 분배하고, 생산품을 공평하게 향유하는 것은 정치가의 세심한 설계와 관리에 의하여 이루어진다. 이러한 일을 담당하는 사람이 바로 맹자가 말한 마음이 수고로운 자이다. 즉, 천하를 통치하는 사람이다. 천하를 통치하는 사람은 마음이 수고롭고, 농공상인 등은 몸이 수고롭다. 비록 '수고롭다'의 성격은 다르지만 모두 사회 공동체에 대한 적극적인 공헌이다. 마음이 수고로운 자가 농사를 짓지 않고서도 먹고 사는 것은 농부가 베를 짜지 않고서도 옷을 입는 것과 마찬가지이다. 마음이 수고로운 자가 천하 사람들의 일을 잘 관리해야만 몸이 수고로운 농공상인들이 공동체에서 서로 조화롭게 삶을 영유할 수 있다. 천하 사람들의 일을 관장하는 사람은 천하의 모든 일에 관심을 갖고서 합리적인 정책과 방안을 제시해야 하기 때문에 농사를 짓고 도자기를 구우며 농기구를 만들 틈이 없다. 때문에 그들의 생활에 필요한 물건은 당연히 농공상인들로부터 공급받아 써야 한다. 정치가는 직업과 일을 합리적으로 배분하여 농공상인들에게 분배하고, 농공상인들은 정치가들의 공정한 분배에 의하여 안정적으로 일에 종사할 수 있기 때문에 일정한 소득을 정치가들에게 제공해야 한다. 이로써 본다면 마음이 수고로운 사람은 비록 몸이 수고롭지는 않지만 그들의 고뇌는 적지 않고, 또 공헌 역시 몸이 수고로운 자들보다 적다고 할 수 없을 것이다. 양주와 같은 은자들은 공자와 그 제자들을 '사지를 부지런히 놀리지 않고, 오곡을 분별할 줄도 모르는 사람'으로 평가하였고, 허행은 등나라 문공이 세금을 거두어들여 자신을 봉양한다는 점을 들어 성인의 정치가 아니라고 하였다. 이들은 모두 마음이 수고로운 사람들의 가치를 긍정하지 않았다. 허행의 사상을 단정하기는 어렵지만 이들은 약간의 무정부주의적 경향과 함께 소박한 이상주의를 지향한 것 같다.

맹자는 또 요와 순 그리고 우가 어떤 과정을 거쳐 홍수와 금수에 의한 재해

358

를 극복하였고, 백성들로 하여금 편안하게 생활에 종사할 수 있는 터전을 얻게 하였는가에 관하여 상세하게 설명하였다. 우임금은 8년 동안이나 밖에서 치수에 종사하고, 세 차례나 자기의 집 앞을 지나면서도 집에 들르지 않을 정도로 바쁘게 살았는데, 어떻게 농사에 종사할 수 있는 시간이 있었겠는가? 또 요임금은 기로 하여금 후직으로 삼아 백성들에게 농사짓는 방법을 가르치게 하였고, 설을 사도로 삼아 인륜의 도리를 깨우치게 하였다. 이렇게 함으로써 중국이라는 천지의 땅을 얻을 수 있었고, 또 인륜과 문화가 충만한 터전을 마련할 수 있었던 것이다. 성인은 교육을 통하여 사람들로 하여금 마땅히 해야 할 임무와 도리를 깨우치게 하였고, 그들을 잘 교도하여 덕성을 배양하고 정진하도록 온 힘을 기울였는데, 어떻게 농사에 종사할 수 있는 시간이 있었겠는가?

일반 농부는 단지 백묘의 땅만 관리하면서 농사를 지으면 된다. 그러나 요·순·우 등의 군주는 천하의 대사를 관장해야 하고, 백성의 재화를 공평하게 분배해야 하며, 백성들로 하여금 선덕(善德)을 쌓도록 가르쳐야 한다. 또 천하를 관리할 수 있는 가장 적절한 인재를 발굴해야 한다. 천하를 영도할 책임을 남에게 물려 주는 것은 쉽고도 쉽지만 그러한 막중한 임무를 원만히 해낼 수 있는 적임자를 찾기란 참으로 어렵다. 요순이 위대한 것은 그들의 덕성 수양이 마치 하늘처럼 숭고하고 무한하였기 때문이다. 비록 천하를 관장하는 권력을 장악하였지만 어떠한 사사로운 마음도 갖고 있지 않았다. 그들이 마음을 쓰지 않는 곳이 있다면 단지 농사를 경작하는 그 일에 마음을 쓰지 않았을 뿐이다.

'마음이 수고로운 사람은 다른 사람을 다스린다'는 이른바 외왕사업을 가리킨다. 인재를 얻으려고 하는 근본적인 목적은 천하를 올바르게 통치하기 위함이다. 권력을 합리적인 방법을 통하여 이양하고, 그 다음 교육으로써 선행을 유도한다. 이것이 바로 권력의 도덕규범이다. 다음 백성의 능력에 따라 직업을 분배하고, 소득을 공정하게 나누어 주어야 한다. 이른바 '백성들의 생산활동을 마련해 준다(制民之産)'는 권력이 실제 생활에 구체적으로 효능을 발휘해야 함을 말한 것이다. 마음이 수고로운 자는 시대의 전체적인 정국에 대하여 막중한 책무를 짊어져야 한다. 허행은 단지 농부처럼 순수 농사를 지어야 한다는 것으로 군주의 책임을 강조하였는데, 이는 정치의 어려움을 간과한 것이고, 정치의 기능을 너무 가볍게 본 것이며, 유가 외왕사업의 이상을 부정한 것이다. 이처럼 가치관이 올바르게 확립되지 못한 시대에는 수직적인 생명의 가치가 수평적으로 변하고, 모든 인생의 이상은 하락하여 정치가는 단지 노동자의 위치만을 확보할 수 있을 뿐이었다. 다시 말하면 오로지 노동의 가치만을 긍정할 뿐 마음의 가치를 부정하였다. 맹자는 바로 이 점을 극력 비평한 것이다.

진량은 비록 남쪽의 초나라에서 태어났지만 주공과 공자의 도에 감복하여 북쪽의 중원으로 건너와 학습하였다. 북방의 학자들도 진량의 학업성취를 뛰어넘을 수 없을 정도로 그는 당대의 호걸지사였다. 그러나 그의 제자인 진상은 진량에게 수십 년을 수학하였지만 스승이 죽자 바로 스승의 가르침을 배반하고 허행의 가르침을 따랐다. 맹자는 공자의 제자들을 비유로 들어 진상을 질책하였다. 공자의 제자들은 공자가 죽자 3년 동안 복상(服喪)한 후에야 각자의 길로 돌아갔다. 자공은 홀로 다시 3년 동안 공자의 묘소에서 복상하고 스승을 잃은 제자의 슬픔을 표현하였다. 후에 자하와 자장 등 많은 사람이 유약이라는 공자 제자의 용모가 공자와 유사하다고 하여 스승의 예로써 유약을 섬기려고 하면서 증자에게 동의를 구하였다. 그러나 증자는 단호히 거절하면서 '공자의 인품은 장강과 한수의 물을 다 사용하여 세탁한 것 같고, 가을 햇빛을 쬐어 말린 것 같으며, 희고 또 희어서 더 이상 보탤 수가 없다'는 말로써 공자의 고결한 인격을 형용하였다.

지금 문화의 혜택을 받지 못한 남방의 미개인이 성인의 도를 공격하는데, 이는 당신이 스승을 배반하고서 미개인의 도리를 배우는 것과 다를 바 없다. 이러한 배은망덕한 태도는 증자와 비교하면 너무나 다르지 않은가? 사람은 본래 높은 곳을 향하여 비상해야 하는 것인데, 진상 당신은 어찌하여 높은 곳에서 어두운 곳으로 타락해 가는가? 맹자는 마음이 수고로운 정치의 가치를 제고하면서, 동시에 문화로서 야만인을 교화해야 함을 강조하고자 하였다. 맹자는 이러한 입장에서 양주와 묵적의 사상을 비평하였고, 또 허행의 학설을 물리치려고 한 것이다. 유가는 위로 삼대 성인의 문화전통을 계승하려고 하였다. 때문에 제자백가들이 유가를 공격하고 비평하였지만, 그들의 사상은 문화전통과 격리되어 있었다. 때문에 미개인의 사상이라는 비난을 면할 수 없었다.

진상은 또 시장에서 동일한 물건이 가격 차이가 없음을 가지고 허행의 도를 찬양하였다. 그러나 이는 물건의 질 차이를 무시한 것이다. 허행에 따르면, 모든 직물은 길이가 같으면 가격이 동일하고, 실과 솜은 무게가 같으면 가격이 동일하며, 오곡은 양이 같으면 가격이 동일하다. 또 신발은 크기가 같으면 가격이 동일하다. 맹자에 의하면 동일한 물건이라고 할지라도 물건의 품질이 서로 똑같지는 않다. 그런데 품질은 무시하고 동일한 가격을 부여한다면 그것이야말로 천하를 혼란케 하는 것이다. 즉, 천하 사람들을 모두 거짓의 세계로 이끄는 것인데, 이러고서도 천하 국가를 다스린다는 말을 논할 수 있겠는가?

허행의 농가 무리들은 현명한 군주는 백성과 함께 손수 농사지으면서 국가를 통치해야 한다고 주장한다. 이러한 주장이야말로 군주의 존재를 부정하는 무군(無君)의 학설이다. 그 결과는 사회 혼란과 정치조직의 해체뿐이다. 맹자는 진상을 야만인의 문화로써 문화인의 사상을 대체하려는 사람이라고 비평하면서 잘못됨을 통열하게 지적하였고, 동시에 문화인의 이상을 다시 한번 드러냈다. 오늘날 나는 동서양의 문화 대립에서 마땅히 동양의 문화가 주체가 되어 서양의 문화를 소화해야 한다고 생각한다. 즉, 서양의 문화를 주로 삼고 동양의 문화를 객으로 삼는 주객전도의 태도야말로 야만인의 문화로써 문화인의 사상을 대체하려는 것과 같다. 지금 시대의 사람들은 '올바르게 변화하지 못하였다(不善變)'는 맹자의 비평을 면할 수 없을 것 같다.

25. 도통의 전승(道統傳承)

맹자가 말하기를, "요순 때부터 탕왕까지는 500년의 시간 차이가 난다. 우와 고요 같은 사람은 직접 보고서 (요순의 정치를) 알았고, 탕왕 같은 사람은 듣고서 알았다. 탕왕 때부터 문왕까지는 500년의 시간 차이가 난다. 이윤과 내주 같은 사람은 직접 보고서 (탕왕의 정치를) 알았고, 문왕 같은 사람은 듣고서 알았다. 문왕 때부터 공자까지는 500년의 시간 차이가 난다. 태공망과 산의생 같은 사람은 직접 보고서 (문왕의 정치를) 알았고, 공자는 듣고서 알았다. 공자에서 지금까지는 100여 년의 차이가 난다. 성인이 살던 세대가 이처럼 멀지 않고, 성인이 살았던 곳이 이처럼 가깝지만, 그를 아는 사람이 없으니 앞으로도 없을 것이다!"

孟子曰 : "由堯 · 舜至於湯, 五百有餘歲①. 若禹 · 皐陶則見而知之, 若湯
則聞而知之. 由湯至於文王, 五百有餘歲. 若伊尹 · 萊朱②則見而知之, 若文
王則聞而知之. 由文王至於孔子, 五百有餘歲. 若太公望 · 散宜生③則見而知
之, 若孔子則聞而知之. 由孔子而來至於今, 百有餘歲. 去聖人之世, 若此其
未遠也, 近聖人之居, 若此其甚也, 然而無有乎爾, 則亦無有乎爾④!"〈盡心 下
38〉

◁주 해▷

① 五百有餘歲 : '500년의 시간 차가 난다'는 의미인데, 그 표현방법이 '500년
후에 왕자가 나타날 것이다(五百年而有王者興)'와 유사하다.
② 萊朱 : 탕 임금 때의 현명한 신하이다.
③ 散宜生 : 문왕 때의 현명한 신하이다. 때문에 태공망과 병열시켜 말한 것
이다.
④ 無有乎爾, 則亦無有乎爾 : 만일 직접 목격하거나 듣고서 아는 사람이 없다면
성인의 도는 전해지지 않을 것이다.

◀해 설▶

이 장에서 맹자는 전대 성인의 인격과 공덕을 계승하려는 심회(心懷)를 표
현함과 동시에 요순부터 공자까지의 도통관을 적극적으로 확립하려는 의지를
나타내고 있다. 요순과 우탕 그리고 문무, 주공 및 공자에 이르는 성왕의 도는
중국 문화의 맥을 꿰뚫고 있는 전통의 축이다. 맹자는 요 · 순과 우로 이어지
는 선양제도를 추존하였고, 탕과 무왕의 혁명을 긍정하였다. 또 문왕이 100리
의 조그마한 땅에서 왕도정치를 시행하였음을 밝혔고, 자신이 우와 주공 그리
고 공자의 사명을 계승함에 대하여 자부하였다. 아울러 스스로 공자 학문을
배우는 것이 자신의 바람이라는 것을 밝히고 있다. 맹자의 최대 목적은 성인
의 도를 드러내 밝히는 것이고, 성왕의 전통을 하나의 맥으로 꿰뚫는 것이다.
유가의 이상적인 인격은 바로 성인이다. 성인이 성인일 수 있는 까닭은 천
하를 온전하게 다스리는 인간 교화의 외왕사업의 완성에 있다. 때문에 성인의

도와 외왕사업은 서로 불가분의 관계에 놓여져 있다. 일반적으로 통칭하여 성왕이라고 하지만, 이 성왕은 《장자》〈천하〉편에서 말한 내성과 외왕을 합한 것이다. 내성과 외왕의 합일전통은 공자에 이르러 분리된다. 공자가 꿈 속에서 주공을 보았다는 것은 자신이 주공의 덕을 갖추었지만 주공과 같은 지위가 없음에 대한 유감을 드러낸 것이다. 공자가 활동한 시대는 왕실의 기강이 실추되고, 천하 대통일의 위업이 붕괴되었기 때문에 주 왕실로서는 성왕의 전통을 이어 나갈 수 없었다. 때문에 공자는 《춘추》를 지어, 칭찬(褒)과 질책(貶)으로서 난신적자를 정벌하였다. 이는 본래 천자가 마땅히 해야 할 일이다. 공자는 《춘추》를 통해 성왕의 전통에 합일하려는 자신의 마음을 간접적으로 표현한 것이다. 맹자는 양주와 묵자의 학설을 극복하고, 허행의 학설을 물리쳤다. 이러한 맹자의 정신 역시 공자의 《춘추》 정신과 다르지 않다. 공자는 《춘추》로써 난신적자를 비판하였고, 맹자는 이단사설을 비판하였으며, 또한 요와 순을 추존하고 탕과 무왕이 걸주를 토벌한 혁명을 긍정하였으며, 오패를 비판함으로써 역대 정치의 득실에 대하여 칭찬하고 질책하였다. 이는 공자가 《춘추》에서 드러내고 있는 정신을 한층 더 확장한 것이다. 공자가 《춘추》를 지은 것은 천자가 마땅히 해야 할 일을 대신한 것이고, 맹자는 성왕 도통의 맥을 하나로 꿰뚫었으니, 이 또한 천자가 마땅히 해야 할 일을 대신한 것이 아니겠는가? 사마천이 《사기》에서 공자를 세가(世家)에 놓고 왕으로 칭한 이유도 바로 여기에 있다. 맹자야말로 공자의 위대성을 가장 잘 이해하고 있는 학자이다.

이로써 보면 맹자의 위대성은 시대의 광풍에 대항하여 도덕생명을 표현하였다는 점에만 있는 것이 아니라, 성왕 도통의 문화이상을 하나의 맥으로 꿰뚫은 점에도 있음을 알 수 있다. 정치 방면에 대한 맹자의 반성과 건립은 도덕생명의 전개와도 떨어질 수 없고, 또 문화이상에 대하여 스스로 담당하려는 의지와도 분리할 수 없다. 이 모두는 공자의 유학 정신을 계승하려는 것이다. 도덕은 인생의 도로인 덕행이고, 문화는 文으로써 質을 가꾸는 것이다. 정치교화는 도덕과 문화를 이어주는 교량이라고 할 수 있다. 때문에 정치는 도덕이면서 동시에 문화이다. 이것이 바로 덕으로써 인도하고, 덕으로써 정치하는 것이며, 또 덕으로써 仁을 실천하는 것이다. 때문에 진정한 왕도정치를 실현하려고 하는 자는 국토가 넓어지기를 기다리지 않는다.

요순에서부터 탕왕까지의 시간 차이는 약 500년이 나고, 탕왕에서 문왕까지 시간 차이도 약 500년이 난다. 또 문왕에서부터 공자까지의 시간 차이 역시 약 500년이 난다. 요순에서 탕왕 사이에는 우임금과 고요가 있다. 우임금과 고요는 직접 요순의 정치를 보고 알았고, 그것이 이어져 내려왔기 때문에 탕왕은 요순의 전통을 듣고서 알 수 있었다. 탕왕에서 문왕 사이에는 이윤과 내주가 있다. 이윤과 내주는 직접 탕왕의 정치를 보고서 알았고, 그것이 이어져 내려왔기 때문에 문왕이 탕왕의 정치를 듣고서 알 수 있었다. 문왕에서 공자 사이에는 태공망과 산의생이 있다. 태공망과 산의생 역시 문왕의 정치를 직접 보고 알았고, 그것이 이어져 내려왔기 때문에 공자가 문왕의 정치를 듣고 알 수 있었다. 500년 사이로 성왕이 나타났는데, 이를 이어주는 현자가 없었다면 그 전통은 끊어졌을 수도 있다. 공자에서 맹자까지는 이미 100년의 세월이 흘렀다. 비록 500년 만에 성왕이 출현하는 역사의 궤도가 맹자에는 이르지 못하였지만, 맹자는 유학의 도를 밝혀 드러내야 하는 지식인으로서 그 책임을 통감하지 않을 수 없었다. 맹자는 공자라는 성인이 세상을 떠난 지가 얼마 되지 않았고, 또 공자와 가까운 곳에서 태어났기 때문에 자신이 아니면 누가 공자의 도를 계승할 것인가에 대해 강한 의무감을 갖고 있었다. 즉, 자신이 스스로 '직접 보고 알았다'는 대임을 맡고자 한 것이다. 만일 자기가 직접 보고 알지 못한다면 300년 후에 듣고서 알 수 있음은 아마 불가능할 것이다. 이것은 문화전통에 대한 전승이다. 이처럼 문화전통은 대대로 성인들에 의하여 전해진다. 맹자야말로 중국 역사에서 가장 강한 사명감을 가지고 분투한 지식인이면서, 강렬한 도덕생명을 가지고 성왕의 도를 밝힌 위대한 학자였다.

26. 먼저 깨우친 사람이 뒷사람을 깨우쳐 준다(先知覺後知)

만장이 묻기를, "사람들 사이에 '이윤은 요리하는 것을 가지고 탕에게 등용시켜 줄 것을 요구하였다'고 하는데, 그런 일이 있었습니까?" 맹자가 말하기를, "아니다. 그렇지 않다. 이윤은 유신씨의 들에서 농사지으면서 요와 순의 도를 즐기고 있었다. 의로움에 부합하지 않고, 도에 부합하지 않으면 천하를 봉록으로 준다고 할지라도 돌아보지 않았다. 말 4천필을 매어 놓아도 보지 않았다. 의로움에 부합하지 않고, 도에 부합하지 않으면 한 오라기의 풀도 남에

게 주지 않고, 남한테서 받지도 않았다. 탕이 사람을 시켜 예물을 보내 (이윤
을) 초빙하려고 하였으나, 아무 욕심 없이 말하기를, '내가 탕이 (나를) 초빙하
는 예물로 무엇을 하겠는가? 내가 밭 가운데서 살면서 요와 순의 도를 즐기는
것만 하겠는가?' 탕이 세 차례나 사람을 보내 (이윤을) 초빙하자, 그제서야 마
음을 바꾸고서 말하기를, '내가 밭 가운데서 살면서 요와 순의 도를 즐기는 것
이 어찌 이 임금(탕)을 요나 순과 같은 임금으로 만드는 것만 하겠는가? 어찌
이 백성을 요나 순임금의 백성으로 만드는 것만 하겠는가? 어찌 내 자신이 직
접 보는 것만 하겠는가?'[74] 하늘이 이 백성들을 태어나게 해서는 먼저 안 사람
으로 하여금 뒷사람을 깨우쳐 주게 하였다, 먼저 깨달은 사람으로 하여금 뒷
사람을 깨우치게 하였다. 나는 하늘이 태어나게 한 백성 중에서 먼저 깨달은
사람이니, 나는 장차 이 도를 가지고서 이 백성들을 깨우쳐 주려고 한다. 내가
(그들을) 깨우쳐 주지 않으면 누가 (그 일을) 하겠는가?' 그(이윤)는 천하의 백
성들, 즉 일반 남녀 중에 요와 순의 은혜와 혜택을 받지 못하는 사람이 있으면
마치 자기가 (그들을) 구렁에 밀어넣은 것처럼 (안타깝게) 생각하였다. 그가 천
하의 막중한 임무를 자임하고 나선 것은 그것 때문이다. 그렇기 때문에 탕에
게로 가서 하나라를 정벌하여 백성들을 구제하라고 설득한 것이다. 나는 지금
까지 자기가 올바르지 못하면서 타인을 올바르게 하였다는 사람을 듣지 못하
였는데, 하물며 자기를 욕되게 하면서 천하를 바로잡을 수가 있겠는가?[75] 성
인들의 행동은 같지 않다. 혹자는 멀리 물러나 있기도 하고, 혹자는 가까이서
(군주를 섬기기도) 하며), 혹자는 떠나버리기도 하고, 혹자는 떠나지 않고 견디
기도 하지만 결국은 모두 자기자신을 깨끗이 한다는 곳에 귀결된다. 나는 (이
윤이) 요와 순의 도로써 탕으로 하여금 (요와 순의 도를 실천할 것을) 요구하였
다는 말은 들었어도 요리하는 것을 가지고 (관직을 요구하였다)는 말은 듣지

---

74) 자신이 성인의 도를 전수하여 군주를 성왕으로 교도하고, 백성들을 교화하여 성인의 백
   성으로 변화시키면 바로 성왕의 정치와 성왕의 백성을 직접 보는 것과 마찬가지이기 때
   문이다. — 옮긴이 주.
75) 이는 '이윤이 요리하는 일을 가지고 탕에게 관직을 구걸하지 않았는가'하는 의문에 대하
   여 맹자가 이렇게 대답한 것이다. 즉 자기가 올바르지 못하면서 타인을 올바르게 한 사람
   도 없는데, 어떻게 자신을 욕되게 하는 관직 구걸을 하면서 천하 사람을 올바르게 할 수
   있었겠는가? — 옮긴이 주.

못하였다. 〈이훈〉에서는 '하늘이 (걸왕을) 토벌한 것은 목궁의 공격으로부터 시작하였지만, 나는 (도읍지인) 박으로부터 시작하였다'고 하였다."

萬章問曰 : "人有言 : '伊尹以割烹要湯①.' 有諸?" 孟子曰 : "否. 不然. 伊尹耕於有莘②之野, 而樂堯·舜之道焉. 非其義也, 非其道也, 祿之以天下③, 弗顧也. 繫馬千駟, 弗視也. 非其義也, 非其道也, 一介④不以與人, 一介不以取諸人. 湯使人以幣聘之, 囂囂然⑤曰 : '我何以湯之聘幣爲哉? 我豈若處畎畝之中, 由是以樂堯·舜之道哉?' 湯三使往聘之, 旣而幡然⑥改曰 : '與我處畎畝之中, 由是以樂堯·舜之道, 吾豈若使是君爲堯·舜之君哉! 吾豈若使是民爲堯·舜之民哉! 吾豈若於吾身親見之哉! 天之生此民也, 使先知覺後知, 使先覺覺後覺也. 予, 天民之先覺者也, 予將以斯道覺斯民也. 非予覺之而誰也!' 思天下之民, 匹夫匹婦, 有不被堯·舜之澤者, 若己推而內⑦之溝中. 其自任以天下之重如此. 故就湯而說之, 以伐夏救民. 吾未聞枉己而正人者也, 況辱己以正天下者乎? 聖人之行不同也. 或遠或近, 或去或不去, 歸潔其身而已矣. 吾聞其以堯·舜之道要湯, 未聞以割烹也. 伊訓⑧曰 : '天誅造⑨攻自牧宮⑩, 朕載⑪自亳⑫.'"
〈萬章 上7〉

◁ 주 해 ▷

① 割烹要湯 :《사기》〈은본기(殷本紀)〉와《여씨춘추》〈본미(本味)〉편에 이 구절이 있다. 할팽(割烹)은 주방에서 요리하는 사람의 일이다. 즉, '요리를 하는 일'이다. 요(要)는 '요구하다', 즉 '등용해 주기를 요구하다'의 뜻이다.

② 有莘 : 신(莘)은 나라 이름이다. 유(有)는 명사 앞에 놓는 일종의 사두(詞頭)이다.

③ 祿之以天下 : 녹(祿)은 동사로 해석해야 한다. '천하를 봉록으로 준다'는 것으로 '천하의 모든 것을 봉록으로 준다'는 의미이다.

④ 一介 : 개(介)는 개(芥), 즉 풀의 의미이다. 일개는 한 오라기의 풀을 의미한다.

⑤ 囂囂然 : 욕심이 없이 만족스러운 모양.

⑥ 幡然 : 처음의 마음을 바꾸어 다른 마음으로 고친 상태를 형용한 말이다.

⑦ 內 : '들이다'의 납(納)과 같은 뜻이다. 여기서는 '밀어넣다'로 해석해야 한다.

⑧ 伊訓 :《서경》〈일편(逸篇)〉의 이름이다.

⑨ 造 : 시작하다

⑩ 牧宮 : 걸왕이 거처하던 궁궐이다. 일설에는 탕이 목백(牧伯)이었기 때문에 목궁은 탕의 조묘(祖廟)라고도 한다.

⑪ 載 : 시작하다.

⑫ 亳 : 탕임금의 도읍.

◀ 해 설 ▶

이윤은 성인의 도를 전수하는 것을 임무로 삼고 있다. 비록 공자에는 미치지 못하지만[76] "어느 분을 섬긴들 내 군주가 아니며, 어느 사람을 부린들 내 백성이 아니겠는가? 치세에도 나아가고, 난세에도 나아간다"[77]는 적극적이고 진취적인 이윤의 기상은 맹자의 성격과 유사한 면이 있다. 이러한 이윤의 기상은 혼란한 전국시대의 요구와도 일치한다.

만장은 이윤이 요리에 능한 재주를 가지고 탕에게 관직을 요구하였다는 전설을 근거로 맹자에게 이윤의 행적에 대한 평가를 요구하였다. 맹자는 자신의 진실한 생명의 체험을 통하여 이윤의 행적에 대하여 합리적이고 동정적인 해석을 내놓았다. 그러나 이윤에 대한 맹자의 평가는 역사적 자료를 근거로 한 것이 아니라 동일한 시대적 사명을 가진 사람으로서 역지사지(易地思之)한 것이라고 할 수 있다. 다시 말하면 이윤에 대한 맹자의 평가는 객관적인 것이 아니라 주관적인 것이다. 맹자는 먼저 이윤이 향촌에서 은거하면서 요와 순의 도를 즐기면서 살았다고 하였다. 이윤은 의롭지 않은 것에 대해서는 비록 천하의 모든 재화를 자신의 봉록으로 준다고 할지라도 뒤돌아보지도 않고, 4천 필의 말을 매어 놓고 자신의 병마로 사용하라고 할지라도 쳐다보지도 않을 사람이다. 또 의롭지 않은 물건은 다른 사람에게 주지도 않고, 다른 사람으로부터 받지도 않는다. 탕이 사람을 파견하여 예물을 주고 그를 초빙하였지만 그는 '왜 내가 이러한 예물을 받아야 하는가? 그러한 예물이 내가 농촌에서 요와 순의 도를 즐기면서 사는 것만 하겠는가' 하고서 받지 않았다. 그 당시 이윤

---

76) 《맹자》〈滕文公 上 2〉에는 백이와 이윤 그리고 공자에 대한 비교를 묻는 구절이 나온다. 맹자는 '백성이 태어난 이래로 공자 같은 사람은 없다'는 표현으로 백이와 이윤의 덕업이 공자에 미치지 못한다고 하였다. ─ 옮긴이 주.

77) "何事非君, 何事非民, 治亦進, 亂亦進." 〈滕文公 上 2〉

의 생명정신은 유가보다는 은자인 양주의 심태에 근접하였다.

그 후에 탕이 세 차례나 사람을 보내 그를 초빙하자, 그는 기존의 태도를 버리고 다음과 같이 말하였다. '들판에서 은거하면서 요순의 도를 즐기는 것보다 지금의 군주를 요순처럼 성왕이 되게 하자. 지금의 백성을 요순 시대의 백성으로 되게 하자. 내가 어찌 내가 전해 들은 이상을 직접 눈으로 볼 수 있는 사실로 바꾸려고 하지 않겠는가? 하늘이 백성을 태어나게 한 후 본래 먼저 안 사람으로 하여금 후대 사람을 가르치게 하였고, 먼저 깨달은 사람으로 하여금 후대 사람을 깨우치게 하였다. 나는 하늘이 태어나게 한 사람 중에서 먼저 깨달은 사람이다. 나는 요순의 도로써 지금의 백성을 교화하여 천하 모든 사람을 깨우치게 할 것이다. 이러한 위대한 일을 내가 아니면 누가 하겠는가?' 이와 같은 생명의 전향이 있은 후에 이윤은 유가의 진취적인 태도를 취하였다. 즉, 혼자만 도를 즐기는 것에서부터 백성과 함께 도를 즐기는 것으로 방향을 바꾼 것이다. 이후 이윤은 천하의 백성 중에 요순의 도를 접하지 못하거나, 그 은혜와 혜택을 받지 못한 사람이 있으면 마치 자기가 그들을 구렁에 밀어넣은 것처럼 안타까워하였다. 때문에 탕을 보좌하여 하의 걸왕을 토벌함으로써 폭정으로부터 백성을 구제하려고 하였다. 맹자는 만장에게 '자신이 올바르지 못하면서 타인을 올바르게 한 사람을 듣지 못하였는데, 하물며 자신을 스스로 욕되게 하면서 천하 사람을 올바르게 할 수 있는 사람이 있겠는가' 하고 반문하였다. 정치에 대한 성인의 입장은 각각 달랐다. 혹자는 현실정치에서 물러나 있기도 하고, 혹자는 현실정치에 직접 참여하기도 한다. 혹자는 관직을 버리기도 하고, 혹자는 관직을 갖기도 한다. 그러나 모두 자신의 생명을 고결하게 하는 것이라는 점만은 동일하다. 때문에 이윤이 요리에 능한 재주를 가지고 탕왕에게 등용해 주기를 요구한 것이 아니다. 그가 탕왕에게 간 것은 요순의 도로써 탕왕을 설득하여 걸왕을 정벌하기 위함이었다. 때문에 《서경》〈이훈〉편에는 '걸왕에 대한 하늘의 토벌은 걸왕이 거처하던 목궁에서 시작하였지만, 나는 은의 도읍지인 박에서 시작하였다'고 한 것이다.

난세의 시대에 성품이 청결한 백이와 성품이 온화한 유하혜(柳下惠) 같은 사람은 세상을 등지고 살면서 세속에 물들지 않아 자신의 생명은 비록 깨끗하게 보존할 수 있었지만, 시대의 광풍을 구제하려는 대임은 맡지 않았다. 이윤도 요순의 도를 홀로 즐기면서 백이와 유하혜처럼 향촌에 은거하면서 살 수

368

있었다. 그러나 여러 차례 탕왕의 초빙에 그는 생명정신을 전환하여 당시의
백성을 구제하려는 대임을 자청하였으니, 이러한 이윤의 정신이야말로 그들
보다 고귀하다고 할 수 있을 것이다.

맹자는 "군자에게서 타인으로 하여금 선을 하도록 도와주는 것보다 더 훌
륭한 것은 없다"[78]고 하였다. 다른 사람으로 하여금 선을 실천하도록 도와주
는 것이 바로 먼저 안 사람이 후대 사람을 깨우쳐 주는 것이고, 먼저 깨우친
사람이 후대 사람을 깨우쳐 주는 것이다. 그렇게 함으로써 모든 사람이 스스
로 자각할 수 있게 하고, 자립할 수 있게 하는 것이 바로 유가철학의 적극적인
이상이다. 맹자는 "선으로써 남을 복종시키려고 한 사람은 지금까지 남을 복
종시킨 적이 없다. 선으로써 남을 길러 준 후에 비로소 천하를 복종시킬 수 있
다. 천하 사람이 마음으로부터 복종하지 않고 왕자가 된 사람은 아직까지 없
었다"[79]고 하였다. 왕도정치는 덕으로써 仁을 행하는 것이고, 덕으로써 백성
을 복종시키는 것이다. 이러한 정치는 힘에 의한 복종이 아니라 마음으로부터
기쁨이 우러나온 복종이다. 만일 전쟁을 자주 일으켜 백성을 피로하게 하고,
스스로 우월감에 빠져 백성들에게 위용을 과시하려고 한다면 그것이 바로 패
도정치이다. 왕도의 선은 선으로써 백성을 복종시키는 것이 아니라 선으로써
백성을 잘 배양시켜 백성 스스로 선을 실천하게 함으로써 고상한 인격을 성취
하게 하는 것이다. 이것이 바로 천하를 복종시킨 진정한 왕자의 모습이고, 천
하 대통일이라는 왕도정치의 실현이다.

요순의 도는 곧 왕도이다. 왕도는 선으로써 백성을 배양시켜 그들로 하여금
스스로 선을 성취하게 하는 것이다. 스스로 선을 성취한다는 것은 스스로 요
순과 같은 인격을 배양하는 것이다. 이것이 바로 왕도로써 백성을 깨우치는
것이고, 백성이 왕도에서 생장하도록 하는 것이다. 이윤은 분명 빛나는 외왕
사업을 성취한 공신이고, 강한 인격의 소유자이다. 그러나 알고 먼저 깨우친
사람이라고 스스로 자부하였고, 백성을 구제하는 것을 자신의 임무로 삼아 전
대 성인의 도통을 유지하려고 하였지만 '다른 사람이 선을 실천할 수 있도록
도와준다'는 요순의 도에는 미치지 못함을 무형 중에 느낄 수 있다.

---

78) "君子莫大乎與人爲善."〈公孫丑 上 8〉
79) "以善服人者, 未有能服人者也. 以善養人者, 然後能服天下. 天下不心服而王者, 未之有
也."〈離婁 下 16〉